圖解

三大特色
- 一讀就懂人類行為與社會環境
- 文字敘述淺顯易懂、提綱挈領
- 圖表形式快速理解、加強記憶

人類行為與社會環境

陳思緯 著

閱讀文字

理解內容

觀看圖表

五南圖書出版公司 印行

本書目錄

本書目錄

第 2 章　人類行為發展之理論

第 3 章　受孕、懷孕到出生

本書目錄

本書目錄

第 6 章　青少年期

第 7 章　成年期

第 8 章　中年期

第 9 章　老年期

第 1 章

理解人類行為與社會環境的入門

● ● ● ● ● ● ● ● ● ● ● ● ● ● ● ● ● ● 章節體系架構 ▼

Unit 1-1
人類的發展階段

為了易於討論人類的生命週期，通常將人類的發展分為受孕、懷孕到出生、嬰幼兒期、兒童期、青少年期、成年期、中年期、老年期等階段。各發展期的主要概念扼要說明如下（將另於本書其他單元，詳細說明各期的發展）：

一、受孕、懷孕到出生

人類生物體成長始於一個受精的細胞到無數細胞，在這段期間，基本的身體結構和器官被形成，遺傳和環境一同發生影響。在最初的幾個月，生物體比起任何其他成長週期，較易因負面環境影響而受傷。

二、嬰幼兒期

嬰兒在運動能力與協調方面成長，並發展感官技巧及使用語言的能力。他們與家庭的成員和其他的照護者形成依附關係，學習信任與不信任，並學習表達或抑制愛與情感，他們學習去表現基本的感覺和情緒，並且發展某些自我和自主意識，他們此時已被證明在人格及氣質有相當大的差異。

三、兒童期

在兒童期的早期（3～5歲），兒童持續他們在生理、認知語言方面的快速生長，開始發展自我概念及性別和角色認同。在兒童期的中期（6～11歲），有能力去了解他們的世界，並且具有邏輯性思考。家庭關係的特性持續在情緒、社會適應方面，發揮重大影響力。

四、青少年期

青少年期是介於兒童期與成年期的一個過渡期。在青春期早期（12～14

歲）性成熟發生，並且開始有條理的操作思考。當青少年設法從父母獲得更多自主，他們也想要增加與同儕間的聯繫和親密的歸屬感及友誼。正向的認同感形成是一項重要的心理社會任務，青春期晚期（15～19歲）開始設法完成學業，隨著具有與他人友善和親密相關能力，逐漸發展出異性關係。

五、成年期

達到親密感、做職業的選擇並獲得職場上成功，是成年期的重要任務。年輕的成年人會開始面對其他的抉擇，例如：不論是結婚需要選擇一位伴侶，或是成為父母親。有些人面對可能離婚或再婚而導致一個重新組成的家庭，在這個時期做出許多的決策，為往後的人生奠定基礎。

六、中年期

在中年期，許多人開始感覺社會的及生理的時鐘一分一秒過去，會促使中年危機發生在某些人身上。在此階段是一個多數人們達到最大的個人、社會責任和工作成功的時期。然而，在調適過程需要做到身體上的改變，並且改變情緒、社會和工作的處境。

七、老年期

老年期是屬於調適的重要時期，特別是適應生理改變的能力（生產力）、個人和社會的處境，以及人際關係。提高對健康照護的注意力，許多人在這個生命階段，表現出高程度的喜悅，以及對生命的滿足，並且對死亡感到些許恐懼。

人類的發展階段

1 受孕、懷孕到出生

- 受孕；懷孕出生進程
- 風險因子、保護因子
- 影響產前發育的藥物
- 新生兒的特色

2 嬰幼兒期

- 生理發展
- 社會心理發展
- 依附、情緒發展
- 氣質、學習、語言發展

3 兒童期

- 生理發展
- 社會心理發展
- 社會化、管教模式
- 家庭型態、兒童保護

4 青少年期

- 生理發展
- 社會心理發展
- 自我認同、性取向
- 偏差行為

5 成年期

- 生理發展
- 社會心理發展
- 職業發展、性別角色
- 愛情、家庭生命週期

6 中年期

- 生理發展
- 社會心理發展
- 生活結構、中年危機
- 家庭壓力、婚姻議題

7 老年期

- 生理發展
- 社會心理發展
- 退休、老人虐待
- 死亡、悲傷、哀悼

Unit 1-2
人類生命週期發展的哲理

生命週期發展的科學化，如同生命的增長需經過多年緩慢地發展，而人們也開始了解生命中每個時期的重要性。了解生命週期的哲理，對於理解人類行為的發展過程將更為清晰。茲將人類生命週期發展的十二項重要哲理，扼要說明如下（後續二個單元接續）：

一、發展是多面的及各學科間的

人類發展是一個複雜的過程，並且可以區分成四個基本的範圍：生理、認知、情感，以及社會發展，這些範圍是相互影響的。例如：認知技巧取決於生理及心理健康和社會經驗，一個擁有良好的生理、心理健康，以及經歷多樣化社會經驗的孩子，比起處於相對情境下的孩子學習得較多。社會發展受到生物性成熟、認知理解和情緒反應影響。生命週期成為一門多元學科間的學問，它結合生物學、生理學、醫學、教育學、心理學、社會學及人類學的知識。

二、發展在整個生命週期中持續著

在過去認為人類發展是從出生以前就開始，並隨著青春期而結束，並認為人類發展（包括生理、認知、情感和社會）被假設在青春期的晚期達到最高峰，而以某種方式不可思議地在那個時期後停止。雖然，某部分的生理上發育停止，但人類發展在改變和適應方面是會貫穿生命週期的，發展在整個生命週期中持續著。

三、遺傳和環境皆影響發展

先天因素（遺傳）及後天因素（環境）皆發揮重大的影響力，而絕大部分受到兩者的影響。最主要的問題並非是哪一個因子 —— 遺傳或環境，導致我們的行為，而是這兩個因子如何相互影響，以及他們如何被控制以產生最理想的發展。先天與後天因素兩者均為發展的要素。先天因素是指影響個體發展的生物與遺傳因素，後天因素是指影響個體發展的環境與經驗因素。

四、發展反映連續與非連續

某些學者強調人類發展是一個逐漸連續的成長和改變的過程。生理的成長和語言的發展或其他方面的發展，是呈現漸進的改變。亦有學者認為發展是一個非連續性的過程，具有區別的階段，從每一個時期到下一個時期之前，都會發生一些突然的改變。而著重於連續性發展的學者，傾向於強調在成長過程中環境影響力，以及社會學習的重要性。著重於非連續性發展或階段性發展理論的學者，傾向於強調（在成長的先後次序中）遺傳（先天因素）及成熟的角色作用。現今許多學者並不贊同任何極端的發展觀點，他們認同發展中的某些方面是連續性的，相反的其他方面，則是表現出階段性的特性。

NOTE

人類生命週期發展的哲理

1 發展是多面的及各學科間的

2 發展在整個生命週期中持續著

3 遺傳和環境皆影響發展

4 發展反映連續與非連續

5 發展是同時可以控制和超越我們所能控制之外

6 發展反映出穩定性及改變

7 發展是多變性的

8 發展有時是循環且重複的

9 發展反映出個體的差異性

10 發展反映出性別的差異

11 發展反映出文化和階級的差異

12 發展是相互影響的

Unit 1-3
人類生命週期發展的哲理（續1）

圖解人類行為與社會環境

本單元接續前一單元，說明有關人類生命週期發展的哲理：

五、發展是同時可以控制和超越我們所能控制之外

Heckhausen區分生活中主要與次要的控制能力。主要的控制是有關於企圖去改變外在世界，以達到個體的需要及欲望；次要的（相對的）控制，其目標是改變個體內在的世界，致力於適應外在世界。人類在發展的過程中，是可以同時控制和超越我們所能控制之外。

六、發展反映出穩定性及改變

研究人類發展學是調查在生命週期中發生的種種改變，而學習提出許多的疑問。例如：「人格特質中的要素是否穩定？假若一個人在兒童期有某些明顯的人格特質，是否會持續至青春期或成年期？」有時候發展會呈現穩定，但有時會出現改變，可以確定的是，在某些人身上證明了人格特質的穩定性，但在其他人身上則不具有穩定性。有時候一個創傷的外在事件會澈底改變一個人的人生，發展軌道並非總是在預期內。

七、發展是多變性的

成長是具有差異性的，並非所有人格發展的各部分皆以同樣的速率成長。一個聰明絕頂的兒童，可能在生理成長及發展方面落後，大多數的青少年生理的成熟，較早於心理方面的成熟或社會責任感。一位開始發展得早的青春期少女，可能擁有成熟女性的身體、成年人的社會興趣，但是情緒表現上仍像個小孩。她的父母親可能會因為她的行為而感到困惑，因為她在某些方面表現得像個小孩，而另一方面卻又像個大人。前述這些案例顯示，人類的發展是具有多變性的。

八、發展有時是循環且重複的

Levinson指出，在每個人的生命中都有某些重複的發展，在青春期可能會面對認同危機，而中年時又是另一次認同危機。青少年也許度過一個價值觀衝突的時期，並且在數年後成為成人時再經歷另一次。當生命邁入30歲時，意味著對人生的重新評價，但是邁入40歲也是如此。同樣地，當一個人進入職場或退休時，職業的調適是必要的。除了個體生命中的重複發展之外，還有相似時期的重複發展，發生在其他個體生命循環的不同時間點。不同的人可能經歷相似的生命階段，但是仍有個體及文化上的差異。不同的影響塑造每一個生命，創造出交替的途徑。各種的因素加速或減慢這個時間表，或者甚至使整個發展過程停止。然而當發展過程的相似性確實存在，我們能夠從他人的身上學習經驗，這項事實使生命週期更具有意義。

人類發展的四個面向（範圍）

生理發展

生理發展包括發展的基因基礎、身體組成的生理部分、運動發展的改變、感官和身體系統，以及和個體成長有關係的健康照顧、營養、睡眠、藥物使用，和性功能的發展。

認知發展

認知發展包括在智能過程所有的改變，像是思考、學習、記憶、判斷、問題解決，以及溝通等；它同時也包括了遺傳和環境的影響過程。

情緒發展

情緒發展包括依附關係、信任感、安全感、愛和情感的建立，各種不同的情緒、感覺和氣質；它也包含自我概念和自主性的發展、對壓力和情緒障礙的討論，以及行為因應的產生。

社會發展

社會發展強調社會化過程、道德發展，以及同儕與家庭成員的關係；同時討論婚姻、養育、工作、職業角色及受僱關係。

NOTE

Unit 1-4
人類生命週期發展的哲理（續2）

本單元接續前兩個單元，繼續說明有關人類生命週期發展的哲理：

九、發展反映出個體的差異性

在所有個體中有一些發展次序的重複，許多這類的差異性在出生時就已呈現。不同的嬰兒花費在睡眠的時間上，餵食、緊張不安及哭泣，表現出不同的數量。同樣地，在同一個嬰兒身上發現每日的變動，發展上的改變影響嬰兒走路、吵鬧、哭泣、餵食及睡眠，個體的發展時間上及速率上具有相異性。這些因子，例如：身高、體重、體格、生理能力和健康、認知方面特質、情緒反應，以及人格特質。這些因子在社會能力、休閒嗜好、朋友間人際關係、職業興趣、工作能力、婚姻和家庭狀況，以及生活型態多方面不同。學者研究指出，在個體間仍存在不一致性，然而，他們必須嘗試解釋個體間的異質性及不一致性。

十、發展反映出性別的差異

性別具有顯著的差異性，男孩和女孩生理上的差異就是最好的證據。假設氣質發展和人格的差異存在，這是否由遺傳的基因差異所造成？或者是因為其他的因子關係到男孩和女孩被養育的方式，或者是社會對於男孩和女孩的看法態度？氣質發展可能同時具有性別差異，但親職養育小孩的態度和行為，亦有可能具有型塑相同的功能。我們將差異性歸因於性別時，必須非常小心，許多的差異性在以往被認為導因於遺傳和性別，但卻發現是由於男孩和女孩接受不同的養育待遇所造成。

十一、發展反映出文化和階級的差異

文化和階級的差異在人類發展上同樣發揮了深遠的影響力，這是一項事實。因為文化和社經地位皆影響父母親的看法，像是關於期望和不期望的長期社會化的目標，以及兒童的行為。母親的管教方式、父親被養育成人的成長背景等，會有性別上的差異。這些父母親的信念系統，會接著被教育給下一代並影響他們的社會發展。例如研究指出，美國的文化特徵是「個人主義」，與其他某些文化是以「社會中心」、「互助的」、「整體的」及「聚集的」成為對比。以社會為中心的文化，自我本身被認為是社會環境中完整的一部分，更甚於在之中移動的獨立單位。社會中心主義強調人類間相互信賴、致力於歸屬感和維持和睦，個人主義和社會中心主義兩者，均在不同的社會文化背景的團體中有不同的體驗。

十二、發展是相互影響的

過去的研究曾經強調成人與環境對兒童的影響，目前也強調兒童能夠影響照顧者。因為個體的差異性，不同的人們處於不同的發展階段，依照他們的環境背景做不同的解釋與行為，這些使得每一個人發展出不同的經驗。

文化的差異：教養的價值觀

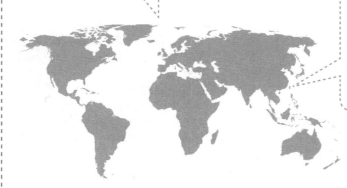

西方文化：
將較多的重點放在致
力於自我實現

亞洲文化：
通常反映出傳統
性，因此著重團
體大於個人，以
及合作勝於競爭
與支配

日本和美國的學齡前兒童對於衝突和壓力的反應，突顯出文化的差異：
- 美國的兒童：表現出較多的憤怒，較多的暴力行為和言語，並且比日本兒童有較不規則的情緒。
- 美國母親比較可能去鼓勵孩子們表達情緒，日本母親著重心理上的規範，是透過理解和罪惡感，以及焦慮的產生。

Unit 1-5
社會工作必須學習人類行為與社會環境的原因

社會工作為何要學習人類行為與社會環境的原因，茲說明如下：

一、人類的行為是由身體、心理、歷史和社會與文化情境等多重因素所造成的。在這些情境中，人們時常會面臨來自生理、心理或社會層面的需求，所以需要有效的因應這些需求。而能有效因應個人、家庭、團體、社區和組織需求的能力，稱為適應（adaptation）。

二、了解適應的過程對於從事專業助人工作者而言，是很重要的。在社會工作領域中，「人類行為與社會環境」（human behavior and the social environment, HBSE）的學習，便是了解人類適應過程的最佳途徑。理解人的適應和社會調適的過程，被認為是促進人類和社會福祉的基本能力，也是社會工作專業的主要目的。

三、社會工作會將「社會適應」，作為主要研究的領域。在社會生活中，人們必須要適應許多狀況，人際關係也會隨著不同工作時間、生活習慣及重大事件而改變。例如：戰爭、貧窮或天災，無論他們的健康狀況或是身體殘疾，每個人都需具備良好的適應能力。有些事件所造成的是一般的壓力，而有些事件的壓力就較為嚴重（創傷壓力）。對某些人來說，想要積極應變有些困難，無法積極調適的人，通常是比較容易被負面發展所影響的人；相反地，有些人在面對同樣壓力的時候，絲毫不會受到負面壓力的影響。相關的文獻將這些能夠「在逆境、風險之中，或風險之後能夠積極適應的人」，視為是有「優良適應能力」的人。

四、社會工作者在助人過程中，必須致力於理解案主面對的風險和問題的前因後果，必須能掌握案主正面和負面發展的結果，以及適應模式相關的知識，如此才能具有助人的效能。

五、在瞬息萬變的環境中，人類適應生存的能力與他們發展適應性的能力有關。因為人類的發展是一個重要的社會文化過程，「適應」不只限於基因或生物的考量，信仰、技能、價值和社會期待，也必定成為適應快速改變的環境條件。這些適應的條件與能力的發展，也和我們的社會情境與文化遺產有密切的關係。

六、在評估人類行為時，社會工作者必須透過年齡相關的行為標準來確認有效的發展成果。這些發展標準包含了各種人類行為的發展任務，這些發展任務在某種程度上，可能會因為文化的差異而有所不同。但是這些廣泛的任務，可能取決於人的能力和社會性目標，因此，具有跨文化的共通性。

七、人類行為在社會工作領域，常被視為人們對資源或環境的適應。資源對社工實務是非常重要的一環，可藉由㈠創新服務；㈡幫助人們了解自身力量及㈢社會網絡來有效利用資源，以增強人們的適應。

人類行為與社會環境的關鍵概念

● 關鍵概念是要用於了解人類的發展過程和成果

關鍵概念	內容說明
適應（adaptation）	指生物體如何調節環境的變化。
調整（adjustment）	指人們對應日常生活中的需求和挑戰的過程，包括社會環境的變化。
年齡規範（age norm）	指社會和文化，期望人們在人生特定時間點，需具備某些特定行為；亦即社會對於個體行為的期待，這些期待有特定的年齡和發展階段該有的準則或標準。
資產（assets）	可積極發展的內在和外在能力，或其他相關的行為表現。
世代效應（cohort effects）/ 時期效應（period）	指同時間出生，具有共同歷史經驗的一群人共同受到的影響。例如：x世代。
風險累積假設（cumulative-risk hypothesis）	這項假定認為風險因素會威脅到發展，這種負面的影響會隨著時間而持續的累積。
發展任務（developmental tasks）	指人在特定時期的特定發展重點。
規範性年齡分級影響（normative age-graded influences）	某特定年齡群的個體行為會受到該年齡群特定生活模式或因素的影響，這種影響通常是可以預期的，而且該群體都會受到影響。例如：兒童和青少年。
規範性歷史分級影響（normative history-graded influences）	指某特定時期的歷史、社會、政治或經濟等因素，會影響生活在該特定時期的個體，這類影響具有共通性。例如：大蕭條（depression）是歷史事件，對每個人都有影響。
非規範性事件（nonnormative events）	大多數人無法共同擁有的生活經歷或事件，但對某人的發展結果和行為有重大影響。
保護因子（protective factor）	與正向發展有關的活動、經驗或情況 。
復原力（resilience）	指一個人在可接受的範圍內積極調整的能力。
風險因子（risk factor）	與負面發展相關的經歷或情況。
社會時鐘（social clock）	Bernice Neugarten定義為：個體對於何時該做什麼事，以及依據年齡規範，自己該做的事是超前或落後。

Unit 1-6
社會功能

社會功能（social functioning）是理解人類行為與社會環境的重要概念，茲將其內涵說明如下：

一、依Bohem的觀點，醫生的責任是提升案主的生理功能，而社會工作者的責任是提升案主的社會功能。社會功能（social functioning）是一項專業術語，著重人與環境間的互動，包括對人類基本需求的重視，期待個體的需求獲得滿足，以及個體如何發揮功能對社會做出貢獻，使得專業人員關注到人在社會環境中的互動能力。

二、社會工作者在回應社會功能方面的問題時，著重在「必須適當地滿足人類共同的需求，使個人能夠達到合理的自我實現程度，並且扮演對社會有貢獻和有生產力的功能性角色」。

三、由Boehm所發展的社會功能觀點，源自於社會互動論與角色理論。這些理論認為，經由社會角色的呈現，人們可產生自我價值及歸屬感。當人們在社會環境中 將自我放錯了位置時，會擾亂他人對他的期望。人自身的失敗及挫折感、旁人對他的反應，都對他處在自然生態環境中的角色有一定的影響性（或是自問：我做得好嗎？）。當人們認為他做得不好時，這會促使其做出適當的調整。社會功能的角度引導社會工作者了解個人在參與不同社會團體時，所面臨的角色期待。此觀點使社會工作專業將焦點從個人層面，轉移到重視人與環境交互作用的層面，減少落入譴責個體的偏誤。

四、人不是獨立存在的，他的自我概念和行為模式都是社會角色的特定組合。角色的扮演，也影響生物、心理社會系統的其他層面。例如：人的自我定義和自我概念，生物的生理和心理功能的組織，必須透過一個人所扮演的角色為何來理解。情緒、知覺和其他心理與生理過程的表現，也是受到個人的學習和扮演的角色所影響。

五、如果想對社會功能下任何定義，角色是一個關鍵的概念，因為角色是用來確定一個人與社會環境互動的核心的。的確，行為表現和背後的意義是來自於人在情境中所扮演的角色。心理功能和個性是藉由在社會環境中，社會角色的特殊組合所形成。藉由扮演不同的角色，表現出特定的主題、目標、動機和價值，這些都進一步引導個體的行為。角色也是一些理論家藉以定義制度的中心概念。Gerth和Mills將制度定義為角色的組織，他們認為以社會角色為中心的概念，可以理解個人的內在經驗和他們周遭環境的制度。角色作為我們分析的單位，不僅可以看到角色如何被組織，也可看到制度的服務功能。社會工作人員可以操作這些概念，試著了解制度和社會結構，進一步了解人與環境之間的交互作用。因此，角色的概念對於社會工作人員而言是非常有用的。

Boehm依據社會功能架構發展出的社會工作人員五大主要教育主題

01 了解生物學的天賦特質（基因、性格等），認識人體功能的來源或潛能。

02 了解環境的力量是如何提升或危及社會功能的潛能。

03 了解天賦與環境力量的交互作用，如何提升或危及社會功能的可能性。

04 了解個人對改變和壓力的期待與反應。

05 了解和評估案主社會功能的可能性。

角色理論的主張

角色理論是一系列的主張，這些主張是以社會功能觀點為中心，簡述如下：
- 人們花大半輩子的人生階段成為團體或組織的成員。
- 在這些團體內，人們各有其獨一無二的位置（例如：足球後衛、廣告主管、警長等）。
- 每一個位置必須承擔一個角色，一群人為團體發揮該有的功能。一個人的角色，是其他團體成員認為他或她應該如何表現的期望。
- 團體通常會使這些期待成為正式的規範，這些規範是指定一個人應該如何表現，履行這些表現會得到什麼獎勵，以及不履行將導致什麼懲罰。
- 個人通常會扮演好自己的角色和遵循團體現行的規範。亦即，人是墨守成規（遵守習俗）的動物，他們試圖滿足其他人對自己的期望。
- 團體成員會檢驗每一個人的表現以決定是否符合團體的規範，如果可以滿足其他人的角色期待，將可以獲得某些形式的獎賞（贊同、金錢等）。如果無法履行角色期待，團體的成員也許會處罰或甚至將個人逐出團體，制裁的應用有助於確認成員的表現符合期待。

Unit 1-7

人類行為與問題的概念化：微觀、中介和宏觀層次

社會工作教育和文獻在描述人們遭遇問題的不同層次時，經常使用微觀、中介與宏觀這樣的語詞，微觀─中介─宏觀的方法幫助社會工作者不僅聚焦個人，更將人們視爲在生活、關係和環境相互影響作用下的積極行動者。因此，微觀─中介─宏觀的方法體現了人在情境中的概念，提供了一個可以視覺化的框架，而這有助於組織案主的大量訊息，並思考人們生活和環境的各個面向如何交互作用。茲說明如下：

一、微觀、中介與宏觀層次之意涵

（一）微觀層面

考量個人的各個層面，包括生物的、心理的、發展的、精神的、情感的、認知的、休閒的、財務的面向等，對於個人的個性和功能之影響，對一個人的福祉都是至關重要的。這個層次亦包括年齡、性別、收入、種族背景等因素。

（二）中介層面

由個人所處的直接環境中的元素所構成，包括家庭、朋友、同事、鄰居、工作環境、教會活動、地方資源和服務，以及交通運輸等都落在中介層面。

（三）宏觀層面

包括影響個人的更大社會力量，例如：政府政策、歧視、壓迫、社會政策、經濟條件、社會價值，甚至歷史事件。

二、對微觀─中介─宏觀層面概念化的批判

（一）社會工作者對於與案主相關事情的探索可以是無窮盡的，而蒐集太多資訊可能反而癱瘓了案主與社會工作者。社會工作者和案主可能難以確認和定義問題處理的優先順序，以使案主的目標得以實現。事實上，社會工作者應該是希望幫助案主體認到問題並非無法解決，如果微觀─中介─宏觀的方法使用不當，案主（及其社會工作者）會有他們面臨太多問題的感覺，導致在服務工作開展前就感到失敗。

（二）許多社會工作者可能沒有充分時間全面性探索影響案主的議題，這是確實的情況，尤其是當社會工作者希望獲得這些議題更深入的歷史資訊時。

（三）由於微觀─中介─宏觀的方法並不是一個理論，它無法被實證，每一個層面上哪些概念的想法應該被評估，應該依社會工作者而異，因此基於此種方式的干預措施可能有很大的不同。

（四）這個方法並沒有一組一致的結構可應用於案主的情況，這意味著也確實無有效或可信的方法，來衡量用於案主後的效果。

NOTE

微觀、中介和宏觀層次：組織案主系統的方法

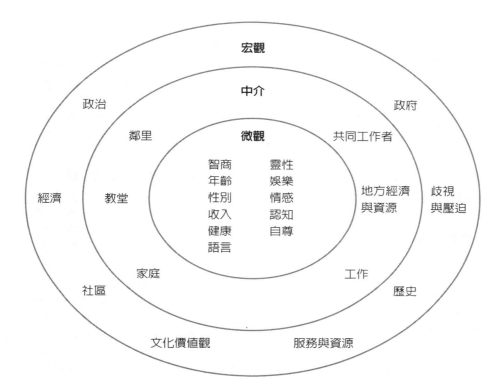

宏觀

中介

微觀

智商　　　靈性
年齡　　　娛樂
性別　　　情感
收入　　　認知
健康　　　自尊
語言

政治　　　　　　　　　　　　　　　　政府

鄰里　　　　　　　　　　　共同工作者

經濟　　　教堂　　　　　　　地方經濟　歧視
　　　　　　　　　　　　　　與資源　　與壓迫

　　　　　家庭　　　　　　　　　工作

社區　　　　　　　　　　　　　　　歷史

文化價值觀　　　　服務與資源

■ 當社會工作者在為案主進行評估和發展處遇方式時，可思考微觀─中介─宏觀三個層次上與案主特定問題和情況相關的許多面向。
■ 當思考關於案主生活的複雜性時，微觀─中介─宏觀的方法是有效的，能幫助社會工作者多方考量可能影響案主的各種因素，特別是在社會文化層面。
■ 再者，微觀─中介─宏觀的方法可以被用來探索不同層次中過去所發生的問題如何影響案主，以及如何影響案主目前的功能。社會工作者經常將這一個概念作為一個突破點，探討案主的行為和環境等其他各個面向。

NOTE

第一章　理解人類行為與社會環境的入門

015

Unit 1-8
人類在社會環境中所涉及的多重系統

人們在社會環境中頻繁與充滿活力的互動，涉及到許多的系統。這些所涉及的多重系統，包括微視、中介與鉅視系統，彼此之間交互作用。因此，案主與許多相關系統的互動性非常重要。系統為一組相互影響的元素，並成為具有功能的實體。系統可區分為三種基本型態：微視系統（亦稱微觀系統）、中介系統（亦稱中間系統）、鉅視系統（亦稱宏觀系統）。茲將相關概念說明如下：

一、微視系統

對社會工作實務而言，微視系統（micro system）牽涉到將焦點放在個人之上。廣義來說，個人為系統的一種型態，包含生理、心理與社會系統。所有的系統是互相影響的。微視取向意味著將焦點放在個人的需求、問題與優勢上，也強調個人如何看待這些議題、引發解決問題的方式、充分發揮其力量、盡可能做出最有效的選擇。微視實務則包含了與個人一起工作，並強化其功能。

二、中介系統

中介系統（mezzo system）指的是任何的小團體，包括家庭、工作團體與其他的社會團體。在評量上，有時很難去區分微視系統（個人）及牽涉到個人的中介系統（小團體）之間的事件。這是因為個人與身旁較親密的人，有著緊密的互動。在許多的狀況下，我們會採取獨斷的方式去分辨微視系統與中介系統之間的事件。

三、鉅視系統

鉅視系統（macro system）指的是比小團體更大的系統。鉅視取向將焦點集中於影響全體人類獲取資源與生活品質的社會、政治、經濟條件與政策。社會工作的鉅視實務，包含努力改善人類生活的社會與經濟處境。

四、微視系統與鉅視系統的互動

個別的微視系統會持續地深受與環境中互動的鉅視系統之影響。兩種主要的鉅視系統影響個別的案主：組織與社區，此兩者彼此相互糾結著。茲說明如下：

（一）社區（community）

社區是「一群有共同之處的人以某種方式結合而成，並有別於他人。」最普遍的社區型態為人們所居住的鄰里，人們分擔某一項活動的工作或是以其他方式連結其他人，像是「種族的身分認同」。

（二）組織（organizations）

組織為人們所組成的結構性的團體，為了共同的目標而一起工作，並在不同的單位從事已制定的工作項目。組織通常會清楚地定義成員的身分，以確認成員的加入與退出。

多重系統中的人類行為

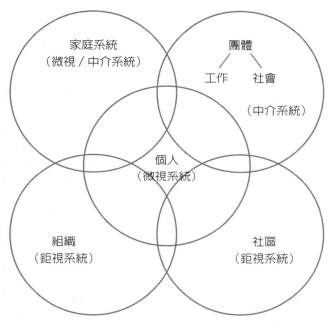

家庭系統
（微視／中介系統）

團體
工作　社會
（中介系統）

個人
（微視系統）

組織
（鉅視系統）

社區
（鉅視系統）

個人處於由家庭、團體、組織、社區所構成的多重系統之中。

社會環境中人類行為的概念化

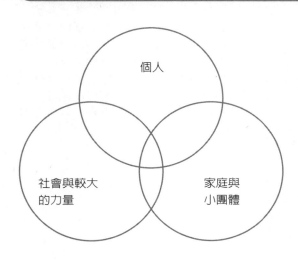

個人

社會與較大
的力量

家庭與
小團體

- 每一個圓圈代表社會工作者可能需要關注的實踐層次，此方式呈現人們生活和環境的不同區域如何相交，而交叉的區域經常是社會工作者聚焦評估與介入處遇的領域。
- 然而，根據機構或服務人口群的不同，社會工作者有時會將焦點從重疊區域轉移到與特定圈子或領域相關的議題。

Unit 1-9
評估人類行為與社會環境的多面向架構：基本概念

實務工作者面對的個案問題和社會議題通常很複雜，因此，以單一面向觀點評估案主問題面臨到許多的限制。且為了能精確的提出處遇，社會工作者應避免將人類與環境評估限定在單一因素，而多面向架構的評估觀點，可以提供一個整合性的評估架構，使社會工作者在評估人們和其所處社會環境情況時，能更為周延的考慮到各面向，以及各面向之間的交互作用。多面向架構包括生理面向、心理面向、社會面向等三個架構，以及生理、心理與社會的交互作用等，茲說明如下：

一、生理面向（biophysical dimension）

包括生化系統、細胞系統、器官系統和生理系統。這個面向是按階層排列的，有助於評估個體身體的生長和發展。該系統的功能是指其生理組成之間能量的平衡。這個面向仰賴生物理論，重點在於辨識和說明影響人類行為的生物和生理機制之間的關係。這個面向的任何變化同時都會引起系統內和系統外其他面向的變化。人類受其生物或基因遺傳與健康情況的限制，社會工作者需要了解這些面向對於人類行為的潛在限制。

二、心理面向（psychological dimension）

代表促成個體整個心理過程的整合或組織之運作系統。這個面向涉及幾個功能，這些功能的主要目的是協助個體滿足他或她的需要。這些心理功能涉及幾個系統，包括資訊處理和認知發展

系統、溝通、社會認知和情緒、心理優勢、危險和風險因素。

三、社會面向（social dimension）

是指人與個體或者在一個群體裡互動，所形成的社會關係之系統。這個系統裡的社會團體和社會關係，包括家庭、社區和其他社會系統。社會面向包含了可以幫助實務工作者辨識個人，在各種社會體系和制度中的行為類型。這些類型包括在社會面向裡，強調社會位置和社會分層的構面。靠著聚焦在這些概念和構面，我們將社會階級、文化、族群和性取向等議題，放在我們評估過程的核心，而不是周圍。另外，可以檢視這些位置、制度、社會系統的變項，如何成為社會功能的優勢、危險和風險。

四、生理、心理與社會的交互作用

個體和他們的環境，代表從生物化學延伸到心理社會領域的多元系統。個體的生物領域可以從分子延伸到莫耳（molar）或結構；心理領域可以從情緒延伸到行為。個體的社會領域包括家庭和其他團體、鄰里、文化情境和社會環境。這種多重來源的影響可描述成：一個人在每個場域受到的影響，包括身體內、家庭內、地區、國家、世界等。

多元架構的基本假設

1 評估人類行為和社會環境的基本面向有三個：生理、心理、社會。

2 這三個面向被概念化，成為生理、心理、社會功能運作的系統。

3 這系統涉及到多個次系統，可以依照層級排序，從最小（細胞）到最大（社會）的層級。

4 這個依階層逐漸往上的系統不斷和其他具有生命力的系統互動，也和系統其他不具生命的物質環境交互作用。

生理、心理、社會的交互作用

人與環境交互作用的層面

01 生理層面：
指由分子到質子所組成的結構

02 心理層面：
指從情緒到行為的各個層面

03 社會層面：
包括家庭、團體、鄰里、文化與社會背景等

角色理論的主張

- 生理、心理、社會的交互作用的取向，被稱為 「 發展性的情境主義」 （ developmental contextualism ） ，顯示此取向對於發展情境的重視。
- 人類行為是由個體（遺傳、過去經驗等）與社會、環境（社會影響力）所構成的。
- 行為是人與環境交互作用的結果，而生理的因素可能會限制人類對環境的因應或回應能力。
- 並不是單一因素就能對行為有所影響，行為是在複雜的系統之中產出，是由多元因素的交互作用的結果，才產生某些行為。
- 考量生理、心理、社會等層面的交互作用，有助於社會工作者對行為反應的預測能力。

Unit 1-10
評估人類行為與社會環境的多面向架構：應用

在社會工作的評估中，「個案概念化」提供了社會工作者對案主問題、情境及問題原因的說明。「個案概念化」的意涵、概念化的原則等，說明如下：

一、「個案概念化」的意涵

(一) 為了理解個案特定的議題或問題，社會工作者運用多面向的架構評估個案生活的所有層面，以便建構或概念化一個個案的描述，稱為「個案概念化」。

(二) 個案的問題可能發生在個人、團體、組織、社區或社會，個案概念化提供了有關案主系統相關的生理、心理、社會因素如何影響人類行為的重要假設，個案概念化可以被視為是案主問題的解析。概念化提供了系統化模式，有助於社會工作者對於問題和問題發生情境的了解。

(三) 社會工作者在擬定個人、家庭、團體、社區、組織、社會的預防與處遇計畫時，透過個案解析產生假設，計畫執行之後，可以印證或修改前述的假設，啟動另一個假設檢證的過程。

(四) 在個案概念化的發展過程，社會工作者應該蒐集許多不同來源的資訊，例如：個案訪談、家庭成員或其他重要他人共同訪談、快速評估工具、心理測驗、行為觀察、關鍵的資料提供者、社區規劃文件、資源的分布，以及地方口述歷史和紀錄。在組織和整合這些多元來源資訊的時候，重要的是，不要只用多面向架構中的一個面向，最好應用多個面向。

二、概念化的原則

(一) 4P 模式

如果能夠針對多元架構的每個面向，將個案呈現的問題，整理成為前置因子（predisposing factors）、誘發因子（precipitating factors）、持續因子（perpetuating factors）和保護因子（protective factors），那麼這個多元架構就能夠導引社會工作者發展出特定的處遇策略，這四個因子又稱4P模式。說明如下：

1. 誘發或啟動個案問題的情境或狀況。
2. 前置因子是個案發展歷史的任何危險因子。
3. 持續因子是增強或使問題持續發生的因子。
4. 保護因子是指個案的資產、優勢和資源。

(二) 5P 模式

根據Handerson和Martin的觀察，4P將時間和病因的考量與生理心理社會模式連結起來，幫助社會工作者辨識處遇要在哪些方面進行。Macneil和他的同僚為社會工作者提供了第五個P，也就是個案呈現的問題或關注的議題。

為有效完成個案問題的評估或概念化，5P模式中的每一個P代表該釐清的問題（詳次頁圖解）。這5P模式融入了想要完成當下（current）和發展性評估（developmental assessment）相關的議題。這個個案概念化模式的前置P因子，聚焦在個案關注議題的發展因素。

生理心理社會模式的4P整合：案例

模式與問題	生理	心理	社會
前置因子 為什麼是我	遺傳負荷 家族病史	不成熟的防禦機制	貧窮和社會孤立
誘發因子 為什麼是現在？	氣質	最近有所失落	學校的壓力源
持續因子 為什麼會持續？	對藥物的不良反應	扭曲的自我概念	因為交通問題無法持續接受諮商
保護因子 我可以依靠什麼？	對治療反應的家庭史	病識感	教會是資源，信仰是社會支持

個案概念化的5P模式

5P模式	問題
呈現的問題	個案的問題是什麼？將其條列出來。
前置因子	個人生命的歷程中，哪些因素促成問題的發展？
誘發因子	為什麼在這個時候求助？問題的觸發點有哪些？
持續因子	哪些因子增強或維繫現有的問題？
保護或正向因子	個案有哪些優勢可以運用？有哪些社會支持、社會資源或資產？

NOTE

Unit 1-11
人在環境中（PIE）

圖解人類行為與社會環境

022

　　「人在環境中」（person-in-environment, PIE）的評估系統設計，旨在評估個體在發揮社會功能之時可能碰到的問題，使社會工作者在分析或評估案主問題時，有一個普遍性的分類系統的指引。茲將相關概念說明如下：

一、PIE系統描述案主問題的四個因素
　（一）因素一：社會角色問題。
　（二）因素二：環境問題。
　（三）因素三：心理違常問題。
　（四）因素四：生理問題。

二、描述案主問題時，這四個因素缺一不可。前兩項因素是社會工作者用來評估案主的社會功能的依據；社會功能是指案主有能力完成生活的需求與任務，並能扮演社會認同的角色。PIE系統建立了明確的分類，以確認社會角色功能的問題。因素三關注的是心理違常，因素四則包括可能影響社會功能的相關醫療情況。此系統針對社會角色功能設定了清楚可辨認的問題分類，以及建立了一系列的環境系統和問題的範疇，並試圖平衡問題或限制和優勢，並且描述個人和環境的問題，同時依據問題的持續、嚴重度評估案主解決或因應問題的能力，最終目的當然是減輕案主面對的問題。

三、社會工作者在PIE的架構中描述：問題、問題的嚴重程度、持續程度。此架構運用已建立的分類與規則，來描述案主的問題。PIE系統對範疇、術語、規則等可訂出操作型定義，以便將案主問題明確地分類，提高評估社會功能的可靠度。如果無法對社會功能的問題作有效的定義，社會工作者便無法正確地評估案主的問題是減輕或加重，也無法建立起專業人員之間對問題進行專業性溝通的基準。

四、PIE系統的優點是提供一個定義案主問題的明確方法和專業人員之間的溝通方式，同時有助於增加處遇的效能，PIE非常強調案主的優勢，以及因應問題的能力。

五、Karls與Wandrei提到PIE系統幫助社會工作者在評估案主時，必須注意下列問題：
　（一）案主在社會功能中所呈現的問題是什麼？
　（二）在社區的社會機構有哪些問題會影響到案主？
　（三）案主是否存在任何心理健康的問題和心理優勢？
　（四）案主有什麼健康方面的問題或優勢值得注意？
　（五）案主擁有什麼優勢和資源，可以因應和面對他們的問題？

六、有關優勢的概念很重要，道理也很簡單，就是每個人都有潛力因應和適應壓力，以及解決生活中發生的問題。社會工作的處遇目標就是要動員相關的資源和提升個人的優勢，解決人與人之間和人與環境之間的問題。案主的優勢指的就是因應能力，也就是案主使用知識、經驗和生理、心理資源面對壓力情境的能力。PIE是社會工作者評估案主因應能力的重要依據和工具。

PIE評估系統案例應用分析

案例

一位68歲的婦女因為發燒和神智不清而住院，鄰居說她這幾個星期以來病情持續加重，醫生診斷出她有尿道發炎的狀況，因此以靜脈注射抗生素醫治。經治療之後，病狀已經消失，但精神狀態卻未獲得改善。醫療小組發現案主因為僅靠社會救助金生活，經濟困難無力負擔醫療費。她是個單親媽媽，雖然從事音樂工作的兒子願意照顧她，但他的生活方式無法讓他在家穩定的照顧母親。出院之後，案主堅持要回到入院之前所住的公寓，但心理醫師診斷她患有癡呆症，無法自行作決定。經過醫院的允許，社會工作者與案主的兒子仍決定違背案主的意願，將她送至「照顧住宅」（assisted-living home），照顧住宅是接受社會救助的低收入或中低收入個案提供照顧和安置的機構。兩星期之後，這位婦女已可以獨立自理生活。

應用分析

因素一（社會角色問題）
- 社會角色範疇：其他非家庭的關係（房客）。
- 社會角色問題：地位改變。
- 嚴重度：4，高。
- 持續時間：5，兩週或兩週以下。
- 因應技巧：4，不足。

01

因素二（環境問題）
- 環境系統：經濟與基本需求。
- 環境問題：庇護所與照顧（在自己的公寓中生活無法自理）。
- 嚴重度：4，高。
  - 持續時間：5，兩週或少於兩週。

02

03

04

因素三（心理違常問題）
狀況：失智症。

因素四（生理問題）
狀況：泌尿道系統感染（已解決）。

Unit 1-12
個人與環境間的交流（TIE）

「個人與環境間的交流」（transaction in environment, TIE）最初是由Monkman及Allen-Meares共同提出，以作為檢視兒童及青少年本身與其情境互動（交流）的架構。這個架構也可考量社會工作對於人在情境之雙向觀點。它不但可以讓社會工作者看出以發展本位的個人需求為標的之工作目標，同時也能看到環境的各個影響層面。TIE系統之架構其實是運用了生態觀點（ecological perspective）及系統觀點（systematic perspective），其組成要素有因應行為、交流與互動、環境品質等要素，說明如下：

一、因應行為要素

因應行為是指個人面對環境時，意圖要控制自己的行為能力。社會工作者主要須處理個案三個方面的因應行為，茲說明如下：

（一）生存的因應行為

指讓個人可以取得並使用某些資源，以便能持續生活與活動的因應行為。因此，生存行為可再區分為各種為取得食物、衣著、醫療處理和交通等各項資源的行為能力。

（二）依附的因應行為

指使個人得以與其環境中的重要他人有著密切的連結。此類行為可再區分為發展並維繫親密關係的能力，以及運用組織架構（例如：家庭、學校、同儕或社團）的能力。

（三）成長與成就的因應行為

指使個人得以投入利人利己的知識與社會活動。此類行為又可區分為個體之認知、生理、情緒及社會等方面之功能行為。

二、交流與互動要素

因應交流與互動所需的資訊，包括特定事務、資源或情境的了解，也可能涉及自身的訊息。因應型態係指個人在認知、行為和情感方面的能力。這些能力交互影響形成個人之生活風格，也成為個人成長史的一部分，所以社會工作者在檢視個案時，可以從其家系圖或過去生長史來做評量。

三、環境品質要素

在TIE系統架構中，環境係指案主會直接觸及或交涉的一些情境，可分為：

（一）資源

指人們（如核心家庭、延伸家庭）、組織（如社區、社會服務機構）或制度（教會、政府組織），也是屬於生態系統之中間或外部系統等。在個案需要時可援引當作支持或協助之處，此資源又分為非正式、正式及社會性等。

（二）期待

社會工作者執行社會工作處遇時，必須要改變重要他人之失功能的角色及其任務。例如：家庭中父母因藥物濫用而失去父母應有的角色功能，那麼社會工作者便需尋找替代性的安置方式來滿足兒童成長之需求。

（三）法令與政策

指對個案行為具有約束力的習俗或規範。例如：發現兒童被虐待時，就必須向有關當局通報。法令在保護兒童的同時，也規範了社會工作者之職責和任務。而進入通報程序後，就須依兒童保護服務之流程進行訪查、舉證、開案及對父母之約束與限制。

個人與環境間的交流（TIE）之社會工作實務架構

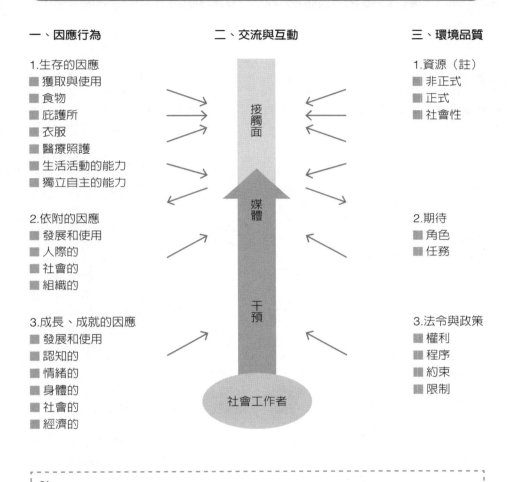

一、因應行為

1.生存的因應
■ 獲取與使用
■ 食物
■ 庇護所
■ 衣服
■ 醫療照護
■ 生活活動的能力
■ 獨立自主的能力

2.依附的因應
■ 發展和使用
■ 人際的
■ 社會的
■ 組織的

3.成長、成就的因應
■ 發展和使用
■ 認知的
■ 情緒的
■ 身體的
■ 社會的
■ 經濟的

二、交流與互動

接觸面

媒體

干預

社會工作者

三、環境品質

1.資源（註）
■ 非正式
■ 正式
■ 社會性

2.期待
■ 角色
■ 任務

3.法令與政策
■ 權利
■ 程序
■ 約束
■ 限制

025

註：
■ 非正式資源：是指支持、勸說或某些具體及實質的服務。
■ 正式資源：是指個體謀求特定利益的組織或各種協會（基金會）。
■ 社會性資源：是指按特定架構所提供服務的單位，例如：學校、醫院、法院、警方或社會服務方案。

NOTE

Unit 1-13
評估發展的風險因子和保護因子

　　社會工作者在人類行為與社會環境領域中，必須學會評估個體在發展過程中所面臨的風險因子，以及保護因子，俾利提供適當的處遇。茲將評估發展的風險因子和保護因子，說明如下：

一、風險因子

(一) 社會工作者需要具備造成個體發展產生負面結果的因子相關的知識，當然也需要具備讓個體發展產生正面結果的因子相關的知識。過去研究確實也聚焦在辨認促使個人健康不佳或幸福感的可能因素。這些對人類發展和行為的威脅已經被確立，在發展相關的文獻裡稱為風險因子（risk factors）。風險因子是與負面發展相關的經歷或情況。不過，並不是每個經歷風險因子的人都會有負面的發展結果，在他們個人優勢和社會環境的支持下，可以緩衝這些風險因子的負面衝擊。這些關於風險的文獻，逐漸被整合成為所謂的風險累積假設（cumulative risk hypothesis）相關論述。

(二) 「風險累積假設」假定大多數的個體能夠應付一個或兩個風險因子，但「當你遇到兩個以上的風險因子時，出現負面結果的機會指數將倍增」。例如：兒童生活中存在的單一風險，並不是導致負面結果的主因，風險累積才是。

(三) 事實上，風險因子可能同時發生，隨著時間的累積，我們知道它們會增強負面結果發生的可能性。換言之，由於個案面臨多種風險因子，社會工作者遇到的許多個案問題，都是這些因子造成的。

(四) 不過，值得注意的是，發展專家聚焦的不只是了解風險因子和負面發展結果之間的關係，他們也致力於辨識在不同的逆境下，可以強化復原力的緩衝或保護因子，也就是探討風險因子和復原力之間的關係，這類探討產生了額外結果或收穫，也就是哪些因子可以保護暴露在風險因子的個體，免受這些因子的負面影響，這些因素在風險和復原力文獻中被稱為保護因子（protective factors）。保護因子是與正向發展有關的活動、經驗或情況。

二、保護因子

　　保護因子有助於社會工作者，解釋和預測逆境中的良好適應模式。

　　多年來，社會工作者已經建立了評估與了解「社會功能」的風險因子和保護因子的專業知識。

NOTE

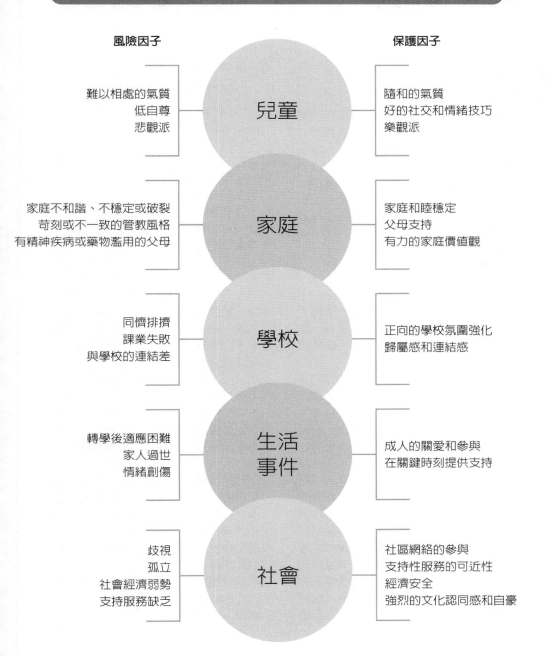

評估發展的風險因子和保護因子

風險因子

保護因子

兒童

難以相處的氣質
低自尊
悲觀派

隨和的氣質
好的社交和情緒技巧
樂觀派

家庭

家庭不和諧、不穩定或破裂
苛刻或不一致的管教風格
有精神疾病或藥物濫用的父母

家庭和睦穩定
父母支持
有力的家庭價值觀

學校

同儕排擠
課業失敗
與學校的連結差

正向的學校氛圍強化
歸屬感和連結感

生活事件

轉學後適應困難
家人過世
情緒創傷

成人的關愛和參與
在關鍵時刻提供支持

社會

歧視
孤立
社會經濟弱勢
支持服務缺乏

社區網絡的參與
支持性服務的可近性
經濟安全
強烈的文化認同感和自豪

Unit 1-14
生命歷程觀點：源起、假設與問題

社會工作者必須體認到，每一個個案乃是穿越不同家庭世代的歷史空間與時間下的生命故事及歷程。我們每個人的生命，都有著獨特的故事呈現、開展、回溯與揭露。了解人類行為與時勢的關係，得由生命歷程觀點（life course perspective）思考，包括由出生到死亡的歲月、人際關係、過渡期、生命轉折，以及社會變遷趨勢，改變了人類的生活軌跡，並轉化個體的生命。茲將生命歷程觀點的源起、假設與問題，說明如下：

一、生命歷程觀點的源起

㈠ 社會學家葛蘭・艾爾樂（Glen H. Elder, Jr.）是生命歷程觀點的先驅，協同社會科學界學者們集思廣益，透過跨文化研究與驗證，持續不斷修正多元觀點與文化論述。

㈡ 自1960年Elder採用柏克萊大學三項兒童自十多歲起之生命經驗歷程檔案，即貫時性追蹤研究的團隊的資料庫，探討兒童至成年期發展的歷程，發現經歷1930年代經濟大蕭條事件影響的世代，對其日後個人與家庭的生涯路徑與軌跡發展有著極大的衝擊。Elder認為，人類早期的生活經驗與日後的發展軌跡有顯著的關聯，因此特別關注兒童、青少年階段邁入成年期階段所展現的個人資源與其社會資本的連結，以探討生命歷程理論在家庭與人類發展研究上的適用性。其強調人類出生成長時期的歷史文化背景，影響個人的家庭生活、學校教育，以及進入職場所扮演的角色與表現。

二、生命歷程觀點的假設與問題

㈠ 生命歷程觀點（life course perspective）源自於社會學與生命全期發展（life span development）有些類似，有時候，兩個語詞還可交互使用，但是為了釐清兩者的差異，還是把它們分開或者區分。

㈡ 生命歷程被認為是一項概念，也是一個特定的理論。「生命歷程」被定義為紮根在受歷史變遷影響的社會制度上的生活型態，這些生活型態又因年齡群而有所不同。生命歷程的觀點聚焦在了解生活型態的變化，不重視人格、特質或行為的變化。該觀點運用軌跡（trajectory）的概念了解人們在生活的主要社會領域裡，所遵循的環境或社會性的路徑，這些生活領域包括工作、婚姻、犯罪和親職教育等。

㈢ 生命歷程觀點認為，角色轉換根植於生命的軌跡，不論是轉換或軌跡都可以從微視或鉅視層次進行分析；有些專家則將這些轉換或軌跡概念化，成為一系列扣連在一起的狀態。其中一個狀態改變，形成另一個狀態，生命歷程的文獻將這種變化稱為過渡或轉換（transition）。轉換的定義就是：以生活事件為主的短期狀態變化。每個生命軌跡都是依照順序排列的生活事件、角色和轉換所構成，這些生活事件、角色和轉換又根植於一個特定的生命軌跡，例如：工作、犯罪、婚姻等。轉換是任何人的生活之中，不可避免的一部分。人的生命一直處在轉換的過程，直到死亡。

生命全期（life span）	生命歷程（life course）
個人（微視面影響）	團體（鉅視面影響）
年齡規範	年齡分級
生活階段	年齡層級
持續和不持續	情境差異
個人軌跡	社會路徑或人生路徑
因應行為	生活選擇或人生機運
成熟效應	年齡群或時期效應
時間歷程中的人格傾向、行為和特質	時間歷程的角色或事件（轉換）順序
社會情境下的行為變化	生活層面內的生活模式變化
不同的生命階段，年齡規範對於生物、心理和社會層面發展的期待。	年齡分級代表社會定義的年齡群組，例如：嬰兒期、青春期和成年初顯期。
個體差異是生命全期關注的重點，著重於了解個人在生命週期中不同時期的差異。	年齡分層涉及將與社會地位有關的特質歸給特定的年齡群組。例如：不同的文化對年輕人和老年人會有不同的看法。
從生命全期的觀點檢視性格、性情、氣質、情緒、行為和人格是否持續或不持續的樣態。	情境因素的議題，導致對個體生命歷程的期望，並不同以往所認定的那麼具有普世性（人人皆同）。
個人軌跡代表著特定特質的變化，例如：個人生命的歷程，從害羞的人格特質轉化成比較外向的特質。	生命路徑（life paths）被認定是特殊的路徑，跟隨一定的生活領域，通往特定的生活目的地，例如：婚姻、職涯和生命的其他選擇。
因著生活的需求和挑戰，個體採取不同的因應生活方式或型態。	有各種不同的社會路徑，如果選擇，就會通往不同的生活目的地。
成熟效應和個體內部的生理過程有關，這些過程隨著個人生命的階段而有所差異，不管特定的外在事件是什麼，例如：年齡的增長。	生活選擇可能因為環境的抑制而限縮，也可能被破壞環境的促進動能所塑造。
生命全期發展研究個體行為、人格和特質，在時間過程的軌跡或路徑。	年齡群和期間的效應涉及年齡與期間對行為和發展變化的影響，這些變化是出生在同一時期的個體之共同特質，因此也稱為時期效應。
	生命歷程觀點研究在特定的生活領域和特定的生活目的（結婚、離婚、成為父母、成為罪犯）中，從一個身分到另一個身分的角色或事件（轉變）有何軌跡。

Unit 1-15
生命歷程觀點：主要概念

社會工作者在運用生命歷程觀點時，須注意以下幾個主要概念：

一、世代（cohort）

是指生於同一年齡層的群組，擁有相同歷史文化背景，經歷相同的重大社會經濟事件與變遷。世代研究在貫時性研究中，根據同一主題、針對同一世代的母群，進行長期且多次的抽樣觀察，藉以了解此一世代人口的長期變遷趨勢。如同一出生世代之比率，例如：1970年出生的人，在不同年齡層或生命週期的死亡率或疾病率。

二、過渡期（transitions）

生命歷程觀點視人生猶如舞臺上的演員轉換扮演不同的角色，強調每個人一生中扮演並轉換不同的角色與身分，體驗不同過渡期的角色功能與差異性。生命中充滿了過渡期，如開始上小學、進入青春期、離開學校、找到第一份工作，或離開原生家庭出外展翅自立、退休養老等。每個轉捩點改變了家庭成員的地位與角色，通常也見證了家人的進場與退場、上臺與下臺的場景。

三、軌跡（trajectory）

人生過渡期是指轉換的角色功能由舊模式至新階段，具有差別性及新的歸屬。相反的，人生軌跡（trajectory）則牽涉長期人生過程的改變或穩定的模式。在個人的生命過程中，其間含有多元的角色改變與轉換。個人與家庭生命歷程是不同軌跡，盤根錯節與多重交織的軌跡，如教育、家庭生活、健康、工作等軌跡。這些交錯並行的軌跡相互並列，連結一系列的生涯軌跡。

四、生命事件（life event）

生命事件是指突發的、可能造成嚴重極深遠的影響。例如：雙親一方過世、逃離家園、因恐怖攻擊者的爆破世貿雙子星大樓而身亡。同一特殊事件對不同的個人及團體，有著不同的詮釋或意義。

五、轉捩點（turning point）

(一) 意指生命歷程中在人生旅途代表新的方向，或是一項舉足輕重的改變，而非暫時性的小轉彎。轉捩點隨著時間的流轉，對人生的刻劃顯而易見。

(二) 根據長期性、貫時性的固定樣本追蹤研究，指出三種類型的生命事件足以造成人生的轉捩點。
　1. 生命事件對個人可以是封閉或開展的契機。
　2. 生命事件對個人的環境，產生不可磨滅的改變。
　3. 生命事件改變個人的自我概念信仰或期許。

(三) 角色轉化的過渡期若連結以下所列的五種生涯歷程的狀況，則成為轉捩點：
　1. 當過渡期發生於危機重重的狀況下。
　2. 當過渡期是個體成員的需求及欲望（求）與家庭、宗族的福祉互相衝突，隨之衍生了家庭系統內的衝突。
　3. 當過渡期不是在標準法定化或適當規範時機的人生階段，以及適切的時間點上。
　4. 當過渡期面臨隨後不可預見的負面結果。
　5. 當過渡期需要特殊的社會調適之時。

生命歷程觀點：個人、環境與歷史時勢的關係

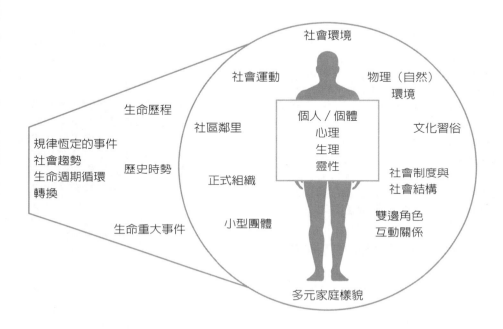

社會環境

社會運動

物理（自然）環境

生命歷程

社區鄰里

個人／個體
心理
生理
靈性

文化習俗

規律恆定的事件
社會趨勢
生命週期循環
轉換

歷史時勢

正式組織

社會制度與
社會結構

生命重大事件

小型團體

雙邊角色
互動關係

多元家庭樣貌

生命歷程主要概念

世代	一群人出生於某一特定歷史時期，具有相同的年齡與生活模式下歷練特定的社會變遷事件，意即同時代具有特定歷史生活經驗的一群同年齡的人。
過渡期	個人因組織結構變化而使社會角色有所轉化，跳脫舊有的角色與地位，以因應外界變革環境中的挑戰。
軌跡	是指長期的身心發展變化模式，意涵不同的多重生涯角色的轉換與過渡期；依據不同階級所擁有的文化資本，而涵蓋不同行動者個體生命史的意義。
生命事件	重大生活事件引起之狀況，可能導致長期嚴重性的生涯中斷（改變不同個體的生命歷程，使人類呈現顯著的差異性行為）。
轉捩點	生活事件的發生造成人類個體生命歷程軌跡中，長期性角色任務的轉換。

Unit 1-16
生命歷程觀點：重要議題

根據艾爾樂（Glen H. Elder., Jr.）的長期追蹤報告，認定四個生命歷程相互關聯的論點，即：1.人類生命及歷史脈絡的相互作用；2.人類生涯的時程點；3.連結的或互賴的生命共同體，以及4.人類的自由意志與選擇。前述四點，再加上Elder及麥可·沙拿漢（Michael Shanahan）所提出的「生命歷程多元樣貌與文化軌跡」，以及「發展的風險因子及保護因子」等兩大議題，共為六大重要議題。茲先說明前兩個議題如下（其他陸續於後續單元說明）：

一、人類生命及歷史脈絡的交互作用

（一）世代效應（cohort effects）

世代效應是指人類生命歷程中，在同一時間點具有特殊型態的共享經驗，且具有影響深遠的強烈衝擊。而同樣的歷史事件可能影響不同世代產生不同的生活模式，展現出不同的成長軌跡。Elder的研究發現，幼兒出生於經濟大蕭條時期，所受的衝擊比當時已經進入兒童中期及青年期的人影響來得深遠。世代效應是個人自傳階段發展期（biographical time）與歷史時勢（historical time）交相作用而形成的。

（二）年齡效應

年齡效應是指某實足年齡層造成的影響。世代效應意謂著世代族群的劃分受某歷史時期的特殊挑戰或機會，而促成生活模式的差異性。換言之，人生早期童年發展階段的社會關係、事件與行為，會影響到個人成年晚期生命的連結、生涯地位與福祉。因此，生命歷程觀點，著重長期性穩定或是變遷所形成的生活軌跡，此軌跡反映出人際間種種交流與生命型態之差異。

二、人類生涯的時程點

㈠ 每個社會都以年齡為重要的社會互動關係指標，在工業先進國家多半是依照實足年齡／法定年齡來檢視社會議題或制定策略。例如：國民義務教育就學的年齡、軍公教的平均年齡、企業界的退休年齡等。年齡因素是社會科學家經常拿來理解人類行為的測量因子。生命歷程學者對某歲數特殊的生命事件及轉捩點的發生，稱為生命的時機／時間點。科學家們可能將地位的轉換、角色的進場與退場，依據社會的規範及期許，分類為及時、準時及時機不對等。

㈡ 人類依社會對不同年齡階段的角色與地位規範，定義且規劃生涯的時程與出生的實足年齡點。年齡分級階段（age-graded）是根據生物的、心理的、社會及心靈的分層分級的過程與結果。年齡是生物、心理、社會理論架構主要的變項依據。雖然生命歷程的學者尚未投入靈性年齡的探討，然而靈性年齡卻是非常重要的變項。年齡的面向包括生物年齡（biological age）、心理年齡（psychological age）、社會年齡（social age）、靈性年齡（spiritual age）等（詳第35頁說明）。

01

人類生命及歷史脈絡的相互作用

人類個體與家庭發展，必須放置於歷史脈絡及社會文化結構下檢視。

02

人類生涯的時程點

角色與行為的差異與特定年齡群組相連結，乃是根據生物的、心理的、社會及心靈的分層分級過程的結果。

03

連結的或互賴的生命共同體

人類的生命、生活與生涯是休戚與共的互相依賴體，而家庭是經歷及解讀歷史、文化與社會現象的主要舞臺。

04

人類的自由意志與選擇

在社會歷史的結構狀況與限制及機會下，個人生命歷程的建構有賴主體的選擇與行動力。

05

生命歷程多元樣貌與文化軌跡

個人的生命歷程根植於文化習俗與歷史脈絡之中，並對個人帶來優勢機會或劣勢及挑戰。

06

發展的風險因子及保護因子

每一生命的過渡期經驗歷程，對下一個生命事件或過渡期有所衝擊，而且可能帶來生命軌跡上的時機或危機。

Unit 1-17
生命歷程觀點：重要議題（續1）

本單元接續說明前一單元生命歷程觀點中，六大重要議題的第三、四項議題如下：

三、連結的或互賴的生命共同體

（一）生命歷程觀點

生命歷程觀點認為人類個體是群居互賴的關係，支持並具有個人選擇的行為。社會支持（social support）是透過與他人的協助，有利於個人利益的集體群聚力量，也是互賴生活中的重要元素，此類元素衍生彼此之間的期許、合作互惠，以及控制人類行為的互動過程。家庭是社會支持及社會控制的泉源，家庭成員世代間的互動關係，牽涉到生命週期與生涯規劃的契機及轉機。

（二）家庭成員的連結

家庭生命週期系統內的成員彼此相互支援、共體時艱，以度過生命重大事件及角色轉化的過渡期。成年人適應新生活與在社會化上，都比年幼的新生代來得遲緩。這對世代間溝通產生急遽的衝擊與變化。

（三）與外部世界的連結

社會工作者應注意人類的生活、生涯與生命，往往受各種不同社會制度化的特權或壓抑管制所影響。生命歷程觀點體認全球人類彼此生命相互聯繫，亦是人們一生中重要的影響力量。個人並不是獨立的個體，其家庭與社會關係之差異，以及不同世代間的連結型態與外部世界系統，左右個人的生活經驗與所能獲得的資源。

四、人類的自由意志與選擇

㈠ 人們做了決策之後，會改變自己的生命故事。個人的選擇機制建構了生命歷程，以達成自身的生命故事。生命歷程觀點強調，個人的主體性選擇與行動力。當然，人類的選擇與自主動能有其限制。因為人類的選擇有時礙於成長背景、社會結構及文化的安排。Elder曾經引用社會心理學家班度拉（Bandura）所提的兩個重要概念：一為自我效能（self-efficacy），個人勝任感與自信（sense of personal competence）；二為自我期望效能（efficacy expectation），對自我的要求，即完成自己設定的目標之期許。班度拉進一步指出，社會的不平等及受歧視歷程的階級，對個人心理發展容易造成低自尊及低成就感，進而導致低效能及期許。

㈡ 班度拉（Bandura）將人類自主動能（human agency）分為三種：(1)個人自主（權）機制；(2)個人力量的操作；(3)代理委託機制及集體的機制，即透過團體社群行動力所產生的倡導機制。生命歷程觀點雖然強調整體歷史脈絡、社會經濟結構帶給個人機會與限制，同時也深信個體仍然有其相對的主動性，即創造時勢、積極參與、影響生命歷程的各種規劃與決策，進而改變個體生活的面貌與生涯。

年齡的面向

年齡的面向	說明
生物年齡 （biological age）	是指個人生物發展及生理健康對各種身體內部器官的功能之評價，也是生命週期中個人目前的身分狀態。
心理年齡 （psychological age）	是指同時具有行為的與知覺的成分，是指心理的年齡、人類的能力調適、生物與環境需求與改變的知能及行動力。例如：記憶、學習、智力、動機、情緒等知能都包括在內。
社會年齡 （social age）	意即社會所期待的年齡角色行為。換言之，社會所建構的年齡規範（age norm）的定義，用來說明人類在社會期待下，在某個發展時期或年齡階段的適當儀式性行為。例如：什麼時候可以進行羅曼蒂克式的約會、開車、選舉的年齡。
靈性年齡 （spiritual age）	是指個體持續追尋當下的身分位置或認同歸屬，「道德上與生命的意義與福慧」。所有的探索者均強調靈性生命意義的探究，是超越年齡界限，被視為一種成長過程，也是無止境、無限大的過程。

年齡結構化

年齡結構化（age structuring）是不少工業先進國家以年齡為標的（適當年齡或法定年齡），著手規劃釐定政策而界定的社會角色的轉型。例如：法律規定國民義務教育、童工與勞動力人口年齡、駕駛、喝酒、婚姻年齡、競選公職、投票、國民年金、老農年金、領取社會保險津貼，以及退休年齡等。許多學者認為，當一個社會越現代化，其實足年齡所附加的責任與義務的認定就越制度化或法定化。

X、Y、Z世代

Unit 1-18
生命歷程觀點：重要議題（續2）

本單元接續前一單元生命歷程觀點，說明六大重要議題的第五、六項議題如下：

五、生命歷程多元樣貌與文化軌跡

研究者在探討個人生活史後發現，生命模式是多彩多姿的。Elder對於四大生命歷程觀點的陳述，可以用來明辨生涯軌跡的研究之多元樣貌。茲說明如下：

(一) 歷史時勢歷程的交互作用關係，強調不同世代的人們有不同程度的影響。例如：第二次世界大戰對於1920-1930年出生世代的生命歷程，便有決定性的影響。

(二) 社會時勢與生命歷程的關聯性，年齡界定與社會規範會隨著時勢、地點及生活模式而改變。年齡的社會規範影響個人生命歷程進入特定階段的時間點、長短及角色的期望、婚姻年齡、進入勞動市場的時間點，常受不同族群文化所界定的年齡及社會角色期望所影響。

(三) 個人獨立的生涯與社群的互相關聯性。個人具有家庭生活路徑、教育路徑，以及工作路徑。個人生命的重要抉擇取決於人際資源的多寡及限制。個人生命歷程會受到社群賦予的生命發展意義所影響。

(四) 行動者的抉擇。儘管個人生命歷程深受出生的背景歷史脈絡、空間及社會網絡的限制，但在此脈絡下，個體行動者仍會依照自己的偏好及自由意志做抉擇，從而主動規劃自己的生命歷程；意指生命歷程研究和理性選擇理論相結合。此外，代理信託的機制及集體的機制（proxy agency and collective agency）在生命軌跡中，能夠左右個人行為與團體行為的差異性。

六、發展的保護因子及風險因子

(一) 生命歷程觀點借用社會學家莫頓（Robert K. Merton）累積的優勢（cumulative advantage）和累積的劣勢（cumulative disadvantage）的理論。Merton提出「馬太效應」這個術語，來解釋所謂「優者越優，弱者越弱」或「優勢累積」的現象。早期表現優良的科學家在事業上具有累積的優勢，而且其人生的生涯規劃深受社會建構及制度化的過程所影響，發展出強者越強，弱者則掙扎於每況愈下的困境中。在很多情況下，對科學發展真有不利的影響，使得具有才華的弱勢科學家被壓制、埋沒。

(二) 馬太效應指稱，任何個體、群體或地區，一旦在某個方面（如金錢、名譽、地位等）獲得成功和進步，就會產生一種累積的優勢，有著更多機會獲取更大的成功和進步。社會經濟學界也用它提醒社會政策的決策者，反映貧者越貧、富者越富，贏家通吃與收入分配不公的現象。優勢累積效應揭示了一個不斷增長個人和經濟與企業資源的需求原理，關係到個人的成功和生活幸福，它是影響社會發展和個人成功的一個重要法則。生命歷程中的韌性或復原力（resilience）是一個重要的基本概念，也是當事者在面對風險時，因應惡劣環境的內在驅動力。

生命歷程階段之特殊的風險因子及保護因子

生命歷程階段	風險因子	保護因子
嬰兒期	貧苦無依孤苦 兒童疏忽 父母精神異常 未成年的母職	主動積極警覺、具活力 具社交性 小家庭（核心家庭）
嬰幼兒期→兒童期	貧窮無依 兒童虐待／疏忽 離婚 雙親濫用藥物、酒精	知足樂活、樂群樂天的特質 知足常樂型
嬰幼兒期→青少年期	貧窮 兒童虐待／疏忽 父母精神異常 雙親濫用藥物、酒精 稚齡青少年不適任母職 離異	勝任母職的照顧者 與沒有血緣關係的照顧者親密的 連結 祖父母的支持
嬰幼兒期→成年期	貧窮 兒童虐待／疏忽 青少年母職	低焦慮／較理智 母親的教育程度
幼兒期	貧窮	精進自立自救的能力
幼兒期→成年期	貧窮 父母精神異常 父母藥物濫用、酒精 離婚	師長的支持與勉勵 成功的學校經驗
兒童期→青少年期	貧窮 兒童虐待／疏忽 父母精神異常 父母濫用藥物、酒精 離婚	內在驅動力的支配 堅定的成就動機 特殊才藝與正當休閒習性 正面的自我概念 對女孩：強調自主性及主要照顧 者的情緒支持 對男孩：家戶內的組織與紀律 對男孩與女孩：分派家事、與互 信的同儕協力建立機制
兒童期→成年期	貧窮 兒童虐待／疏忽 父母精神異常 父母物質毒品濫用 離婚 少年稚齡生子為人父母	智力中等或超群 保持理性或客觀的能力 控制原慾或衝動 堅定的宗教信仰 支持的兄弟姊妹 導師的指引
青少年期→成年期	貧窮	規劃人生、生涯願景

Unit 1-19
生命歷程觀點：優勢與限制

　　生命歷程的觀點是建立於心理的與社會的理論，可從個人的觀點、家庭的觀點、其他集體現象或由文化產業與社會制度等，型塑個人生命的歷程加以探討。生命歷程觀點綜合融入多元學派與各家論述，將個體與環境，如物理環境、社會制度、社會結構、家庭、小團體、正式組織、社區及社會運動的交互關係與連結互為滋養，相得益彰。

　　生命歷程觀點著重的不僅是各個生命週期的階段性轉銜，還包括其發展過程的軌跡，分析重點除了個人層面，亦考量個體所處的文化制度脈絡，以及兩大系統鉅視與微視觀點之交互關係。茲將生命歷程觀點的優勢與限制，說明如下：

一、優勢

(一) 生命歷程觀點正視社會變遷與文化歷史脈絡對人類行為的衝擊，關心日常生活模式相關的生理、心理及社會的生命歷程時間脈絡。因此與生物心理社會的觀點相得益彰，強調世代之間的關係與生活的互助依賴性。

(二) 生命歷程觀點不似傳統的單一決定論，也同時關注人類內在的主體能動性與優勢，以及因應時勢隨著因緣改變的潛力。

(三) 生命歷程觀點在尋找出評估的風險與預防介入的策略，覺察生命歷程的軌跡，並經實證研究，提出可能的累積優勢與累積劣勢的因子，以及建議社會正義的可行策略。

(四) 生命歷程觀點重視世代效應（cohort effects）。運用質性與量化，貫時性長期追蹤設計，交叉研究。由於世代效應非常重要，故以貫時性研究或長期追蹤設計為主，講究多元異質性是生命歷程的優點，然而多元性同時也是一種挑戰，生命歷程觀點的優勢是強調多元文化差異性，伴隨著不同的挑戰。

(五) 生命歷程觀點如同其他行為科學論述，企圖探索人類行為的常軌與生活模式。不同社會的異質化程度與層次所設定的行為模式是值得商討的，可從社會歷程及社會機制的角度切入思考。

二、限制

(一) 大多數資料或資訊皆採用工業先進國家的案例，是否能類推涵蓋全球化的議題，有待驗證。有些學者認為，生命歷程觀點僅適合套用於富裕的工業文明國家。

(二) 無法綿密的涵蓋鉅視社會文化制度結構面與正式的大型組織，以連結微視的族群家庭與個人生活的層次。

NOTE

生命歷程觀點與八大人類行為理論的複合性及對社會工作的實務啟示

理論與觀點	生命歷程論點及基本觀念
1. 系統觀點：人類行為是透過人際之間整合，連結家庭、社群、社區組成與機構系統下交互作用的外顯行為。	■ 論點：人生的時間點；互賴結合的生活。人類不能離群索居。 ■ 概念：生物年齡、心理年齡、社會年齡、靈性年齡。
2. 衝突觀點：人類行為是社會生活中人際關係，經由衝突、支配及宰制所驅動的社會力。	■ 論點：發展的風險因子與保護因子。 ■ 概念：累積的社會優勢、累積的危機劣勢。
3. 理性選擇觀點：人類行為是立基於自私自利及理性的選擇，以達成終極目標之有效途徑。	■ 論點：選擇人生的機轉。 ■ 概念：自主選擇、機會、限制。
4. 社會建構觀點：社會事實是行動者在人際互動發展中，對他們的世界所建構的共同理解。	■ 論點：生命的時間點、人生歷程的多元化軌跡、發展過程的風險因子及保護因子。 ■ 概念：生命事件的意義及底蘊、社會年齡、年齡規範、年齡的結構化、涵化、累積的優勢及累積的劣勢。
5. 心理動力觀點：人類行為乃是個體需求、欲求及情緒動機的內在動力的過程，兒童早期經驗對人類生命歷程及生命問題具有關鍵性的影響力。	■ 論點：生命的時間點、發展過程的風險因子及保護因子。 ■ 概念：生理年齡、能力、社會（社交）知能、生活知能。
6. 發展的觀點：人類行為與生命週期有其規律性與變化性。	■ 論點：生命歷程與歷史脈絡的交互作用、生命的時間點、發展過程的風險因子及保護因子。 ■ 概念：生命轉折、生物年齡、心理年齡、社會年齡、靈性年齡、時間系列。
7. 社會行為觀點：人類行為是個體與環境交互作用下所學習的民俗與習性，行為乃受個人自我期許及人生意義所影響。	■ 論點：生命歷程與歷史脈絡交互作用、決策的機制、生命方式的多樣化、生命歷程及軌跡、保護因子及風險因子的發展性。
8. 全人觀點：人類行為唯獨透過個體內在的參考架構去理解，人類行為由內在向善及能力增長的欲望所驅動。	■ 論點：生命的時間點、抉擇的機制。 ■ 概念：靈性年齡、生命事件的意義及轉捩點、個人、家庭及社區的優勢力量。

Unit 1-20
生命全期發展

　　生命全期發展（life span development）主要在研究個體行為因時間推移而產生成長變化的歷程，更是對人類行為的詮釋。生命全期發展研究個體行為、人格和特質在時間過程的軌跡或路徑，且個體的差異是生命全期發展關注的重點，著重於了解個人在生命週期中不同時期的差異。茲將生命全期發展的研究形式、爭議等概念，說明如下：

一、生命全期發展的研究形式

(一) 針對生命全期發展某個期間的行為、性格、技能和特徵進行研究。例如：研究某個年齡群，探討他們的情感取向、限制和智能的長期特徵，針對個體差異的持續性特質進行追蹤，試圖解釋偏差的行為。

(二) 聚焦在釐清某個階段特定的心理功能、特質和技能的發展，以及其他階段的差異是什麼。亦即，生命全期發展的特色在於提供一個從生到死，以及年齡相關的生物、心理和行為變化的描述。例如：生命全期發展的理論家對「中年期和其他階段的發展差異」很感興趣，此發展被應用在多方面人類行為的探討，包括正向的社會特質和其他個體優勢的發展。

二、生命全期發展的爭議

(一) 生命全期發展研究最主要的爭議是特質或行為傾向是持續的或不是持續的。這項爭議的主要問題在於改變或變化（change）。對人而言，改變很難嗎？有些理論家或理論主張：個體的自我或人格一旦形成就很難再改變。例如：Freud認為大部分的人格是在7歲以前決定，從此之後就不太有任何的變化。由此可以看出，人格模式一旦形成，雖然可以不斷修正，但是基本的人格結構維持不變，主要是因為累積性持續或自我選擇的過程所造成的。

(二) 「累積性持續是指生命某個時間點的行為，會影響生命往後時期的機會和行為。」例如：先前的學業失敗，可能產生刻板的印象或期待，促成未來學業的失敗。自我性與自我選擇，是指個體具有自由選擇的能力和天性，個人即使具有這種天性，所選擇生命的情境與經驗，可能也離不開和人格特質或過去經驗一致的情境和人生方向。

(三) 生命全期發展的重要主張之一，認為改變在人的一生中不斷的發生，意味著人格的「可塑性」（plasticity）或改變的能力（capacity for change）。然而，早期被稱為漏斗理論（funnel theory）的發展論述，則認為改變的可能性隨著時間而變化。

漏斗理論

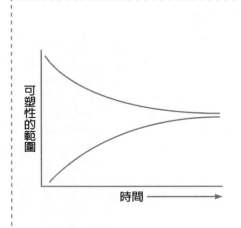

漏斗理論認為改變的可能性隨著時間而縮減。此理論認為隨著時間的進程，人們改變的能力逐漸衰退。這項觀點支持生物模式的主張，該主張將人類的發展限縮在生命的前半段，認為後半段屬於老化和衰退的過程。雖然早期的發展概念支持這項主張，但是最近生命全期發展相關的研究結果並沒有支持這項主張。我們知道，人類的發展不是先前已經預設好的成熟程式，個體對環境的刺激只是被動式或機械式的回應；人們有能力積極主動地選擇情境、改變情境或被情境改變。

生命全期觀點的解釋案例：攻擊行為的發展軌跡

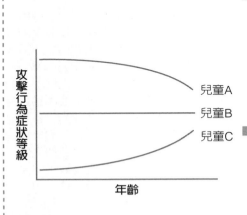

■ 兒童A：一直維持高頻率的攻擊行為；兒童B：攻擊行為的軌跡持續維持穩定不變；兒童C：攻擊行為軌跡則呈現持續成長的趨勢。為了解讀這些軌跡，不只需要考量兒童當下的行為強度或等級，另也需考量攻擊行為的發展軌跡，以及該類型行為的年齡常模。

■ 生命全期發展提供現象最佳的資料或資訊：個人特質隨著時間軌跡而變化，以及評估這些變化最適切的常模。生命全期發展也可以幫助我們確認：個人特質、技巧、功能、優勢等方面觀察到的變化，是由個體的年齡、年齡群或個人周遭環境的特定情境因素所引起的。

Unit 1-21
態度

社會工作想要了解許多有關動機方面的迷團，例如：為什麼有些人行善或利他動機比較強？驅動人們努力達成目標和追求成就的動機是什麼？為什麼有些人寧可進行反社會的活動，而不投入有利於社會的行為？此可從態度在人類行為中的功能與角色，加以探討動機的系統，說明如下：

一、態度

(一) 態度（attitude）是指對某事物的評價性反應與感覺，這種反應和感覺是經由學習得到的，一旦習得便會持續影響個體對此事物的行為。相關的影響因素，包括價值（values）、信念（beliefs）、主觀規範（subjective norms）、行為意向（behavioral intention）等。

(二) 態度對人們具有許多不同的功能，態度有時幫助態度持有者解釋和組織不同的訊息（知識的功能），它有時允許態度持有者表達自己的價值觀和信念（自我表達或自我認同的功能），態度也增進持有者的自尊心（自尊的功能）。

二、影響態度改變的理論

社會工作的基本假設之一是，改變案主的態度將有助於改變其行為。因此，態度可以影響或預測人類的行為。茲將影響態度改變的理論，說明如下：

（一）調和理論（consistency theory）

是指人們會努力維持對自己的看法、所處情境、與他人關係三者間的一致，人有動機要保持態度和行為之間的一致。當態度與行為不一致時，不舒服的感覺將促使人們重新建立兩者間的平衡與一致。Leon Festinger提出了著名的認知失調理論（cognitive-dissonance theory），認為個人在面對認知與認知之間的差異、認知與行為不一致時，焦慮便會產生。Festinger認為焦慮與不舒服的感受將刺激個人協調不同認知，或對認知與行為之間的矛盾進行協調。但是他認為兩相衝突的認知或想法與態度必須互相關聯，個體才會體驗到態度與認知不一致的衝突；相反地，若是不調和的認知與此無關，則並不會引起個人失調的感覺。

（二）自我覺知理論（self-perception theory）

D. J. Bern的自我覺知理論，試圖說明失調理論提到的同類型行為，只是他對個人在行為之後的態度如何改變提供另一種解釋。自我覺知理論認為，當個體對某些事物或議題沒有明確的態度時，他會從自己的行為與行為發生的情境去推論。另Bern也提出著名的「腳在門檻內效應」（foot-in-the-door effect）的觀點，此效應是指個人會先同意小的請求，而後同意大的要求，他認為這是個人自我覺知的改變所造成的。自我覺知理論預測，若個人發現自己的行為是出於自由選擇，會將行為歸於個人的特質，並非外在因素，而且會做出結論：「我就是這樣的人」；相同地，腳在門檻內效應指出，當個人順從小的請求時，通常會做出結論：「我就是這種會因人請求而同意他人請求的人」。

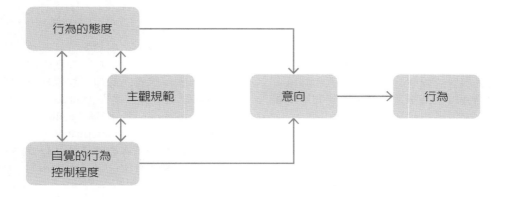

影響態度的相關因素

- ■ 價值（values）：是抽象性的目標，沒有特定的參考對象。價值可以是某種抽象判斷，例如：美感、自由或健康，這些價值觀可以促使態度及其他信仰系統的形成。相同地，當人們在做決定時，也會以價值來進行評估。事實上，當價值轉為行動時，態度便扮演著中介的角色。

- ■ 信念（beliefs）：信念包括和某些物體（例如：抽菸）相關的資訊，從技術上的觀點來看，信念指人們對事物特質的觀察與了解。例如：我們對於抽菸可能引起的後果有信念。信念的定義如果是如此，到底和態度的差異為何？或者兩種概念是雷同的？其實兩者的區分並不容易，不只如此，兩者和其他心理特徵或結構的區分也是不容易的。信念和態度是否會影響行為？例如：人們知道抽菸的後果，內心存有這種信念，雖然抱持這種信念（了解抽菸的危害），並不表示不會抽菸。

- ■ 主觀規範（subjective norms）：主觀規範也是影響人類行為的因素，態度是指個體對事物所具有的評價性的感覺，例如：你對抽菸有負面的內在感覺，態度便反應到行為上；主觀規範則是指個體人際關係裡的重要人物所持的價值或信念，例如：有關抽菸，人際關係中的重要他人之看法為何？個體可能從許多報導中了解到抽菸的害處，但這並不表示他對抽菸會抱持負面的態度。因此，態度與主觀規範共同影響人們的行為意向。

- ■ 行為意向（behavioral intention）：是指個人主觀評斷自己從事某行為的傾向。例如：下個月什麼原因會讓你繼續抽菸？內在態度較主觀規範更能預測人們的行為意向。態度是影響行為的內在因素，而主觀規範是影響行為的外在（社會）因素。

Unit 1-22
人類的資訊處理：基本觀念

　　人類的資訊處理，是一種認知的方法，其強調步驟、活動和運作，可經由個人接收、覺察、記憶、思考和利用資訊而獲得。茲將人類資訊處理的基本觀念，說明如下：

一、資訊處理取向（information processing approach）強調認知進程的步驟、活動及運作的發生。資訊處理的步驟，開始於我們接收到的刺激，因為我們感興趣於一些已發生的事，所以選擇對我們有價值的知識。然而，資訊不只是被我們的心智複製而已，它也被詮釋和評價，這些事物會依照我們過去的經驗所影響。如果資訊具有價值，會儲存在我們的記憶中，以作為未來的使用。當需要時，我們會從儲存的記憶中取出資訊。我們所擁有的認知，可促使這些資訊在未來生活問題解決上當作參考。亦即，當感官系統接受到外在的刺激時，我們感知訊息，並將它們放入感覺記憶區，這些訊息可能不被處理而消失，也可能放在短期記憶區中，但短期記憶區的容量並不大。有些訊息如果經過刻意的複習，將可被編碼後送到長期記憶區儲存，以後長期記憶區的資訊能因外在的刺激而被搜尋及檢索，再經過心理運作的解碼，可運用於外顯行為。

二、社會工作人員在評估案主的心理功能時，必須對人類資訊處理（information processing）的過程有基本的了解。資訊處理的觀點之間解答的問題是：內外在刺激如何進入個人的知覺系統，而使個體對這些刺激有所覺知？個體對這些刺激產生何種反應？以訊息處理觀點出發的專家，將資訊處理過程視為一連串的階段，包括接收（uptake）、選擇（selection）、編碼（coding）與儲存訊息（storage information）。這些階段介於個體與刺激初步接觸和個體對刺激有所反應之間，其過程與電腦處理資訊的過程相似。

三、雖然很廣泛地以電腦比喻描述腦部的功能和運作，但是由於神經科學的發展，過去發展的相關資訊處理功能的知識和印象就有修正的必要。過去以電腦來比喻的模式，都會假設腦部存在一個中央處理系統和一個集中儲存的資料庫；比較新的比喻模式，則強調多個單位之間的連結和平行分工處理的功能（parallel-distributed processing, PDP）。在這個功能之下，資訊和知識不是被儲存，腦部儲存的是單位和單位之間連結的線索和強度，所以資料的類型可以重疊。McClelland對此的說明為：「新的模式主張資訊的處理，是透過大量的基本單位間的互動和連結，每個單位都可送出激發（excitatory）和抑制（inhibtory）的訊息給其他單位。」科學家認為不同型式的表徵是以關聯性的網絡，分別儲存在腦部的每個部位，表徵被視為是一些簡單的處理單位之間，相互連結的不同型態。

資訊處理的步驟

刺激 ⟶ 選擇 → 覺察 → 記憶 → 思考 → 問題解決 → 行動 ⟶

以電腦比喻資訊處理過程

	編碼	儲存	提取
過程定義	編寫形成記憶碼	將編碼後的訊息存放在記憶區內	自記憶儲存區中將訊息抽取出來
以電腦比喻訊息處理	經由鍵盤將訊息輸入	將資料儲存在硬碟中	取出資料並顯示在螢幕上

連結和平行分工處理（PDP模式）三項基本的原則

01 資訊的表徵被分配和分散在腦部各個部位，不是單一、集中、局部性。

02 記憶和特定事務的知識不是直接被儲存，而是以單位和單位間的連結方式予以儲存。

03 學習是經由經驗組成單位之間的連結線索和強度，逐漸累積而產生。

Unit 1-23
人類的資訊處理：各次系統的功能（意識與定向感、知覺）

在社會工作的評估中，社會工作者必須了解訊息處理的各個階段和次系統的功能，這些功能包括意識與定向感（consciousness and orientation）、知覺（perception）、注意力（attention）、學習力（learning）、記憶力（memory）、理解力（comprehension）、推理與判斷力（reasoning and judgement）。本單元先說明意識與定向感、知覺，其餘於後續各單元說明之。

一、意識與定向感（consciousness and orientation）

(一) 意識是人類認知活動中最基本，也最重要的元素。對於意識最常用而最簡要的定義是：個體對自己、他人和物理環境等內外在刺激的覺知。

(二) 除了很平常的睡覺和醒來的週期之外，最常被提到的方式是將意識當成一個連續體，或者將意識的狀態分成幾個層次或等級，從完全警覺到昏迷狀態。健康的個體在日常生活中，應該會經驗到各種程度的意識狀態，包括從警覺到昏迷。昏迷（coma）是指對有害或其他外在的刺激毫無反應的心理狀態，反應的方式可以透過言語、運動神經或其他途徑；警覺（alertness）則是指對充滿情緒性意義的事物、對惡意的刺激，或對高貴的刺激有所反應的能力。為了解案主意識的狀態，社會工作者可以評估他們對不同刺激的反應。

(三) 當處在如此低度警覺狀態的人，認知上的許多功能都無法發揮，這種意識偏差的情形稱為失定向狀態（disoriented states），指的是個人失去對他人、時間和地點的覺知。失去定向感通常是因為個人感官知覺的接收系統受到限制、混亂不清或有缺陷，可能是器質性的心理違常。療養院和精神醫療機構的實務工作者有機會接觸到這類案主，評估時，可以藉由詢問案主對年、月、日、時間和地點的覺知，以判斷案主的定向狀態。

二、知覺（perception）

(一) 感官的功能是人類認識社會與物理環境的基礎。感覺和知覺有何差別？感覺是指當感官接收系統偵測到訊息後，將訊息傳遞到腦部的過程。只具備這種能力，仍舊無法認識外在的世界。例如：嬰兒可以接收到聲波與光波等刺激，卻無法了解訊息的意義。

(二) 知覺（perception）是對接收到的感官訊息進行詮釋的作用。知覺與人類日常生活中的每一件事都息息相關。常被提及的知覺理論，說明如下：

1. 擴充理論（enrichment theory）：Piaget認為感官所接受的訊息並非完整、明確或具體的，我們的知覺需將片斷的訊息、連結、擴充和賦予意義。在社會工作處遇的過程中，社會工作者常有機會協助因為負面生活經驗，而導致知覺被扭曲的案主。

2. 區辨理論（differentiation theory）：認為我們所需要的所有資訊都在感覺訊息和刺激中，我們的任務只是將這些原本存在的資訊加以區辨。

感官與知覺的區分

感官	知覺
感覺器官吸收環境的物理刺激的能量。	感覺接受器覺察到刺激的能量，將之轉換成神經脈衝，傳送到腦部。	腦部將這些輸入的脈衝轉成有意義的輸入。

047

知覺的練習

可變換且模稜兩可的圖像：是人臉或花瓶？

Unit 1-24
人類的資訊處理：各次系統的功能（注意力、學習力）

在社會工作的評估中，社會工作者必須了解訊息處理的各個階段和次系統的功能，這些功能包括意識與定向感（consciousness and orientation）、知覺（perception）、注意力（attention）、學習力（learning）、記憶力（memory）、理解力（comprehension）、推理與判斷力（reasoning and judgement）。本單元繼續說明注意力、學習力，餘於後續各單元說明之。

三、注意力（attention）

(一) 注意力（attention）和警覺（alertness）兩者不同，注意力是指將精神集中在特定的訊息或刺激上，不會因為外在無關的訊息或刺激而分心。

(二) 注意力包括警覺性、專注力等兩個層面，說明如下：

　1. 警覺性（vigilance）：是指個人持續對外在事物長時間保持注意的能力，尤其在危險或無法預知的情境中，此認知功能是相當重要的。面對環境中潛在的危險事物，個人必須具有警覺性。有些案主缺乏警覺的能力，例如：創傷後壓力違常或焦慮違常等心理缺陷，常會使個人失去警覺的能力。相反地，過度警覺（hypervigilance）是指個體過度注意環境中外在的事物、訊息或刺激，時常在檢視環境中潛藏的危險，造成過度警覺。例如：患有創傷後壓力違常的案主有時會缺乏警覺性，有時卻又過度警覺。

　2. 專注力（concentration）：是另一種認知功能，是指個人維持內在心理運作而不中斷的能力。面對注意

力有缺陷的案主，社會工作者應試著辨認案主的缺陷屬於何種類型，是注意力的哪一個過程出了差錯，以便在治療團隊中提出，以找出因應的對策。

四、學習力（learning）

(一) 人類如何習得資訊，希臘哲學家Aristotle提出聯想（associationism）的概念。聯想和腦部資料的註冊與儲存之後的連結形成有關，這些連結是三個因素促成的結果：連續性（continuity）、相似性（similarity）、重複性（repetition）等。

(二) 學者在研究聯想的過程中，發現了學習的另一個重要因素：增強（reinforcement）。兩種最重要的增強學習是古典制約（classical conditioning）與操作性制約（operant conditioning），這兩者對增強的定義有所不同，說明如下：

　1. 古典制約的增強，是指透過第二個刺激（second stimulus）來強化第一個刺激與反應間的連結性。例如：幼犬在聽到鈴聲（第一個刺激）而伸縮腳爪（反應），因為鈴聲已經和電擊（第二個刺激）連結在一起。

　2. 操作性制約的增強，是指學習到的新反應，因為這些反應能夠影響環境。例如：兒童習得某種反應能夠解決問題，未來在面對類似的情境時，會重複這種反應，因為這種反應和相同的結果已經被連結在一起。

「序列七」（serial 7s）：評估案主的注意力和對事物的記憶能力

- 臨床上通常以「序列七」（serial 7s）來評估案主的注意力和對事物的記憶能力。
- 其方式是要求案主將100連續減去7，每減一次就必須說出答案；受測者必須一方面注意和記得減7之後的剩餘數目，另一方面進行減7的工作。有些社會工作者則要求案主拼出一個字（例如：world），然後要求他們倒背以測驗案主的注意力。

促成連結的三個因素：連續性、相似性、重複性

01

連續性（continuity）
指的是兩件事情在時間或空間上同時發生形成的連結。例如：一個人將毛茸茸的感覺經驗和貓做連結，可能會形成毛茸茸和貓的概念的持久聯想。

02

相似性（similarity）
是指緊密發生的事件或觀念，具有類似的特徵而引起連結。

03

重複性（repetition）
指當事件或者想法經常發生在一起，就容易認為兩者有關係，這種過程稱為重複性。

049

NOTE

Unit 1-25
人類的資訊處理：各次系統的功能（記憶力）

在社會工作的評估中，社會工作者必須了解訊息處理的各個階段和次系統的功能，這些功能包括意識與定向感（consciousness and orientation）、知覺（perception）、注意力（attention）、學習力（learning）、記憶力（memory）、理解力（comprehension）、推理與判斷力（reasoning and judgement）。本單元及次一單元說明記憶力，餘於後續各單元說明之。

五、記憶力（memory）

（一）記憶力的類型

1. 瞬間記憶（immediate memory）

(1) 瞬間記憶是指能夠將資訊維持大約10秒鐘的能力。社會工作者可以要求個案執行數字串碼（digit span）的任務，也就是提供一個串碼，請個案即刻背誦或倒背。瞬間記憶正常的人可依順序複述5～6個數字，或是倒背4～5個數字；另一種測驗瞬間記憶的方法是提到三項資訊，要案主立即重複。這類測驗的目的是在評估案主是否能立即回憶臨床工作者所說的資訊內容。若案主訊息登錄有問題，通常無法回憶這些訊息。

(2) 資訊處理理論專家Ludwig將記憶的過程區分成四個階段，稱為記憶的4R，包括登錄（registration）、複誦（rehearsal）、保持（retention）、回憶（recall）。牽涉到這四個階段功能的器官如果有任何問題，都可能影響記憶的能力。例如：登錄過程需要接收器的功能無恙，感覺器官是資訊登錄最重要的接收器，中風或

腦部受傷都會影響到資訊接收的功能。短期記憶的缺陷通常是因為負責登錄、複誦和訊息、鞏固功能的腦部部位受損所造成；長期記憶的缺陷則是在回憶過程中，訊息的提取功能出了問題。

2. 短期記憶（short-term memory）

短期記憶可保持的時間有限。未經複誦的訊息約可維持20～30秒，若經由複誦則可達5～10分鐘。因此，複誦是保持資訊的有效方法，對剛接收的資訊進行回憶，透過口語、心像和聯想的方式加以儲存，資訊的保存比較能夠持久。如果無法針對新的資訊進行這些儲存的程序，資訊將很快從短期記憶中消失。

3. 長期記憶（long-term memory）

(1) 長期記憶是指能夠將訊息保存數天、數月或數年的能力，除了時間可維持較久之外，訊息的容量也具有無限的可能。大多數人，可以輕易地記得過去的事件。在評估長期記憶方面，社會工作者可以請個案回想過去五屆的總統，也可以問及會談之前和個案相關的重要事件與經驗資訊。

(2) 長期記憶儲存資訊的容量是無限的，但是到底長期記憶可以儲存多長的時間，並沒有定論。有些專家認為長期記憶的資訊可永久儲存，並以「閃光記憶」（flashbulb memory）來說明這種觀點。閃光記憶是指個人可以清楚詳細地回想起過去事件的時間、地點和人物等。例如：人們能夠很清楚、詳細、生動地回想珍珠港事件、美國總統甘迺迪遇刺、金恩博士遇害，以及挑戰者號太空梭爆炸等事件發生時的細節。

短期記憶與長期記憶流程圖

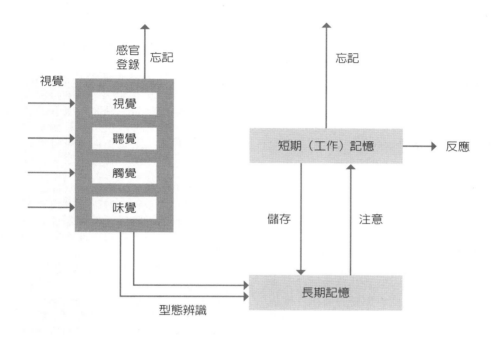

George Miller著名的論文「神奇的七位數字，加減二：訊息處理能力的限制」

■ 短期記憶除了保存的時間有限之外，能夠記得的項目也有限。

■ George Miller著名的論文「神奇的七位數字，加減二：訊息處理能力的限制」，對短期記憶的功能有進一步的說明：

▶ 當額外的訊息加入時，一些舊有的訊息將會被取代。例如：你正在複誦別人告知的電話號碼時，同時又想著你的鉛筆放在何處，這些外加的訊息會取代一些已經在短期記憶內的訊息。

▶ 當你試圖記住十件事物時，第九或第十事物會將先前所記的資訊或項目剔除。因此，短期記憶可比喻為七個抽屜，每個抽屜只能處理一項資訊，若要增加新的訊息，唯有取代舊有的訊息方可達成。

Unit 1-26
人類的資訊處理：各次系統的功能（記憶力）（續）

在社會工作的評估中，社會工作者必須了解訊息處理的各個階段和次系統的功能，這些功能包括意識與定向感（consciousness and orientation）、知覺（perception）、注意力（attention）、學習力（learning）、記憶力（memory）、理解力（comprehension）、推理與判斷力（reasoning and judgement）。本單元繼續說明記憶力的相關內容，餘於後續各單元說明之。

4. 隱藏記憶（implicit memory）

如果當事者以前經歷過一項事件，有記憶卻沒有覺知，但是卻對行為和工作的表現有影響，稱為「隱藏記憶」。隱藏記憶的特色就是回想過程不具有意識的覺知，也就是當資訊被登錄時，登錄者並不知道，所以傳統的資訊處理模式重視的要件：注意力，並不影響隱藏記憶的形成，比較能夠解釋這種現象還是記憶的連結網絡模式。

5. 近期記憶（recent memory）和遠期記憶（remote memory）

(1) 近期記憶：是指近期所發生的事件或訊息，有助於個體執行日常生活的功能。評估時可以問個案過去24小時內發生的事件，個案應該有能力想起會談之前一天內所做的事。例如：以什麼方式來會談、早餐吃什麼、剛剛發生的事件等。

(2) 遠期記憶：是指過去幾週或幾個月事情的資訊。

記憶功能的評估是心理功能評估的重要一環，隨著人口老化，社會工作者遇到失智個案的機會可能越來越多，評估記憶功能的需求也會隨之增加，因此必須具備篩檢記憶功能虧損的能力。

(二) 資訊處理功能和記憶

記憶過程的階段區分，可以由接線生提供電話號碼給我們的過程加以說明如下：

1. 第一個階段為感官收錄（sensory registry）：即電話另一端的接線生發出的語音訊息，刺激接收者的聽覺神經，聽覺神經再將訊息傳到大腦內的聽覺皮質區，進行聽覺資訊的處理。剛開始，聽覺訊息尚未被賦予象徵、意義或數值表徵，第二階段才可能賦予象徵數值。此時，接收到的大多數聽覺刺激還沒有超越感官收錄的階段，個體需注意到聲音的特殊性，才有可能進入下一個階段。

2. 第二個階段為感覺和型態辨認（pattern recognition），是指將聽到的聲音賦予意義或符號的過程。當接線生所說的聲音被辨認成數字時，型態辨認便產生。型態辨認要能產生，位於長期記憶區域內的語言和經驗相關的因素在這個過程扮演重要的角色。型態辨認接著就是短期記憶的階段，這些過程的任何虧損都可能影響長期記憶的資訊儲存功能。

3. 第三個階段為短期記憶（short-term memory）：此時電話號碼已經填滿短期記憶，許多人以唸在口中或想在心中的複誦方式將號碼保留在短期記憶區中，直到撥電話為止，因為短期記憶能將號碼保持到撥接電話時，但若要儲存至長期記憶則需透過其他的記憶功能，例如：聯想或反覆學習。有人將短期記憶（又稱為工作記憶）比喻為七個抽屜或七個凹槽，每個抽屜都只能夠處理單一項目的資訊；如果有額外的資訊，原來已經儲存在抽屜的資訊一定會被替換。

接線生

發出語音訊息 →

01

感官收錄
（sensory registry）

03

短期記憶
（short-term memory）

←

02

感覺和型態辨認
（pattern recognition）

各類型的記憶

瞬間記憶
是指能夠將資
訊維持大約10
秒鐘的能力。

短期記憶
未經複誦的訊息
約可維持20～30
秒，若經由複誦則
可達5～10分鐘。

遠期記憶
是指過去幾週或幾
個月事情的資訊。

長期記憶
是指能夠將訊息保
存數天、數月或數
年的能力。

近期記憶
是指近期所發生的
事件或訊息，有助
於個體執行日常生
活的功能。

隱藏記憶
當事者以前經歷過
一項事件，有記憶
卻沒有覺知，但是
卻對行為和工作的
表現有影響。

Unit 1-27

人類的資訊處理：各次系統的功能（理解力、推理與判斷力）

圖解人類行為與社會環境

054

在社會工作的評估中，社會工作者必須了解訊息處理的各個階段和次系統的功能，這些功能包括意識與定向感（consciousness and orientation）、知覺（perception）、注意力（attention）、學習力（learning）、記憶力（memory）、理解力（comprehension）、推理與判斷力（reasoning and judgement）。本單元繼續說明理解力（comprehension）、推理與判斷力。

六、理解力（comprehension）

社會工作者常會面對理解力（comprehension）和語言表達能力有缺陷的案主，這些缺陷與記憶力的損傷有密切的關係。Nurcombe與Gallagher指出，理解力與表達能力的幾個共同或重疊的特徵，他們認為兩者都依賴下列各項：

(一) 儲存在長期記憶區的資訊量（儲存）。

(二) 從長期記憶區可以提取的資訊量（取出）。

(三) 長期記憶區內的訊息整理（組織）。

(四) 從長期記憶區取出可運用處理問題的模組、架構、腳本和地圖。

七、推理與判斷力（reasoning and judgement）

(一) 雖然我們可以理解環境中的各種刺激，但並不一定表示能對訊息做有效的詮釋。有效的詮釋需要透過解決問題（problem solving）與抽象推理（abstract reasoning）等，屬於思考性的心理功能。

(二) 在日常生活中，常會出現改變現狀的需求，認知學家想知道為何許多人無法想出適切解決問題的方法，僵直（rigidity）是常見的因素之一。僵直是指個體在面對新問題時，傾向於用個人過去經常使用的解決方法，忽略了其他可以解決問題的最佳方式。這種僵直屬於反應心像（response set）或反應固著的類型，亦即個體持續運用在過去情境中成效良好的反應方式。解決問題時的僵直還有其他類型，例如：知覺心像（perceptual set）或者知覺固著，是指只用一種觀點去思考問題。最明顯的是當人們在理解事物或解決問題時，只注意到事物最顯著的功能，無法發掘已知物品的潛在用途，造成解決問題上的困難，因此又稱為功能固著（functional fixedness）。

(三) 抽象思考亦是另一種很難評估的認知功能。抽象思考（abstraction thinking）是指可辨認象徵的意義的能力。社會工作者可以請個案說出物體或東西間的異同，精神科醫師常會要求案主解釋眾所周知的諺語，例如：「一言既出，駟馬難追」。

(四) 諺語屬於抽象的比喻，案主如果無法解釋，排除教育程度的問題後，可進一步探究案主抽象思考的能力是否有缺陷。如果缺乏抽象思考或解決問題的能力，個人在事物的判斷上可能有缺陷，行為也可能出現偏差。社會工作者也可詢問案主如何解決簡單的生活問題，以測驗其抽象思考功能。例如：排隊看電影時，突然有人插隊，你會怎麼做？個案的抽象思考能力如果有缺陷，可能有困難解答這類問題。

「解決問題」之定義

「解決問題」之定義	有能力進行分析、整理相關或不相關的資訊，並採取策略或計畫以達成目的，解決所面對的問題。

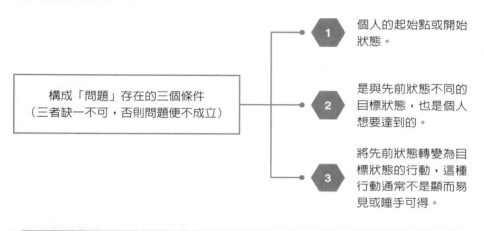

構成「問題」存在的三個條件
（三者缺一不可，否則問題便不成立）

1　個人的起始點或開始狀態。

2　是與先前狀態不同的目標狀態，也是個人想要達到的。

3　將先前狀態轉變為目標狀態的行動，這種行動通常不是顯而易見或唾手可得。

問題解決的思考：運用簡單的圖示呈現「佛教僧侶問題的解答」

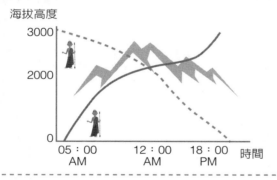

055

■ 問題的解決也有賴於問題呈現的方式，不論是口語的、視覺的、數學的或空間等形式。

■ 有些問題無法解決，除非我們可以將這些問題以適當的方式呈現在我們的心裡。這個觀點最常用的例子就是「佛教僧侶的問題」：

▶ 日出時，一位佛教僧侶開始爬向山上的一座廟，他的速度時快時慢、有時休息，最後在日落時到達目的地。停留幾天後，他準備下山，一樣日出時出發、日落到達。

▶ 請找出這位僧侶在兩天的來回過程中，同一個時間經過的地點。

■ 解決這類問題，可以採用簡單的圖示（如上圖）；相較之下，運用口語或數學呈現的方式很難解決問題。

第 2 章

人類行為發展之理論

●●●●●●●●●●●●●●●●●●●● 章節體系架構 ▼

Unit 2-1
Freud精神分析論：性心理發展

　　Freud的性心理發展階段，包括口腔期、肛門期、性器期、潛伏期、兩性期。茲說明如下：

一、口腔期（oral stage）

　　口腔期是從出生到大約18個月，因為此時期孩子的活動都圍繞在進食及與其器官（嘴、唇、舌頭）相關的功能，故被稱為口腔期。進食被認為是衝突的重要區域，小孩的注意力聚焦在獲得和接受，固著在這時期，個人將會被認為有嚴重人格困擾，如思覺失調症或憂鬱症。

二、肛門期（anal stage）

　　肛門期是在18個月到3歲之間，小孩的活動主要專注於給予和保有，此與排泄有關。排泄訓練是重要的衝突領域，固著於這個時期，會有混亂、固執或反抗的人格特質，或形成相反的人格特質，例如：過度愛乾淨或過分的守時。

三、性器期（phallic stage）

(一) 性器期是從3～5歲，小孩的注意力轉移到生殖器，主要活動是尋求生殖器上的刺激，展現自己的身體，或看其他人的身體。

(二) 男生、女生在這個階段會經歷分離情結，男孩會經歷戀母情結（Oedipus complex），在這個時期，每個兒子都會面臨到兩難，愛上母親，同時敵視父親，將父親視為情感的敵手。隨著這兩種關係升高，兒子會受閹割焦慮（castration anxiety）所苦。亦即，他害怕父親將會發現他與母親的「戀愛事件」，他的生殖器會被閹割掉。透過防衛機制可成功解決戀母情結，典型的解決方法是開始壓抑（repress）對母親的愛與對父親敵意；然後，兒子會停止對父親的負面看法，並且對父親有正向觀點，最後認同（identify）父親，尋求與父親相同的態度、價值觀和行為模式。

(三) 性器期的女孩面臨戀父情結（Electra complex）。Freud認為此時期女孩會愛戀父親，同時把母親當作情敵。因此女孩也會有閹割焦慮，但這種焦慮和男孩不同，女孩的閹割焦慮是因為她知道自己沒有陰莖，她認為自己在嬰兒期就被閹割，因此責怪母親。Freud認為女孩以為自己被閹割而自覺不如男孩（她們有陰莖羨慕），因此，覺得自己的人生是扮演男人的附屬和支持角色，Freud並沒有精確指出女孩戀父情結的過程

四、潛伏期（latency stage）

　　潛伏期通常開始於戀父／戀母情結已解決到青春期結束，性慾尚未被激起，孩子現在可以社會化、參與教育過程及學習技能。

五、兩性期（genital stage）

　　兩性期開始於青春期直到死亡，包含成熟的性。此時期，個人能夠充分地愛與工作。再者，我們看到Freud對工作倫理（work ethic）的重視，除了達成個人的生命目標外，勤奮工作是生命中非常重要的一部分。Freud有生之年，將工作倫理視為高度價值的。Freud因此推論，在青春期結束前，絕大部分的人格發展都已經完成，從此之後很少改變。

Freud的心理認知

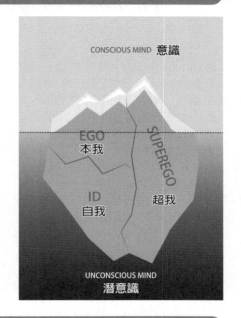

Freud 性心理發展階段與關鍵任務

階段	性焦點	關鍵任務	固著
口腔期 （0～18個月）	口腔	斷奶（母奶或奶瓶）	過度飲食、說話、抽菸、酗酒
肛門期 （18個月～3歲）	肛門	如廁訓練	固執性、強迫、占有慾
性器期 （3～6歲）	性器	奧底帕斯危機（Oedipal crisis）、認同	同性戀、自戀、傲慢、浮華
潛伏期 （6～12歲）	無	成人角色楷模認同	
兩性期 （青春期）	性交	聚焦在人際關係、親密關係的發展	

Unit 2-2
Freud精神分析論：人格結構

圖解人類行為與社會環境

060

　　Sigmund Freud（佛洛伊德）是精神分析的創始者。理論強調早期兒童經驗的重要，和潛意識動機對行為的影響。許多先天性的強烈欲望和創傷的記憶層被壓抑在早期的生活經驗中，他們迫使意識脫離可覺察的狀態，進入潛意識中，在這裡它們將持續影響行為，造成焦慮和衝突。Freud提出一個人格結構的假說，他認為人格是由三個結構所組成：本我（id）、自我（ego）、超我（superego）。茲說明如下：

一、本我（id）

(一) 本我是我們無意識狀態的一個元素，構成我們的基本需求和驅力，例如：性、口渴和飢餓等。快樂原則控管了本我，以確保需求可以被滿足。當需求不滿足時，本我會產生壓力，一直到需求或驅力被滿足為止。例如：許多嬰兒行為如吸吮和哭泣，都是由本我所驅動的，這些行為有助於嬰兒滿足對食物的需求。

(二) 亦即，本我就是人類心理動力的能源儲存庫，依循享樂原則（pleasure principle）而運作，其思考能力侷限於所謂的初級思維過程（primary process thinking）。本我的特徵是非理性、非邏輯、幻想取向、與社會現實脫節，也就是為了取得欲望的即刻滿足，本我不只是不遵循理性的指引、忽略現實狀況的考量，而且還幻想現實之中無法取得的事物。

二、自我（ego）

(一) 自我是心理狀態的理性方面。現實原則管控了自我，透過確保行動都是根據可能的後果評估後才做決定。本我及自我都沒有什麼道德性，他們也不關心什麼是對或錯，他們只關注所需要的東西（在本我主導的情況下）或什麼是合理的（在自我主導的情況下）。

(二) 亦即，自我源於本我，依循現實原則（reality principle）而運作，也就是能夠考量現實的狀況，使得欲望的滿足符合現實的要求，或者將享樂延遲到適當的時機再行滿足，如此可解除本我因為享樂主義而可能造成的危險，有效地仲裁或調節本我與超我之間的衝突。如果自我具備這種理性思考、做決定和解決問題的能力，即表示它的發展已經達到成熟的地步，同時具備適應環境的能力，這就是所謂的次級思維過程（secondary process thinking）。

三、超我（superego）

(一) 超我告訴人們什麼是對、什麼是錯。因此，如果本我想要某些東西是超我不會同意的，則超我會產生焦慮或內疚，迫使自我去壓制內在的驅力。然後，自我會找到一種方法來滿足符合超我（或所謂的社會價值觀）的需要。從這個意義上說，自我是本我和超我之間的中介調節機制，確保兩者都不會占有主導一個人行為的地位。

(二) 超我包含兩個元素，即1.良心（conscience）：也就是受到懲罰的行為被內化，在心中形成心像，當違反規範的意念或行為出現時，會發揮自我譴責的功能；2.自我理想（ego ideal）：屬於外在環境認可的行為，被內化成為心像，左右個體對理想的自我和良好行為的一種追求。

Freud提出的心靈的組成

意識
人在任何時候都可以察覺的想法與感受。

前意識
很容易變為意識的潛意識，亦即透過思考可以察覺的部分。人在任何時候都可以察覺的想法與感受。

心靈的組成

潛意識
無論何種心理歷程，若所產生的影響不得不假定其存在，但又無從察覺時，即是潛意識。潛意識不只含括趨力、防衛、超我的命令，也包含被壓抑的事件與態度的記憶。

Freud人格發展不均的影響

項目	開始發展年齡	特徵	發展不均或不良之影響
本我（id）	出生就有	滿足基本生理需求（物欲及性）	本我太強，自我不能控制，容易受物欲引誘，而有犯過或犯罪行為。
自我（ego）	3歲開始發展	調和本我及超我而作決定	自我功能不佳，不易做正確的決定，易受不良遊伴引誘而犯罪。
超我（superego）	6歲開始發展	超我類似於道德感、良知、是非對錯觀念	超我太強，本我被壓抑，自我不能伸張，容易成為心理失調或精神疾病或高度抑制型的人格。

NOTE

Unit 2-3
Freud精神分析論：心理防衛機制

一個固著的人，需要解決心理衝突，不然就需要建立防衛機制來處理衝突。防衛機制是一種無意識的企圖想要隱藏、壓抑或以其他方式控制衝突，茲將常見的心理防衛機制說明如下：

一、補償（compensation）

補償是努力偽裝個人的自卑感或弱點。例如：一個從小體弱多病的人，長大後努力健身想要當健美先生，以補償先前的軟弱。

二、壓抑（repression）

壓抑是一種無意識的過程，指個體將不容於超我的欲念、具威脅性、令人痛苦的想法與感覺、欲望排除在意識之外。那些被壓抑的內容可以透過做夢、笑話或語誤表現出來。例如：你會把與好朋友打架的這種不愉快事件加以壓抑，阻斷於意識記憶之外。

三、昇華（sublimation）

昇華是指將不為社會所接受的動機、欲望加以改變，以較高境界且正向、符合社會標準的方式表現出來。例如：踢足球以滿足攻擊性的衝動。

四、否認（denial）

否認是以忽視或拒絕承認的方式來逃避不愉快的現實，可能是一種最簡單、最原始的防衛機制。個人藉著潛意識拒絕現實，以逃避現實上心理的痛楚。例如：母親持續否認孩子已經過世。

五、認同（identification）

認同是個人表現出理想化的他人（父母、親戚、大眾英雄等）之態度、行為、人格特質的一種機制。

六、反向（reaction formation）

反向是阻斷「威脅性的衝動或感覺」。亦即，反向是發展一種相反的行為或態度，以壓抑其個人沒有意識到的危險或不愉快的衝動和欲望。例如：一個憎恨小孩的母親，可能會強調自己有多愛他們，不能沒有他們。

七、退化（regression）

退化是指一個人退縮到更早期的發展階段，讓自己比較有安全感；亦即，個人行為退回到早期發展階段較不成熟的行為，這些行為可以暫時滿足欲望或需求而消除焦慮。例如：某些成年人生病時，表現出孩子氣及苛求，其潛意識目的在得到周遭他人的關懷和注意。

八、投射（projection）

投射是指將個人潛意識中不被接受的想法或衝動歸咎於他人。例如：一個人想要傷害別人，反而覺得別人要傷害自己；一個有懶惰傾向的人，批評別人的懶惰。

九、合理化（rationalization）

合理化是指個人面臨了挫折或行為受到批評，尋找一連串藉口來掩飾自己。例如：一個學生考試考不好，可能怪罪老師教得太爛或是工作太累，而不承認真正的原因，是因為她前一晚玩得太瘋了。

十、轉移（displacement）

轉移來自於受挫的強烈情緒，以及把它們發洩在其他的事物或人物身上，使其成為代罪者。例如：一個孩子對她的雙親很生氣，然後她將這份敵意轉移到她的小狗上。

十一、理性化（intellectualization）

理性化是指透過理性或使用邏輯方式，來創造情感距離。

十二、退縮（withdrawal）

退縮是指退回到孤獨中，以避免痛苦的情緒和狀況。

防衛機制之意涵

防衛機制（defense mechanisms）
於潛意識運作，自我保護，源自於
不安釋放和焦慮。

對Freud理論的評論

■ 常有不適用於案主的情況，原因之一是將日常生活的問題延伸至與性心理的發展有關係。

■ 精神分析可能需要花費大量時間，但在預算限制下，這種處理作法對於許多社會服務機構來說並不實際。

■ 這一理論的結構幾乎難以定義、測量和測試，這使得許多堅持可量化並要能證明有成效結果的機構，更不會使用這個理論。

■ 與醫學模式一樣，它僅關注個體，忽視外部力量對案主問題的影響。例如：經濟、歧視或有問題的社會政策。因此，根據這一理論所提出的處遇，有可能會與案主所面對的許多環境障礙的問題無關。

■ Freud的觀點是根據其患者的經歷所發展的，那些病患幾乎都是在維多利亞時代尋求治療的富有白人女性。將他的理論運用在當代來自不同社會文化背景和經歷的不同族群，可能有侷限性和有問題的。

■ Freud的理論中發生在性器期階段的戀母情結和閹割焦慮的觀點，被視為是以男性為中心，且有性別歧視，批評者認為，這一理論過於強調男性生殖器的重要性，以及假設女性對它們的嫉妒。

Unit 2-4
Piaget認知發展理論：基礎概念

Jean Piaget（皮亞傑）是瑞士發展心理學家，他提出認知發展（cognitive development）理論。Piaget認為認知發展是結合大腦神經系統的成熟和適應我們周遭環境的結果，基礎概念說明如下：

一、基模（schema）

基模是指個人所擁有資訊的最基本單位。例如：嬰兒看見一個他們想要的物體，所以學習去緊抓他們所看見的部分。在一個適當的情況下，他們開始形成一個基模。

二、適應（adaptation）

是指個人有能力改變或依照環境而調適。這是一個經由孩童調適他們的思考過程，包括使他們更進一步了解的新訊息。Piaget提出孩童有兩種適應方法：同化（assimilation）和調適（accommodation）。說明如下：

（一）同化（assimilation）

是指將所見所聞的新資訊納入現有的基模中，修正從外界取得的新資訊。亦即，同化是指吸收新的訊息並且整合成為基模或思考架構。同化即當個人面對新的情況、事件或片斷訊息，不只是訊息的接收與有意識的思考，同時要整合為思考方式；以此方式儲存這些訊息，以備日後能應用於問題解決情境。例如：幼兒對玻璃容器內液體的觀察與判斷，6歲以下幼兒對訊息同化程度，僅能觀察出現在他們眼前的物質，而無法思考物質以其他形式改變，或變成其他

不同內容，他們無法使用較高層次、用較邏輯性的思考同化這類的訊息。6歲或更大的兒童，已經能夠同化關於裝滿液體容器的資訊。再者，他們能夠以更抽象的方式思考物質的改變。他們認為液體不只被裝在某個特定形狀與尺寸的容器，且能夠裝在其他形狀與尺寸的容器。

（二）調適（accommodation）

調適是指孩子改變他們的知覺及行動，以便思考更高層次、更抽象知識的過程。孩子同化（吸收）新資訊，最後並加以調適；意即他們使用以前的資訊建立基模，然後變成一個新的且較複雜的思考方式。6歲或較大的兒童能調適液體裝滿玻璃容器的訊息，他們能用更抽象的方式來思考物質的改變。

三、組織

Piaget認為人類認知功能的另一個特徵是組織（organization），將任何過程整理出一個系統，使之具有條理，這是物種共有的趨向和特質，也是我們對所察覺到的事物賦予意義的方式。這種傾向可以從Piaget的生物遺傳觀點來解釋，Piaget認為經由遺傳，每一物種都擁有該物種特有的生理結構，人類也不例外，人類遺傳到一些基本的生理結構，例如：神經系統和知覺結構。這類遺傳使得人類有發展認知能力的共同潛能。

Piaget的認知發展四階段

嬰兒期

1
感覺動作期（sensorimotor period）：外界物體存在的知識。

2歲到7歲

2
前運思期（preoperational though period）：了解符號所代表的意思，兒童思考能力仍未完成，僅能思考一些簡單問題。

7歲到11歲
或12歲

3
具體運思期（period of concrete operations）：兒童已能了解一般因果法則，以具體事例作為邏輯判斷推理的基礎。

11歲或12歲
到16歲

4
形式運思期（period of formal operations）：運用概念的、抽象的邏輯方式來推理。沙盤演練，思考抽象的數學、道德和想像未來的種種，以及問題的解決策略。

Unit 2-5
Piaget認知發展理論：認知發展的四階段

圖解人類行為與社會環境

Jean Piaget（皮亞傑）建構認知發展理論，說明人類有將組織或事物系統化的傾向。Piaget認為認知的發展包括四個主要階段：感覺運動期、前運思期、具體運思期、形式運思期。茲先說明感覺運動期、前運思期如下，其餘階段於後續單元說明之：

一、感覺運動期（sensorimotor period）

感覺運動期是從出生到大約2歲，由簡單無思考的反射性反應到對環境的基本了解。感覺運動期有三個重要發展：

(一) 幼兒透過所接受到的訊息，學習到他們可以有不同的感覺。此外，對於環境中相同的物體，他們開始了解能夠接收不同類型的感覺訊息。例如：最初一個嬰兒可能可以看見與聽見父母爭吵，在華氏99度的夏天，誰要開空調正常的汽車，誰要開空調壞掉的老舊汽車；即使是她看見及聽見他們的爭吵，她也無法把這兩者感官資訊連結成她環境中的相同情境，也就是她父母。直到感覺運動期末期，她才了解自己能夠同時聽見與看見父母，透過兩種模式的感官輸入，她將會察覺他們的互動。

(二) 感覺運動期會表現目標導向行為（goal-directed behavior），取代單純的隨機反應，幼兒能夠有目的的展現數種行為以完成簡單目標。例如：幼兒會伸手拿取一片木製拼圖，嘗試放到缺口處；他們想把拼圖放在一起，但，能力仍相當有限。

(三) 了解物質是永恆的，即目標物不在視線及聽覺範圍內，但仍永恆存在。物體不滅（object permanence）是本時期最重要養成的基模。最初，當孩子沒看到物體時很快就忘記了，到2歲時，他們就能夠思考、了解這個物體的影像。幼兒開始使用圖像（representation），他們會在心理形成視覺影像以解決問題。

二、前運思期（preoperational thought period）

(一) 前運思期係Piaget認知發展第二階段，約從2歲到7歲，從一個時期到另一個時期會有些重疊，兒童的思考持續進展更加抽象且富有邏輯。雖然兒童仍試圖連結生理與知覺經驗，他們了解事物與解決問題的能力持續成長。

(二) 在前運思期，兒童對環境中的事物，開始使用符號式圖像；他們不再侷限於實際的具體知覺，能夠以符號或物體的心智圖像來思考。

(三) 符號圖像最好的例子就是文字，藉著使用文字，兒童能夠將物體或情境以文字符號展現。換句話說，即使物體與情境不在當前，他們能夠使用語言來思考。此時期的兒童認知能力發展，開始達到成人的邏輯思考。兒童的知覺逐漸提升，且能掌握分類（classification）、系列化（seriation）等概念。

前運思期邏輯思考發展的三個障礙

01
自我中心主義
基於自我中心（egocentrism），兒童無法從他人的角度看事情，他們只能知覺到自己，別人的需要與觀點都是不存在的。

02
不可逆
不可逆（irreversibility）係指兒童只能單一思考，沒有反向關係。

03
專注
專注（centration）係指兒童傾向專注於物體或情境的一項細節，忽略其他方面。

案例
4歲的Gary可能會被問：「誰是你的表兄弟姊妹？」Gary可能會回答：「Sherrie、Donna、Lorrie與Tanya。」稍後假如問他「誰是Sherrie的表兄弟姊妹」，他可能會回答說不知道。Gary可以單向思考，但無法逆向思考。他知道Sherrie是他的表姊妹，然而他無法反向去思考這種親屬關係，那就是，他也是Sherrie的表兄弟。

前運思期認知能力的發展

認知能力	說明
分類（classification）	係指依照某些特質區分項目的能力，這些特質可能包含形狀、顏色、質地或大小；兒童逐漸發展出區別不同物體的能力，並且加以分類以反映這些差異。
系列化（seriation）	係指依照某些特質有順序地排列物體的能力，這些特質可能包含大小、重量、體積或長度。依照各種特質運用系列化的能力，隨著不同年齡層而發展。例如：9歲之前，兒童通常無法依重量來排序物體，排序能力必須要到大約12歲才具有。

Unit 2-6
Piaget認知發展理論：認知發展的四階段（續）

本單元茲接續說明包括Piaget認知發展理論四個主要階段的具體運思期、形式運思期，如下：

三、具體運思期（period of concrete operations）

(一) 具體運思期大約從7歲到11或12歲，在此時期，兒童的邏輯思考能力發展處於具體層次；也就是說，顯然的在認知發展早期，兒童必須學會控制邏輯思考的阻礙。

(二) 此時期兒童發展出從他人的觀點看事情的能力，理解與同理心也大大提高。此時期也發展出較複雜思考，會依據許多變項來看待或檢視情況、事件，逐漸不再受限於專注，也不再受限於以單一變項來解決問題；更甚者，他們會考慮更多的變項。以玻璃杯為例，兒童開始從高度、容量、物質與形狀等許多變項來思考。

(三) 此時期也發展反向的概念化能力，開始從不同觀點了解親屬關係。例如第67頁的例子，此時Gary將會了解不只Sherrie是他的表兄弟姊妹，他也是Sherrie的表兄弟姊妹。

(四) 此時期已經可以掌控分類、系列化與物質不滅之概念，兒童對於情況與事件的思考，也更有彈性，且能夠從許多不同觀點來評價事件。

(五) 此外，兒童也能夠使用符號來表示真實世界的事件，算數理解力與語言表達力也逐漸進步；相對地，他們的記憶也變得更敏銳。

(六) 儘管在具體運思期，認知發展進步很大，兒童仍有些限制；雖然可以從許多觀點來看待事件，這些觀點仍受限在具體議題。兒童可以思考那些能看見、聽到、聞到或觸摸到的事物，他們的焦點仍在於對事物的想法而不是思想。

四、形式運思期（period of formal operations）

(一) 最後的階段是形式運思期，大約開始於11或12歲到16歲；認知發展的特質是處於青春期。在形式運思期，抽象思考能力發展到最高點，孩子能夠把許多變項放入思考，並且他們已經具備關於事物是如何形成或為什麼是這個樣子的抽象假設。

(二) 青少年思想主要的發展特質有三：

1. 青少年認同一個情境能夠受到許多變項影響，一項議題往往有許多種觀點。

2. 青少年能夠分析變項之間的相互影響，亦即能假設關係，且思考改變的情況。

3. 青少年有能力假設演繹（hypothetical-deductive）推論。換句話說，青少年能夠有系統的與邏輯的評估許多可能關係，以得到結論。以「假如……然後」的方式，將各種可能性逐一檢視。例如：青少年可能會如此思考，假如某種情況存在，隨後就會出現某結果。

美國於二次世界大戰在日本投擲原子彈：具體運思期 vs. 形式運思期之思考比較案例

具體運思期

10歲的Meredy的思考模式仍停留在具體運思期，她知道二次世界大戰末期時有一顆原子彈被丟下廣島，當你問她發生的原因，她可能會說因為美國要保衛國土並且讓戰爭結束。她可以把這些情境概念化，且分析某些方面的變項。在此情況下，變項是美國參戰的事實且需要採取行動贏得戰爭。她的思考能力僅止於此。

日本

形式運思期

15歲的Meredy思考模式已進入形式運思期，答案會有些不同。她可能會說若考慮到人類生命的巨大成本，這將是個困難的決策；也可能認為投擲原子彈只是眾多作戰策略之一；她也可能詳細說明此事件的政治結果。換句話說，Meredy多方考量評估想法或事件的能力，要等到形式運思期才會大幅改變。

年齡結構化

- Piaget的認知發展理論到青春期基本上就停止了。
- Piaget的理論是根據對自己孩子的觀察發展了他的觀點。因此，一些批評者認為他的方法讓他的理論產生偏誤，而且沒有提供足夠大的樣本，以便能將其研究結果推論類化到其他孩子。
- 他的理論傾向於關注「正常」的發展，或是「平均」的發展，因此對於個人發展變異性沒有太多解釋空間，但是有變異的個人發展也可能是「正常的」。
- 階段性的發展趨勢往往低估了發展過程中發生的變化：每個人是否真的按照精確的順序和圈定的時間框架來遵循這些階段？許多批評者認為，發展是一種非常個人化的歷程，以致於無法整齊俐落的契合到每個階段。
- Piaget對影響認知發展的社會文化因素的關注不夠。他的理論並沒有對人格、環境刺激、社會互動、文化脈絡和其他相關因素如何促進或減弱認知的發展，提供太多解釋，儘管他後來曾試圖將這些觀點納入他的理論中。
- 根據對Piaget理論的研究結果顯示，他可能低估了兒童的能力，人們相信兒童可能比Piaget所認為的更早時期，就開始發展認知的技能。例如：有一些研究人員認為，如果改變測試認知能力技巧的方法，那麼測試結果顯示，兒童能夠比Piaget 所提出的階段，更早的理解和執行各種技能。
- 研究顯示Piaget 認為在青春期發展的正式運思期階段所掌握的技能，在其他任何特定時間都不容易預測到或是普遍的發生。但是相反的，好像有一些個別的經驗顯示，許多在正式運思期所發生的個別差異會受到神經變化的影響。

Unit 2-7
Erikson心理社會發展理論：總體概念

Erikson的心理社會發展理論融合了Freud理論的許多基本原理，但它更強調社會對於發展的影響。茲將總體概念說明如下：

一、Erikson（艾瑞克森）在1933年到美國之前，在德國時是在Freud門下學習。他成為美國公民後，在哈佛大學任教。當他完全的離開Freud理論的門派後，Erikson提出許多反對Freud的論點。例如：他覺得Freud太過於強調有關以性為基礎的行為。相對於Freud的理論，Erikson提出了他的心理社會發展理論，他認為人類發展過程面對許多的心理刺激和需求，故其在人類發展和行為上，成為重要的力量。Erikson接受Freud所強調的早期經驗和潛意識動機的重要性，但他反對Freud對成年期的忽略。並且，他反對Freud提出對人類本性憤世嫉俗的觀點，以及Freud認為人類不能處理他們自己問題的信念。Erikson表示，人們可以解決他們所產生的困難和衝突。

二、Erikson理論指出，一個人的發展會持續歷經心理社會發展的八個階段的進展，這八個階段是擴及整個生命週期（如右頁圖）。

三、Erikson認為，人們會以一致的方式貫穿每個階段，處理發展任務和解決每個階段獨有的危機。發展任務是健康、正常的活動，有助於促進成長。在每個階段中，有些時期人們非常容易學習適合該年齡的任務，這些任務有助於他們適應並掌握他們的環境。危機是一種心理努力的狀態，用來適應社會環境。這些是在每個階段都可以預測到的「正常」壓力源，以協助人們發展（相對於罕見的、非常特殊的事件或創傷，是不可預期的）。每個階段的目標都是透過培養促進成長的正向品質來解決危機，並支持對自我和環境的探索。

四、如果人們在每個階段成功的協商任務和危機，他們就會獲得並處理新訊息，幫助他們控制情緒狀態和環境。即使某個階段的特定任務和危機沒有學到或解決，仍然可以進到下一階段，只是可能會遇到上個階段尚未經驗或解決的危機。根據Erikson的說法，我們可以在沒有完全解決早期發展階段危機的情況下達到我們生命的終點。

五、Erikson的理論，關注的是個人與社會環境之間的持續互動。Erikson是根據表觀遺傳學原理發展出他的理論，該理論指出人們有一個生物藍圖，決定了他們如何成長和達到成熟。雖然人們的成長和發展受到這種生物學藍圖的指導，但社會力量和期望也會影響成長和發展，並有助於確定人們適應和調適環境的程度。

Erikson的八個發展時期

| 成年晚期
60歲及以上 | 統合對絕望 |

| 成年中期
40～50歲 | 生產對停滯 |

| 成年早期
20～30歲 | 親密對孤獨 |

| 青春期
12～19歲 | 認同對角色混淆 |

| 兒童中期
6～11歲 | 勤勉對自卑 |

| 兒童早期
3～5歲 | 進取對罪惡感 |

| 幼兒期
1～2歲 | 自主對羞怯和懷疑 |

| 嬰兒期
0～1歲 | 信任對不信任 |

071

Freud與Erikson在發展時期的比較

估計年齡	Freud	Erikson
出生～1歲	口腔期	信任對不信任
1～2歲	肛門期	自主對羞怯和懷疑
3～5歲	性器期	進取對罪惡感
6～11歲	潛伏期	勤勉對自卑
12～19歲	兩性期	認同對角色混淆
成年早期		親密對孤獨
成年中期		生產對停滯
成年晚期		統合對絕望

Unit 2-8
Erikson心理社會發展理論：心理社會發展階段

Erikson將人類的心理社會發展，分為八個階段，說明如下：

一、第一階段：信任對不信任（嬰兒期：出生至1歲）

在這個階段，孩子們學會信任他人，特別是他們的照顧者。嬰兒知道他們可以信任他們的照顧者，因為照顧者會給他們食物、住所和愛，並滿足他們的需要。嬰兒的需求如果無法被滿足，嬰兒就會學會不信任他人。

二、第二階段：自主對羞怯和懷疑（幼兒期：1～2歲）

孩子們學習獨立的做一些事情，例如：吃飯和穿衣。透過完成各種任務，孩子們獲得了自信心。如果不鼓勵孩子的獨立性，或者他們因獨立行事而受到懲罰，他們就會產生一種自我懷疑的感覺。

三、第三階段：進取對罪惡感（兒童早期：3～5歲）

孩子在他們身處的環境中很主動活躍，他們需要主動學習、探索和操縱周圍環境。被鼓勵這樣做的兒童將能夠培養出技巧與能力，讓他們能夠追求未來的目標和興趣。無法得到鼓勵的兒童將缺乏信心，無法對自己有興趣的事情採取行動，也不會主動塑造自己的生活。

四、第四階段：勤勉對自卑（兒童中期：6～11歲）

兒童需要有生產力及擁有成功經驗。這時期孩子們忙著玩耍和學習，因此要給他們機會掌握各種任務。能夠找到成功途徑的孩子，將學會勤奮。那些經歷過多次失敗的孩子將會產生自卑感，妨礙他們未來成功的機會。

五、第五階段：認同對角色混淆（青春期：12～19歲）

青少年在此階段探索自己的身分，並培養他們的自我認同感。他們嘗試未來的角色，並將這些角色融入他們的自我意識中。難以將自己的角色融入自己認同的青少年，會對自己是誰感到困惑。

六、第六階段：親密對孤獨（成年早期：20～30歲）

成年人正在尋求親密和親近的關係。他們在不犧牲自己身分認同的情況下，與重要他人互相學習付出和接納。如果他們無法建立親密關係，他們進入成年期就有可能會覺得孤獨。

七、第七階段：生產對停滯（成年中期：40～50歲）

中年人在此階段投入他們的工作、家庭、社區和下一代。他們開始重新從自己的生活轉為關心周圍人的福祉。無法做到這一點的成年人，不會將過去只著重自己的狀態往前走，而只能專注於自己。他們會變得停滯不前，無法為別人變得更有生產力。

八、第八階段：綜合對絕望（成年晚期：60歲及以上）

年齡較大的人開始回顧他們的一生，並盤點他們的成功。對於自己過去所完成的事感到滿意的人，會有一種幸福和平安的感覺。那些不滿意自己成就的人，會產生絕望感，他們會為失去的機會而哀悼。

Erikson的心理社會發展的任務與危機

階段	任務	重要事件	特徵 （心理社會危機）
第一階段： 嬰兒期	愛的需求滿足	供給食物	信任對不信任
第二階段： 幼兒期	探測環境	大小便訓練	自主對羞怯和懷疑
第三階段： 兒童早期	獨自籌劃做遊戲	自主活動	進取對罪惡感
第四階段： 兒童中期	學習學校裡的課程	學校經驗	勤勉對自卑
第五階段： 青春期	認識自己、身分的確定	同儕關係	認同對角色混淆
第六階段： 成年早期	社會化發展、增進人際關係	親密關係	親密對孤獨
第七階段： 成年中期	事業發展、有意願助人	子女養育與創造力	生產對停滯
第八階段： 成年晚期	對一生成就之檢討	回顧並接納自我人生	統合對絕望

對心理社會發展理論的批判

- Erikson著重發展階段的論述可能會有侷限性。因為在發展中存在很多個別差異，所以試圖根據年齡將人置放在某個特定階段可能會產生問題。
- 該理論的結構非常抽象，因此難以測量和驗證。例如：社會工作者和案主有可能對諸如「統整性」或「自卑」等結構有不同的解釋，使得對這些概念的共同定義變得困難。
- 對於在不同年齡階段所應該發生的發展過程，社會的規範和期望總是在變化。你可以從對婚姻和生兒育女這類傳統活動的觀念中看到這樣的例子，這兩件事似乎符合Erikson的親密與孤獨階段，以及生產力充沛與停滯的階段。但是由於經濟條件、科技進步、婦女就業機會的擴展及對婚姻態度的改變，許多年輕人可能會將這些活動延遲到更晚時期。此外，不同的民族和文化群體對於發展里程碑的重要性和時機的看法，可能會與Erikson不同。同樣的，人們可能會找到其他與傳統不一樣的方法來完成親密關係建立或生產力充沛的活動。
- 這一理論可能會與某些種族和其他少數群體無關。它沒有考慮到男女同性戀青年的發展任務是否有可能與一般青年不同，或者人們是如何發展其民族的認同。

Unit 2-9
Kohlberg道德發展理論

Lawrence Kohlberg（柯博格）深受Piaget的影響，著重在個人道德發展歷程，他相信人類的道德發展由道德前期直至道德後期階段性的發展。Kohlberg的理論呈現系列分明的發展模式，他的道德發展乃立基於Piaget的認知發展模式。有關Kohlberg建構的三層次、六階段之道德發展理論，本單元說明第一個層次：道德成規前期、第二個層次：道德成規期；第三個層次則於次一單元說明之。

一、第一個層次：道德成規前期（preconventional or premoral level）

此時期以自我興趣為優先考量，通常於4～10歲當經歷此階段，其道德決定是基於外在行為會獲得獎賞或處罰來考慮自我行為。

此層次的行為的是非，主要端看行為的後果或執行此後果的人。行為的準則基本上是工具式的相對取向行為，這是以惡報惡，以善報善的階段，遵行規則是滿足自己或別人的需求。其觀點是一個具體的行動者遵守規則，是為了避免麻煩、滿足需求和增加他或她的利益。此層次包括第一階段、第二階段，說明如下：

（一）第一階段

此層次的第一階段為避免處罰，兒童言行主要為避免負面結果。對一項行動的物理性結果與心理性結果並不能清楚地加以區別，在一個時間點上只能從某一個觀點建構其社會互動，不同的觀點並不能清楚地被認知或統合。

（二）第二階段

第二階段主要為趨賞避罰，亦即兒童是為了得到獎賞和報酬才做對的事。這有時候會牽涉到利益交換。例如：「我將會幫你抓背。假如你幫我抓背的話。」一個人理解不同的人有他們自己的觀點、需要、利益、意圖等。人們被視為在施與受的基礎上彼此相互關聯，會考慮彼此的反應。

二、第二個層次：道德成規期（conventional level）

此層次之道德想法主要立基於遵循符合社會習俗之角色，10～13歲當屬此階段。此時會有強烈欲望想取悅他人，並獲得社會贊同。此時道德標準雖然已逐漸開始內化，但仍以他人要求為主，而非個人自我決定。習俗、規則、義務和期許被經驗為自己的一部分，自己對個人的及非個人的（社會的）相互義務和期許是認同的，並自願隸屬於它本身。這並不意味著一個人必須認同他的社會，因為這個認同可能隸屬在一個次文化上，例如：一個自治團體、宗教團體或家庭。此層次包括第三階段、第四階段，說明如下：

（一）第三階段

此層次的第三階段主要著重他人認同，因此良好人際關係顯得特別重要。人們本身蘊含在關係中。這種關係具有一種知覺，即情感和期許應該彼此分享，而且建立在相互的信賴上。道德的角色取替僅著重在特定的關係，同時重視好人的共同特質，但是忽略制度或社會體系的觀點。

（二）第四階段

第四階段「以威權維持道德秩序」（authority-maintaining morality），強調遵循法律和社會規範，較權威者通常亦較受尊敬，法律和秩序被視為維持社會規範所必需。人們從一個社會或意識型態體系的觀點來觀看現象，並於其中發現道德行動與道德期許的意義且肯定之。

Kohlberg道德發展理論：三層次、六階段的道德發展

層次 / 階段	敘述
層次一：道德成規前期 （遵循符合社會習俗之角色）	外在控制，以獲得獎賞或處罰來考慮自我行為。
第一階段：避罰服從取向	以避免處罰作為考量行為好壞之標準。
第二階段：工具式快樂主義	為獲得獎賞而順應規則，常會更換個人喜好。
層次二：道德成規期 （社會順應）	會考量他人的意見，以順應社會期待決定自我行為。
第三階段：好男孩 / 好女孩	有強烈欲望想被讚賞和喜歡，認為可討人喜歡的行為就是好行為。
第四階段：順從權威	其行為會遵循法律和社會規範的要求，順應法律權威。
層次三：道德自律期 （自我道德原則）	內在控制，已超越法律要求和自我喜好。
第五階段：法律觀念取向	認同法律的必要性，並可理性思考社區福祉。
第六階段：個人價值觀念取向	遵循自我內在倫理原則，在做決定時會內省思考什麼是對的，而不是以法律規範為主。

引自：Charles Zastrow, Karen K. Kirst-Ashman著，溫如慧等譯。《人類行為與社會環境》。智勝。臺北。

對Kohlberg道德發展理論之批判

- 只考慮道德的思維而未考慮實際行為面向，忽略一個人的道德思考有時與自己的行為相衝突。
- 理論多強調人們的想法，而非實際作法。例如：國王和總統會談論很崇高的道德標準，但實際行為表現卻又是另外一回事。
- 提出的道德兩難情境太抽象，必須要口語能力很好的人才可以答辯。
- 道德觀念狹隘，只著重正義感而忽略了由體恤同情、感同身受及團結情感所衍生的價值觀。
- 不是所有的成人都能達到道德自律期，有許多人一生只能到達道德成規期，尤其是第六階段只有甘地、馬丁路德等聖人才能達到。
- 對個人內心想要做的及實際做到的，未作詳細的說明。
- 本理論具有文化偏誤，第六階段無法適用於所有文化。

Unit 2-10
Kohlberg道德發展理論（續）

本單元接續說明Kohlberg建構的三層次、六階段之道德發展理論中的第三個層次：道德自律期，如下：

三、第三個層次：道德自律期（postconventional level）

此層次已跳脫他人想法，並發展自我好惡觀念，會仔細思考法律和他人期待，並決定自己認同的是非對錯標準，並較有自主性、獨立思考。其行為是立基於自身的理念而非法律。此階段的進展已超越自私需求，他人的需求和福祉亦非常重要，此屬真正的道德。個人已能從較特定的社會或人際間的期許、法律和規範中，抽離出自由、平等和團結的共同原則。自我從其他人的期許分化出來，他視本身為隸屬於全人類或對所有成員之義務的超越原則。此層次包括第五階段、第六階段，說明如下：

（一）第五階段

第五階段會遵循法律和社會原則，且認為法律有益於全民福祉層次，然法律易受個人解釋影響和改變。道德推理反映出理性個體優先於社會的觀點，他是被一個想像的，尤其受法律所具體化的社會契約所約束。內隱和外顯的社會契約建立在信賴、個人自由，以及平等對待所有人的原則上，這些原則應該是社會和人際相互關係的基礎。

（二）第六階段

第六階段為最高境界，對他人所提想法和意見可自主思考，其個人道德標準已內化，在思考自我行為時會超越法律規範，主要依據自我好惡觀念做出決定，例如：金恩牧師、甘地是達到此層次的人。個人以「道德觀點」表達尊敬人本身，就是目的的無私態度。這個尊重應該經由對話和奠基在理想的角色取替的互動上等其他形式來表達。理想的角色取替，會使涉及道德兩難中的人們對訴求與觀點予以同等的考慮。

不同的道德層次和階段的人，在道德兩難中對「什麼是應該做的事」及「為什麼它可能是對的」有不同的概念。在道德成規前期，道德辯證集中在實用主義的考量、需求和興趣的滿足，對自己和其他人造成具體傷害的避免，以及服從規則和權威人物。

在道德推理的道德成規期，個人嘗試以共享的規範、成為好人的內化概念、道德或宗教法律，以及制度化的權利和義務來生活。在道德自律期的層次，個人已經發展出抽象的道德原則，傾向於重視自由、平等、共有、仁愛和敬重個人尊嚴。這些原則在某些方面上與特定的道德規則不同。原則上涵蓋較廣的道德考慮，且站在較具體概念化的規則上。原則經常著重正向的價值（生命、自由、人的尊嚴），然而許多道德原則以反向的方式看待（不偷竊、不謀害、不欺騙、不說謊）。原則整合特定的道德規則和角色概念，並且賦予它們一個寬廣的道德意義。

Kohlberg的道德發展理論，清楚分析一個人的社會觀點隨著階段的提升而增長見識、人脈擴增、廣結善緣、建立制度，以及由物質性（生理性需求）的推理而提升至相當抽象的價值演繹，顧及權利及契約的意涵。

Kohlberg道德發展理論：三層次、六階段的道德發展

層次／階段	敘述
層次一：成規前期（道德成規前期）	此時人們尚未將道德觀念內化，而是依靠獎賞和懲罰的約束。
第一階段：懲罰與服從導向	所有的道德決定都是為了規避懲罰。
第二階段：工具性與享樂主義	為了獲得獎賞而遵守規則。
層次二：成規期（道德成規期）	此時人們開始在意他人的想法，外在的社會期待引導行為表現。
第三階段：乖小孩心態	個人的行為表現是為了取悅他人。
第四階段：權威導向的道德觀	信奉法律規範，認為維持社會秩序是最重要的事，同時順從權威。
層次三：成規後期（道德自律期）	此時人們已將道德觀念內化，道德發展已超越法律規範及自身利益。
第五階段：契約、個人權益及民主法治的道德觀	將法律及社會秩序視為理所當然，然而法律必須是為了公共利益而存在。
第六階段：個人原則及良知的道德觀	人們的行為表現依據內在的道德原則，所做出的道德決定是為了符合最佳公共利益，無論是否違背法律或權威。

引自：Anissa Taun Rogers著，張紉等譯。《人類行為與社會環境》。心理。臺北。

Kohlberg的道德發展理論：三層次、六階段的道德發展

層次／階段	敘述
層次一：成規前期（道德成規前期）	
第一階段：懲罰與順從傾向	避免被他人懲罰。
第二階段：純真的工具享樂主義	從他人處得到獎賞。
層次二：成規期（道德成規期）	
第三階段：好人道德觀	維持與他人良好關係，並順從他人。
第四階段：權威維持的道德	維持法律與規矩，並顯示對國家的關注。
層次三：成規後期（道德自律期）	
第五階段：社會規約導向	獲得個別化國家的遵從。
第六階段：普遍性道德原則導向	避免犯錯引起的自我譴責。

引自：Rice, F. Philip，謝佳容等譯。《人類發展學》。五南。臺北。

Unit 2-11
Gilligan女性道德發展觀點

Gilligan對Kohlberg道德發展理論最主要的批判，其認為Kohlberg主要立基於男性觀點。Gilligan主張不可用Kohlberg的論點來說明女性道德發展，因為女性對道德兩難困境的看法與男性不同。茲將Gilligan對女性道德發展的基本概念、女性道德發展層次，說明如下：

一、Gilligan對女性道德發展的基本概念

(一) Kohlberg的理論係立基於公平正義觀點（justice perspective），強調「個體會獨立做出道德判斷」。然而，Gilligan認為女性會立基於關懷觀點（care perspective），即「注重與他人相互關係、人際溝通並關心他人」。亦即，女性傾向於依據個人情境來考量道德標準。

(二) 女性常無法將以自我觀點為主的道德觀轉換為順應法律及社會秩序。此涉及個人小我觀點的是非對錯（個人道德決定會如何影響自己的生活），相對於普世價值或大我的道德觀（道德對每一個人的影響）。Kohlberg之所以被批評，就在於其未將女性的生活層面和思考納入考量。

(三) Gilligan認為女性道德發展立基於個人好惡與對重要他人的承諾。這意味著有時需為他人犧牲自我福祉，強調善良和仁慈。此有別於男性著重於獨斷的決定，且較無法變通的道德決定。Gilligan認為女性道德觀主要「立基於關懷倫理而非公平正義」，她主張女性的是非對錯標準強調人際關係及關心重要他人福祉。這個相較於Kohlberg用較抽象道德觀點來敘述如何決定公正與正確，Gilligan採用較一般的觀念來闡述。Gilligan 理論突顯

男女兩性觀點不同，這特別有利於強調男女兩性的優勢差異。

二、Gilligan提出的女性道德發展層次

(一) 層次一：個人生存取向。純粹關注自我利益（self-interest），並未真正關心他人福祉與需求。首要關注個人生存，怎麼做對自己最有利及實際是最重要考量。

(二) 過渡期一：由自私轉變為負責任。從只考慮自己，轉變為能些許考慮會被影響的人。女性體認到不僅應履行對自己的責任，也需對他人負責，這包括還未出生的人。亦即，她開始理解到自己的決定會影響其他人。

(三) 層次二：自我犧牲是美德。會將自我需求和期待擱置一旁，他人福祉變得很重要。所謂「好」是意味著自我犧牲，以讓其他人獲益。此時會以他人想法為主，但在做決定時常面臨究竟是要為自我行為負責或順應外在壓力的矛盾

(四) 過渡期二：從美德轉變為現實考量。此時女性可更客觀評估自我情境，已不再依照他人意見來決定自我行為，並可同時考慮自己和他人福祉，屬道德層次一的個人生存考量，會在此時再被納入思考，但非完全以利己為主。

(五) 層次三：非暴力責任（不傷害他人）之道德。在此層次，女性會思考自我決定和行動的影響，不再只是考量他人看法，且可承擔自我行為決定之責任。她會同步平等考慮，自己跟其他人的狀況，衡量自我後續相關行動可能導致的各種不同結果，且自認應該對這些結果負責，此時的重要原則是必須把自己和他人的傷害減至最小。

Gilligan的女性道德發展觀點

層次 / 階段	敘述
層次一：個人生存取向	此時女性是以自我利益及生存為導向，其他人並不重要。
過渡期1：從自私轉變為責任	女性在道德思考上開始考慮他人，雖然自我仍被視為是最重要的，但開始了解到他人的福祉同等重要。
層次二：自我犧牲是美德	此時女性認為道德就是為他人犧牲，她們看重他人的想法，甚至可以為此犧牲自己的需要及感受。
過渡期2：從美德轉變為現實考量	女性開始能夠平衡他人與自身的需求，思考要如何做才能同時對他人及自身有益。
層次三：非暴力責任（不傷害他人）之道德	此時女性進一步思考道德決定的後果，相較於他人的看法，決定的正當性及對於所有人福祉的影響，變得更為重要。

對Gilligan女性道德發展觀點之批判

CRITICAL THINKING

- 有研究發現雖然女孩的道德取向中，對關懷他人的關注會勝過應用抽象判斷原則，但是若有需要，她們會同時採取這兩個取向。
- 其他研究則指出，即使女性會略為傾向採取Gilligan 的關懷取向道德決策 ，而非Kohlberg的公平正義觀點，男女道德決策標準僅有些許差異，這男女青少年的道德差異比成人明顯。但個體會採取關懷取向或是公平正義觀點，主要是依據當時情境而有不同考量。例如：男女在面對自我問題時都會採取關懷取向，而在評估全球社會議題時則會採用公平正義觀點。

NOTE

Unit 2-12
Fowler信仰發展理論

Fowler的信仰發展理論是依據他在1972～1981年研究人們如何看待個人史、如何問題解決，以及如何建構道德和宗教承諾時，深度訪談年齡介於兒童早期至61歲的359位受訪者（多數受訪者為白種人基督徒）所發展出來的，茲將Fowler的信仰發展理論的七個階段說明如下：

階段一：原始或無差異信仰（出生至2歲）

人們對信仰和世界的看法都是從頭開始的。嬰兒很早就學習到環境是否安全、是否可信任；是否處於安全的家庭環境中，或正被傷害、忽視及受虐。人們會開始發展語言以表達自我想法，並區分自己和他人的差異，也開始發展人際關係及思考人際關係所代表的意義。

階段二：直覺反射的信仰（2～6歲）

在2～6歲時會持續發展從所處環境中，逐一取捨意義的能力。他們對信仰和宗教的看法並未深入概念化，也未結合生活經驗。他們對信仰的看法主要受到所處情境影響。例如：問兒童「上帝在哪裡？」他會告訴你「在每個地方」，這是因為父母是這樣告訴他的。

階段三：神話、字面上的信仰（6～12歲）

此時會持續發展概念化思考。故事是激發兒童思考自我生活和人際關係的重要方法。兒童可以被戲劇表現或靈性象徵深深打動（例如：宗教儀式）。具體運思能力幫助兒童區辨真假，且能更深入地思考信仰的各個層面。雖然這些信念僅是字面上的意義或單面向的」。

階段四：合於常規之信仰（12歲以上）

此時會發展概念化能力，並以新方法應用資訊。他們藉由社交、學校和媒體，更認識這世界。他們不再像前一階段只是了解字面上的意義，且已開始抽象思考以新的角度看待世界，且努力去遵守規範。此時，人們不會批判評估自己的信仰，更確切地說，他們仍堅持在傳統的思想信仰體系中。

階段五：個人反省式信仰（青年期以上）

階段五的特色是會批判思考人生的意義。「對信仰的關注會從與團體一致的，轉變為更期待是對自己有意義的」。此時人們會面臨價值衝突，同時努力建立自我個人信念，例如：所信奉的宗教譴責墮胎，個人是否支持？此階段人們會反省和批判性評估自我既有的信念，進而建立更清晰的靈性信念體系。

階段六：圓融式信仰（中年和中年以上）

此階段的核心概念為整合。個體可坦然面對自我觀點與一般常規間的衝突，並接受當中的矛盾，他們已可整合自我信念，且接受生命本來即有許多不同面向。此時所謂靈性信念已是較深層的覺察。個體會對各種不同的宗教和靈性傳統有更開放觀點，即使與自己的法則互相矛盾，也能夠尊重。

階段七：普世化信仰（中年和中年以上）

此階段特徵為無私奉獻，以讓他人可獲公平正義。此階段屬較深層的靈性成長，不再僅關心自我個人利益；反之，會更關注整體群眾福祉，包括犧牲自我個人福祉。只有極少數人會達到這種信仰型態，例如：金恩牧師、泰瑞莎修女。

Fowler信仰發展理論概念

> 信仰的形成與發展是整體生命歷程都會經歷的。信仰意味著「我們與自己、他人和世界的終極關聯模式」。終極（ultimacy）指的是人們覺得可引導其生活價值、信念和意義的最重要深層意涵。信仰可能是宗教，也可能不是宗教。Fowler認為信仰是更廣泛的，可提供生活的意義和連結與他人的關係，讓人們相互關心支持，提供更寬廣、更有意義的「參考架構」，進而協助人們因應生命中的痛苦和死亡。

Fowler信仰發展理論的階段

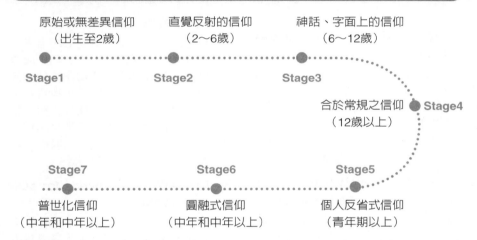

原始或無差異信仰（出生至2歲）　Stage1

直覺反射的信仰（2～6歲）　Stage2

神話、字面上的信仰（6～12歲）　Stage3

合於常規之信仰（12歲以上）　Stage4

個人反省式信仰（青年期以上）　Stage5

圓融式信仰（中年和中年以上）　Stage6

普世化信仰（中年和中年以上）　Stage7

對Fowler信仰發展理論之批判

- 訪談的樣本侷限於特定種族和宗教，被質疑是否可適用於非基督教世界。
- 未考慮個別差異、壓迫和歧視情形的存在。此理論假定所有人類生而平等。但實際上，有人貧窮、有人富裕，人們所處情境的資源對信仰發展的影響程度如何呢？所有人類均有發展信仰的平等機會嗎？遭受壓迫和歧視會影響靈性和信仰成長嗎？
- Fowler的理論很難應用於鉅視的情境中。源自個人觀點的信仰發展如何才能融入整體社會概念？信仰發展是否會影響組織、社區和政治生態呢？

Unit 2-13
Maslow需求階層論

圖解人類行為與社會環境

082

Abraham Maslow（馬斯洛）提出需求階層論（Hierarchy of Needs Theory），說明人類需求五個種類，包括生理的需求、安全的需求、愛與歸屬的需求、自尊的需求、自我實現的需求。根據Maslow的需求階層論，最基本的需求為生理的需求，當生理的需求獲得滿足後，才會感覺到有安全的需求；當安全的需求滿足後，才會有歸屬感及愛的需求，以此類推。茲將需求階層論，說明如下：

一、生理的需求（physiological needs）

生理的需求，也稱為級別最低、最急迫的需求，例如：食物、水、空氣、睡眠。未滿足生理需求的特徵是：什麼都不想，只想讓自己活下去，思考能力、道德觀，明顯變得脆弱。例如：當一個人極需求食物時，會不擇手段的搶奪食物。

二、安全的需求（safety needs）

安全的需求，同樣屬於較低層的需求，包括對人身、生活、免遭痛苦、威脅或疾病、與自身安全感有關的事情。缺乏安全感的特徵是：感到自己對身邊的事物受到威脅，覺得這世界是不公平或是危險的。認為一切事物都是危險的，而變得緊張、徬徨不安，認為一切事物都是「惡」的。例如：一個孩子，在學校被同學欺負、受到老師不公平的對待，而開始變得不相信這社會，變得不敢表現自己、不敢擁有社交生活（因為他認為社交是危險的），而藉此來保護自身安全。

三、愛與歸屬的需求（love and belonging needs）

愛與歸屬的需求，屬於較高層的需求，例如：對友誼、愛情及隸屬關係的需求。缺乏社交需求的特徵是：因為沒有感受到身邊人的關懷，而認為自己活在這世界上沒有價值。一個沒有受到父母關懷的青少年，認為自己在家庭中沒有價值，所以無視道德觀和理性，積極地尋找朋友或是同類。

四、自尊的需求（esteem needs）

自尊的需求，屬於較高層的需求，例如：成就、名聲、地位和晉升機會等。既包括對成就或自我價值的個人感覺，也包括他人對自己的認可與尊重。無法滿足自尊的需求的特徵是：變得很愛面子，或是很積極地用行動來讓別人認同自己，也很容易被虛榮所吸引。例如：利用暴力來證明自己的強悍。

五、自我實現的需求（needs for self-actualization）

自我實現的需求，是最高層的需求，包括針對真善美至高人生境界獲得的需求，因此前面四項需求都能滿足，最高層次的需求方能相繼產生，是一種衍生性需求，例如：自我實現、發揮潛能等。缺乏自我實現需求的特徵是：覺得自己的生活被空虛感給推動著，要自己去做一些身為一個「人」應該在這世上做的事，極需有讓其能更充實自己的事物，尤其是讓一個人深刻的體驗到，自己沒有白活在這世界上的事物。此層次的人往往認為價值觀、道德觀，勝過金錢、愛人。例如：一個真心為了幫助他人而捐款的人。

Maslow需求階層論

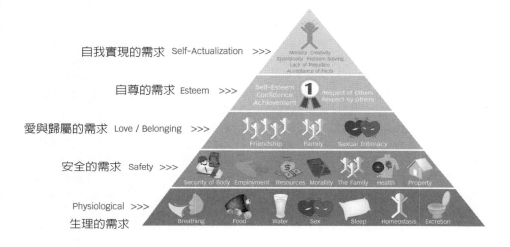

自我實現的需求　Self-Actualization　>>>

自尊的需求　Esteem　>>>

愛與歸屬的需求　Love / Belonging　>>>

安全的需求　Safety　>>>

Physiological　>>>
生理的需求

需求項目	內容
生理的需求	包括食物、水、氧氣、休息等。
安全的需求	包括保障、穩定、免除恐懼、焦慮、威脅及混亂。我們需要社會法律結構及有限的幫助，來滿足這些需求。
愛與歸屬的需求	包括朋友、家人及愛人所給的親近與關愛。
自尊的需求	包括自我尊重、尊重他人、成就、受到注意及賞識。
自我實現的需求	包括感受到個人潛能完全發揮，並執行符合本身能力的工作，這是努力創造及學習的結果。

083

NOTE

Unit 2-14
行為和學習理論：Pavlov古典制約理論

Ivan Pavlov（巴夫洛夫）是討論古典制約理論時，最常提及的理論家。其重點是人們如何對環境中的刺激做出反應。在他的經典實驗中，Pavlov指出，狗在看到食物時自然會分泌唾液。茲將Pavlov的古典制約理論，說明如下：

一、Pavlov將食物標記為非制約性的刺激物，並將唾液標記為非制約性的反應，因為狗會「自然的」學習了這種行為。也就是說，狗在看到食物時不需要任何訓練或條件，就可以分泌唾液。當Pavlov隨後將食物與另一種刺激物搭配時（這個實驗狀況是，當食物呈現時，他會同時發出一種音樂音調），他就能夠在音調聲音出現時訓練狗分泌唾液。因此，音調會變成為制約刺激，對應音調而來的流口水成為制約反應。因此，Pavlov得出結論，只需以另類刺激替代食物，就可以透過訓練引發狗自然的流口水反應。

二、反應制約可藉關注刺激，以及對此刺激的反應來了解行為。刺激（stimulus）是「一項物體或事件被某人察覺了，因此潛在影響了此人」。一個特定刺激會引發一個特定的行為反應，這刺激可能是文字、視覺或聲音。（詳右頁刺激與反應的關係圖示）

三、有許多行為反應是不需要學習的。亦即，受到刺激後，本能自發性的反應，這種刺激叫做非制約（unconditioned）（自然發生）刺激。反應制約（respondent conditioning）〔又稱作古典制約（classical conditioning）或巴夫洛夫制約（Pavlovian conditioning）〕，是指對新刺激的反應是學習而來，而非自發性本能反應。這個新刺激稱之為制約（conditioned）（學習）刺激。為了形成制約，這個新刺激和它引發的反應會自然地被配對。個人學習去連結這新刺激和這特殊反應，即便這刺激和反應最初並沒有關聯。（詳右頁反應制約的圖示）

四、反應制約原則經常被社工人員運用在某些行為技巧，系統減敏感法（systematic desensitization）即是。例如：有人懼怕蛇、密閉空間或學校。系統減敏感法有兩項使用要點：第一：讓案主漸進式接觸他所恐懼的事物；第二：當案主暴露在他所恐懼的事物時，指導他做出矛盾的反應。這些反應必須是某些絕不會和恐懼焦慮同時發生的事。例如：案主首先學習如何控制身體和放鬆，同時讓他暴露在他所懼怕的事物或事件到一定的恐懼程度。一個怕老鼠的人，可能讓他先保持一段距離看老鼠照片一下子，同時使用所學到的放鬆反應。在放鬆的狀態下，焦慮和恐懼就不會發生。因為這兩個反應是矛盾的。接著再出示一張8×10的老鼠照片，再次使用放鬆技術來防止焦慮。案主越來越直接面對老鼠，直到他敢把一隻實驗老鼠握在手中，逐漸學習應用矛盾的放鬆技巧減輕焦慮情緒，即便老鼠真正出現的時候。

刺激與反應的關係

龍蝦與德國巧克力蛋糕　　　　　　　　→　　　　**Martha**開始流口水
（非制約刺激）　　　　　　　　　　　　　　　　　　　（反應）

■ Martha正進行嚴格的節食，當她順道拜訪朋友Evelyn時，Evelyn正在準備龍蝦晚餐，且正在烤香噴噴的德國巧克力蛋糕。Martha一想到這些美食忍不住開始流口水。Martha的反應（流口水）是刺激（看到Evelyn準備的美味晚餐）所導致的。

反應制約

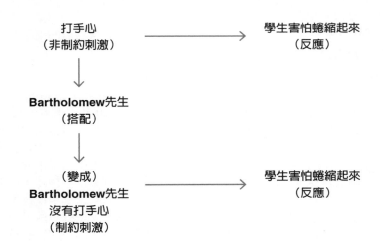

打手心　　　　　　　　　　　→　　　　學生害怕蜷縮起來
（非制約刺激）　　　　　　　　　　　　　　　　（反應）

↓

Bartholomew先生
（搭配）

↓

（變成）　　　　　　　　　　　　　　　學生害怕蜷縮起來
Bartholomew先生　　　　　→　　　　　　　（反應）
沒有打手心
（制約刺激）

■ Bartholomew先生是一位三年級老師。每當學生說話不合時宜，就會被老師用力打手心。因為刺激的結果——打手心，所以學生們都很怕他，藉著聯想到Bartholomew打手心，久而久之學生學習到害怕Bartholomew，儘管當Bartholomew沒打人的時候，學生們看到他也會害怕。因為Bartholomew已經和打手心的結果，連結在一起形成制約了。

Unit 2-15
行為和學習理論：Skinner操作制約

在古典制約的概念上，B. F. Skinner（史金納）發展了「操作制約」的概念。「操作制約」（operant conditioning）是「一種行為受到後來結果所影響的學習方式」。可以塑造新的行為，也可以增強弱的行為，並可維持強的行為，削弱或消除不想要的行為，強調行為結果。在操作制約的概念中，是行為的結果會導致行為的改變（行為增加或減少）。有孩子用蠟筆在牆上塗鴉（行為）並受到懲罰（後果），孩子在牆上塗鴉的行為就會減少。相反的，如果行為得到獎勵，行為將會增加。Skinner認為，透過這種互動可以塑造行為。相關概念說明如下：

一、正增強與負增強

（一）正增強

添加正向的東西，以增強行為。例如：在孩子清理房間後，她可能會受到表揚或觀看她最喜歡的電影。這些正向的後果，會強化清潔行為。

（二）負增強

消除負面因素以增強行為。例如：當你坐上汽車並聽到蜂鳴器時，那個蜂鳴器很煩人，讓它停下來的唯一方法是繫好安全帶。一旦你這樣做，蜂鳴聲就會停止。每次繫上安全帶時，煩人的蜂鳴器會停止或消除。因此，想要增加的行為（繫上安全帶）是被關閉蜂鳴器噪音（負增強）所強化。

二、懲罰

懲罰是透過增加負面的東西或移除正面的東西，來減弱或減少行為的頻率。例如：當一個孩子行為不乖時，她的母親告訴她，必須在沒有玩具的安靜房間裡待15分鐘。讓孩子處於這種狀況時，就是移除正向的東西：孩子失去了與他人在一起的刺激，也失去了玩具。希望移除這些正向的東西來減少孩子不乖行為的頻率。在另一種情況下，母親可能會責罵孩子行為不乖，這是增加一些負面或不愉快的東西（在這種情況下是責罵），以減少不當行為的頻率。懲罰與負增強完全不同。懲罰目的在削弱或減少行為，負增強目的則是在增加行為。

三、消除

消除是一種停止增強的過程，以達到減少發生頻率，也可能根除此行為。只是單純的停止增強，並未積極移除什麼。消除與懲罰是兩個不同的概念。「消除是先前的結果不會在反應後出現。事件或刺激既非移除，也不再出現。懲罰是在某些嫌惡事件後予以回應（訓斥），或解除某些正向事件。日常生活中，經常採取的消除方式是去忽略某個先前被關注增強的行為。例如：假如你覺得生物課實驗很難，教授講課聽不太懂，而且你也不太確定教授究竟考試會考些什麼（你已經拿了兩個D$^+$）。你趁著辦公時間去找教授三次，但每次他都不在，最後，你放棄再去找他，尋求教授協助的行為因此被消除。

正增強與負增強相互運用案例

■ 正增強和負增強都會增加行為，它們只是以不同的方式，透過增加某些東西（正增強）或帶走某種東西（負增強）。

■ 正增強和負增強如何協同運作的例子：一位母親帶著兒子去商店，當他們在購物時，孩子開始哭鬧，因為他想要巧克力。起初，母親拒絕給他巧克力，當他們在商店裡走動時，孩子繼續尖叫。最後，母親因為尖叫而變得非常惱怒，受不了之下給了孩子巧克力好讓他安靜下來。在這種情況下，孩子的哭泣行為和母親給他巧克力的行為都得到了加強。母親的行為是被負增強，因為只要她給孩子巧克力，孩子的尖叫就會停止；孩子哭泣的行為會得到正增強，因為他學會了只要哭泣，媽媽就會給他巧克力。

正增強、負增強、懲罰與消除

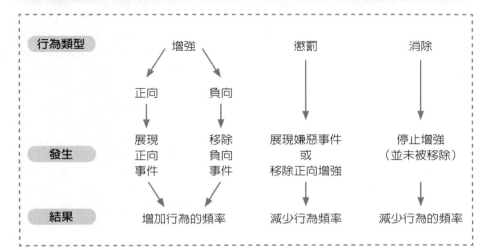

行為類型	增強		懲罰	消除
	正向	負向		
發生	展現正向事件	移除負向事件	展現嫌惡事件 或 移除正向增強	停止增強 （並未被移除）
結果	增加行為的頻率		減少行為頻率	減少行為的頻率

Unit 2-16
行為和學習理論：Bandura社會學習理論

Alben Bandura（班度拉）提出的是社會學習理論（或社會認知理論），是與古典制約和操作制約相關的理論，茲將相關概念說明如下：

一、Bandura是提出社會學習理論的主要學者，他認為人們是主動學習者。他的理論除支持其他學習理論學者所提出的觀點外，能夠更進一步說明，人們在學習中使用了認知和社會互動。人們不會單純的自動回應刺激，相反的，他們能夠思考學習中的過程，並且能主動與周圍環境互動，這通常會產生學習。具體而言，人們會考慮其行為的後果，並根據這些行動的結果決定是否採取行動。

二、Bandura 將人類視為有意識、主動思考的生物，可與環境產生互動。Skinner認為學習是被動的，但Bandura認為人們經由訊息處理的過程，可主動與環境產生互動，經由觀察角色楷模以學習新的行為，此稱為觀察學習（observational learning）。由此可知，學習是間接的，不需透過任何增強作用，而且在面對外在環境的刺激時，即使沒有產生外顯的行為，仍然可以達到學習的效果，這是認知學習的一種，因為個體必須注意到角色模範，並將相關訊息加以儲存。

三、社會學習理論認為，人們能夠產生替代學習，或透過觀察他人來學習，這種類型的學習稱為「模仿」。亦即，我們可以透過觀察別人如何做事，然後模仿這些行為來學習該行為。此外，我們經常會看

別人做的事情，再看看他們的行為會帶來什麼後果。如果我們發現某人因某一特定行為而受到懲罰，我們就不太可能會做出那種行為。相反的，如果我們觀察到某人因某種行為而獲得獎勵，我們就更有可能模仿該行為以期望獲得相同的獎勵。因此，根據社會學習理論，人們實際上並不需要從自己的行為來學習。相反的，人們可以透過他人的成功或失敗來學習。

四、社會學習理論強調角色楷模對人格發展的重要性，這也是觀察學習的原則與應用。社會學習理論強調學習可以透過觀察他人而獲得知識，不必依賴直接參與的經驗。因此，社會學習理論融合了學習原則、認知過程和觀察學習的效果。例如：兒童如何學到暴力和攻擊行為？

五、Bandura界定學習的一個重要層面是自我效能（self-efficacy），是指個體對自己有無能力達成目標的信念，會影響目標的達成。他將這個概念定義為人們能夠成功完成任務的期望。根據社會學習理論，成功經驗對於建立自我效能感是必要的。當人們具有高自我效能時，他們更有可能在學校、工作和生活的其他方面表現良好，這有助於建立和加強他們的能力感。從本質上來說，自我效能的發展和維持是一種週期性的過程：人們擁有的成功經驗越多，他們尋求其他機會就越有可能獲得成功的結果，這有助於更進一步建立自我效能感。

模仿

模仿
（modeling）

意涵

行為的學習係藉由觀察他人的行為而來。因為是學習榜樣，學習者本身並不必參與這個行為，只需要觀察榜樣怎麼做，因此模仿也稱為觀察學習法（observational learning）

案例

■ 正面模仿

5歲的Larry是個有行為問題的孩子，他把社會工作者不小心掉在地上的鉛筆撿起來還給社會工作者。社會工作者可能說：「謝謝你幫我撿起鉛筆，Larry好乖喔！」為家長示範當孩子有良好的行為時，如何給予正向增強。

■ 負面模仿

一位母親為了一點小事情被激怒，就對其他的家庭成員大發雷霆，甚至刺激其他家庭成員。她可能就在示範一種不良行為，以後她的孩子可能也會模仿此種方式，以攻擊別人來表達自己的憤怒。

■ 角色扮演（role playing）

透過演練以預備日後需要達成目標情境（例如：更了解別人的處境或學習更有效溝通）。例如：透過角色扮演，社會工作者要求一位無法管束兒子的母親扮演兒子，並且模仿其行為。她依照指示扮演她所認為的兒子行為，社會工作者示範父母當兒子有這些行為出現時的適當、有效的回應方式。類似的模仿，提供父母親學習回應兒子新方法的機會。

對行為和學習理論之批判

■ 古典和操作制約理論背後的一些原則將人們視為被動的代理人，他們只是坐在那邊等著事情「發生」在他們身上。這些理論無法說明人天生的認知過程，那些認知過程可能有激勵個人行為的功能。然而，有人認為這些學習理論其實有承認主動認知過程對個體的影響，只是影響程度多少而已，這樣的論點仍然有一些爭論。此外，社會學習理論意識到人們可以洞察自己的行為，最終並可根據這些洞察的見解積極改變行為。

■ 古典和操作制約理論不考慮環境影響人們決策和行為的方式。相反的，社會學習理論會考慮到人與環境之間的相互作用。雖然社會學習理論融合了一些基本的學習概念，但它以影響人們學習和行為的更複雜過程來增強這些概念。

Unit 2-17
系統理論：總體概念

　　系統理論在社會工作中被廣泛使用，作為了解人們在環境中互動的一種方式。1949年生物學家Ludwig Von Bertalanffy（貝塔郎菲）首次使用「一般系統理論」一詞。系統理論將人類行為視為人與其社會系統之間積極互動的結果，這「系統」的概念，就是這個理論的核心。總體概念說明如下：

一、系統係由相互依賴的部分所組成，當組合時，即為一個有組織的整體。系統可以包含任何正式或非正式的人員組織或組織的組合，包括夫婦、家庭、學校、社區、政府和社會服務機構，所有這些系統都是由較小的、相互依賴的部分組成，以貢獻整個系統。

二、每一個次系統，相對於系統，都存在著界限，以定義其角色、規則和認同，這些界限使系統或次系統外的人員能夠知道如何開放或關閉，以與其互動、溝通和掌握關係等。例如：教師次系統的界限，使學生了解如何及何時能夠尋求老師的協助。

三、系統總是努力維持其功能運作的現狀，無論其功能是正面的或是負面的。亦即，系統依其日常運行，系統的成員通常會知道什麼是可以預期的，以及如何保持正常運作，成員承擔個別的角色。例如：教師或學生的角色。有時候一個次系統或系統中的成員擾亂了動態平衡，系統中的其他人將調整他們的行為或試圖影響偏離的成員，以將系統恢復到原來的功能狀態。綜效或能量，皆是系統所創造出用以維持動態平衡過程中的要素。

四、系統是不斷地接收到其外在表現的相關訊息：輸入，係指能量、訊息、溝通或資源，係來自於系統本身的外部。例如：學校接收到來自家長、學生和社區教育目標和標準的輸入訊息，根據輸入的本質，學校發展課程與方案以服務學生，這些後續的行動是學校的輸出形式；亦即，輸出是指系統對於輸入的反應方式，一個特殊的輸入形式是回饋，是告知系統關於其表現。

五、隨著時間的推移，系統傾向於變得越來越複雜，系統內部的相互關係持續發展和變化，角色和規則相應著這些改變而更複雜，次系統、界限和動態平衡都隨之變化。這種邁向更大複雜性的趨勢稱為分化，是系統生命一個自然的部分。例如：家庭中的孩童年紀漸長及獲取經驗，變得像一個個人，因此家庭內的關係有了改變，如同家庭系統本身的功能。

六、相同的，系統有趨向混亂或熵（滅亡）的趨勢，例如：在學校有教師離開、方案終止等；然而，學校也可能改善使組織變得更好，可以招募更好的老師、發展完善的方案等。這些朝向成長和發展的改變，被稱為負熵（生存）。

七、殊途同歸的概念是指系統和系統的某部分，可採取許多不同的路徑，但最終會達到相同的結果；亦即，許多不同的情形或情況可能發生在系統中而改變它，但相同的結果仍可能因系統而發生。而結果分歧，是指在系統中遭遇相同情況或類似情形，但卻產生非常不同的結果。

系統輸入與輸出之回饋圈

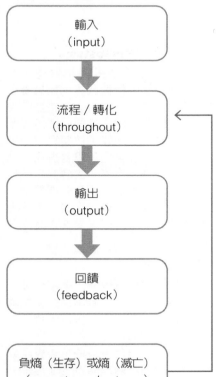

輸入
（input）

流程／轉化
（throughout）

輸出
（output）

回饋
（feedback）

負熵（生存）或熵（滅亡）
（negentropy / entropy）

系統觀點基於介入或改變，包括：
- 輸入（input）：即資源進入系統
- 流程／轉化（throughout）：資源如何在系統內被運用
- 輸出（output）：系統如何影響其外在環境
- 回饋（feedback）：經由與外在環境互動後所回收的資源和資訊
- 生存（negentropy）：即系統可以獲得維持生存所需的資源而持續運作
- 滅亡（entropy）：即系統無法獲得生存所必要資源而終止運作

系統理論的假設

- 如果系統不能與界限之外的其他系統互動，則屬於封閉系統；反之，如果與其他外界環境有所交換，則是開放系統。
- 系統的整體和各部分，以及各部分之間，均是消長的和調適的。
- 系統的整體和各部分，以及各部分之間，均是動態的，而非靜態的，即不斷地變遷和演化。
- 系統的整體和各部分之間，不但有其脈絡和特質，而且具有整體大於部分的總和之屬性。
- 系統的整體和各部分乃是共存共榮或休戚相關的。

Unit 2-18
系統理論：關鍵概念

系統理論與社會工作實務的關係中，需要了解數個重要的專有名詞，這些名詞包括了系統、界限、次系統、動態恆定、角色、關係、投入、輸出、回饋、介面、分化、熵作用、負熵作用，以及殊途同歸。茲先說明系統理論部分的關鍵概念，並於後續單元持續說明其他關鍵概念。

一、系統（system）

系統為一套有秩序且互為關聯的要素，以促成整體的運作。一個國家、公立的社會服務部門與新婚夫妻皆是系統。例如：社會系統是指那些系統是由人們所組成，影響著人們。

二、界限（boundary）

界限是區分一個實體的邊界或邊緣。界限可能存於父母親與孩子之間，父母親擁有家庭領導地位，提供支持並養育孩子。界限也可能存在於一個縣市政府的社會福利服務機構，執行保護性服務的社會工作者與辦理經濟補助的社會工作者之間。這些條理分明且互相關聯的團體，以其工作職責與所服務的案主群作為特定的界限。然而，每個團體為一個較大型的社會福利服務機構的一部分。

三、次系統（subsystem）

次系統為次要或是附屬的系統，且為較大的系統的一部分。例如：家庭中父母親與手足的次系統。在大型的社會福利服務機構中，執行保護性服務的社會工作者為一個次系統，辦理經濟補助的社會工作者則為另一個次系統。這些次系統被指定的界限所區隔，然而他們也是較大與整體系統的一部分。

四、動態恆定（homeostasis）

動態恆定是系統維持相對穩定的傾向，一種平衡的持續狀態。如果平衡遭到破壞，系統會自行重新調整並回復穩定。動態恆定的家庭系統，即是以此方式運行而維持其功能，並凝聚家庭成員。動態恆定的社會福利服務機構，則是持續性地經營。然而，家庭或是機構不一定可以運作得很好或是發揮效率。動態恆定只是意味著維持現況。有時現況是毫無效率、效率差或是存在著許多嚴重問題。

五、角色（role）

角色是從文化角度所述來建構社會行為，引導人們在任何被指定的人際關係中所期待的行為舉止。每個人會認定所牽涉的系統裡的角色。例如：某人是社會工作者，其角色會被期待去表現如同專業倫理守則所定義的特定「專業」行為。因涉及了多重系統，社會工作者或許要執行許多角色，在家庭系統中也許是配偶與父母親的角色。此外，此人可能在社會工作協會擔任理事長的角色，也擔任少年棒球隊的教練，以及家長會的會長。

六、關係（relationship）

關係是情緒交流、溝通與行為互動的模式中，所呈現的交互、動態、人際之間的連結。例如：社會工作者與案主之間存有專業關係，彼此溝通互動以因應案主的需求。關係可能存在於任何大小的系統之間。一名案主可能與機構有關係、一個機構可能與其他機構有關係。

熵（entropy）、負熵（negentropy）：運作意涵

- 系統是開放的或封閉的，取決於熵或負熵的多寡、熵或負熵的狀況。
- 負熵指系統充滿活力，從外界輸入的能量比消耗掉的要多，該系統就可以成長與發展。
- 反之，當系統的能量入不敷出（即熵升高時），系統就會逐漸老化或腐化，終至瓦解。負熵與熵是相反的。

熵（entropy）、負熵（negentropy）：案例

人的
成長過程

- 年輕時不斷的吸取外界的能源，增長比消耗多，生理持續成長，負熵高。
- 年老時，能量來源減少（熵升高），老化現象就日趨嚴重。

SOCIETY　社會環境

- 機械體系傾向於封閉的；有機體系較為趨向開放的。
- 一個體系的開放程度，與「熵」和「負熵」有關。
- 「熵」是系統崩潰衰弱的趨勢，「負熵」則為結構正常運作的趨勢。
- 封閉的體系，會逐漸傾向於解組（entropic），會因缺少活力而解組；反之，開放體系則不一定，只要活躍在可控制的範圍內，這是動態的穩定狀況，組織持續維持的機會會增加。

NOTE

Unit 2-19
系統理論：關鍵概念（續）

茲接續前一單元，繼續說明系統理論的關鍵概念如下：

七、投入（input）

投入包含了從其他系統接收到的能量、資訊或是訊息。父母親可能從孩子的小學校長那裡，得知孩子的體育成績不佳；公部門可能從中央政府得到資金協助。

八、輸出（output）

輸出是系統的回應，接收與處理投入之後，會影響環境當中的其他系統。例如：社會福利服務機構為物質濫用的案主們的輸出是150小時的個別諮商、40小時的團體諮商。

九、回饋（feedback）

回饋為一種特別形式的投入，是系統接收到與其成果表現相關的訊息。當結果是負面的回饋（negative feedback），則意味著運作上出現了問題，系統可以選擇修正任何的誤差或是錯誤，使其回復到動態恆定。例如：社會工作者被督導告知填錯了一份重要的機構表單。如此的作法給予社會工作者有機會去修正他／她的行為，並適切地完成表單。正向的回饋（positive feedback）也是具有價值的，意涵著系統接收到執行正確的動作，以維持其系統運作與成功的相關訊息。六年級學生在歷史科目考試上若答對了97%的題目，表示已熟讀了大部分的資料。某一機構得到了中央的特別撥款，則表示所發展的計畫值得得到如此的回饋。

十、介面（interface）

介面是指兩個系統（包括個人、家庭、團體、組織或是社區）之間彼此相互聯繫或是溝通的地方。例如：介於領養機構的實習督導與實習學生之間的介面，是一張實習的合約書。

十一、分化（differentiation）

分化是系統從較為簡單的實體轉移到較為複雜的實體。關係、情境與互動也會隨著時間而更形複雜。例如：任何家庭型態之生命週期，每天都會增加新的經驗，會蒐集新的訊息，也會探索新的選擇。家庭的生命會變得更為複雜；社會福利服務機構也會隨之發展出更詳盡的政策與方案。

十二、熵（entropy）

熵是系統逐漸朝向解組、耗盡與死亡。沒有任何事物是可以維持永久的。人們會老化，最終將會死亡。年輕的家庭成員會變老，孩子離家並開始組成自己的家庭。隨著時間的流逝，舊的機構與系統最後將被新的機構與系統所取代。

十三、負熵（negentropy）

負熵為系統邁向成長發展的過程。實際上，負熵作用與熵作用是相反的。個體隨著成長而發展其身體、智力與情緒。社會福利服務機構成長，並發展新的方案與案主群。

十四、殊途同歸（equifinality）

殊途同歸指的是以許多不同的方法達到相同的結果。不設限於唯一的想法是很重要的。任何的情境中會有替代方案。有些方法會比其他的方法更佳，但是仍然會有其他的選擇。例如：身為一名社會工作者，可能從不同的來源之中，為某一家庭獲取所需的資源。這些可能包括了經濟上的協助、房屋補助、食物券、經費或是私人慈善捐助。

開放系統（open system）之特性

1　開放的系統可以和系統外的環境彼此交換物質、訊息及資源。

2　它能夠輸入、轉化及輸出，此即系統的操作程序。

3　它能夠將系統內所包含之物質，加以組織或分解。

4　它會維持一個系統在穩定的狀態，此一穩定狀態並非固定不動的；相反的，在它內部仍有許多交互作用產生。

5　開放系統具有兩項特別的功能：(1)使組織功能正常運作；(2)組織內的回饋功能。

對系統理論之批判

- 辨識案主生活中的各個系統，進而評估這些系統彼此的互動，以及對於案主功能的影響並不是容易的任務。系統理論通常更適合用於家庭或其他可識別的系統，如組織或工作場所，在這些情況下，應用此一理論能夠較為直接。
- 系統的廣泛焦點和抽象概念會使理論難以說明或驗證，尤其是試圖預測行為時；然而，許多社會工作者和其他專業人士成功的運用理論，在客戶多樣的情況下仍能支持其有效性與可靠性。
- 一些社會工作者也認為這個理論太過問題導向，忽略了案主生活中的正向功能。
- 理論中關注家庭和其他系統，導致社會工作者較未關注可能導致案主問題的個人生理面向的議題，因此，這方面的資訊將在評估和處遇中被忽略。
- 由於這個理論傾向於關注案主及其系統的當前運作功能，社會工作者可能會忽視與現在問題息息相關的過去功能議題方面之重要訊息。

Unit 2-20
生態系統理論：總體概念

圖解人類行為與社會環境

096

生態系統理論（ecological system theory）最初是由心理學家Urie Bronfenbrenner（布朗芬布倫納）所發展的，茲將總體概念說明如下：

一、生態系統理論

認為人類的發展係藉由個人面向、環境面向，以及雙方交互作用而來。生態系統理論認為人們積極的參與其環境和自身發展（相對於部分發展理論認為人們是被動的，他們在發展中並沒有扮演積極角色），而且發展和環境都是不斷在變動著。人們生來就有積極和消極的傾向，這都同樣受到自然和養成的影響，那麼，發展會受到個人行動、所處環境，以及兩個交互作用的影響。

二、生態系統理論的基本原則

認為人們感知其環境和經驗的方式對於福祉有顯著影響。具體來說，人們對於發生在他們身上的事件的意義，以及他們在何種環境脈絡下詮釋這個事件，對於這個事件究竟是如何影響他們的福祉有著重大影響。例如：兩個人生活在相同的社區，對於經濟衰退導致他們失去工作可能有不同的反應，一個人可能視失業為危機，因為將導致他無法支付帳單和支持他的家庭，這樣的預期可能使他感到絕望與沮喪，也意味著他可能需要心理健康的支持以應對這樣的情況，和找尋新工作的動機；相反的，另一個人可能覺得自己的失業是個機會，能夠回到學校或發展新技能，進而可能找到更有樂趣或有商機的工作，對於生活中被迫採取新方向，他可能感到鬆一口氣或甚至是解放。

三、生態理論的四個環境層次

(一) **微視系統**：在生態系統理論中，它包括個人在直接環境中的所有角色和關係，這個層次包含家庭、學校、工作和鄰里等物理場域，這些是人們每天彼此面對面接觸的地方。

(二) **中介系統**：這個層次聚焦於人們居住的兩個或多個環境機制之間的相互作用；換句話說，中介系統包含一組的微視系統。例如：一個人的工作和家庭生活是存在著彼此影響的動力，當一個人將工作中的緊張情緒帶回家中就是一個例證。

(三) **外在系統**：那些所有導致事情發生而影響人們的社會環境，構成了外在系統（例如：孩子的學校、父母的工作場所、鄰里社區中心），雖然個人不一定是該機制中的積極參與者，但其中發生的事情將直接或間接影響個人。例如：社區學校做出學校關閉的政策決定，雖然社區的居民並沒有參與政策決定，但他們的小孩和家庭都將受到學校關閉的影響。有些家庭可能決定搬到另外一個學區，或接送小孩到遠方學校就讀，即使沒有小孩的居民也會經歷到決策對社區造成改變的影響。

(四) **鉅視系統**：這部分涵蓋了各式包含較大的文化因素機制，可能影響個人環境之其他層面，以及如何影響個人的發展，這包含法律、政治哲學和文化信仰等面向。社會反對同性婚姻的態度、法律的禁止，進而造成福利歧視（例如：同性伴侶的健康照顧），皆是鉅視系統中議題如何運作和影響個人的例證。

生態系統理論關鍵的四個層次

微視系統

1 指的是與案主生活關係密切的家庭成員。

中介系統

2 是指介於家庭的微視系統與外部系統之間的互動媒介。

外在系統

3 指的是對個人的發展有影響，但當事者在其間沒有一個直接參與角色的社會情境。

鉅視系統

4 指一個社會的文化風俗、價值規範與意識型態、政治經濟環境等。

生態系統理論：各層次的因子及其交互作用的案例

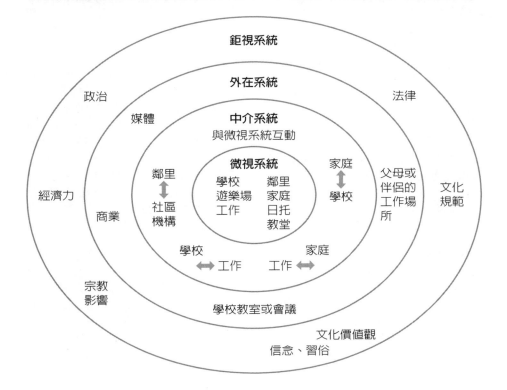

Unit 2-21
生態系統理論：關鍵概念

生態系統理論認為個人與其棲息環境的交流過程中，必須在其適當成長的時間點獲得足夠的環境滋養，才能進行各項生活歷程。而為了維繫生活歷程的前進，人因此就要與其棲息環境保持適當的調和度以達到順利的適應，不同於其他物種的演化，人類具有高度發展的認知能力，使其在適應環境的歷程上是非常主動而富有創意的，即使是消極地遷移他地的適應行動，也是一個主動性的抉擇結果。

此理論認為案主所經歷的困境為「生活中的問題」（problem in living），並非個人的病態或性格的缺陷所致，社會工作干預的標的是指個人、家庭、次文化、社區等各層次系統，其助人的實務模型則是綜合各種社會工作取向的方法，主張運用多元面向和多元系統的干預策略。茲將生態系統理論的關鍵觀念，說明如下：

一、生命週期（life course）

指的是影響個人發展的相關社會結構及歷史變遷之生活事件（life events），對個人的生活產生意義，因此運用時間線（life lines）方法可以重現案主所經歷集體歷史事件的可能。

二、人際關聯

指的是個人擁有與他人連結而建立關係的能力，此種人際關係的發展開始於親子關係間的依附關係之建立，並因此建構個人在未來生命週期中所發展出來的各種互惠性的照顧關係。

三、勝任能力

指的是透過個人與環境間的成功交流經驗，建立個人有效掌握環境的能力。具體而言，此種「勝任能力」涵蓋了嬰兒哭泣、抓取、爬行等動作的自我效能感、能與他人建立有效而關懷的人際關係、有做決定的信心以獲得想要的結果、有能力動員環境資源及社會支持等。

四、角色

指的是角色表現，是一種互惠性期待的社會層面，非個人的角色期待，是個人在歷程及社會參與的橋梁，受到個人的感受、情感、知覺和信念的影響。

五、位置與棲息地

棲息地指的是個人所在文化脈絡中的物理及社會環境，位置指的是個人在其所在立即環境或社區中所擁有的成員地位。Bronfenbrenner提出生態位置（ecological niche）的概念，認為此種位置指的是個人所在的某種環境區域之特色，特別有利或不利於個人發展任務。然而，運用此概念並不在為個人進行社會分類，而是了解形成個人目前處境的發展歷程。

六、適應力

在個人與環境的交流過程中，個人與環境間相互影響與反應，以達到最佳的調和度。生態觀點認為適應良好，是指非病態關係、偏差的成果，而是天時、地利、人和下的成功交流；而適應不良指的是個人的需求和環境所提供的資源、支持之間無法配搭調和。

01 一個人與生俱來就有能力與其所在環境互動，有能力和其他人發生關聯。

02 基因及其他生物因素經常被視為是個人與環境交流的結果，而非原因。

03 人在情境中是一個整合的交流系統，人類與環境在此系統中相互影響，並形成一個互惠性的關係。

04 相互調和度是一個人與環境互惠性歷程的結果，指的是經由一個調適良好的個人在一個具有滋養之環境中相互交流而獲得。

05 個人的行動是目標取向的、是有目的的，人類為了適者生存而競爭，因此發展的關鍵取決於環境給個人的主觀意義內涵。

06 要理解個人，必須將其置於其所生長的自然環境及所在的情境之中。

07 個人的人格是個人和環境經年交流的長期發展成果。

08 個人的生活經驗是可以產生正向改變的。

09 所謂的問題指的是生活中的問題，要了解個人的問題應將個人置於其所生活的整體空間來理解。

10 為了協助案主，社會工作者應隨時準備干預案主所在生活空間的各個層面。

Unit 2-22
優勢觀點：總體概念

　　優勢觀點取向之社會工作模式（簡稱優點模式），自1980年代於美國堪薩斯大學社會工作福利學院發展出來。優勢觀點的提出，是對於病理觀點的反動，以及對於問題解決學派之修正。茲將優勢觀點的總體概念，說明如下：

一、優勢觀點是基於假設所有人都有成長、變化和適應的能力，所有人不管他們情況或問題如何嚴重，都具有技能、能力和優勢。亦即，他們不僅僅只有他們的問題，在社會工作中使用優勢觀點，意味著也需檢視案主的技能、目標、天賦、能力和資源，以及他們在環境中的優勢和資源，然後將這些優勢納入評估和處遇的過程當中。

二、優勢觀點認為人們是他們的情況和問題的專家，這意味著他們自然有能力為這些問題發展解決方案。過去人們通常能夠倖存於困擾和成功之中，因此他們可以從中了解解決問題的方法，哪些有效而哪些無法起作用。

三、優勢觀點的一個重要信條，就是人們具有足夠的資源和彈性。當案主尋求社會工作者幫助時，也應該使用這些特點。不僅如此，社會工作者所意識到壓迫、歧視和其他超越個人權力的力量，也都能夠對於處理案主問題有所貢獻。因此，社會工作者必須評估案主的能力，同時

評估環境中潛在的障礙，即便是最有資源的案主可能也無法掌握。

四、在優勢觀點中，要求社會工作者與案主在改變的過程中成為合作者，社會工作者從「案主的所在」開始，仰賴案主對情況的解釋、信賴案主準確的陳述自己的需求，以及期望如何做出改變和實現目標。社會工作者的工作是在改變的過程中確認案主發揮其優勢的機會，並幫助案主學習新的技能以支持實現他們的目標。當案主有可能無法改變的情況時，社會工作者也需要提供關於更大環境的教育，這個教育過程被視為是充權：社會工作者正在向案主提供可以增添其技能組合的訊息。

五、從優勢觀點出發與案主工作時，社會工作者並不會聚焦於標記問題或確認原因；相反的，他們花時間評估案主的優勢和資源，以期能改變他們的情況。對於優勢的關注是一種充權案主，以及將注意力從妨礙進步的障礙上轉移的方式，這並不表示社會工作者忽視案主的問題，相反的，他們視這些問題是改變的催化劑，案主面臨有問題的情況時，意味著他有機會能夠學習做一些不同的事，或使用有助於達成設定目標的技能。

NOTE

缺點模式之問題

問題	說明
1. 負面標籤效應與責備受害者	診斷個人的心理病因不僅使優勢變得模糊隱晦，更賦予個人負面的標籤，於是「一個有病理的人」變成是「一個病態的人」，前者意涵病理只是個人的一部分，後者則是將個人與病理等同。如個人被賦予「被害者」名稱後，即承接創傷和無能的被害者角色，並與他人區隔，其已是受損的人，個人自我價值與對於未來展望因而受到影響，帶來負面的自我期待以致於降低正面改變的可能性。
2. 著重環境缺失	社區環境的缺失是社會工作指責的一環，包括社會的烙印、歧視、不友善、缺少機會給予弱勢者等，為修正這些社會的負面因素，於是訂定政策和創造各類服務方案，提供正式支持以彌補社會的不足，滿足案主需求。這些誠屬必要，然而正式服務網絡的支持僅能確保案主的生存，至於生活品質之顯著改善則需仰賴探索社區資源和能量，一味的責怪環境使人感到無力而喪志，著重社區資源優勢則可開創提升服務品質之新路徑。
3. 連續照顧理念之不切實際	缺失模式下的服務和照顧理念乃是根據專業人員對於診斷與病理嚴重度，設計不同程度或類型的照顧方案，強調服務內涵之連續性，其為一種線性思考下的產物，規範案主必須經過整個服務流程。此模式著重專業判斷與規劃，用意良善，然而忽略個人的特殊性與想望。

優勢觀點與問題解決取向之比較

優勢觀點原則	運用於社工實務	問題解決取向
每個個人、團體、家庭和社區都有其優勢。	鼓勵尊重案主與社區的聲音。	評量環境中的情境與個人。
挑戰可能帶來威脅，但可能是機會來源。	■ 案主被視為具有韌性和資源。 ■ 面臨挑戰促使案主發現自己的能力和自尊。	發現問題所在，並排定優先順序。
個人、團體和社區的熱望應受到重視。	■ 診斷、評量和服務方案不能限定案主的機會。 ■ 案主和社區有能力重新站立。	發展實際的目標和干預計畫。
透過專業人員和案主共同合作，案主方能獲得最好的服務。	站在專家或專業角色位置，可能無法發現案主的優勢。	專業人員促進問題解決的過程。
每個社區皆充滿資源。	■ 社區是資源的綠洲。 ■ 個人、家庭和團體的非正式資源，可擴大社區的韌性。	著重在使用可用的資源。

Unit 2-23
優勢觀點：關鍵概念

一、優點觀點的兩項基本假定

(一) 有能力生活的人必然有能力發展自己的潛能，並且可以取得資源。

(二) 人類行為大多取決於個人所擁有的資源，此乃對人有絕對的相信與肯定。此模式肯定人類內在的智慧和蛻變的能力，儘管是在最卑微和受虐的人身上，仍可以看這些屬性所散發的力量。此觀點之關鍵，在看待案主、其周遭與環境的視野改變、超越問題，由看問題轉為看可能性，在創傷、痛苦和困擾中看到希望和改變的花朵。

二、優勢觀點對問題的看法

(一) 將問題放置於特定脈絡中，只有當問題成為個人追求目標之阻礙時加以處理。

(二) 以簡單的方式討論問題，於是問題就不會那麼複雜和困難，且變得較容易處理。以簡單的語言描述問題，而非艱澀的心理學名詞，問題就不那麼可怕。

(三) 給予較少的關注，將能量轉移到具體的正向行動。聚焦在人們的優勢和想望，幫助我們轉移注意力，透過別人的反應，個人得以看見另一種觀點，發現自己的能力和資源，並獲得力量克服改變可能面臨的困難。

三、優勢觀點的實踐作法

(一) 相信案主的能力：發現、肯定和稱讚案主具有處理事情的意願和能力。藉由當面給予肯定和稱讚，使其具有繼續學習和認真嘗試進行改變的動力。

(二) 啟發引導案主的改變想望和動力：社會工作者藉由稱讚案主的能力和優點，接納同理案主以減少案主的防衛，同時進而了解案主抗拒改變的原因，並提供各種不同的和新的正面資訊，以激發案主思考如何改善問題或現況，以及追求未來較好生活目標的新動力。

(三) 增強案主的權能：所謂相信案主有學習成長和改變的能力，無非是希望增強案主的權能，故一旦案主燃起改變的動力，即可進一步增強案主改變的能力。

(四) 隨機示範和教導：案主的自我復原之道，除了要學會自我照顧和保護外，就是要學習有效的溝通和互動，可以正確或適當表達並澄清溝通雙方的感覺、想法和意見期望，藉以減少不必要的誤會和衝突。社會工作者可協助學習適當表達和澄清想法的有效溝通方式。

(五) 維持改變與實務成長：由於復原之路畢竟是坎坷的，和不斷進退來回的，故案主改變的結果不會是靜態的，也不會是一次就完成的。因此，社會工作者對於各種可能使案主故態復萌的障礙，即需與案主共同討論，並發展各種新的和有效的因應技巧，使案主可以維持改變後的穩定生活與結果。

(六) 漣漪效應與結果：正如系統觀點所說，任何部分改變，都會帶動其他部分乃至整體的改變。案主的改變，會帶動成員的改變，乃至於周遭社會環境的改變。

人的三大基本優勢

人的
三大基本優勢 ＝ 熱望 ＋ 能力 ＋ 自信

熱望（aspiration）啟動「可做什麼」的思維，進而激發個人的行動力量。

對優勢觀點之批判

CRITICAL THINKING

- 此觀點的原則是以個人責任和個人自主的價值所連結起來的，忽略了階級、種族和其他對於個人福祉有影響的不平等來源，以及政府有責任應處理對於個人有影響的社會問題。
- 對於個人的關注，也被批評為提升自尊就能促進個人福祉和解決社會問題。
- 僅僅關注優勢，可能破壞實務驗證包含個別問題之生理和相關議題的影響合理性。例如：以神經學為基礎的心理健康問題。
- 優勢觀點假設人們可以採取社區和其他資源的本質上是好的，但忽視社區和其他組織也有其壓迫性、組織的議程等，這也再次將個人的問題歸咎到可能與歧視和不平等的社會與經濟結構有關。
- 許多機構可能不會只使用此一方法，由於政府的規定和財源議題，許多機構必須蒐集關於案主的大量背景資訊；再者，許多機構是採用問題為中心的觀點運作，這自然會要求社會工作者必須要深入了解案主所處環境的問題。社會工作者可以結合優勢觀點的元素，作為其他理論和視角的根基，但這可能無法充分的使用優勢觀點。
- 儘管優勢觀點看似直接且其概念清楚簡單，但不同的社會工作者可能對於優勢的定義大不相同。因此，定義和測量此觀點的概念可能是困難的，將使實務的驗證上也遭遇困難。
- 由於以問題為中心的模式普及，想要使用優勢觀點的社會工作者可能不會被其他的專業者認真對待，且這些社會工作者所採取的方法，可能也不若其他方法被公認為有效果。

第二章 人類行為發展之理論

103

Unit 2-24
功能論：Durkheim功能論、Merton結構功能論

功能論與衝突理論相反，功能論企圖解釋社會的各個面向、功能如何共同維持穩定。具體而言，功能論是關注在價值觀、規範、制度和組織，如何為整體社會做出好的貢獻。功能論方法將社會視為一個由各個部位共同運作的生物整體，所有系統共存並彼此依賴，他們共同努力工作以確保整體能運作順暢，對於社會的功能和貢獻的各個面向將保持，並從一代傳遞給下一代；相反的，功能失調的系統將被完全改變或拋棄。茲將先說明Durkheim（涂爾幹）功能論、Merton（莫頓）結構功能論，Parsons（派森思）結構功能主義，則於下一單元說明之。

一、Durkheim功能論

(一) Emile Durkheim（涂爾幹）認為社會必須被視為一個功能性的整體，個別部分並無法被分開單獨檢視，他認為各個部分是有助於形成整體的功能、目的或角色作用。

(二) Durkheim認為為了社會的運作良好，並保持動態平衡，它必須滿足其成員和機構的各種需求（例如：社會的、身體的、情感的和經濟的）。Durkheim認為社會發生巨大如工業化的變革，人們會失去他們生活的意義和活動的方向。他創造了脫序（anomie）這個術語來描述這個過程，認為最終如果脫序無法被控制，整個社會就會失去目的感，導致無法控制個人的行為。

二、Merton結構功能論

Merton（莫頓）的結構功能論認為，社會的各種功能應共同合作，以確保整體社會的福祉，這些功能可用不同的方式來表現，說明如下：

(一) 顯性功能：是那些目的容易識別的。例如：許多學生會同意課程成績是對於他們課堂表現的回饋，並提供反應學生能力的報告給外部者（例如：父母、雇主、研究所），如此一來，給予成績的目的似乎就顯而易見。

(二) 隱性功能：則是那些目的不一定如表面上的功能。再一次使用成績的例子，雖然成績確實提供給學生回饋，但它們也能執行一些較不明顯的功能，例如：它們可以勸阻學生、它們可以扭曲學生的真實能力、它們可以在沒有公平或統一標準的情況下被任意給予、它們也可以用來歧視學生；換句話說，不論有意與否，隱性功能可以促進或破壞制度或社會某面向，僅單憑個人所經歷的觀點。

(三) 反功能：是社會中那些對於較大系統的福祉沒有貢獻的部分，反功能實際上可能會增加系統的不穩定性和混亂，有時候還會導致系統的崩潰。例如：多數人認為犯罪是反功能的，犯罪行為如詐欺、竊盜、縱火和謀殺等都會擾亂受這些行為影響的個人生活秩序，也可能給社區和社會造成混亂，根據犯罪行為，可能肇因於身體、財務、情感及心理的不穩定，有時候犯罪行為可能導致系統的全面瓦解。例如：一個人因為被詐欺失去所有金錢而自殺，或是由於一樁謀殺在社區中引發騷動。

Durkheim對脫序（anomie）的定義

脫序（anomie）發生於社會規範被打破時，此時，社會控制之影響力不再有效，人們因此存在於一種相對無規範的狀態。此外，脫序並不是指個人感受，而是指社會情境。

Emile Durkheim
（涂爾幹）

Merton的三種功能類型

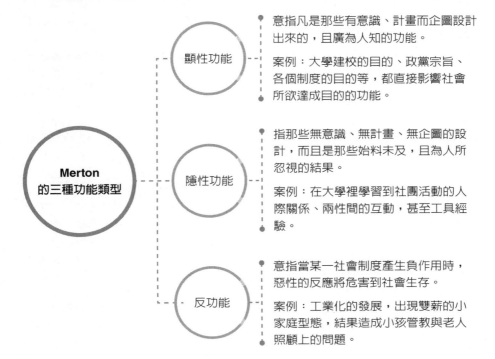

Merton 的三種功能類型

顯性功能
- 意指凡是那些有意識、計畫而企圖設計出來的，且廣為人知的功能。
- 案例：大學建校的目的、政黨宗旨、各個制度的目的等，都直接影響社會所欲達成目的的功能。

隱性功能
- 指那些無意識、無計畫、無企圖的設計，而且是那些始料未及，且為人所忽視的結果。
- 案例：在大學裡學習到社團活動的人際關係、兩性間的互動，甚至工具經驗。

反功能
- 意指當某一社會制度產生負作用時，惡性的反應將危害到社會生存。
- 案例：工業化的發展，出現雙薪的小家庭型態，結果造成小孩管教與老人照顧上的問題。

Unit 2-25
功能論：Parsons結構功能主義

接續前一單元功能論主題，本單元說明Parsons結構功能主義如下：

一、**Parsons（派森思）的理論起點**：是社會行動，而行動者之行動是有目標導向的。Parsons認為行動模式是由一連串方向交替變動的行動所塑造，這些方向交替變動的行動稱之為模式變項（pattern variables）。這些模式變項會限制個體在社交場合中選擇行為的方式，行動者只能從一個模式變項中的多樣選項選取一項。例如：有一個人在某情境之下和另一個人對峙，為了判斷對方，他只能從每一個模式變項中的多樣選擇裡，挑選其中一項——以對方的表現（成就）來判斷，或者以對方的特質來判斷。在任何社會裡，這些選擇都會左右社交關係，這些選擇也因此被廣泛應用於社會結構的分類上。

二、**Parsons的結構功能主義（structural functionalism）指出**：社會系統存續了四個必要功能條件，這四個要件被稱為AGIL系統，取每個要件的英文字首縮寫而成，分別是：㈠Adaption：適應；㈡Goal attainment：目標的達成；㈢Integration：整合；㈣Latent pattern maintenance：潛在模式維持。任何社會系統都必須要具備這四個要件才能存續下去，這些要件可以幫助我們了解主要社會系統在社會裡所扮演的角色，說明如下：

㈠ **A（adaptation）**：適應。主要是指有機體系，也就是體系必須應對與克服所面對的情境或是問題，強調工具與狀況（means and

conditions）。表現在社會體系上便是「經濟制度」，金錢成為其主要媒介。

㈡ **G（goal attainment）**：目標的達成。主要是指人格體系，體系必須達成其主要目標，強調有動機的行動者（motivated actor）。表現在社會體系上的便是「政治制度」，權力（power）是其主要工具手段。

㈢ **I（integration）**：整合。主要是指社會體系，體系必須規範或管制其他三個功能條件，強調規範的（normative）標準。表現在社會體系上的是「社會制度」，影響（influence）是其運作的工具。

㈣ **L（latent pattern maintenance）**：潛在模式維持。主要是指文化體系，體系必須裝修、保持與更新動機的文化模式，強調目標與目的（goal and end）。表現在社會體系上的是「社會化」（socialization），承諾（commitment）是其重要方式。

三、**AGIL的分類方法**：可以幫助我們了解社會上一些重要的社會體制、功能原則，有助於研究社會體制。而社會體制則是文化價值轉變成習俗行為之過程的最後一個步驟。一種社會體制被定義為「以保存基本社會價值為主的一整套社會道德規範」。

四、**Parsons確定了五個基本體制**：家庭、宗教、教育、經濟及政府，每一個基本體制在社會的存續上，都占有舉足輕重的地位。

AGIL系統

社會體制	需求達成管道
1. Adaption：適應	經濟 → 錢
2. Goal attainment：目標的達成	政治體系 → 權力
3. Integration：整合	社會體系 → 社會控制、道德、法律條文
4. Latent pattern maintenance ：潛在模式維持	社會化 → 家庭、學校

分類社會系統四個層次的社會組織

體系或層次	經驗層面
1. 心理系統	身體
2. 性格系統	個人心理
3. 社會系統	道德、角色與地位
4. 文化系統	知識、文學、藝術及其他人文產物

對功能論之批判

CRITICAL THINKING

- 一個主要的限制是功能論看待系統間的互動是封閉的，亦即，它並不思考系統之間複雜的互動，這可能會產生大量的衝突。
- 功能論並沒有解決系統內可能存在的不公平問題，這是一個重要的倫理考量，它將社會功能視為相當溫和且是單一面向；只需要幫助系統運行順利，然而可能對個人和團體造成的問題是無法解決的。
- 如同衝突理論，功能論並不適合用來為案主發展處遇措施。

Unit 2-26
衝突理論：Marx衝突論

衝突理論主要在說明社會關係中衝突、壓迫與權力角色的問題，其中最著名之理論當推Karl Marx（馬克斯），他無疑是19世紀早期思想家中最具影響力的一位。茲將衝突理論的觀點說明如下：

一、衝突理論認為人類歷史是一連串物質資源與金錢爭奪的階級鬥爭，並特別強調對生產之物質結構的了解。馬克斯認為生產關係構成人類歷史的基本原則。馬克斯理論中對結構衝突矛盾的見解，是核心的觀念。

二、馬克斯認為生產是人性的本質，他的歷史物質論看法指稱，人類歷史的第一個行動便是生產所需的物質，並藉以生存。為達成此目的，人們進入一種「無關個人意願」的社會關係，「這些關係環繞著生產過程，並隨著生產系統之歷史發展階段而改變，此種生產關係為社會之經濟基礎」。

三、馬克斯認為經濟基礎為社會結構與發展的決定因素，因此，生產組織（指經濟結構）在生產過程及社會上層結構的形成中，占有重要的地位。馬克斯認為，上層結構包含社會中所有的理想結構，如宗教、法律、哲學等。依其觀點，上層結構之特徵是由社會之經濟基礎所決定。

四、馬克斯認為社會改變是源於生產力與生產關係之間的矛盾。首先，他定義生產力為生產過程中所需的所有因素。例如：原料、技術等；而生產關係則是指生產過程中的社會組織，特別是指生產工具的所有權，乃是馬克斯認為造成社會關係變化的原因。其他的衝突論學者，也提出一些團體間會破壞社會和諧的其他衝突之形式，這些衝突包括利益團體衝突、價值衝突、權力關係衝突等。

五、馬克斯認為階級之間的鬥爭或衝突是資本主義的必然特徵。他認為社會中的各種群體或社會階層都在不斷的爭奪資源和權力（他主要從經濟學的角度看待資源），且這些群體仍然彼此兩極分化。隨著資源變得越來越稀缺、分配越來越不平均（上層階級日益增加的積累），衝突也就增加了。此外，當下層群體意識到他們被不公平的對待時，他們也更有可能質疑和反對維持現狀；最後，隨著群體日益兩極化，衝突變得更加激烈，最終導致現狀的改變。

六、衝突理論認為穩定並非是首要的考慮因素，也指出衝突的重要議題之一：在此特殊的社會安排中，誰是獲利者？此觀點使社會工作者思考：哪些人的獲益牽涉其中？在現存社會情境中誰獲益？誰受害？此取向對社會工作者了解社會之不平等情境是相當有助益的。衝突理論學者認為不平等對社會是有功能的，不平等的產生是由某些團體得到權力而壓迫其他團體所造成的。

現代衝突理論的基本理念（Denisoff & Wahrman提出）

1 利益是社會生活的基本元素

2 壓迫存在於社會生活中

3 社會生活牽涉到不同的利益團體

4 社會生活會產生對立、排斥與敵意

5 社會生活會造成衝突

6 社會上的差異牽涉到權力

7 社會系統並非整合或和諧的

8 社會系統趨向於改變

109

對衝突理論之批判

CRITICAL THINKING

- 衝突理論主要的侷限在於它只傾向將自己放在概念化問題的宏觀層面，基於這個理論去發展介入措施（特別是在個人實踐的範圍），是有問題的。
- 在制定了基於衝突理論的處遇措施後，接續的發展也存在問題，不平等議題通常是牢固的制度化和鑲嵌在社會價值的結構當中，當然這種說法，並不表示社會工作者不應該聚焦在給案主帶來問題的社會議題上，或在一個廣大的層次上試圖解決這些議題。然而，某些社會工作者並無法在這個層次上發展處遇措施，這問題確實存在。
- 衝突理論通常不會幫助社會工作者辨識處理案主制度問題的時間和成本效益策略，雖然這些發展可以隨時間推移，由於許多機構，包含寄養照護機構，必須聚焦於有效的處遇措施，不幸的是，他們通常也沒有辦法多花時間思考社會變革的問題。

Unit 2-27
符號互動論：總體概念

　　符號互動論不像功能論與衝突論將社會的概念抽象化，符號互動論認為當下的社會互動即「社會」存在之處。因人類本來具有的反省能力，人們能夠對自己的行為賦予不同的意義，而這正是人們詮釋不同社會行為、不同社會事件的方式。茲將符號互動論的總體概念說明如下：

一、符號互動論指的是人與系統互動和溝通交流的獨特方式，以及互動交流的本質和特徵。符號互動論的重要原則，是我們都對於在互動發生的環境脈絡中與他人交流賦予意義。因此，即使我們中間有些人可能在同一個地方和時間經歷過互動，我們可能對於這樣的互動有非常不同的解釋，端視我們所賦予的意義。符號互動論主張我們不僅僅是訊息的被動接收者，相反的，我們根據我們的文化、經驗等過濾和解釋訊息，也因我們如何解釋這些訊息給予回應。

二、符號互動，必須大量地仰賴人們在互動過程中所衍生的符號意義，因符號互動論強調的是人與人之間面對面的互動。因此，我們的經驗和互動，以及對於經驗和互動的詮釋形成了一個持續的、動態的過程，人們為其經驗創造意義，以及社會的本質就是與彼此互動，從而塑造社會的發展與結構。

三、符號互動論主張我們根據自己的經驗建構現實。我們每個人都以不同的方式感知我們周圍的世界，我們活躍於我們的世界，我們如何看待我們的互動係反應著我們的文化、歷史、語言和經驗，以及這些事物如何影響我們對世界的詮釋。

四、符號互動論將社會秩序解讀為透過人們對其行為的解讀，而不斷相互調節與創新的結果。符號互動論者尋求的不僅是事實，而是「社會建構」（social constructions），亦即對事物所賦予的意義，不論是具體的象徵（如刺青或特定的裝扮模式）或非語言的行為。符號互動論者認為，社會是非常主觀的：存在於人們的想像中，即使它的作用非常真實。

五、符號互動論基本上是強調個人的解釋、評價、界定及計畫等過程，也能注意到互動對於個人與社會都具有決定性的影響。在人與人之間的互動，不僅應該注意到其個人之觀點，也需注意到他人的觀點，唯有不斷地修正、補充和解釋其個人的觀點，才能符合應付當時之情境。

六、符號互動論認為，符號是人類溝通時最重要的部分，是一個社會中的所有成員共享符號與象徵的意涵。例如：在美國，敬禮代表尊敬，而緊握拳頭則代表抵抗；然而，其他文化可能會使用不同的手勢動作來表達尊敬與抵抗。這些不同的符號互動型態被稱為非語言溝通。非語言溝通包含許多其他的手勢、臉部表情及姿勢等。

符號互動論的三個主要前提

符號互動論的三個主要前提

01
我們對於世界所採取的行動是根據我們對於經驗所賦予的意義。

02
我們加諸於經驗的意義,源自於我們與他人的互動。

03
這些意涵是受到我們對於互動的解釋的影響。

符號互動論的觀點

1
■ 強調的分析層次
藉由微觀分析來了解整體的現象。

2
■ 對個人的看法
個人可以在互動的過程中操縱符號,來創造屬於自己的世界。

3
■ 對社會秩序的看法
透過日常生活行為共享的認知來維持。

4
■ 對社會變遷的看法
藉由個人的社會地位和與他人的溝通中反映出來。

5
■ 個人與社會之間的關係為何?
個人與社會相互依賴。

6
■ 為何出現不公平?
不公平透過象徵／符號(symbols)的重要性來展現。

Unit 2-28
符號互動論：Mead互動論、Cooley鏡中之我、Goffman戲劇理論

符號互動論，包括Mead互動論、Cooley鏡中之我、Goffman戲劇理論，茲分項說明如下：

一、Mead互動論

(一) Mead（米德）是互動論觀點的創始人之一。Mead對於這個觀點的貢獻是關注自我，他認為自我是社會中的積極參與者，端賴自我以維持型塑經驗的過程，而不僅是一個被動採取行動的結構。

(二) 因為人們是活躍的，他們可以對自己和對他人採取行動，這也影響他們對待世界的方式。例如：人們可以使用內省來幫助指導他們的行為、做出決策，並賦予外部世界意義。亦即，人們並不是簡單回應他們的環境，相反的，他們「自己」是不斷改變，當他們遭遇新的經驗，並將之賦予意義。

(三) Mead 確認了兩種類型的互動：符號互動、非符號互動。這兩者在一個持續發展意義和現實的過程中，扮演部分的角色。說明如下：
1. 非符號互動：人們如何直接回應他人的行動。例如：我們在與他人互動時回應聲音、語言和手勢等提示。
2. 符號互動：我們解釋他人行為的方式。例如：我們可能將另一個人的語調解釋為威脅或諷刺，這取決於互動時發生的背景，以及我們賦予它的意義。同樣的，我們可以將指點的手勢視為是訊息性或是挑戰性。

二、Cooley鏡中之我

(一) Cooley（庫里）創立鏡中之我的概念。所謂鏡中之我，指的是我們透過與他人互動來了解我們是誰，我們透過我們的社會互動，以及其他人如何看待和感知我們的印象來發展自我意識，因此我們如何看待自己係源自於別人對於我們的看法——這些不一定是基於事實或是現實。

(二) 自我認同的過程，通常包括三個階段：
1. 我們了解自己如何向周圍的人展示自己。
2. 然後，我們理解其他人如何根據這個呈現來評估我們。
3. 我們基於這些評估來發展對於自己的感受。

(三) 自我認同過程的案例：一個小孩可能會認為她是一個好姊姊，因為她幫忙餵養她的小弟，但是她的父母對於她的「幫忙」是有負面反應的，例如：他們評論她是如何妨礙，因此，她形成了一種自我認知——她不是一個好姊姊。然後，如果她無意中聽到她父母告訴別人，她確實對於照顧弟弟很有幫助，那麼這個自我認知可能會改變。

三、Goffman戲劇理論

(一) Goffman（高夫曼）提出戲劇理論，他將日常生活比作戲院和舞臺上的戲碼，根據這種方法，由生活表現和投射圖像來表現我們希望別人看到的，我們有規則、儀式和道具，並且我們創造布置，以確保互動投射出對我們來說重要的形象。

(二) 所有這些東西協助定義我們的環境，和保證行為是可以預測的，以及社會秩序是被維持著，沒有它們，我們可能不知道在特殊情境下，應如何與他人互動。

Goffman戲劇論之觀點

Goffman戲劇論之觀點

印象處理 （impression management)	場地 （regions)	表面工夫 （face-work)
一個人在別人面前表演時，會受到社會印象的操縱，Goffman把這種現象稱為「印象處理」。	印象處理的方式之一是場地的布置。依場地是否為視線所及，而有「前臺」和「後臺」之分。人們在前臺和後臺的表演往往是相互抵觸的。	所謂「表面工夫」，係指人們採取行動以使別人對自己產生好印象的作法。

113

對符號互動論之批判

CRITICAL THINKING

■ 此觀點可幫助社會工作者評估和檢視案主的情形，但不能提供明確的處遇措施。

■ 符號互動論是聚焦微觀，強調個人經驗；相反的，衝突和功能論傾向關注宏觀，且強調影響人們較廣泛的社會因素，因此，互動論關注焦點可能無法考量影響案主的較大社會力量。具體來說，它忽視了多數群體成員所建構的事實的力量，這種批判與社會工作高度相關，因為任何忽視大社會現實的處遇措施都可能是無效的。

■ 互動論觀點缺乏一個堅實、一致的理論基礎，可用來檢驗關係。換句話說，組成這個方法的結構可能是模糊的，難以在不同的脈絡下加以定義、應用和測量。

Unit 2-29
女性主義理論：基本原則

女性主義以Mary Wollstonecraft（沃斯頓克拉芙特）為先驅。女性主義理論是根基於女性主義的概念，可以被定義為倡導男女之間的社會、經濟和政治平等。許多社會工作者將這個定義進一步應用於所有少數群體，在所有領域倡導平等權利，女性主義理論為探討關於各種人與社會的不平等、壓迫和剝奪等議題提供一條途徑。女性主義理論的基本原則，說明如下：

一、挑戰錯誤二分法

在社會實踐中，創造許多互斥類別（二分法）來描述各種行為和特徵，也創造社會期待。例如：西方社會非常重視男人與女人、富有與貧窮、年輕與老的差異，這些類別為特定適合某一類別的人規範行為。

二、重新思考已建立的知識

重新評估且批判性分析那些我們已知道的、我們如何知道，以及這些知識是從何而來。思考這個原則時，可以考慮到最近哪些研究主題和方法，排除了與婦女和少數民族特別重要和有益的議題。

三、檢視不同的社會化模式

根據不同的社會化和經驗，檢視男人與女人之間的差異。男人與女人附著在不同的性別角色和期望，最終影響行為和發展。

四、解構父權的階層制度

檢視社會中存在的父權體制和影響人們的經驗。此一策略挑戰著所有社會機構中，男性對女性的權力和支配。

五、增加充權機會

具體來說，充權女人以促進社會變革。例如：婦女積極參與生育權利的政策，能使婦女對於她們自己的身體有更好的控制，這樣的參與最終會使婦女能有更好的生育控制和分娩等醫療保健程序，也將直接影響婦女和孩童的身體、經濟和貢獻的福祉。

六、價值流程導向

女權主義經常聚焦於男人和女人工作和思考方式的不同，女人傾向於注重過程，這是指人們在工作和解決問題時的互動聯繫方式。相反的，男人往往重視產品，強調解決問題過程的最終結果。在西方社會，產品的價值通常高於產品的製作過程。

七、了解個人是政治的

所有的個人行為都受到政治行為的影響，我們傳統上歸類個人領域也是政治性的。倒如：女人決定懷孕的過程是受到健康照顧和其他政策的影響，也將影響她的懷孕前後期間。

八、尊重多樣性

在婦女等受壓迫的群體除保持團結外，同時應尊重個體差異，特別是婦女需要找到共同基礎來實現改革，又不會在這個過程中失去個人的多樣性。

九、提高對於個人和社會力量間互動的意識

一旦婦女意識到有更大的社會力量能影響她們和社會生活時，就可能發生變化。

FEMINISM

流派別	基本主張	理論觀點	行動方向
自由派 女性主義	・男女無差異 ・男女具有同樣的理性思考能力 ・社會給予男女的機會不均	・在公領域男女機會均等	・去除女性追求自我實現與成就之障礙
社會主義 女性主義	・男女因社會化而產生差異 ・資本主義與性別主義的結合矮化女性在生產過程中的貢獻	・經濟面與家庭面的結構變革	・倡導國家支付貧窮與單親女性的家庭津貼 ・倡導兒童照顧津貼
激進 女性主義	・男女有天生的差異 ・個人的問題根源於性別主義造成權力不平衡 ・在社會與家庭內男性被賦予較多權力	・使女性免於被宰制及心理控制 ・追求女性再生產的自由	・爭取社會對於兒童照顧的責任 ・倡導女性意識覺醒 ・受暴婦女之救援
文化 女性主義	・禮讚不同 ・肯定女性關愛照顧他人的特質 ・強調女性透過與他人的連結完成自我	・建立女性文化	・促成女性的聯合 ・促成女性中心提供女性活動與服務
後現代 女性主義	・禮讚不同 ・不贊同任何分類 ・強調語言當中隱含的權力關係	・解構文化建構的男性優越意識型態	・分析女性如何被社會影響 ・檢視權力與知識如何影響女性的世界觀 ・思考改變世界的方式
婦女主義 女性主義	・主張同時考量性別與種族兩個因素所導致的壓迫 ・發展有別於白人中產階級女性的女性主義	・去殖民化 ・個人自我療傷	・找出殖民主義的系統與社會脈絡 ・修正殖民主義心態的認知錯誤 ・增強個人的掌握感

Unit 2-30
女性主義理論：主要派別

女性主義思想存在諸多的派別，主要在對於平等和社會改變的看法有所不同，也對於社會工作有不同的影響方式。茲將女性主義的三大派別說明如下：

一、自由女性主義

(一) 這個派別是女性主義的主流派。主張男女並無根本之差異，女性一樣具有理性思考能力；社會結構之設計對於女性這個群體造成歧視與不公。爭取女性自我實現的機會，並區分公、私領域中國家應在政策上保障女性應有的權利與機會，但是在私領域政府則不必介入。

(二) 在行動策略上，這個派別主要透過政策制定達到社會變遷的目的，爭取女性同等的受教權、工作權與同工同酬是他們的標記。例如：立法禁止性別歧視、改善產假的設計、教育改革、改善婚姻關係內女性的經濟權、增加離婚後女性獲得孩子監護權，以及女性參政權。此派女性主義並不追求社會結構根本變遷，而是追求女性在既存社會中的地位，目標是增強自我肯定。此派受到抨擊之處，在於他們以性別為歧視根源，忽略種族因素與貧窮問題。

二、社會女性主義

(一) 此派同樣認為父權社會對女性壓迫，但特別著重在經濟面與家庭面的影響，不似激進主義強調心理面的影響。在此結構下，女性往往負擔家務，而在資本主義社會中，家務工作不被視為生產與再生產的過程之一，因此抹煞了女性的貢獻。反之，男性在外工作為家庭賺取薪資，以供家庭經濟需求，地位因而高於女性。認為資本主義特質即是邊緣化女性為次等勞工。至於男女的差異，則是因為社會化的結果，並非天生的差異。

(二) 社會女性主義的目標在於家庭與經濟面的結構變革，策略上倡導家務與兒童照顧是公共責任。具體而言，指政府應負擔孩童照顧的支出和給予家庭主婦工作津貼，特別是針對單親與貧窮的女性。此種策略倡導其背後的信念，是任何形式的壓迫都應該終止。

三、激進女性主義

(一) 激進女性主義認為男女有先天的差異。此派的口號是「個人的即是政治的」，主張性別主義導致的權力不平衡乃是女性問題的根源，包括公領域與私領域。父權結構的制度設計使得男性居於優勢地位，而且增強既有的社會秩序。

(二) 激進女性主義主張需要根本的變革才能消除女性被壓迫的現象，特別是由最根本的家庭制度著手，因此著重在家庭內的變革，目標在於達到女性自主、去除男性對女性的心理控制，特別是性與生育（再生產）。策略上包括倡導婦女意識覺醒、爭取國家對孩童的照顧，甚至結束婚姻以達到解放女性的目的。具體服務方面，針對受暴婦女提供庇護及法律服務以保護女性，另外也倡導對於施暴者的處遇以終止其暴行，並倡導立法對施暴者進行法律制裁。

女性主義理論的其他派別

文化女性主義

文化女性主義是激進女性主義的分支。此派主張男女有與生俱來根本的不同，並且禮讚這些差異。基本上女性具有滋潤關懷他人的特質，這種特質優於男性的彼此競爭。

後現代女性主義

後現代女性主義是後現代主義與女性主義相結合，但是此種組合有時會出現一種兩難，亦即是否強調「女性」這個類別。後現代女性主義認為女性是多樣的，沒有任一類女性可以替所有的女性說話，但是在進行政治倡導時又不得不使用「女性」相對於「男性」的二分法。

婦女主義女性主義

婦女主義乃是對於自由女性主義的回應而生。婦女主義批判自由派女性主義是白人中產階級女性的觀點。這派女性主張應考量自我的所有面向（性別、種族、階級），方能對於個人的受迫經驗有整合與全盤的了解。婦女主義努力的目標不僅在社會變遷，同時在於個人創痛的自我療傷。

117

對女性主義理論之批判

CRITICAL THINKING

- 女性主義理論專注於女性，因而忽略了其他少數群體的困境。
- 訴求聚焦於女性受到壓迫的特殊狀況，使其「獨立」於男人之外，並強調應有特殊待遇。

Unit 2-31
社會和經濟正義、社會變革和社會行動：社會和經濟正義觀點

一、社會和經濟正義觀點

(一) 社會工作的核心原則就是社會和經濟正義。社會正義的基本前提就是所有人有權利過著充實的生活，這需要獲得適當的資源（經濟和其他方面）、決策的機會，以及免於受迫害的自由。

(二) 美國社會工作者教育協會指出：「社會工作的目的是透過尋求社會和經濟正義、預防限制人權、消除貧窮和提高所有人的品質來實現的。」基本人權，例如：自由、隱私和教育，都是社會工作者應該努力保護的，並強調社會工作者需要將經濟和社會正義的相關知識和實踐納入其工作中。

(三) 發展社會和經濟正義觀點的原動力，大都根植於克服歧視和壓迫的努力。社會工作者對於社會正義感興趣，並不僅是因為它涉及經濟平等，同時也涉及生活的所有領域，包括社會、性別、政治、教育、精神等，這可促進全面的發展和人們的福祉。

二、社會變革和社會行動觀點

(一) 當社會工作者談到社會變革，往往指的是社會行動，將可能導向社會與經濟正義的變革。在社會工作專業中，社會行動被定義為改變社會制度，以滿足需求、解決議題、達到社會和經濟正義，以及為社會成員提供福祉。

(二) 社會行動指針對企圖達成目標的活動進行協調，也有用於描述在政策、社區或立法領域的變革努力。社會運動是社會工作者經常與社會變革相互替換使用的一個語詞，包括對於影響人們生活的大規模變革。

(三) 當代社會行動觀點

1. 政治機會觀點：將政治結構視為只有菁英受益，他們擁有維持或改變社會制度所需的權力和資源，這樣的安排剝削了其他權力較小的團體，使他們難以發起有利於他們的變革。然而，制度有時候可能是脆弱和穩定的，如此將會為「局外人」提供獲取權力的機會。如果這些局外人能夠改變制度中的某個面向，這樣的成功可能會導致是其他領域的進一步改變。

2. 動員結構觀點：採取促進被剝削的團體可以組織和使用現有資源（包括權力、金錢、人員和資訊）的概念，來啟動變革，這個過程可以經由非正式的管道發生。例如：當人們聚集在社區以接受任務時，或經由正式管道，如他們尋求握有權力的專業人士幫助一般，但為了改變能夠持續，團體必須不斷的招募成員，以保持努力的能量注入。例如：家庭暴力庇護所是社會運動機構，除了提供服務，這些機構還經由教育、倡議、提升對他們所代表的議題的意識，以努力實現社會變革。

3. 文化框架觀點：此觀點建議，社會運動只有當一群努力改變的人共同同意運動背後的目的或議題時，才會成功。這個觀點強調人們的互動是重要的，以定義議題和提高問題意識與議題的關聯性，它進一步認為人們必須團結一致，以致力解決問題。

與社會正義思潮強烈對比的觀點

01 自由主義觀點

主張政府和其他主流機構，在人類事務運作中應該只是有限的角色，政府不應該介入確保人們獲得自由、財產和個人保護的權利。

02 功利主義途徑

正義是由信念和政策所組成，是支持「為最多人提供最大好處」。

社會正義與公平的社會工作活動

經濟正義

■ 促進
➤ 當地及合作經濟發展
➤ 規範和去私有化公共及其他服務

政治正義

■ 倡導
➤ 運作財務改革
➤ 政治過程的包容性參與

多重文化正義

■ 倡導
➤ 以多元觀點進行評估和介入
➤ 肯定行動的努力

對社會和經濟正義觀點之批判

■ 它們沒有完善的概念化，但至少是一個組織化的理論可發展用以幫助達到實現正義的行動。實際上，定義和測試與正義相關的概念可能是困難的。
■ 它們尚未在鉅觀層次產生重大的、長遠的影響，或以具體的方式影響社會政策。

對社會變革和社會行動觀點之批判

■ 許多與社會行動和變革相關的概念很難明確表達。
■ 這些概念在許多不同的脈絡和學科中進行討論，因此很難達成意志上的共識。

Unit 2-32
種族主義、歧視和壓迫：種族主義

圖解人類行為與社會環境

種族主義指涉那些推動根據種族和民族群體，而在人際和機構互動中給差別待遇的社會學和其他意識型態過程。例如：根植於醫學模型的生物性種族主義，促進了認為在遺傳上白人優於非白人的觀念。關於這個膚色主義的概念，存在於種族和民族群體間，認為膚色較淺者優於膚色較深者，膚色主義可以使膚色較淺的個人在種族和民族群體間享有經濟、教育和其他優勢，皆優於膚色較深者，更形成所謂的膚色統治，在其中不同的種族和民族群體根據其膚色有不同的社會地位。

在將種族主義運用於社會工作實踐時，可從以下的不同層級來思考種族主義：

一、個人種族主義

屬於微觀的觀點。是指兩個人或多個人之間的個人或一對一的行動，它涉及人們對來自其他群體的人持有負面的態度和信念，這種態度和信念也常伴隨辱罵、排斥，甚至仇恨的暴力行為，由於個人種族主義發生在個人層次，因此通常是公開的，也使得干預措施相對直接簡單。儘管這個層次的種族主義可能具有破壞性，但相對於其他更微妙的種族主義，它往往較為容易處理。

二、制度種族主義

存在於較為廣泛的鉅視層面，涉及社會制度的行動（例如：法律、經濟、政治和教育領域），更廣泛來說，涉及在大社會中呈現的態度。針對政策、方案和程序，制度種族主義會使某一種族群體更系統性的享有優惠，這些行動和政策是鑲嵌在社會系統中的，它們是普遍、長久存在於機構的運作，即使它們是非法的，也很難被辨別和改變。

三、文化種族主義

亦是存在於鉅視層面。這種種族主義認為弱勢民族群體所面臨的不利因素，是因為根植於他們特定文化而來的行為，理念及生活方式所造成。這類型種族主義不去檢討結構與制度因素阻礙一個群體的成功，反而指責該群體的文化。

四、環境種族主義

亦為一種鉅視層面的結構。環境種族主義源於制度和結構的政策與實踐，分別對於種族和民族群體在健康和生活條件上會有不同程度的影響。在主要由不同的少數族群居住的社區中，可以看到環境種族主義。

一般而言，制度、文化和環境種族主義的案例對於社會工作處遇措施的挑戰比個人行為更大，因為改變整個系統比改變個人行為要困難許多。此外，種族主義的制度形式往往是隱蔽的、難以揭露，甚至難以根除。

NOTE

Racism

1	個人 種族主義	社會工作者聽到孩子以貶抑的稱呼呼叫另一個孩子，這時可以直接介入，並與他們討論這些行為的後果。在更極端的案例下，例如：仇恨犯罪，罪犯本人通常會被抓到並受審判，儘管這個層次的種族主義可能具有破壞性，但相對於其他更微妙的種族主義，它往往較容易處理。
2	制度 種族主義	美國的犯罪司法體系對非裔美國人有不同的對待方式。由於刻板印象和訓練不足，警察對於種族定性的偏誤是許多社區面臨的議題，比起其他族裔群體，有些警察較有可能攔截和逮捕非裔美國人。因此，非裔美國人在犯罪司法系統中比例過高，包括郡的監獄到死囚，因此相對也有較多的犯罪紀錄。由於犯罪背景會限制一個人的就業和其他機會，這樣的過去可能導致更高的失業率，最終導致貧窮。
3	文化 種族主義	人們普遍認為黑人社區存在的貧窮問題，是由於黑人家庭的分裂、家庭中黑人父親的缺席和劣質的養育方式所造成的。從這個角度來看，解決黑人社區貧窮問題的辦法，是恢復男性作為家庭中的父親和賺錢者的身分，並改善子女養育行為。然而，這樣的觀點則未能辨認出就業、司法體系和其他使整個群體長期存在於貧困環境的制度性歧視。
4	環境 種族主義	許多工廠和危險廢棄物處理設施位於非白人居住社區，這些社區持續經歷不合標準的生活條件，包括缺乏管線、接觸含鉛油漆，以及汙染的空氣、土壤和水源。因此，許多少數族群的生活遭受破壞性的健康不平等，而導致慢性病、高死亡率，而縮短平均壽命。

Unit 2-33
種族主義、歧視和壓迫：壓迫觀點

一、壓迫觀點（oppressive）

壓迫觀點（oppressive）是指人們因年齡、族群、階級、身心障礙、文化差異、性別與性取向等之不同所受的歧視與壓迫，可以說是探索一個人或團體在其生命週期中因所受之歧視與壓迫，逐漸「失權能」、「無助」的動態過程。壓迫是一個與偏見相關聯的概念，一個被廣泛接受的模型，用來定義壓迫、誰在促進壓迫，和為什麼壓迫，說明如下：

(一) 主要壓迫：是指由主流群體直接施加在受壓迫群體上。例如：任何歧視移民的政策、法規或法律，基於假設移民本身不如本土出生的美國人。

(二) 二次壓迫：二次壓迫是指人們在面對他人受到壓迫，且自己從中受益時，默不作聲。例如：一個來自主流團體的人接受了一個工作機會，該工作機會並沒有給予少數群體真有同樣資格的成員相同機會，這個主流團體的人就是受益於二次壓迫。

(三) 第三級壓迫：第三級壓迫是指受壓迫的群體中的成員為尋求主流群體的接受，而支持他們的壓迫行為。例如：少數族群成員歧視同組成員，以討好主流群體的成員。

二、反壓迫模式

反壓迫模式，即反壓迫的實踐。這個模式的目標是經由轉變社會和所有社會結構來消除所有壓迫，為每個人創造平等、包容和社會正義。使用這種模式的社會工作者，不僅關注微視層面、案主個人受壓迫的經驗，而是以更廣泛、普遍的方式評估壓迫對於案主的影響，以便在中介或鉅視層面辨認和消除壓迫。反壓迫實務工作的具體定義認為案主產生之問題，主要是因為案主生活的結構中，因為案主的身分等因素而形成對案主不平等對待而形成的，結構的不平等才是案主問題的主要根源，實務工作的主要協助目標，除了增加長期受壓迫的案主已經失去的權能之外，最終目標就是掃除對案主不平等對待的結構因素。

三、種族主義、歧視和偏見的表現形式：微侵略

微侵略（microaggressions）是有意和無意的貶損、侮辱和鄙視，經由口語上、行為上或藉由環境傳達到目標群體的人們。微侵略的分類如下：

(一) 微攻擊：微攻擊是刻意的、有意識的、偏見的、貶抑的訊息，經由人際的或環境的發送到目標群體，這些訊息可以是微妙的、明確的。

(二) 微侮辱：微侮辱是細微的、無意識的鄙視發生在人際之間或環境中，這些隱含的訊息意圖侮辱和貶低目標對象或群體。常見的是將不相關的描述加至某些人。

(三) 微排擠：微排擠經常是無意識的訊息，意圖排擠或否定目標群體的感受、想法和經驗。

(四) 環境的微攻擊：類似於制度的種族主義觀點。環境微攻擊是藉由環境傳達貶抑和威脅的訊息給邊緣化的團體，這些訊息通常不透過人際傳遞，而是鑲嵌在我們的政策、制度和文化中。

反壓迫實務模型：Thompson's PCS 模型

模型要素	內容
P（personal） 個人層次	是個人對某些人口群的觀點。個人對某些人口群的觀點有偏見，便有刻板化印象，形成的概念可能不僅僅是歧視，可能甚至形成壓迫力量。
C（cultural） 文化層次	是一個群體所擁有的共同觀點，批判某些特質或行為是錯誤或正確。包括形成一群人的價值觀與主流意識，造成群體的壓迫力量。
S（structural） 結構層次	社會與制度支持此一文化觀點或信念，包括媒體、政府等。在政治社會結構上形成一個政策壓力，針對弱勢群體制定、漠視、隔離，甚至壓迫的政策而不自知。

對種族主義、歧視和壓迫之批判

CRITICAL THINKING

■ 沒有連貫的理論來組織這些關於種族、歧視、壓迫和多元化議題的訊息。
■ 社會工作者不能明確或一致的定義多元化因素，也不能憑經驗測試這些因素。

微侵略分類的案例

微攻擊	辱罵、暴力行為、迴避行為、講笑話、嘲笑，或旨在傷害目標群體的歧視性作法。
微侮辱	「聰明的女醫生」或「聰明的非裔美國律師」。但如果是白人男性，可能只是簡單的被介紹為「醫生」或「律師」，添加這些描述意味著需要特別指出它們，因為這些屬性在這些群體中（例如：女性和非洲裔美國人）並不是可預期或常見的。
微排擠	如當一位女同事對於工作場所發生的不公平事件感到憤怒時，同事卻要她「不要那麼情緒化」。
環境的微攻擊	男同性戀、女同性戀、雙性戀和跨性別（GLBT）學生，經歷學校不友善的氣氛、政府和工作場所政策不願意提供伴侶福利、身心障礙者無法輕易進入公共場所。

Unit 2-34
種族主義、歧視和壓迫：歧視、偏見與特權

延續前一單元的種族主義相關概念，社會工作者所關心與種族主義密切相關的三個議題就是歧視、偏見和特權。說明如下：

一、歧視

歧視是「基於一些可識別的特徵，例如：種族、性別、宗教或民族，對於人有先入為主和負面的對待。」因此，歧視意味著根據其先入為主的觀念去對待個人或團體，這種對待通常是對某個人或團體，造成某種類型的不利條件。

二、偏見

偏見比較傾向是在認知過程，而非行為表現上。亦即，偏見是指一個人對於其他人所持有的態度、信念和刻板印象。偏見涉及根據對某些群體的特徵，做先入為主的觀點而對人做出預判。雖然偏見可能是正向的或負面的（例如：我們可以對我們自己的群體有正面刻板印象，但對不同群體有負面刻板印象），但偏見通常是被我們以負面觀點來討論與我們特徵不同的群體的人。偏見往往藉不同的價值觀、道德、技能等加以增強。

三、特權

特權指的是社會中主流群體所具有的優勢。例如：白色特權指的是被歸類為白人的個人所享有的優勢。例如：多數的白人在使用信用卡時，不會被要求識別身分，或在街上開車、走路不會被警察攔截。

對於如何解釋偏見和歧視，相關的理論概念，說明如下：

一、權威人格

對於極權主義和反民主主義思想有高敏感度的傾向，因此，容易產生偏見。研究指出，那些具有權威性格的人往往對於那些被認為處於劣勢的人懷有敵意，但卻服從地位較高的人。Adorno指出，那些具有權威性格的人，會將人們區分為「我們」和「他們」，並將他們自己的團體視為是優秀的。權威性人格可能導致僵化、沒有彈性、順從和忠於權威人物，這些更有可能導致對他人的歧視和壓迫。

二、替代性攻擊

一個弱勢群體受到主流團體的攻擊，無奈的是無法被處理，因為它們太過強大。例如：多數群體成員在日常生活中感到沮喪，而可能讓少數群體中的成員成為代罪羔羊，在這種的情況下，偏見將有助於擴散或成為個人或社會挫折的出口。

三、投射

Freud描述一種防衛機制，藉由指出其他人有某種負面特徵，以否定擁有不舒服的感覺或相同認知的負面特徵，我們向他人「投射」我們自己不良的個人特徵或感受，去減少我們自己的緊張和焦慮，將責任歸咎於其他人或團體是一種偏見的形式。

四、惡性循環

惡性循環只是假設一個創造，並延續條件的過程是真實的。例如：一個主流群體可能使用權力將另一個團體置於劣勢地位，為了辯解歧視行為，偏見由掌握權力的團體所創造及接受，進一步的歧視加劇了劣勢團體在機會上的缺乏，從而更強化了權力團體的信仰。簡言之，偏見限制了劣勢團體的機會，更支持了創造該偏見的初衷。

對偏見與歧視的起源和機制的見解

理論	案例

歸因理論

試圖解釋我們如何看待和判斷他人。歸因是人們對於自己和別人行為的推論，內部或處置歸因說明人們的行為是肇因於個人固有的事物所引起的，包括他們的個性、動機或品質。

當你遇到一個遊民，你認為這個人必定是懶惰，那麼你就是將他無家可歸歸因於他性格中固有的東西；相較之下，情境歸因則認為行為是由情境因素引起的，通常在個人的控制之外。在遊民的案例中，你可能會認為這個人是因為外部環境導致無家可歸，例如：經濟不景氣或缺乏工作等。

社會學習理論

本理論認為，社會化的人們以特定的方式思考和行動。社會化是學習比他人更重視某些特徵、想法和行為的過程，這個過程導致我們偏好學過的東西，而反對不熟悉的東西。根據社會學習理論，這樣的偏好也將成為我們所謂的偏見。

父母和老師對於兒童是具有影響力的，兒童往往會學習這樣的行為。然後，社會中觀察到的行為會進一步加強這些行為。兒童會學習他們的父母、老師等對待他人的方式來對待其他人。如果學習對象是受尊重的，孩子們也將傾向尊重別人；如果學習對象是以偏見和負面方式對待別人，兒童往往也會對其他人產生偏見。

衝突理論

馬克斯認為一個競爭性社會創造了一些條件，其中某些群體認為自己是優越的，導致對被認為是劣等群體的剝削。因此，偏見被視為是控制或擴張主流群體資源分配的副作用。馬克斯更進一步指出，菁英們使用意識型態，包括宗教、歷史，企圖控制被剝削群體的思想過程。

19世紀初期的美國南部，菁英莊園擁有者需要廉價勞力，因此採用被奴役的非洲人來達到這樣的目的，然後發展出反黑的偏見，來證明他們對於奴隸的剝削是正當的。

Unit 2-35
文化觀點：基礎概念

　　雖然沒有單一理論可以解釋文化及其對人類行為的影響，我們仍需要思考文化的理論，特別是在社會工作的脈絡下，文化的想法、概念和應用與社會對於案主的影響是密不可分的。茲將文化觀點與社會工作應用，以及有關少數群體的雙元層面觀點，說明如下：

一、文化觀點與社會工作應用

(一) 文化對於不同的人有不同的意義。文化是透過經驗來創造的。為了成為有效的實踐者，社會工作者必須理解案主的行為、觀念和生活如何受到文化的影響。為了深入了解，社會工作者必須意識到價值、信念、哲學、經驗和社會結構如何因社會而異。社會工作者要能夠從個別案主的現實中，去區別定義文化的刻板印象和生活在其中的人們。

(二) 此外，多元文化主義指的是對於有不同價值觀和規範的各種文化的認識和理解。社會工作者聚焦於多元文化主義，是因為它適用於較邊緣化或有壓迫風險的群體。

二、少數群體的雙元層面觀點

(一) 雙元層面觀點是一種認知取向，用以了解行為、態度及少數族群案主在主流文化下的反應模式。此取向認為一個人同時是兩個系統的成員：主流的社會系統，以及和案主個人目前的情緒、物理與社會環境有關的系統。根據雙元層面的觀點，此兩種系統就是所謂的「維持系統」（sustaining system）與「撫育系統」（nurturing system）。雙元層面觀點給予來自少數群體的人在發展過程體驗不同的系統，以及這些經驗如何影響發展。這種觀點認為少數群體成員如同雙腳踏在兩個世界。

(二) 依據雙元視角，在撫育系統中的個人被灌輸了文化相關的價值觀、信念、習俗和行為，隨著個人的成長並與維持系統增加互動，他們可能發現撫育系統的價值與維持系統的價值相衝突，並且被維持系統貶抑，這是少數群體成員可能經歷到種族偏見和歧視的時候。此外，兩個系統之間價值的衝突，可能導致群體成員的發展問題，例如：低自尊。

(三) 雙元層面觀點在社會工作的應用

1. 社會工作者必須了解維持系統與撫育系統，對行為、態度與價值觀的期待。例如：撫育與維持系統兩個系統對兒童期的期待是有差異的；少數族群與主要族群的小孩，會經歷不同的自我發展過程，例如：自我認知、價值觀、自尊心等。如果忽略了這些差異性，處遇方法將無法真正關照到兒童的心理需求，同時也限制了兒童對處遇計畫的參與。

2. 在面對少數族群的案主時，社會工作者需要敏感的察覺雙元層面的觀點。此架構提供一種認知取向，以發現受壓迫的個人經驗、價值觀與信念。然而，此系統若沒有立基在各個種族的相關事件、議題與事實的基礎上，便無法施展。

社會工作實踐中的文化概念

- 文化相對論：對於不同的文化應該有平等對待的觀點；文化不能被根據哪個比較好或哪個更好來排名。
- 族群認同：人們如何根據某種族，而形成自己的身分。
- 種族：群體中的人們如何透過價值觀、傳統、習俗、語言和宗教等方面，來與全體連結起來。
- 民族優越感：相信一種文化是優於其他的信念，而且是衡量其他文化的標準。
- 社會思潮：一個人生活的道德、倫理和審美觀的基調，是世界觀的情緒面向。
- 意識型態：關於什麼是正確和應該如何應對的主流想法。
- 社會階層：具有相似經濟分層的人群類別。
- 世界觀：人們認識世界的方式，為他們提供了參考框架，關於事情是怎麼回事，以及應該如何做的個人哲學。

雙元層面觀點的關鍵系統

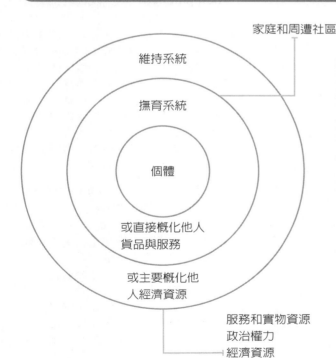

家庭和周遭社區

維持系統

撫育系統

個體

或直接概化他人
貨品與服務

或主要概化他
人經濟資源

服務和實物資源
政治權力
經濟資源
教育系統
大型社會系統

- **撫育系統**
  這是主要系統，由接近個人的人們和環境所組成。例如：個人所連結的直屬和延伸家庭與當地環境（例如：教堂、鄰居等）。
- **維持系統**
  這是主流文化的世界，由影響個人的較大系統組成。例如：政治、經濟動態和教育與社會服務系統。

127

Unit 2-36
文化觀點：Cross的文化能力交互模型

Cross提出文化能力的交互模型（Cross Model of Cultural Competence），亦稱為文化能力階段論、文化能力光譜。Cross把文化能力描述為在尊重和欣賞個人，以及文化差異的前提下，沿著一個連續體運動。文化能力的交叉模型提供了個人和機構一個評估文化能力的架構。文化能力的交互模型包括六個階段，說明如下：

一、文化摧毀（cultural destructiveness）

這是連續體最消極的一面。此階段的個人在文化能力上，包括(1)將文化視為問題；(2)相信如果文化或人口可以被壓制或破壞，人們會過著更好的生活；(3)相信人們應該更像「主流」；(4)假定一種文化是優越的，應根除「較少」的文化。在組織層面，這種極端觀點導致了種族滅絕和19世紀後期的寄宿學校，這些學校試圖摧毀許多美國原住民部落的文化。

二、文化無能（cultural incapacity）

此階段的個人在文化能力上，包括(1)缺乏文化意識和技能；(2)可能是在同質的社會中長大的，被教導要以某些方式行事，從不質疑所學的內容；(3)相信優勢群體的種族優勢，並假設對他人是採取家長式態度；(4)維持刻板印象。在組織層面，轉化為支持種族隔離或對來自其他文化的人們的期望較低。

三、文化盲點（cultural blindness）

此階段的個人在文化能力上，包括(1)根據自己的文化看待他人，並聲稱所有人完全相同；(2)相信文化沒有區別（我們都是一樣的）；(3)相信無論任何種族都應被平等對待。在組織級別，是以民族為本及同化為主。

四、文化初始能力（cultural pre-competence）

此階段的個人在文化能力上，包括(1)意識到存在文化差異，並開始教育自己和他人對這些差異的看法；(2)意識到他們在多樣化環境中進行交互作用的缺點；(3)但是可能會為自己的工作感到自滿。在組織層面，此階段導致機構嘗試解決多樣性問題，例如：僱用多樣化的員工進行文化敏感性培訓，促進多樣化的員工進行管理等。

五、基本文化能力（basic cultural competence）

此階段的個人在文化能力上，包括(1)接受、欣賞和適應文化差異；(2)重視多樣性並接受和尊重差異；(3)接受自己的文化相對於其他文化的影響；(4)了解不同文化管理所具有動態性差異；(5)有意願研究跨文化間的互動（溝通、解決問題等）。在組織層面上，此階段致力於招聘無偏見的人員、從有色人口社區（和其他社區）中尋求建議，並評估可以提供給不同案主的相關服務內容。

六、精通文化能力（advanced cultural competence）

此階段的個人文化能力，包括(1)超越接受、欣賞和容納文化差異，並開始積極教育文化程度較低的人士；(2)尋找有關多元文化的知識，並發展在不同環境中互動的技能，並在多元文化背景下與他人互動。在組織層面，僱用多元文化能力實務的專家對多元文化進行研究，以及成為少數群體和多元文化主義的倡導者。

美國全國社會工作者協會之社會實踐的文化能力

1 認知到個人和專業的價值如何影響到與文化多元性的案主工作

2 不斷的發展與文化多元性有關的知識

3 在與案主工作時要使用文化上適當的方法

4 具有案主的文化適宜服務相關知識

5 了解政策和方案是如何影響文化多樣性的案主

6 支持社會工作教育和實踐中的倡導專業多樣性的努力

7 努力消除文化多樣性案主的服務障礙

8 為專業提供文化能力的領導

對文化觀點之批判

■ 不是單一的、連貫的文化理論,是許多學科的文化思想、定義的集合。因此,文化觀點在社會工作中的應用難以界定、運用、衡量,確認處遇措施是否盡可能有效,和是否社會工作者已含括所有可能的文化面向,都是困難的。要進一步發展和定義文化及其在社會工作專業中的地位,仍有許多工作待做。

■ 如果社會工作者與案主在不同文化中成長,即使社會工作者能擁抱多元文化和擁有文化能力,仍難以真正了解其案主的世界觀,社會工作者如何知道他們是否將文化相對主義應用在他們的案主呢?他們是否能夠確定在某些情況下,沒有以種族中心論回應呢?

Unit 2-37
社區組織理論

社區組織發展是一個反映社會行動策略發展的實踐，因為社區組織是社會變革活動的關鍵，它的發展往往與要求社會改變的事件同時發生。

社區實踐始於19世紀晚期的慈善組織和睦鄰運動，許多私人組織提供社會服務，以及慈善組織會社（COS）的創立以協調服務工作，並規劃如何適切的滿足社區的需求。然而慈善組織會社聚焦於個案工作協助貧困者「道德提升」，而睦鄰中心則關注自助和社會及政治行動。睦鄰中心工作人員，成功透過談判立法管道而創造了社會變革，並招募社區成員參與社區發展工作，因此社區組織被帶入了一套在理論脈絡下組織的技能和策略。茲將對於社區脈絡的觀察方式，以及Rothman提出的社區工作三個主要模式，說明如下：

一、社區脈絡的觀察的三種方式

（一）社區作為一個實際發生的場域

這種觀點聚焦於社區是一個獨特的生活實體，社區的動態是選擇變革策略的重心。這個脈絡定義了社區面對的問題，也有助於決定將提供哪種服務，以及基於這些問題可以採用的處遇措施。

（二）社區作為變革的目標

這個觀點從較客觀的角度來看社區，社會工作者制定標準化策略和介入方式在社區內創造改變，評估和介入通常由社會工作者和其他社區外部人員來進行，而非由社區內部成員自己進行。

（三）社區作為改變的機制

這個觀點認為社區本身有責任去解決自己的問題，利用社區成員的技能和天賦以邁向改革的目標，社會工作者藉由指引成員完成評估和處遇過程，以支持這些改革工作。

二、Rothman提出的社區工作三個主要模式

（一）地區發展模式

是利用社區成員的技能來處理地方的問題，招募擁有廣泛才能的社區成員，以尋找相關、廣泛的問題解方。在這個模型中，社會工作者並不是主要的改革推動者；相反的，他們藉由提供教育、資訊和指導來支持社區成員和領導者，藉由這種方式他們變成改變過程的參與者，藉由他們的技能來支持社區成員的努力。

（二）社會計畫模式

此模型仰賴社會工作者擔任領導制定改革策略的專家。這個模式傾向於關注問題解決的過程，假設只有社會工作者和其他專業人士具有指導此一過程的專業知識。亦即，社會計畫模式依靠專業技能和方法，以發展處遇措施，社區成員「委任」外部專業對社區規劃和處遇。

（三）社會行動模式

社會工作者透過充權社區成員，以為他們自己和社區發起改變；社會工作者尋求組織社區成員挑戰現有權力結構，以增加資源的公平分配，並創造更多公正的機構和促進社會改革。社區成員是改變過程中的積極媒介，社會工作者與社區成員共同工作以引導改變，以及運用專業知識和技能參與行動、遊說、抵制和宣傳，幫助社區實現目標。

Rothman三種社區工作模式的比較

項目	地區發展模式	社會計畫模式	社會行動模式
目標	過程性目標：社區能力的整合與發展。	任務性目標：社區實質問題的解決。	過程性目標與任務性目標：改變權力關係、資源或制度。
關注的問題	社區的冷漠、疏離、以民主方式解決問題的能力。	實質的社區問題：老人照顧問題、住宅問題、休閒問題。	弱勢人口群遭受到不公平的對待、剝削。
改變的策略	引導社區居民關心、參與社區問題的解決。	了解問題事實，並提出理性的解決方法。	將議題具體化，然後組織民眾，採取對抗的具體行動。
改變的技術	溝通、團體討論，以取得共識的技術。	事實發現與分析的技術。	對質、直接行動、談判、協商的技術。
工作者的主要角色	使能者	專家	倡導者、行動者
變遷的媒介	社區團體	正式組織（機構）	民眾團體
範圍的界定	整個地理社區	地理社區與功能性社區的一部分。	地理社區與功能性社區的一部分。
案主的角色	參與者	消費者、接受者	雇主或選民

對社區組織理論之批判

CRITICAL THINKING

- 關於這個宏觀實踐面向的理論和觀點數量之增加，導致內部和方法之間的不一致性增加。
- 各種方法內部和之間的不一致，導致在公平和有效的比較它們及評估其結果方面，出現問題。

第 **3** 章

受孕、懷孕到出生

● 章節體系架構 ▼

Unit 3-1
受孕

　　人類生命的誕生，始於精子與卵子的結合。身為社會工作者，必須對生命的起源有清楚的了解。茲將受孕、懷孕診斷等，說明如下：

一、受孕（conception）

(一) 受孕是指懷孕的行動，精子必須在排卵時進到陰道，而排卵（ovulation）是指由卵巢釋放一個成熟的卵子到一側的輸卵管末端，沿著輸卵管壁，透過極細微纖毛（cilia）溫和地移動卵子，受精通常發生在靠近卵巢的輸卵管三分之一處。假如精子能到那麼遠，就會受孕。

(二) 在射精（ejaculation）後，陰莖射出精液，精子經過輸卵管遇到卵子到達子宮。精子有個尾巴可以急速前後揮動前進，一般正常射精，大約有一匙精液，通常包含2～5億個精子，然而只有千分之一可以迅速抵達卵子周圍。雖然大部分健康的精子在射精後24小時都可能使卵子受精，精子可以存活在女性生殖器內約72小時，但最易受精的時間是排卵後8～12小時，某些可以存活5天。然而受孕的理想性交時間不應超過排卵的前5天，或排卵後1天。

(三) 在輸卵管裡，卵子表面分泌出一種化學物質以吸引精子，實際受精過程包含精子抵達卵子，分泌酵素，穿透進入卵子；這酵素有助分解卵子外圍的膠質，讓精子得以穿透；當一隻精子穿透障礙後，膠質層會發生物理變化，避免其他精子進入。精子與卵子結合時，就完成受精，並形成單細胞叫做受精卵（zygote）。

(四) 卵子有X染色體，精子可能有X或是Y染色體；卵子與一個有X染色體的精子受精會生女性，與一個Y染色體的精子結合則是男性。這個單細胞受精卵開始分裂成2個細胞，然後4個、8個等；經過一週，這些新分裂細胞稱為囊胚（blastocyst），在子宮內著床；假如著床不成功，新形成的囊胚就會被排出。從著床到八週內稱為胚胎（embryo），八週到出生則稱胎兒（fetus），孕期（gestation）則指受孕到出生這段期間。

二、懷孕診斷

(一) 懷孕的診斷方式有生化檢查、觀察母親生理症狀，或理學檢查。懷孕早期症狀，包含持續三週基礎體溫升高、乳房柔軟、感覺疲勞與噁心。有些女性因月經沒來而意識到懷孕。不過，女性也可能因為壓力、疾病、擔心懷孕而導致月經不來；許多懷孕婦女在一個月或甚至更久都還有月經。醫療機構透過生化檢驗來確認是否懷孕，準確度約98～99%。

(二) 大部分懷孕診斷是藉由檢驗女性的血液或尿液中人類絨毛膜性腺激素（HCG），這種HCG是由胎盤（placenta）所分泌。生化檢查最早在受孕後8天就能檢測出來，也可以使用家用驗孕試劑自行檢驗，但仍有可能有錯誤的機會，例如：未依照指示操作、暴露在陽光下、意外震動、蒐集尿液的容器不乾淨等，都會造成錯誤診斷，來產生偽陰性反應（即有懷孕卻呈現未受孕）及偽陽性（當婦女未懷孕卻呈現懷孕）的情形。

受孕

- 每次射精會釋出2～5億個精子
- 數百萬個精子試圖使卵細胞受孕，但是只有1個精細胞能穿過卵細胞壁
- 通常每次月經只會排出1個成熟卵子

常見的懷孕症狀

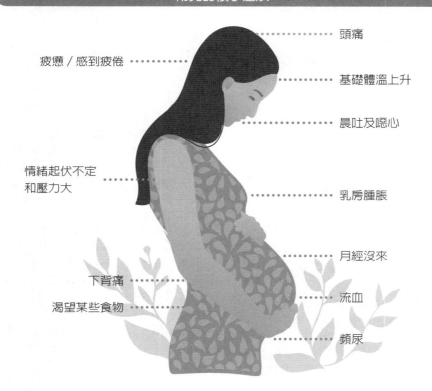

疲憊／感到疲倦

頭痛

基礎體溫上升

晨吐及噁心

情緒起伏不定和壓力大

乳房腫脹

月經沒來

下背痛

流血

渴望某些食物

頻尿

Unit 3-2
避孕與不孕症

圖解人類行為與社會環境

136

一、避孕

避孕的方法相當多元，社會工作者面對案主時，應思考案主的個人、家庭、文化因素等，可能會影響他們使用或不使用某些避孕方法。茲將常見避孕的方法，說明如下：

(一) **哺乳**：相對來說，正值哺乳期的婦女，較少受孕的機會。哺乳期婦女一年中懷孕的風險爲1.2～6%之間。

(二) **中斷性交**：是指在射精前提早將陰莖從陰道抽出，失敗率約爲19%。

(三) **定期禁慾**：或稱之爲自然週期避孕法。需日常追蹤女性生理的變化，包括月經週期及避免在排卵期性交，有效率爲90～98%。

(四) **障礙方法（barrier methods）**：包括使用保險套、子宮帽、子宮頸帽。保險套的失敗率爲3%；子宮帽（diaphragm）的失敗率爲6%；子宮頸帽（cervial cap）的失敗率爲20～36%。女用避孕套的失敗率約爲5%。

(五) **口服避孕藥**：避孕藥的失敗率僅約0.3～8.0%，但在所有節育方法中，使用口服避孕藥者僅占30%。

(六) **肌肉注射**：注射甲羥孕酮（depo-medroxyprogesterone acetate），避孕效果可達3個月，失敗率爲0.05～3.0%。

(七) **子宮內避孕器（IUOs）**：雖失敗率只有0.1～1.0%，但只有2%的婦女選擇子宮內避孕器作爲避孕的方法。

(八) **自願性結紮手術**：輸卵管、輸精管結紮，被認爲是一勞永逸的避孕方法，而且有效率高達99.5%。在進行自願性絕育手術前，需要簽署授權同意書。輸卵管結紮手術可以降低罹患骨盆腔炎症和卵巢癌的風險。

(九) **緊急避孕丸**：在無保護措施的性行爲後72小時內，服用2次荷爾蒙（雌激素和黃體激素），每次間隔爲12小時，估計可以降低75%懷孕的危險。

二、不孕症

(一) **不孕症的定義**：不孕症是指在未避孕的情況下，有性關係一年後仍未懷孕的情況。研究指出，現代社會不孕者較上一代增加。

(二) **代理孕母**：是指在妻子不孕的情況下，先生將其精子輸入代理孕母的體內受孕，直到嬰兒產下，再還給該父母。通常在開始之前，這位代理孕母必須簽訂合約，同意孩子生下來是屬於該父母的。在法律上、心理上及倫理上，仍有爭議。

(三) **替代傳統懷孕的方法**

1. 人工受孕法：想要懷孕的父母，每月至醫療院所將精液注入陰道。精液大部分是捐獻而來，用冷凍的方式保存起來。例如：精子銀行。

2. 試管受精：又稱體外受精。從母體的卵巢將卵子移出，放入孵卵器中的一個碟子，然後在碟子內加入父親的精子。卵子受精後，細胞開始分裂，然後再把這個受精卵植入子宮以進一步發育成長。

3. 配子輸卵管輸入技術：將精子及卵子輸入婦女的輸卵管，受精過程就像在正常情況下所發生的一樣，是在婦女的生殖系統內完成，這些卵子和精子可以來自丈夫、妻子或其他捐獻者。

4. 胚胎植入受孕：夫妻藉由另一個婦女來懷孕，丈夫的精子透過人工受孕方法使這位婦女懷孕，一旦胚胎形成，就把它植入妻子的子宮。然後，透過荷爾蒙的補充使子宮成爲胎兒正常成長的妊娠環境。

不孕症的原因及治療

男性不孕症		女性不孕症	
問題	治療方式	問題	治療方式
精子數量少	環境汙染、抗生素、外科手術、荷爾蒙療法、人工受孕	陰道的生理機能問題	外科手術
		子宮頸分泌異常	荷爾蒙療法
因生理缺陷而影響精子輸送	微型外科手術	排卵異常	使用抗生素對抗感染、荷爾蒙療法
遺傳疾病	人工受孕	輸卵管阻塞或損傷	外科手術、體外受精
暴露於工作環境	早期檢查及改變工作環境	受精卵不易於子宮內壁著床	荷爾蒙療法、抗生素、外科手術
飲用酒精和咖啡因、吸菸	在受孕前減低或停止使用	飲用酒精和咖啡因、吸菸	在受孕期停止飲用酒精及吸菸後，則可促使懷孕結果最佳化。
高齡	年輕時預先儲存精液、人工受孕	體重過重	減重

不孕症個案的社會工作者角色

1 使能者
協助不孕症者做抉擇，假如夫婦之中基於某些理由不同意，社會工作者就扮演協調角色，幫助他們達成協議或彼此滿意的決定。

2 教育者
是指提供個案在選擇及過程中，所需要的確實資訊。

3 仲介者
連結案主與特定資源。

4 分析者
是指評估相關不同受孕診所，以及符合不孕夫婦共同或個別需求的各項生殖技術的適當性。

5 倡導者
假如案主受到拒絕服務、不孕治療太困難、治療費用昂貴，社會工作者應代表案主發聲。

Unit 3-3
產前檢查

　　產前檢查可用來診斷懷孕期間的胎兒發展缺陷，包括超音波（ultrasound sonography）、胎兒核磁共振攝影（fetal MRI）、羊膜穿刺（amniocentesis）、絨毛採樣（chorionic villus sampling），以及母體血液檢查（maternal blood tests）等，說明如下：

一、超音波（ultrasound sonography）

（一）超音波篩檢是一種非侵入性的檢查，利用超音波儀器監測胎兒之心跳，了解胎兒週數及生長評估，並偵測胎盤位置和羊水量多寡。

（二）超音波其影像形成的原理是利用超音波穿透不同密度的介質時會有反射的特性，隨組織密度出現不同強度的反射波。產檢超音波影像是利用探頭儀器發出高頻率聲波，經過孕婦肚皮、子宮、羊膜腔，反射至探頭而形成胎兒影像。

（三）超音波的檢查受限於儀器解析度，以及多方因素的限制，包括超音波無法穿透骨頭，也會受到空氣阻隔，孕婦腹部脂肪組織太厚、胎兒趴臥等。若羊水過多，會因胎兒距離過遠而影像不清；若羊水過少，缺乏介質傳導，加上胎兒四肢重疊，造成影像失真，因此超音波檢查的準確性會因掃描條件而有所限制。

二、胎兒核磁共振攝影（fetal MRI）

　　胎兒核磁共振攝影可用來診斷先天性畸形。核磁共振攝影係透過強磁場與無線電波共振轉化出人體器官與結構之清晰影像。最先最普遍的胎兒產前篩檢是超音波檢查，因為有效又安全。如果需要更清晰的影像或進一步的診斷治療計畫，就必須使用核磁共振攝影。超音波經常用來診斷潛在的畸形，核磁共振攝影能提供全方位清晰的影像。比起超音波，核磁共振攝影更能檢查出某些胎兒中樞神經系統、胸腔、腸胃、生殖／泌尿系統與胎盤的畸形。

三、羊膜穿刺（amniocentesis）

　　即以針插入腹壁到達子宮抽取羊水，以檢測胎兒的性別或染色體畸形。羊水的成分含有胎兒細胞，可用以分析先天缺陷，包含唐氏症、肌肉萎縮症、脊柱裂；同時也可以檢測胎兒性別。當婦女曾經生育先天缺陷嬰兒，則可能是缺陷基因帶原者，或者是年齡超過35歲以上者，建議應施行羊膜穿刺。羊膜穿刺的缺點是，這項檢查通常在懷孕第16週或17週施行，大約2週後檢查結果出來，假如檢查發現嚴重畸形，通常沒有較多的時間來思考決定是否終止懷孕。另一個危險是有一點點流產的風險。

四、絨毛採樣（chorionic villus sampling, CVS）

　　為另一種診斷胎兒異常的方法。以細塑膠管經陰道或用針，穿透腹部到子宮來進行採樣，採取絨毛樣本（突出在胎盤周圍絨毛薄膜的微小細長物），以分析潛在基因缺陷。這項檢查通常在懷孕10～12週之間進行，檢查大約需要2週。絨毛採樣檢查可以比羊膜穿刺更早進行，可在懷孕初期進行。絨毛採樣也會有流產的小風險。

五、母體血液檢查（maternal blood tests）

　　通常在懷孕的16～18週之間進行，檢測 α 胎兒蛋白（alpha-fetoprotein, AFP）。AFP數值高則是大腦與脊椎畸形的預警，α 胎兒蛋白也可用來檢驗唐氏症；超音波、羊膜穿刺也可用來檢查這類先天缺陷。

衛生福利部國民健康署提供之孕婦產前檢查項目

給付時程		建議週數	服務項目
第一次	妊娠第一期妊娠未滿17週	第12週以前	1. 於妊娠第六週或第一次檢查，需包括下列檢查項目： ⑴問診：家庭疾病史、過去疾病史、過去孕產史、本胎不適症狀、成癮習慣查詢。 ⑵身體檢查： 體重、身高、血壓、甲狀腺、乳房、骨盆腔檢查、胸部及腹部檢查。 ⑶實驗室檢驗： 血液常規〔白血球（WBC）、紅血球（RBC）、血小板（Plt）、血球容積比（Hct）、血色素（Hb）、平均紅血球體積（MCV）〕、血型、RH因子、VDRL、RPR（梅毒檢查）、Rubella IgG及HBsAG、HBeAG（惟因特殊情況無法於本次檢查者，可於第五次孕婦產前檢查時接受本項檢查）、愛滋病檢查（EIA或PA）及尿液常規檢查。 2. 例行檢查項目（註）。 註：德國麻疹抗體檢查呈陰性之孕婦，應在產後儘速注射一劑麻疹腮腺炎德國麻疹混合疫苗，該劑疫苗免費。
第二次		第16週	1. 例行檢查項目（註）。 2. 早產防治衛教指導。
第三次	妊娠第一期妊娠17週至未滿29週	第20週	1. 例行檢查項目（註）。 2. 超音波檢查（因特殊情況者，可改於妊娠第三期檢查）
第四次		第28週	例行檢查項目（註）。
第五次		第32週	1. 例行檢查項目（註）。 2. 於妊娠32週前後提供；VDRL等實驗室檢驗。
第六次	妊娠第一期妊娠29週以上	第34週	例行檢查項目（註）。
第七次		第36週	1. 例行檢查項目（註）。 2. 補助孕婦乙型鏈球菌篩檢。
第八次		第38週	例行檢查項目（註）。
第九次		第39週	例行檢查項目（註）。
第十次		第40週	例行檢查項目（註）。

139

註：例行檢查項目
⑴問診內容：本胎不適症狀，如出血、腹痛、頭痛、痙攣等。
⑵身體檢查：體重、血壓、腹長（宮底高度）、胎心音、胎位、水腫、靜脈曲張。
⑶實驗室檢查：尿蛋白、尿糖。

Unit 3-4
懷孕期的併發症

在懷孕期過程中，可能產生某些的併發症，說明如下：

一、妊娠劇吐

多數孕婦在懷孕早期，都經歷過噁心想吐或晨間不適的狀況。這種噁心或偶爾孕嘔的情形在懷孕第4週時便會停止，如果孕婦一天嘔吐數次或長時間的嘔吐，很有可能導致營養不良或脫水症的發生。在懷孕期經常性嘔吐的現象，稱為妊娠劇吐。

二、陰道出血

是一種會產生嚴重後果的併發症。懷孕早期的出血現象，可能是流產之故，75%的流產都發生在懷孕的前12週。懷孕末期發生陰道出血，則可能是胎盤方面的問題，此時的出血大多是因為胎盤在子宮的位置過低而擋住子宮頸，或是因為胎盤開始脫離子宮頸，或是因為胎盤開始脫離子宮壁。這種情況而導致的懷孕末期出血，有可能非常嚴重，甚至威脅到胎兒和母親的生命。

三、妊娠毒血症（toxemia）

也是懷孕期很危險的併發症。初期的毒血症指的是子癲前期，孕婦會出現高血壓、水腫（尤其是手和臉）、體重增加、尿蛋白過高等徵狀。假使這些初期的症狀沒有被檢查出來並進行治療，就會演變成其他嚴重的併發症，包括母體的死亡、胎兒的死亡及胎兒腦部受損。

四、妊娠糖尿病

是懷孕期常見的一種新陳代謝異常的疾病，是指在懷孕最初期開始的病症，甚至高達80%的比例。若女性在懷孕前已有糖尿病，在懷孕期間母體及胎兒併發症的機率較高，因此必須在懷孕前、中、後期密集使用醫療控制。

五、羊水過多

過多的羊水會對胎兒造成問題。胎兒飲用羊水。如果胎兒基於某種原因無法飲用羊水，羊水會在子宮內累積，造成孕婦的腹部體積過大。

六、胎兒發育不良

這種狀況通常發生於懷孕期胎兒體重由百位數下降至十位數時。有許多因素會影響母體子宮的品質，致使子宮發育緩慢。這些因素包括母體的營養、體重的增加、年齡、懷孕次數和間隔、健康狀況、環境壓力大小，以及菸酒藥物的攝取等。

七、子宮外孕

當受精卵在子宮以外地方著床，就是所謂的子宮外孕或輸卵管妊娠。發生子宮外孕的原因主要是輸卵管阻塞。發生在輸卵管內的子宮外孕，可能自然流產且掉入腹腔與胎盤持續成長，撐大輸卵管直到破裂，必要時必須施行外科手術，以挽救母親的生命。

八、自發性流產

是指在胎兒有能力存活前，因自然因素終止懷孕。自發性流產的機率約有20～25%。大部分經常自發性流產原因，係胎兒缺陷或準媽媽的身體因素，胎兒缺陷或情況不佳會被排出體外。母親的問題則指子宮太小、太弱或發育不全、母親的壓力、營養不良、缺乏維生素A、藥物使用或骨盆感染。

與受孕、懷孕與分娩有關的風險因子及保護因子

面向	風險因子	保護因子
受孕	精子數量少	父親停止吸毒（大麻）
	輸卵管問題	婦科保健
	遺傳異常	遺傳諮詢
	青少年時期的性生活混亂	家庭生活教育、避孕、節制慾望
	子宮內膜異位症	荷爾蒙治療、外科手術
	正值生育年齡、性生活活躍的女性缺乏適當的營養	補充葉酸
懷孕	體重過重	維持正常體重
	性傳染病	障礙避孕法
	女性年齡小於18歲或大於35歲	家庭生活教育、生育控制
	妊娠未滿38週	產前照顧、婦幼營養補助計畫
	妊娠毒血症、糖尿病	產前照顧
	資源不足而產生壓力	社會及經濟支持
	創傷	意外事故預防（跌倒、火災、車禍）
	吸菸	產前照顧、戒菸方案
分娩	性病，如淋病、B群鏈球菌感染	產前照顧、新生兒抗生素、眼藥水、孕婦檢查
	胎便吸入、缺氧	剖腹產、懷孕過程藥物治療、管理良好的分娩過程
	時間過長及疼痛的分娩過程	分娩課程、社會支持、父親參與分娩、適當的疼痛控制

NOTE

Unit 3-5
懷孕期的胎兒發展

　　社會工作者必須對胎兒發育及發展階段有基本的了解，茲將懷孕期的胎兒發展說明如下：

一、第一個孕期

（一）第一期是最危險的，由於胚胎係快速分裂發展的組織，因此會對母親攝取的有毒物質及健康狀況特別敏感，且容易受到傷害。

（二）在第3週，囊胚的內層細胞開始分化，胚胎會形成內、中、外三層。包括如下：

 1. 內層：稱為內胚層（endoderm），發展成消化系統，例如：肝臟、胰臟、唾液腺和呼吸系統。

 2. 中間層：稱為中胚層（mesoderm），即細胞群分化為皮膚內層、肌肉、骨骼、排泄及循環系統。

 3. 外層：稱為外胚層（ectoderm），此層將發育成為外表皮膚、指甲、毛髮、牙齒、耳、鼻、嘴等感覺器官和中樞神經系統的外層細胞。

（三）第一個月後，心臟與消化系統已經發育，腦和神經系統也開始發育，手和腳也正在成形。一般來說，隨著大腦發展，然後是全身。例如：腳是最後發展。在第一個月胚胎並不像個嬰兒，因為它的器官才剛要開始分裂。

（四）第二個月胚胎開始更像個人，體內的器官越來越複雜，開始可以辨識臉部的五官包括眼睛、鼻子、嘴巴，兩個月大的胚胎大約1吋長（2.54公分），三分之一盎司重（約9.3公克）。

（五）第三個月包括手臂、腳、腿等成形，手指甲、頭髮毛囊、眼皮也成形，雖然，這些器官已經出現雛形，但還未發育完全；第三個月末期骨頭取代了軟骨組織，這時期經常可以檢測出胎動。

（六）在第一期，因為體內產生大量荷爾蒙，母親（孕婦）會經歷到不同症狀，如疲倦、乳房膨脹和柔軟、頻尿、愛吃；有些婦女會孕吐，如晨吐。

二、第二個孕期

（一）胚胎持續成長，腳趾頭及手指已經分開，皮膚、指紋、頭髮及眼睛也已發育，出現規律性心跳，此時胎兒睡覺與醒著的時間開始固定，也會把拇指放到嘴巴裡。

（二）對多數母親（孕婦）而言，第一期不舒服的症狀會消失，也會覺得胎動越來越強壯有力；母親的腹部明顯隆起，某些孕婦會有水腫或積水，如手、臉、腳踝、腿等浮腫。

三、第三個孕期

（一）胎兒在第三期成長完成，當皮膚下的脂肪組織成形後，胎兒變得豐滿且更像人類；體內器官也已長成及預備發揮功能，腦部與神經系統的發展完全成熟。

（二）在懷孕第六、七個月最要緊的是存活能力，這是指當胎兒提早離開母親的存活率，雖然胎兒在第二期中期已有生存能力。許多22～25週出生的嬰兒「即使接受加護照護醫療，仍然無法存活；能存活者，也可能面臨慢性或神經系統疾病」。

（三）對母親而言，第三期會相當不舒服，因為子宮擴大，母親的腹部變大及沉重，體重增加經常加重肌肉及骨骼壓力，導致背痛及肌肉抽筋。子宮壓迫其他器官，也會產生不舒服。某些體重增加是來自胎兒本身、羊水及胎盤，其他的正常增加則如子宮血液與乳房，都是懷孕的自然現象。

第一個孕期
第0週到第13週（若根據受精時間計算則到第10週），被認為是產前照護和胎兒接觸母體及環境毒素最關鍵的時期。

1

第一個月：
- 至第一個月月底時，原始的大腦、心臟、肺部、消化和神經系統已發育。
- 開始長出手臂和腿。

第二個月：
- 內臟變得更複雜。
- 開始可以辨識出眼睛、鼻子、嘴巴。
- 可偵測到心跳。
- 到第8週時，嬰兒被稱為胚胎（embryo），之後稱為胎兒（fetus）。

第三個月：
- 開始形成手臂、手、腿、腳、指甲、頭髮、眼瞼的形成。
- 建立指紋。
- 可區分性別（雖然可能要到大約16週才能透過超音波觀察到）。
- 骨骼發育。
- 可以微笑、皺眉、吸吮、吞嚥。
- 妊娠初期結束時，嬰兒大約7.62公分長，重約28.34公克。

第二個孕期
第14週至第27週（若根據受精時間計算則到第25週），以持續發展和增長為特徵。

2

- 所有發展都持續著，器官和系統的分化持續進展。
- 腳趾和手指分離。
- 手指甲和腳趾甲形成。
- 開始有協調運動。
- 頭髮、睫毛、眉毛都長出來了。
- 建立規律的心跳。
- 建立醒來和睡眠的循環週期。
- 妊娠中期結束時，嬰兒已有27.94～35.56公分長，重453.6～680.4公克。

第三個孕期
第28週到第40週（若根據受精時間計算則到第38週），是胎兒發育的最後階段。

3

- 完成發育，器官功能成熟。
- 皮膚下脂肪組織已發育。
- 到分娩前胎兒非常活躍。
- 會對聲音有反應。
- 妊娠末期結束時，嬰兒長48.26公分，重約2721.55公克以上。

Unit 3-6
懷孕期影響胎兒發展的物質

圖解人類行為與社會環境

144

在懷孕期間，孕婦接觸的物質會影響胎兒的發展。常見的影響物質包括藥物、酒精、吸菸等。本單元說明酒精對孕婦的影響，其餘項目於次一單元說明。

一、產婦酒精濫用

(一) 會導致寶寶先天性缺陷的物質，稱為致畸因子（teratogens）。酒精也是造成嬰兒畸形的因素。懷孕初期飲用過度的酒精，會影響胎兒發育、干擾細胞的生長和組織、中樞神經的神經中介質（neurotransmitter）的發育，嚴重阻礙生理神經系統的發展。

(二) 目前沒有證據能確切的說明，在懷孕不同階段飲用多少酒精是安全的。懷孕很難制定「安全」的飲酒指導原則，原因有：每個女性代謝酒精的速度不同；酒精攝入的量和時間可能會對胎兒產生不同的影響，並非所有接觸產前酒精的嬰兒都表現出不良症狀。因此，醫師和其他醫療健康專業人員建議孕婦和考慮懷孕的女性不要喝酒。

(三) 和酒精使用有關對胎兒的影響稱為胎兒酒精效應（fetal alcohol effect），特徵包括出生體重過輕、焦躁易怒、新生兒過動、注意力不足和學習障礙。任何和酒精使用有關的異常，都可通稱為「酒精相關的出生缺陷」（alcohol-related birth defect）。

(四) FLK是「funny looking kid」（長相怪異的小孩）的縮寫。某些嬰幼兒生下來便具有一種臉部及行為異常的不明症候群，由於沒有醫學名詞可以形容這種異常現象，醫師們便在嬰幼兒的病歷表上填入FLK。FLK這些縮寫字並不代表某種特定的醫學診斷，僅代表醫師對此異常現象的吃驚反應。醫學界發現，這類型異常現象皆出現於酗酒孕婦所產下的嬰兒，會出現這種特定的先天性缺陷，稱之為「胎兒酒精症候群」（fetal alcohol syndrome, FAS）。

(五) 胎兒酒精症候群這種先天缺陷具有長期的影響，會有智能遲滯的現象。在生理上的徵兆為頭部小、眼睛小、人中（鼻與上唇間的部位）發育不良、上唇薄、短鼻，以及臉部中間部位平坦。罹患胎兒酒精症候群的嬰幼兒，在學習力、注意力、記憶力及解決問題的能力等方面都會有問題，同時有肌肉協調不良、衝動、聽力受損、說話能力弱等問題。

(六) 罹患胎兒酒精症候群的嬰幼兒在學習、注意力、記憶力、解決問題能力上都有問題，另外還有動作協調不良、容易衝動、語言和聽力受損等問題。這些個案到了青少年或成年階段，會出現過於衝動、欠缺約束力、判斷力不足，對社會規範下的正當性行為也無法理解。這些行為特質使得他們無法工作，也無法和同儕建立良好的關係。

影響胎兒的致畸因子

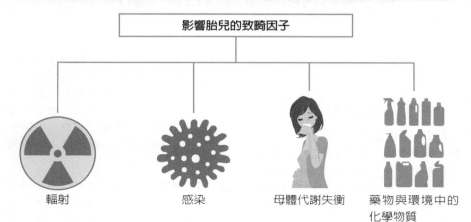

影響胎兒的致畸因子

輻射　　感染　　母體代謝失衡　　藥物與環境中的化學物質

胎兒酒精症候群的嬰兒臉部特徵

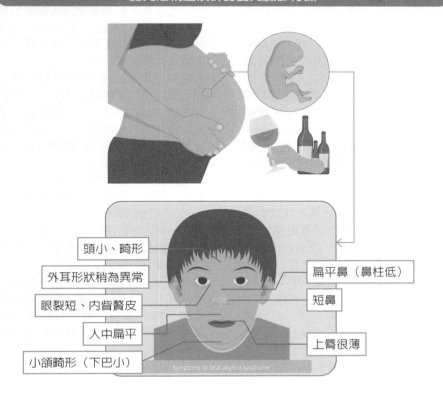

頭小、畸形

外耳形狀稍為異常

眼裂短、內眥贅皮

人中扁平

小頜畸形（下巴小）

扁平鼻（鼻柱低）

短鼻

上唇很薄

Symptoms of fetal alcohol syndrome

Unit 3-7
懷孕期影響胎兒發展的物質（續）

在懷孕期間，孕婦接觸的物質會影響胎兒的發展，常見的影響物質包括藥物、酒精、吸菸等。本單元接續說明藥物使用、吸菸對孕婦的影響。

二、產婦的藥物使用

㈠ 藥物容易導致胎兒畸形的嚴重後果，在懷孕期間，醫護人員都會勸告孕婦不要隨便服用成藥，服用前應事先徵詢醫師的意見以了解影響胎兒發展的藥物。

㈡ 孕婦如果染毒癮，產下染毒癮嬰兒的機率也會大增。有毒癮的嬰兒出生之後，會產生和這些毒品有關的問題或症狀，包括抽搐、嘔吐、焦躁、顫抖和睡眠干擾等症狀。此外，使用不明藥物也會增加流產、胎兒死亡、出血、心臟缺陷、先天缺陷或感染（如肝炎或愛滋病），以及體重過低的情況。嬰兒亦可能出現新生兒戒斷症候群（neonatal abstinence syndrome, NAS），是相當嚴重問題。這些嬰兒常有低體重、呼吸問題、睡眠障礙、抽搐等，需較長時間留院治療。新生兒戒斷症候群症狀，包括身體顫抖、抽搐、嚎哭、易怒。所有症狀都需要藥物、點滴與高卡路里營養治療。

㈢ 美國食品藥物管理局（FDA）將懷孕用藥安全級數分為A、B、C、D、X五級，各級所代表的意義說明如下：
1. A級：已證實對胎兒無危險性。
2. B級：目前尚未證實對胎兒有危險性。
3. C級：對胎兒的安全性尚未確立。
4. D級：對胎兒有明確的危險性。
5. X級：已證實會導致畸形，孕婦禁用。

㈣ 依據前述的藥物分類，A級和B級藥物，孕婦可以服用；C級藥物，需由醫師權衡利弊情形，酌情考量下才可使用；D級藥物，儘量避免使用，除非不用此藥物會危及孕婦生命方可使用；X級藥物，研究已證實為致畸胎物（teratogens），嚴格禁止孕婦使用。

三、產婦吸菸

㈠ 孕婦吸菸使得血液裡的一氧化碳含量增加，減少胎兒氧氣的供給量，增加了早產、胎兒死亡、流產，以及其他懷孕期和生產時併發症的風險。例如：胎兒發展和成長緩慢，以及出生時體重不足的問題。父母吸菸的家庭，孩子通常比較嬌小、認知發展有問題，且學校表現不佳。

㈡ 吸菸也被認為和嬰兒猝死症候群有關。嬰兒猝死症候群（SIDS）或搖籃死亡症（crib death），是指1歲以下嬰兒突發、沒有預期的死亡，通常在睡覺過程中發生。發生的原因，包括如下：
1. 受到不知名的病毒侵襲。
2. 體內某種系統造成心臟的衰微，以及呼吸道的阻塞。
3. 在睡夢中短暫停止呼吸。
4. 如果嬰兒的母親是個菸癮者，極可能是嬰兒猝死的原因之一。
5. 研究指出，母親年紀很輕、生產次數較多、吸菸、吸毒、社經地位較低、未作產檢、兩胎的間距過近等，都和嬰兒猝死症候群的發生有關。

影響胎兒發展的藥物

藥物類型	影響
酒精	產前產後成長遲滯、發育遲緩、臉部畸形、頭小畸形、過動、行為問題、發展障礙
安非他命	早產、死產、新生兒焦慮不安、新生兒哺乳情況不良
抗生素	1. 鏈黴素：喪失聽力 2. 四環黴素：早產、汙齒、短手短腿、手蹼、骨骼成長有限
阿斯匹靈	造成母親或嬰兒出血方面的問題
大侖丁（苯妥英，治癲癇藥）	頭部及臉部異常、心臟缺陷、脣顎裂、心智發育遲滯
巴比妥酸鹽	胎兒會產生戒毒過程所出現的症狀，包括：盜汗、嘔吐、情緒激動、引發神經方面問題
幻覺劑	染色體可能受損、流產、行為異常
鋰鹽	心臟缺陷、產後嗜睡
古柯鹼	出生體重不足、頭小畸形、嬰兒猝死症候群、早產、胎兒發育不良、流產
海洛因（美沙冬）	毒血症、胎兒發育不良、流產、早產、出生體重不足、嬰兒猝死症候群、新生兒出現戒斷症狀（焦慮不安、嘔吐、顫抖）
荷爾蒙	1. DES：生殖系統異常、生殖系統癌 2. 雄激素：男性女性化 3. 雌激素：女性男性化
鎮定劑（valium）	手蹼、呼吸困難、肌張力不足、新生兒嗜睡
菸草	胎兒發育不良、早產、死產、出生體重不足、嬰兒猝死症候群、過動、學習障礙
維生素A	手蹼、心臟缺陷
粉刺藥物（accutane）	頭小畸形、眼盲、心臟缺陷、嬰兒死亡
咖啡因	出生體重不足、胎兒發育不良、早產
抗組織胺藥	畸形、胎兒死亡
皮質類固醇	畸形、手蹼、胎兒發育不良

Unit 3-8
生產過程與方式

一、生產產程

（一）開口前期、中期與後期

1. 開口前期最長，約持續8～12小時，每隔5～30分鐘有一次陣痛，每次持續30～40秒。開口前期之後，陣痛頻率與週期會增加。開口前期，子宮頸開始擴張，同時陣痛，婦女會有血液般黏稠液體排出，以及下背痛與羊水破了。

2. 當婦女有高血壓或子癇前症等併發症，嬰兒可能有缺氧危險，或者羊水破了但子宮頸不開，可能必須催產打開子宮頸，此時開始使用催產素與前列腺素等藥物；如果羊水沒有破，也需要藉著人為方式破水，或者刺激乳頭分泌催產素以催生。越來越多婦女將催生視為「規劃安排」孕期的方法，然而醫師鼓勵婦女在醫療許可下，胎兒應該盡可能待在子宮裡。

3. 產期的開口中期持續約3～5小時，收縮更強烈也持續更久，此時婦女必須前往醫院或跟助產士聯繫。局部麻醉或硬膜外麻醉（脊椎麻醉）可幫助產婦減少生產過程中的疼痛。最後階段時，子宮頸會擴張到8～10公分，此時期最艱難但持續時間較為短暫（從30分鐘到2小時）。子宮收縮長又強烈且急迫（每30秒至2分鐘，且持續約60～90秒），產婦感覺噁心、熱潮紅或打冷顫，且強烈想要擠出。

（二）嬰兒產出

1. 此產程可能持續20分鐘至2小時。在兩次宮縮之間，鼓勵產婦用力擠，以幫助嬰兒從產道移動，接著子宮頸全開，嬰兒通過陰道產出。嬰兒的頸部先出現，稱為「著冠」，此時即可告訴產婦不需要再用力了。

2. 當嬰兒完全產出時，嬰兒與母親仍然以臍帶連接著，需從嬰兒身體約3英寸處夾住，切斷臍帶。因為臍帶末端沒有神經，所以並不會傷害嬰兒。當嬰兒逐漸成長，這一小段臍帶會乾掉並脫落。有時，必須以外陰切開術（切開會陰部）幫助嬰兒產出，這種情形通常是嬰兒頭太大卡在陰道，會陰擴張不足，或是臀位生產產婦無法控制推擠力道。

（三）產後胎盤排除

最後產程是指產後，透過收縮把胎盤從子宮壁脫離，約需5～30分鐘。

二、生產方式

（一）自然產

自然產即是經由陰道生產。相較於剖腹產，自然產的產後感染率、產後大出血機率、泌尿道感染機率皆較低。對於嬰兒來說，通過產道對於肺部的發育有很大的幫助。重要的是，產後恢復快，多數產婦產後可以馬上下床，住院天數只有2～3天。此外，產婦可以增加與寶寶相處的機會，培養親子感情。

（二）剖腹產

是指從腹部到子宮切開，取出嬰兒的手術過程。當嬰兒難產，如頭太大、胎兒有危險、生產時間太久體力耗竭等，都必須施行剖腹產。目前剖腹產對母親與嬰兒的手術危險相當低，但因為母親有切開傷口，所以復原時間較長。

懷孕與生產

懷孕月數

1個月

2個月

3個月

4個月

5個月

6個月

7個月

8個月

9個月

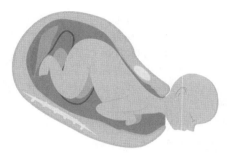

EXTENSION OF HEAD
頭部娩出

胎位的類型與比率

頭位生產
95%

臀位生產
4%

横位生產
1%

拉梅茲自然分娩法（The Lamaze Method of Natural Childbirth）

- 拉梅茲自然分娩法起源自前蘇聯，1951年由法國婦產科醫師拉梅茲引進西方世界。
- 拉梅茲自然分娩法的重點
  1. 生產教育：包括教導放鬆在生產時，不需要用到的肌肉。
  2. 運動加強體能。
  3. 控制呼吸：指導心理技巧以預防疼痛，並且學習放鬆以釋放肌肉緊張的能力。
  4. 分娩時的情感支持：指伴侶的指導與支持技巧。
- 拉梅茲分娩法強調男女關係與溝通，要求孕婦的另一伴或支持者也參加分娩教育課程，訓練婦女學習掌控分娩過程。

Unit 3-9
新生兒評估量表

圖解人類行為與社會環境

150

　　新生兒評估主要是採用評估量表，用在評估嬰兒出生時的狀況，越快關注這些問題，就越有機會擁有正常健康的嬰兒。茲將常用的兩種新生兒評估量表：亞培格量表（Apgar scale）、布列茲頓新生兒行為評估量表（Brazelton Neonatal Behavioral Scale），說明如下：

一、亞培格量表（Apgar scale）

(一) 1953年由Virginia Apgar發展的量表，即為一般人所熟知的亞培格量表（Apgar scale），包括以下五個變項（Apgar是首字字母的縮寫）：

1. Appearance（膚色）：膚色（範圍從淡藍灰色到全身粉紅）。
2. Pulse（脈搏）：心跳（範圍從無心跳到每分鐘至少100次）。
3. Grimace（反射）：反射反應（範圍從抽吸呼吸道之後的無反應到有活力的皺臉、拉扭、咳嗽）。
4. Activity（肌張力）：肌肉張力（範圍從軟弱無力到活力十足）。
5. Respiration（呼吸）：呼叫（範圍從無呼吸到正常呼吸與哭聲強健）。

(二) 這五個變項給分從0～2，通常評估兩次，分別在出生後1分鐘及5分鐘；五個變項給分加總，最高分是10分，7～10分之間代表正常健康的嬰兒，4～6分表示應該小心注意觀察嬰兒；4分及以下表示嬰兒顯然有問題，需緊急處置。

二、布列茲頓新生兒行為評估量表（Brazelton Neonatal Behavioral Scale, BNAS）

(一) 亞培格量表是針對剛出生的嬰兒做立即性粗略的評量，而布列茲頓新生兒行為評估量表，評估範圍則遍及嬰兒的中樞神經系統與行為反應，其施行期間通常為出生後24～36小時。此量表強調行為的細微區別，以評估如動作系統控制、活動層面、吸吮反射、清醒或睡眠的反應、對外界環境的反應等面向。

(二) 布列茲頓新生兒行為評估量表，為適用於1個月大的嬰兒，可以檢視寶寶對於新環境的反應，評量寶寶的肌肉彈性和反射反應、對刺激的反應和控制能力。例如：醫師讓嬰兒坐著，觀察寶寶是否能夠穩定地支撐頭部，還是頭部會前傾、後仰；或者醫師將嬰兒抱起，直立於桌上，觀察嬰兒走路的反射動作（walking reflex）。另一項測試是由醫師搖鈴，觀察嬰兒是否轉向聲音的來源。接著再搖鈴鐺，觀察嬰兒需要多久的時間來習慣鈴聲，不再被聲音吸引而轉頭。整個評估測驗包括37個行為項目，18個新生兒神經的反射項目。

(三) 量表的檢測有助於檢視寶寶如何使用不同的反應和意識狀態，來控制他們對環境刺激的反應。面對太多的刺激，寶寶可能會把目光轉移、睡覺或哭泣。社會工作者可協助父母了解自己的寶寶，指出互動過程覺察到的寶寶需求和偏好。社會工作者也可以把寶寶的反應正向表列或者正向框架：「你看寶寶要告訴你，他得到的刺激已經足夠了，不需要再給了，他真的很棒。」父母親可以學習覺察寶寶感受到壓力的徵兆或者寶寶需要更多互動的訊息，以便學習給予寶寶不同程度的刺激，好讓父母與寶寶的互動成為快樂的經驗。

亞培格量表

徵兆	得分		
	0	1	2
心跳數	無心跳	每分鐘心跳低於100	每分鐘心跳介於100至140
呼吸	無呼吸	呼吸不穩定	呼吸及哭聲強而有力
反射動作	無反射	反射動作微弱	反射動作強烈（打噴嚏、咳嗽、做鬼臉）
肌肉狀況	軟弱無力	手腳彎曲情況不佳	手腳彎曲情況佳
膚色	身體呈青色	身體呈粉紅色，四肢青色	身體四肢皆呈粉紅色

布列茲頓新生兒行為評估量表

評估項目	實例	得分
神經學項目		
誘導反射本能和動作	足底抓握、手部抓握、足踝痙攣、巴賓斯基反射、站立、自主性行走、頸部張力反射、摩洛反射、尋覓、吸吮、腿和手臂的被動動作	這些神經方面的項目，每項以3分量尺（低、中、高）測量反應的強度。注意動作的不協調或缺乏反應的問題。
行為項目		
觀察或誘導的特殊行為	注意並追逐物體、對聽覺刺激的反應、對人物的反應、對聲音的反應、對人臉及聲音的反應	這些行為方面的項目，每項以9分量尺測量，中間的分數（5分）代表3天大的正常寶寶應該有的行為。
觀察到的一般行為	警戒程度、肌肉成熟度、摟抱、外來的安撫、興奮頂點、焦慮易怒、受驚嚇程度、自己安靜程度、手對嘴的熟練度、微笑次數	

Unit 3-10
新生兒的反射動作

　　許多研究提出胎兒會對不同刺激產生不同反應之證據，例如：在羊膜穿刺的手術過程中，胎兒對針頭會有避開的動作及壓低呼吸和心跳不規則；胎兒對光線也會有心跳加速之反應。出生後，嬰兒透過反射等自主連動來對外界環境之刺激誘發動作反應。反射對於評估神經功能來說相當重要，缺乏反射功能，顯示嬰兒可能出現嚴重的發展障礙，反射動作是評估新生兒健康與發展的重要指標，可分為三大類：

一、促進適應生存的反射：為新生兒生存提供一些適應機能之反射。

二、與相關能力相聯繫的反射：適合於進化過程中與遺傳關係有關之物種的生存反射。

三、機能不詳的反射：幫助發展較複雜的行為模式，以適應未來生活之機能。

　　反射會隨著月齡的增加及神經系統之成熟而逐漸消失，取而代之會以較有目的、方向、可隨意且協調性的動作取代，茲將常見的反射項目說明如下：

一、覓食反射：當嬰兒的面頰或嘴角被手指輕輕撫摸，他們便會轉過頭來並張開嘴巴，試圖吸吮手指。這種反射可以協助哺乳，因為它引導嬰兒至乳頭的方向。

二、吸吮反射：嬰兒對於任何出現在眼前的大小適合物體，都會本能的吸吮它。當乳頭或其他可以吸吮的物體出現在面前，嬰兒便會自然地吸吮它。如果沒有覓食和吸吮反射，許多嬰兒很可能無法存活，幸好嬰兒天生便具有攝取營養的能力。

三、驚嚇反射：當嬰兒突然聽到巨響，會自發性伸展手腳，展開手指，頭向後轉，這種反射的目的不明且在幾個月之後會消失。

四、游泳運動反射：當把嬰兒的臉正面放入水中，他會做出向外划，類似游泳的動作。

五、踏步反射：當以垂直的姿勢抱起嬰兒，並將腳放在堅固的地面上時，嬰兒會移動闊步做出走路的動作。

六、眨眼反射：眼睛對於光線、空氣和其他刺激物，會做出眨眼的反應。

七、抓握反射：嬰兒會抓握放在手中的物體。這種本能讓嬰兒被母親抱著的時候，可以抓住母親的頭髮，得到安全感。

八、巴賓斯基反射：當腳底被碰觸時，腳趾頭會張開，這是巴賓斯基（Babinski）反射動作。

九、摩洛反射：當嬰兒受驚嚇時，他們會做出摩洛（Moro）反射動作，出現弓背、張臂、握拳等反射動作。

十、爬行反射：當我們將嬰兒以腹部著地的方式放置時，嬰兒會用腳去踢腳旁的物體。

十一、僵直性頸反射：為了避免頭部掉下來，嬰兒頸部的肌肉非常強壯，可以支撐頭部；同時頸部肌肉與手部肌肉相連，因此，當嬰兒仰躺著，將頭偏向某一側時，該側的手和腳就會伸直，而另一側的手和腳則彈性彎曲。如果仔細看著維持這種姿勢的寶寶，明顯地可以看出他的一隻手正好在自己的視線裡。

新生兒的反射動作分類

反射	誘發刺激	反應
促進適應生存的反射		
吸吮反射	嘴唇或舌頭上的壓力	由嘴唇或舌頭運動產生的吸吮
瞳孔反射	微弱或明亮的光線	瞳孔的擴張與收縮
尋覓反射	輕輕觸摸臉頰	臉部向觸摸方向轉動
驚嚇反射	大聲的噪音	類似於摩洛反射,手肘彎曲且手指緊縮
游泳反射	新生兒俯伏於水中	手臂和腿的運動
與相關物種的能力相聯繫的反射		
爬行反射	腳蹬地面	手臂和腿牽拉,頭部抬起,腿不由自主的彎曲
屈肌反射	腳底上的壓力	腿不由自主的彎曲
抓握反射	手指或手掌上的壓力	手指緊握
摩洛反射	嬰兒仰臥,頭部抬起→快速放下	手臂伸展,頭向下落,手指張閉,手臂在胸前交叉
彈跳反射	嬰兒直立並微微前傾	手臂前伸且腿向上縮
踏步反射	嬰兒自腋下被舉起,脫離平坦的地面	規律性的踏步運動
腹壁反射	觸覺的刺激	腹部肌肉不自覺地收縮
機能不詳的反射		
跟腱反射	敲擊跟腱	肌肉收縮並向下彎曲
巴賓斯基反射	輕柔地敲擊腳底	腳趾散張並伸展
僵直性頸反射	嬰兒仰臥,頭轉向一邊	與頭部面對方向一致的一側手臂和腿伸展,而另一側手臂和腿則彎曲

Unit 3-11
新生兒的先天缺陷

新生兒的先天缺陷，意即出生時出現的任何類型缺陷或不正常。先天缺陷的胎兒，往往容易流產，流產也意味著避免更嚴重缺損或不正常出生。某些先天缺陷很可能極嚴重，而某些缺陷的發生頻率是極高的。茲將常見於新生兒的缺陷，說明如下：

一、唐氏症（Down syndrome）

㈠ 是染色體的缺陷而造成的不同程度認知障礙，伴隨的生理特徵如寬扁頭部、眼距較寬、眼皮上有皺摺、圓又平的臉、塌鼻子、伸長的舌頭、四肢較短，以及心臟、眼睛及耳朵缺陷。婦女懷有唐氏症孩子的機率，是隨著年齡增高的。

㈡ 唐氏症患者最主要的問題，還是在於智力方面。一般而言，唐氏症患者有中重度智能不足，隨著年齡成長，智商則有相對下降的趨勢。由於小孩的心理、運動和社交能力會持續成長，唐氏症兒的智力要到15歲左右才會穩定下來。

㈢ 為避免生出唐氏症兒造成社會與家庭的負擔，孕婦應於產前接受篩檢，年齡小於34歲的孕婦，可先做唐氏症母血篩檢，檢測母血中甲型胎兒蛋白（AFP）及人類絨毛膜性腺激素（HCG）的值，再將檢測值以電腦換算成唐氏兒的機率。年齡滿34歲以上的高齡產婦，則建議在妊娠16～18週時進行羊膜穿刺術，及早診斷有無唐氏症或其他染色體異常。

二、脊柱裂（spina bifida）

是指脊柱未能閉合，以致於神經暴露在外，出生後需立刻作脊柱閉合手術，通常伴隨肌肉無力或麻痺、膀胱及腸道控制困難等症狀。隨著脊柱裂而發生的是腦水腫，這是不正常脊椎液堆積在腦部，可能導致頭部增大與腦萎縮，脊柱裂的盛行率是萬分之3.49。

三、低出生體重與早產兒

對新生兒來說，低出生體重與早產會造成嚴重問題。低出生體重（low birth weight）是指5磅盎司（約2,500公克）或更低。低出生體重根本原因，是早產與胎兒成長遲滯，其他來自母體因素也可能導致低出生體重（如高血壓、糖尿病，或者肺部與腎臟疾病），以及某些感染問題（特別是子宮內）、胎盤問題（導致無法提供胎兒足夠的營養）、懷孕期間體重不正常增加，與母親的行為及經驗（吸菸、喝酒、營養不良、缺乏足夠的資源）。

四、早產

早產是指在懷孕37週以前出生。早產兒通常低出生體重。足月產是指懷孕37～42週之間出生，大部分嬰兒約在40週左右出生。因為沒有足夠成長時間，早產兒體重通常較低。低出生體重與早產，使嬰兒面臨一連串高風險狀況。雖然大部分低體重嬰兒終究功能正常，但越早出生及體重越輕的嬰兒，發展遲緩與生長障礙的潛在風險可能越高。雖然現代醫療照護技術進步，比起過去低體重嬰兒更可能存活，但他們仍可能面臨黃疸、呼吸、腦出血、心臟功能、腸道問題及視力喪失等問題。某些研究指出，低出生體重的學齡期兒童，更容易面臨學習與注意力缺損過動症。

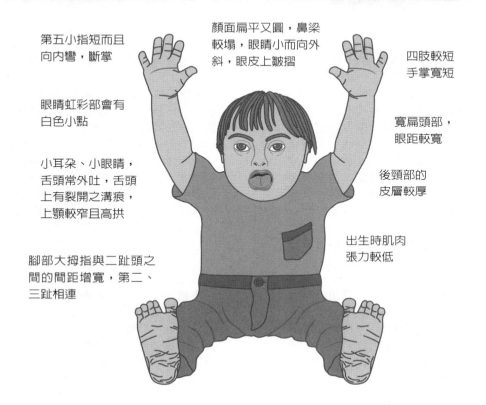

唐氏症兒童的生理特徵

第五小指短而且
向內彎，斷掌

顏面扁平又圓，鼻梁
較塌，眼睛小而向外
斜，眼皮上皺摺

四肢較短
手掌寬短

眼睛虹彩部會有
白色小點

寬扁頭部，
眼距較寬

小耳朵、小眼睛，
舌頭常外吐，舌頭
上有裂開之溝痕，
上顎較窄且高拱

後頸部的
皮層較厚

出生時肌肉
張力較低

腳部大拇指與二趾頭之
間的間距增寬，第二、
三趾相連

新生兒出生的體重

不足
1,000g

不足
1,500g

不足
2,500g

出生體重極度不足
（extremely low birth weight）

出生體重嚴重不足
（very low birth weight）

出生體重不足
（low birth weight）

Unit 3-12
遺傳異常

　　由於遺傳過程的複雜性，使得遺傳疾病的結果預防、診斷和預測更加困難，其原因如下：

一、基因異變數：基因的表現程度會因人而異。例如：隱性基因所造成的囊腫性纖維症，症狀上的嚴重程度有很大的變異性，會受到心理、社會、政治、經濟及其他環境因素間交互作用的影響，同時也可能因為產婦藥物濫用、營養不足和分娩時的創傷而加劇。

二、遺傳異質性：同樣的特徵可能是一個或數個遺傳異常的結果。例如：神經管缺陷的症狀，便可能來自於基因突變，或是因為接觸到特定的致畸因子。

三、多效性原則：同一種基因可能會影響看似完全無關的身體系統，例如：頭髮的顏色，通常會與特定的皮膚顏色相關（如金髮與白皮膚、黑髮與橄欖膚色）。

四、表觀遺傳學：聚焦於環境因素，則是指在不改變人體基因構造（基因型）的情況下，影響基因的表現（顯型）。這些因素會引起或抑制基因表現的化學物質，而這些化學物質似乎能夠在不造成基因改變的情況下，產生代間的影響。

　　遺傳異常可區分為以下四種類型，說明如下：

一、單一異常基因遺傳：異常的單一基因可能導致嚴重的病症。該基因可能是隱性的，意即基因來自於父母雙方；也可能是顯性的。在這種情況下，父母雙方只要有一位帶有此種基因，便可能表現於孩子身上。第三種可能性是與性別相關的疾病，意即基因來自於父親或母親之一方。

二、多因子遺傳：某些遺傳特徵，如身高和智商，會受到環境因素如營養的影響。由於多因子遺傳的關係，意即它們是由多個基因所控制，因此表現出來的程度差異各有不同。多因子遺傳與精神疾病的傾向特質有關，例如：憂鬱症。然而，這些特質只是可能誘發的因素，也就是所謂的遺傳缺陷傾向。因此，出生時具有相同遺傳特質的手足，發展出某一特定遺傳性疾病的可能性會有所不同，例如：酗酒或精神疾病。

三、染色體畸變：某些遺傳異常並非與生俱來，而是在卵子或精子細胞發展過程中所造成的意外。某些時候，細胞最後發展出的染色體會過少或過多。當卵子或精子細胞不足23對染色體時，受孕和存活的可能性就微乎其微。然而當過多的染色體出現於卵子或精子，各種可能的異常情況便會發生。唐氏症（或稱為染色體第21號）是最常見的染色體畸變，原因是出現了47個染色體，更明確說法是，在第21對染色體上多出了一條染色體。年齡超過35歲的孕婦，新生兒罹患唐氏症的比率上升到1/350。其他染色體異常的疾病，包括特納氏綜合症（只有單一性染色體，X），以及克氏綜合症（多一條性染色體，XXY）。

四、接觸致畸因子：致畸因子可以分為四類：輻射、感染、母體代謝失衡，以及藥物與環境中的化學物質。致畸因子所造成的影響大多取決於接觸的時間點，各器官系統有不同的關鍵和敏感時期。

遺傳異常的四種類型

第一類型：單一異常基因遺傳		
隱性基因	顯性基因	性聯基因
鐮狀細胞性貧血 囊胞性纖維症	神經纖維瘤病 亨丁頓舞蹈症	血友病 裘馨氏肌肉萎縮症
第二類型：多因子遺傳		
可能的精神疾病	酒精中毒	
第三類型：染色體畸變		
唐氏症（第21對染色體多出了一條染色體）	特納氏綜合症（只有單一性染色體，X）	克氏綜合症（多一條染色體，XXY）

第四類型：接觸致畸因子			
輻射	感染	母體代謝失衡	藥物與環境中的化學物質
神經管缺陷	德國麻疹：耳聾、青光眼 梅毒：神經的、視覺的及骨骼的缺陷	糖尿病：神經管缺陷 缺乏葉酸：腦部及神經管缺陷 過高熱（14-28天）：神經管缺陷	酒精：智能遲緩 海洛因：注意力缺乏症 安非他命：泌尿生殖器缺陷

NOTE

Unit 3-13
墮胎（人工流產）

墮胎是一項爭議的議題，墮胎的原因為非計畫或意外懷孕，包括雙方沒有避孕；避孕無效、不一致或不正確；沒有任何一種避孕方法是完美的，每一種避孕方式都有失敗率。茲將墮胎的方法及婦女墮胎後的心理影響，說明如下：

一、墮胎的方法

因懷孕週期的不同，而有數種不同墮胎方式，說明如下：

（一）藥物墮胎

藥物墮胎意指服用某些特定藥物的墮胎方式。例如：美服培酮（mifepristone，俗稱RU-486）。其藥理作用會引發子宮內壁破壞，其過程為先服用美服培酮，數日後再服用前列腺素。前列腺素會導致子宮收縮而將胚胎排出。大部分女性服用前列腺素後約4～5小時後流產，成功率約97%。潛在副作用包括噁心、嚴重痙攣、嘔吐、腹痛及輕度發燒或打冷顫。

（二）真空吸引術

真空吸引術，亦稱為真空刮除或抽吸刮除。施行時間約最後一次月經沒來至16週，此法係將子宮頸口擴張打開，利用抽吸管將子宮內容物抽離；有時候需再配合刮除。絕大多數墮胎都在醫療機構執行，實施墮胎之後醫療人員會觀察數小時。一般而言，出現出血與抽筋等基本症狀是正常的。真空吸引術被認為是非常安全的方法，術後併發症也比較少。

（三）子宮頸擴張與刮除術

在懷孕第4至5個月所使用的墮胎方式，是子宮頸擴張與刮除術。此法類似吸出子宮胚胎的真空吸除術，用刮匙刮除。因為子宮頸擴張與刮除術多在懷孕較後期實施，所需要取出的胚胎組織較多，需要全身麻醉。潛在併發症跟真空吸引術類似，以及會有麻醉後遺症。

（四）非法墮胎

當女性無法取得安全合法的墮胎方式，許多人可能轉向不安全的非法墮胎。全世界大約40%的婦女居住在高度限制或禁止墮胎國家。當她們陷入絕望，婦女們可能會轉而尋求違反規定的醫療，如設備不乾淨、不安全、不合格的醫療院所或非醫療院所墮胎，或是自己使用尖銳物品及服用某些有害物質。

二、婦女墮胎的心理影響

不管墮胎的時機或類型為何，所有進行流產程序的婦女，在之前和之後都應該接受詳盡的諮詢服務。計畫外的懷孕通常會造成相當大的心理壓力，社會工作者可以幫助孕婦考慮所有的處理方式（包括墮胎），同時必須符合案主的個人價值觀與信仰。墮胎後，大多數婦女的經驗是：輕微的內疚感、悲傷，或是迅速減輕的遺憾，隨之而來的則是危機獲得解除的輕鬆感。然而，某些婦女的反應較為嚴重，並且可能需要持續性的諮詢服務，特別是那些在墮胎前曾經歷創傷的婦女。社會工作者必須留意案主個人對於墮胎的觀點，以協助案主做出依據個人價值觀、宗教信仰與選擇機會的決定。

墮胎的爭議

支持墮胎的理由

- 允許婦女有墮胎自我決定權，以及對於她們身體和生活有較大的自由度。
- 假如禁止墮胎，婦女會如同過去一樣選擇不合法墮胎；沒有法律曾經禁止墮胎，也沒有法律能夠如此。在醫療院所進行墮胎會較安全，但若在不衛生、無經驗或技術不良的環境下進行墮胎，極可能非常危險，甚至危及女性生命。
- 假如禁止墮胎，有些婦女可能會嘗試危及生命的人工方式墮胎。例如：劇烈運動、熱水浴、刺激骨盆和腸子，甚至以尖銳物品如指甲剪及刀子，企圖割破子宮。
- 沒有完全可靠的避孕方法，所有方法都有失敗機率和風險，且所有婦女對避孕資訊及服務並非都方便取得，特別是青少年、窮人和鄉村婦女。
- 在許多生育率快速升高的國家，墮胎是必需的；避孕可能是不充分、無效或無法負擔；墮胎是人口控制、保障生活品質的必需技術（某些國家的墮胎數可能接近生育數）。

反對墮胎的理由

- 胎兒有基本生命權，不應被侵犯。
- 墮胎是不道德的，違反某些宗教信仰。
- 選擇墮胎的婦女是自私的，她關注自己的快樂勝過未出生的孩子。
- 有效避孕的社會，不會有非期望的懷孕，也就沒有墮胎的需要。
- 支持墮胎是反家庭的，人們應該為自我行為負責，遏止非婚姻關係的性行為，在家庭中養育孩子。

社會工作者在案主墮胎所扮演的角色

使能者

協助婦女做決策，包括幫助案主確認可能的選擇及評估正負面影響。

教育者

提供懷孕婦女有關墮胎過程的確切資訊、胎兒發展，以及可做的選擇；提供避孕諮詢，以避免再次非預期的懷孕。

仲介者

應告知婦女可用的資源，詳加解釋並協助其取得資源，包括：墮胎的醫療機構、產前健康諮商、領養服務。

倡導者

倡導修改得以墮胎之政策或取得墮胎服務經濟補助；倡導不想墮胎婦女獲得支持及服務。

第 **4** 章

嬰幼兒期

章節體系架構 ▼

Unit 4-1
嬰幼兒生理發展的重要原則

嬰兒的生理成長，遵循著一些重要的原則，對這些原則加以檢視，有助於社會工作者在實務性評估之用。說明如下：

一、全人整體的原則

生理及環境的因素必須共同發揮交互作用的特性，以利幼兒達到最高的成長和最佳的發展；內在神經傳導問題、荷爾蒙不均衡、外在的營養失調、缺乏適當的環境刺激，都會造成成長助力或阻力。

二、由簡單至複雜細膩的活動

動作由大而化之變成複雜細膩，例如：刺激腳部或引起從頭→肩→手指→腳趾的全身反應，隨年齡增加，個別協調的動作反應則增多。嬰兒先能走、跳、爬、跑，然後才能發展至寫與畫的細膩動作，這些都是由大而化之的動作到精巧細緻的發展之過程。

三、精緻複雜動作至整合動作

各部位的複雜發展之後，緊接著是統合協調的生理過程。例如：孩子藉由哭鬧以尋求食物、吸吮奶嘴時猛咬奶嘴，或者將奶瓶或奶嘴塞入自己的嘴中。

四、從頭到四肢尾端發展原則

嬰兒發展是從頭部進行到身體較低的部位，神經部位的發展也是從頭至腳。嬰兒在肌肉的控制收縮是由頭至頸部至手臂及肚子，然後至兩腿。嬰兒剛開始爬行時，是利用上半身的匍匐爬行，腿部的動作是消極隨行。等到再大一點，腿部才開始爬行的動作。

五、由近到遠的發展原則

是指成長的過程是由頭至身軀乃至四肢，由身體的中央部位進行至外圍部位。嬰兒先學會搖動頭及身軀，然後動作的掌控由手臂而手腕再至手指，而到達能握及手指等靈巧的動作。

六、餵食

兒童在成長的過程中，生活需要規律化。定時飲食、定時睡眠，時間流程與生活節奏，以及平衡感的形成，可以型塑嬰兒日後生理作息的規律性。

七、睡眠

兒童睡眠時間的長短因年齡而異，預產期順利出生的小孩，每天睡眠時間約占每日50～60%，早產兒則為80%。新生兒再長大些，就睡得少些，尤其是體力及能量增強、活動範圍及經驗擴大後，容易抗拒按時上床睡覺或忙著玩耍，而靜不下來上床就寢。

八、感覺運動技能

運動神經是指肌肉的運作，在嬰幼兒出生後前2年的生活裡，頸部、頸脊椎、手臂及腿部並沒有力氣去協調運動，要等到腦部及脊椎發展成熟才能引起肌肉的力量及全身的協調，連帶地促進肌肉的成長及運作。嬰幼兒的肌肉發展依據兩個方向：第一，是由軀幹到四肢的；第二，肌肉的動態由反射性的行為轉而為有目的及出於自發性的操作。例如：吸吮等反射性動作有助於嬰幼兒吸收足夠的營養，是發展進一步自發性控制自如行為的前奏。

九、觸摸及抓緊物品

運動系統是由粗大演進至精細協調有目的的動作。這種動作起源於反射的行為。新生兒能透過物體的握與抓來穩住他們的重量，但這種反射動作在出生4個禮拜後逐漸消失，取而代之的是探取、精準掌握、彎曲及放手的動作。

■ **大動作技巧：出生到1歲**

・能夠趴著舉頭和身體10秒鐘左右：1～3個月

・趴著（腹部）翻身到背部：4個月

・仰著（背部）翻身到腹部：5個月

・支撐可以獨立坐著：5個月

・獨立坐正：6個月

・趴著（腹部）爬行：8～9個月

・靠著頭部和膝蓋可以爬行：9～10個月

・在穩定的表面上可以站立，且靠著家具走路：10個月

・獨自行走：10個月

大動作技巧

是指：大腦和大肌肉群的大動作協調，能爬、走、跑、跳而探索環境。

■ **大動作技巧：從1～2歲**

・爬上樓梯：14～15個月

・爬下樓梯：15～16個月

・用一隻手支撐走上樓梯：15～16個月

・後退走：18個月

・用一隻手支撐走下樓梯：18～20個月

・奔跑：18～24個月

・側著走：21～22個月

・獨立走上樓梯：23～24個月

・雙腳向前跳躍4英吋，向上2英吋，從6英寸的高度跳下來：19～24個月

・踢球：19～24個月

・一腳腳跟和另一腳腳尖接龍

嬰幼兒生理發展階段

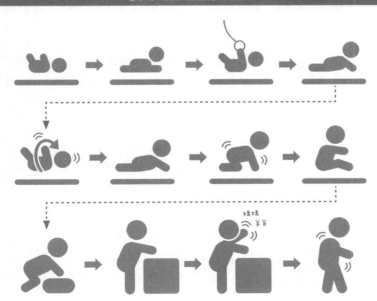

Unit 4-2
嬰幼兒期的認知發展（Piaget的認知發展理論觀點）

Piaget的認知發展理論係透過對自己子女，再針對其他兒童進行密切的觀察所建構。他將嬰兒從出生到2歲這個階段稱爲感覺動作期（sensorimotor period），可分爲六個次階段，說明如下：

一、分期一：自然反射運動之開始期／反射動作

指出生至1個月大。此期間包括自然系統之使用及與生俱來之反射動作，如眨眼爲嬰幼兒的「反射動作」。而出生的前幾天，嬰幼兒在吸吮奶水時，如果奶嘴從口中溜出，能夠表現出尋找奶嘴或吸吮的自然反射動作，這種進展稱爲「功能性的同化適應」；進而類推至其他的同化（嬰幼兒藉此除吸吮乳頭之外，也能吸吮其他的東西），以及具辨認的能力（嬰幼兒藉此分辨出乳頭與其他東西的差別性）。

二、分期二：初級循環反應／主要循環反應

指約4個月大的嬰幼兒。發展吸吮手指頭，將拇指塞進口中的習慣，這種行爲與剛出生時吸吮拇指的不同點在於，這是嬰幼兒體認吸吮拇指是一種照顧活動，持續的吸吮拇指之所以爲基本的循環反應，是因爲這種「反覆循環」是簡單且重複的，具有強化覓食行爲的作用。

三、分期三：進階循環反應／次級循環反應

指幼兒4～8個月。嬰幼兒學習達到進階循環反應，進一步協調整合初期所學習之反應動作，發展出另一個行爲。例如：嬰幼兒搖著「響鈴串」，去聆聽所發出的聲音是進階循環反應。超越孩童先前所習得接觸及聆聽的動作，孩童在此時期擴大先前所習得之行爲範疇，而進入更新、更複雜的行爲系列。

四、分期四：思考認知行爲的開端／次級基模協調階段

指8～12個月。嬰幼兒演化至智力思考的開端，在此階段似乎已具有使用工具行爲的能力。例如：在紅色枕頭下方置放玩具，嬰幼兒會在紅色枕頭下方找到玩具，這個到枕頭下找東西的動作，是嬰幼兒智力發展的起點。

五、分期五：高階循環反應／三級循環反應

指12～18個月大的嬰幼兒。嬰幼兒開始尋找新事物發展新的探索方法，如同一個幼兒看見地毯上有一個東西，爲了接近該東西，便拉扯地毯，就在接近地毯的同時，發現地毯的東西也到手了。嬰幼兒習得感官及心理上的能力，了解物體存在的永久性，這種積存物體形象的能力，是孩童更進一步培養習得象徵性思考的基模。這種「物體恆存」的概念，也是邏輯思考的基本架構。

六、分期六：思考基模期／具象思維

指18個月大至2歲。孩子在行動之前，心理上能綜合思考不同的解決難題的可能方式，Piaget將這段期間稱之爲「思考基模」。初步的架構使孩子能夠適應及操縱環境中的資訊，並綜合新的資訊以適應環境的需求。孩子們的表現可視爲一種超越感覺運動期的協調及整合，也就是思考智力的開端，概念式的思考也開始發展。

感覺運動期的六個分期

感覺運動期的分期	發展年齡	發展內容
1. 反射動作（reflex activity）	0～1個月	■ 新生兒的反射 ■ 隨意的運動
2. 主要循環反應（primary circular reactions）	1～4個月	■ 重複動作帶來結果 ■ 以身體為中心的簡單動作習慣 ■ 發現有舒適感，開始吸吮手指
3. 次級循環反應（secondary circular reactions）	4～8個月	■ 焦點轉移到周遭的物體 ■ 重複可以引起周遭效應的行動 ■ 腳踢床邊的旋轉玩具，讓它轉動
4. 次級基模協調階段（coordination of secondary schemes）	8～12個月	■ 意欲性目的手段行為（intentional means-end behavior） ■ 開始有物體恆存的概念 ■ 看到你拍手，寶寶會拍手，但無法主動拍手
5. 三級循環反應（tertiary circular reactions）	12～18個月	■ 透過新穎的行動，探索物質的特質 ■ 具有物體恆存的觀念，但是放置物體時需看得到 ■ 如果玩具放在盒子裡，再放在毯子之下，然後把玩具從盒子拿出，但仍然放在毯子之下，雖然玩具發出聲音，寶寶還是會在盒子裡找玩具
6. 具象思維（representational thought）	18～24個月	■ 物體或事件內在的描述（完整的物體恆存） ■ 具有延遲模仿能力 ■ 快樂的時候可以主動拍手

認知理論相關概念

目標取向行為

嬰兒從隨機反射的動作開始，逐漸發展出目標取向行為，是將一連串的行動組合在一起，以便達到想要的目的。例如：從只能夠觀看自己的手在眼前毫無目的的移動，發展到可以動手搬椅子到桌邊，取得桌上的餅乾。

物體恆存

是指能夠將對某人或事物的印象存留在腦中的能力。Piaget指出，嬰兒無法記住一個不在眼前的東西。例如：如果把玩具放在毛巾之下，4個月大的嬰兒不知道將毛巾掀起來可以找到玩具。2歲大的幼童雖沒有看到餅乾卻知道它在哪裡，因為餅乾的印象已經保留在他們的腦海裡。另外，他們也有能力想出辦法解決問題，取得餅乾。

Unit 4-3
嬰幼兒期的心理社會發展（Erikson的心理社會發展理論觀點）

Erikson的心理社會發展理論的八階段，在嬰幼兒期中，包括第一階段：信任對不信任（嬰兒期：出生至1歲）、第二階段：自主對羞怯和懷疑（幼兒期：1～2歲）等兩階段，說明如下：

一、第一階段：信任對不信任（嬰兒期：出生至1歲）

（一）信任

1. Erikson的理論主要著墨於嬰幼兒與照顧者之間的關係。基本信任關係，包含一種個人與外界及其他人互動時正面的態度取向；不信任的關係是反映對外人及外界持有負面的感情、不安及畏懼。

2. 嬰幼兒一旦離開母體，仍然得全面依賴成人的養育餵食，嬰幼兒如獲適度養育、愛護及注目，將培養出一種安然自如的感覺。對一個尚不能開口說話的幼兒，信任感是有賴於出生之後種種的體驗，如果他或她的需求如其所願，嬰幼兒會對周遭環境感到被尊重，進而培養對環境的信任感。信任感可由嬰幼兒能否克制自己的衝動，或與成人溫暖與愉悅的互動中顯現。

（二）不信任

1. 當嬰幼兒的需求沒有受到重視或者照顧者態度不一致，嬰幼兒會發展出不信任感。當一個哭鬧的嬰幼兒被嚴厲地嚇阻，即使是小嬰兒，也可能以為自己是微不足道，而感覺受到藐視，能讓幼兒感受到周遭的敵視而認為自己是一文不值的。嬰幼兒生理需求無法滿足，直接的不信任行為反應是不停地哭泣或嚎啕大哭。

2. 當嬰幼兒開始有了這種不信任的態度之後，環境更強化了這種不信任感。不信任及猜忌感會造成嬰幼兒自我貶低的行為，以及一種自尊喪失和無法與別人和睦相處的逆境。一旦逆境形成，這種轉變的模式會深深影響嬰幼兒的情緒發展，以及成人對嬰幼兒情緒上的反應。

二、第二階段：自主對羞怯和懷疑（幼兒期：1～2歲）

（一）自主

此階段的特徵是嬰幼兒探索自主性。生理上幼兒的肌肉逐漸成熟，也進入三種新的活動：即走動、大小便排泄的控制及說話。肌肉的控制讓嬰幼兒學習接受與放棄，促進了留守或停止的行為機制。這些活動賦予孩子自主的動力及勝任感。

（二）羞怯和懷疑

1. 大小便自主的訓練，在幼兒初期的自主發展中是不可漠視的。幼兒的雙親如果是嚴厲、拘謹，並且愛苛責和施行處罰的人，幼兒可能會因抗拒嚴謹的父母，而對自己的尿道或肛門失去自我訓練及自律。若幼兒在此期間如果不懂得在排泄行為上操作得當，則會落得裡外不討好，一方面他們會自我否認或是缺乏自主的能力，另一方面也得不到父母的讚許。亦即如Erikson所稱，當兒童們面對一種「雙重反抗及雙重挫敗」感，這樣的孩子便無法因自主而自傲。

2. 嬰幼兒在一連串的羞愧及自我懷疑的心態下，幼童缺乏自信且沒有能力達成自己的目標，而且具有預期性的失敗感。為了避免這種難為情的窘境，幼兒可能因此而畏縮不前，且不願參與活動，學習新的技巧，也因此變得困難重重了。

信任對不信任

嬰幼兒學習對照顧者所提供的餵食、保護、舒適和情感的信任,當其需求未被滿足時,他們會發展出不信任。

自主對羞怯和懷疑

孩童學習增加控制排泄功能,學習自己進食,允許獨立玩耍和探索這個世界(在安全的環境下),以及發展一些獨立的行為。若是照顧者有太多的限制,他們對自己的能力將會發展出羞怯和懷疑的感覺。

NOTE

Unit 4-4
Bowlby依附理論

依附（attachment）關係始於嬰兒與重要他人發生往來互動之時刻，這種關係是型塑人類社會關係的基本要素。依附是連結個人與一個親密伴侶的強烈情感聯繫，特點是喜愛與維繫親近的渴望。最早的依附理論是由John Bowlby（鮑爾貝）所發展，為最初的人際關係提出重要觀點，說明如下：

一、依附理論認為出生至3歲是個人一生重要的時期。Bowlby認為孩子會和一個成人形成一種依附，亦即是一種持久的社會情緒關係，這個成人通常是母親，但也不必然是；關鍵在於與一個有回應的照顧者之強烈情感關係，孩子也可能和父親、祖父母或其他人形成依附。依附理論強調孩子與父母或其他照顧者互動，並產生情感連結的重要性。在依附關係建立過程中，嬰兒被視為扮演主動參與者，這個觀點與Freud的口腔期著重在嬰兒對照顧者的順從與依賴不同。

二、Bowlby認為嬰兒從出生後的第一個月開始便產生依附的過程，此時嬰兒已具有辨別母親聲音的能力。依附在2歲時發展完全，此時母親和幼兒發展出彼此的夥伴關係。在依附的晚期，兒童已經能夠操縱母親以達成他所想要的結果，但同時他也已經能夠了解母親的想法。於是，母親和孩子達成彼此可以接受的折衷方式。

三、嬰兒也會對其他人產生依附行為，不過對於母親的依附出現較早，也較為強烈與一致。一般認為，最早出現的依附會成為兒童往後關係的互動協調工作模式（working model）。

四、依據Bowlby的概念架構，依附有四個進行階段，從普遍的喜愛人到依附一個照顧他們的特定對象，包含下列階段：

㈠ 第一階段「依附前期」（preattachment）：0～2個月的嬰兒，學習區分人與物的不同，隨後逐漸增加微笑與聲音以回應人們。

㈡ 第二階段「依附成形期」（attachment in the making）：2～8個月，嬰兒學習區辨主要照顧者與陌生人，對於主要照顧者的回應越來越明確，並且當他們與照顧者互動時呈現熱情與興奮，當照顧者離開時他們會表現沮喪。此種複雜的情感依附過程，可視為嬰兒與照顧者學習如何相互回應之發展。

㈢ 第三階段「真正依附」（true attachment）：8～18個月，嬰兒會尋找照顧者並且嘗試留在他們身邊，當爬行與移動增加，嬰兒在探索周遭環境時會不時與照顧者眼神接觸，他們開始密切關注照顧者對其行為的反應，並且經常做出回應。假設照顧者在附近且緊密關注，嬰兒可能會微笑；假如發現照顧者離太遠，嬰兒可能會快速返回。

㈣ 第四階段「相互關係」（reciprocal relationship）：自18個月起，對於與照顧者的互動，幼兒的敏感度逐漸提升。當孩童尋求愛、關注與身體接觸時，他們也會釋出感情。孩子可能會要求照顧者唸床邊故事或擁抱他們，對照顧者的感情與目標的敏感度漸增。

Bowlby的依附階段

階段	年齡	行為
階段1： 依附前期	0～2個月	隨意沒有區分的微笑、咕咕聲、依偎任何人。
階段2： 依附成形期	2～8個月	選擇性互動，給喜愛的照顧者社交性微笑；會比較陌生人和主要照顧者的臉。
階段3： 真正依附	8～18個月	很明確依附主要照顧者，當照顧者不在時會哭，試圖跟隨；對陌生人和環境存有戒心。
階段4： 相互關係	第18個月起	發展完整的物體恆存概念，且能夠更確切的知道照顧者的存在。越來越能夠和其他人社交。

影響孩子與照顧者之間依附品質的四個因素

01 有意義的共處時間

02 察覺孩子的需求並且提供體貼照顧

03 照顧者的情緒反應及對孩子保證的深度

04 在孩子的生活中是長期隨時可獲得的

NOTE

Unit 4-5
Ainsworth依附理論

嬰兒與照顧者有不同的依附程度，大多數的嬰兒會與母親（或其他主要照顧者）形成安全依附關係。

Ainsworth（安斯渥斯）運用陌生情境反映，提出安全型依附、焦慮型依附、迴避型依附等三種嬰兒反應依附模式；另近來學者加入第四種反應，稱之為無組織／無定向的不安全反應（insecure disorganized /disoriented response）。茲將四種依附模式說明如下：

一、安全型依附（secure attachment）

此類嬰兒以母親為安全的基地而探索遊戲室，他們意識到母親的同在，會不時的察看，以確保需要之時母親就會在身旁。母親離開時，他們會哭或抗議；母親回來後，嬰兒會靠近母親取得安慰，和她有肢體上的接觸。中產階級的嬰兒之中，65%屬於安全型依附。

二、焦慮型依附（anxious attachment）

是典型的黏人寶寶，不喜歡探索遊戲室內的事物。母親離開時會很生氣，哭泣許久。母親回來後，他們雖會尋求肢體上的接觸，但可能即刻推開，甚至打母親，不易被安撫。Ainsworth認為這類嬰兒不夠信任母親，不相信她能夠滿足自己的需要。

三、迴避型依附（avoidant attachment）

這類嬰兒不太在乎母親的離開，不以母親為基地，行為舉止視作母親不在場，眼神不太和母親接觸，也不會試圖吸引母親的注意。對母親的離開更無動於衷，對她的回來也毫無反應。

四、無組織／無定向的不安全反應（insecure disorganized/disoriented response）

亦稱為混亂型依附。這些嬰兒表現出矛盾的行為，他們試圖在身體上靠近，但又出現逃避畏縮的行為。通常，這些嬰兒的母親若不是曾經有過虐待行為，就是仍未擺脫自己的創傷經驗。於是，嬰兒對於「陌生」的情況感到困惑，他們害怕不認識的人，並且向母親尋求安慰，然而因為對於母親也同樣感到害怕，因此後來變得選擇退縮。某些學者認為，無組織型依附所表現出來的相關行為，實際上是對於嚴苛照顧的適應性反應。其他三類型嬰兒會採用協調策略處理壓力情境，此類型嬰兒沒有一致的策略，他們的行為矛盾又無可預測，似乎在傳達極度恐懼或迷惘。這類型嬰兒的母親常是很負面、突然爆發敵意驚嚇到嬰兒，或表現消極與無助，很少對嬰兒有正向溫暖的行為。

嬰兒與照顧者的特質都會影響依附關係的發展，照顧者敏銳感受到嬰兒的需要，有助於依附過程發展。雖然研究顯示在依附過程裡，照顧者給予正向回應且滿足其需要，可以克服嬰兒的特質，但是易怒嬰兒的依附過程可能更困難一些。研究發現孩子與照顧者早期的安全依附關係，會使孩子成長後與同儕有較多正向社會互動及更親密友誼。當兒童學會信任與正向互動，之後就會運用這些技巧發展其他的社會關係。

嬰兒與照顧者建構依附關係的連結方式

方式	內容
一視同仁式的反應	1. 年齡：從出生至2～3個月。 2. 連結內容：嬰幼兒對於聲音、臉部表情及任何人所發出的社會訊息刺激，只要是嬰幼兒有興趣者，他們通常是來者不拒，沒有特別喜愛的人。
差別式的社會反應	1. 年齡：在2～3個月及6～7個月之間。 2. 連結內容：嬰幼兒開始對某些熟悉的人產生好惡的選擇，通常對友善的人物都會發出熱情的回應、咕咕聲或微笑以回報之，甚至對少數陌生人相當友善。
真誠的依附／主動的接近	1. 年齡：在6～7個月至3歲大時。 2. 連結內容：嬰幼兒型塑相當明確的依附關係，多半是與他們的母親。常見嬰幼兒爬著緊跟母親、靠近她，當母親一離開則抗議；當母親回來則溫暖地微笑，嬰幼兒持續與其他特定的重要他人建構這種親密關係，直到3歲多。
目標正確的夥伴關係	1. 年齡：3歲以上。 2. 連結內容：會具備相當的認知技能，能夠體認父母的期待，而且依其期許的目標考量並調整他們的行為，以保持與父母的親密關係。

評估嬰兒依附問題

行為	依附失調的徵兆
行為表達	在各種人際互動裡，缺乏溫暖和情感的交流，輕易的親近任何陌生人。
尋求安慰	憂傷、驚嚇或生病時，不會尋求安撫。即使尋求安慰，也有點奇怪或模稜兩可。
依賴他人合作	不是過度依賴，就是有需要的時候，不尋求可依附的照顧者加以支持或安撫。
合作	不順從照顧者的要求，或者強迫式的過度服從。
探索性行為	在陌生的場合裡不會察看照顧者是否同在，或者不願意離開照顧者去探索環境。
控制行為	過分討好照顧者或不適當的關照行為，或過度控制與支配照顧者的行為。
重聚的反應	分離後團聚卻無法重建互動，行為表現包括忽視、迴避、強烈憤怒或無感。

Unit 4-6
嬰兒的氣質

圖解人類行為與社會環境

172

氣質（temperament）可區別個人的心理與情緒本質，以及對他人及周遭環境的回應型態。Thomas和Chess的研究指出，氣質的面向分為九項，包括活動量、規律性、趨避性、適應力、情緒、反應閾、反應強度、轉移注意力、持久性，並可採三種基本類型來描述兒童的氣質。

一、自在型的兒童（easy children）

亦稱為隨和型的兒童。大約有40%的兒童屬於隨和的孩子，特徵就是作息規律、對新的刺激有正向的反應、對於改變能夠有高度的適應力、情緒適度且正向（快樂幸福），這些兒童很能夠接受新的玩具、食物、互動對象與環境。他們有可預期和穩定的飲食，以及睡眠規律，也比較幸福快樂。

二、適應緩慢的兒童（slow-to-warm-up children）

亦稱為慢熟型的兒童。有15%屬於慢熟型的孩子，他們對外在世界比較沒有那麼熱絡，情緒也沒有那麼快活，對新情境的反應比較負面，適應也比較慢。他們與隨和的孩子一樣，作息規律可以預測，這些孩子雖然對新的環境和經驗有些戒心與焦慮，只要過渡期不要施壓或過度催促，終究還是能夠適應。

三、困難型兒童（difficult children）

亦稱為難以相處的兒童。和前兩者相較之下，難以相處的孩子每日作息無法預測，在寶寶時期，他們每天醒來的時間都不一樣，也無法建立規律的午休習慣，對新環境的反應很負向，無法適應或者適應很慢，情緒的反應也很強烈和負面。他們對新的食物、玩具、人、和情境都會有強烈的抗議，不喜歡或者受挫就發脾氣，很興奮的時候選擇尖叫。研究對象之中，10%屬於這類兒童，剩下的35%屬於三種類型混和的兒童。Thomas和Chess的研究結果顯示，難以相處的兒童之中，有70%長大之後，必須接受精神科的治療，隨和的寶寶卻只有18%需要治療。

契合度（goodness of fit）是指環境的需求和兒童的行為風格兩者之間適配的程度。一個好動的嬰兒如果搭配外向和活力充沛的父母，鼓勵吵雜和耗費精力的活動，兩者的契合度當然就很不錯；相反地，如果這類好動的嬰兒出生在父母比較內向、內省和要求安靜的家庭裡，契合度當然就比較不佳。

Alicia F. Lieberman在《學步兒的情緒生活》一書，除聚焦Thomas和Chess的三種類型外，附帶提出第四種性情類型：「活躍型兒童」（active child）。針對每種類型提出親職主動的建議：難以相處型兒童的父母，不要把兒童的行為當作是對自己的挑釁，必須以幽默的態度看待孩子的行為，具備耐心、多與孩子互動、訂定清楚的行為準則，同時發展和找尋支持的系統，有人可以協助照顧孩子，以便獲得暫歇或喘息。活躍型孩子的父母應將家裡布置成適合動作大和比較激烈活動的遊戲場域。慢熟型孩子的父母則應儘量將孩子帶到不同的環境裡，陪伴孩子直到他們能夠從拘謹轉為樂於接受環境再抽身。隨和型的孩子往往容易被其他孩子占便宜，他們因為不太會抱怨，即使有需要的時候，也不要求注意，因此很容易在忙碌的每日生活裡被忽略了。

氣質的面向

氣質面向	案例	可能的優勢
1.活動量 （activity level）	■ 嬰兒經常動來動去嗎？ ■ 嬰兒是否無法經常坐定，很難換尿布嗎？	■ 在需要高精力的職業，可能會表現不錯。 ■ 可能同時擔負許多不同的責任。
2.規律性 （rhythmicity）	嬰兒疲倦和肚子餓，常常無法預期嗎？	可能在不尋常的工作，或需要經常旅行的工作方面表現不錯。
3.趨避性 （approach / withdrawal）	嬰兒在面對新情境或陌生事物時候會抗拒和裹足不前嗎？	■ 採取行動之前會先考慮。 ■ 在青春期階段，可能會比較不衝動。
4.適應力 （adaptability）	有困難面對活動之間的轉換或例行事物的變化嗎？	可能比較不容易受到同儕壓力的影響。
5.反應閾 （sensory threshold）	■ 嬰兒對聲音很敏感，容易受驚嚇嗎？ ■ 嬰兒很挑食嗎？	可能比較有藝術的天分或創造力。
6.強度 （intensity）	■ 嬰兒生氣或快樂的情緒很強烈或者戲劇性？ ■ 嬰兒對每件事甚至是小事，都有很強或暴躁的反應。	■ 需求比較可能滿足，有比較深沉的情緒。 ■ 在戲劇方面可能有天分。
7.情緒 （mood）	■ 嬰兒對周遭世界的反應較負向？ ■ 嬰兒對很多事都很看重？	對情境的評估可能比較謹慎，或者分析能力比較強。
8.轉移注意力 （distractibility）	■ 提供其他選項活動後，嬰兒容易受到安撫嗎？ ■ 哺乳或喝奶瓶的時候，聲音或眼前事物容易讓嬰兒分心嗎？	可能比較容易從不可欲的行為轉移。
9.持久性 （persistence）	■ 活動中斷的時候，寶寶反映強烈嗎？ ■ 嬰兒能夠等待或被延遲需求的滿足嗎？	■ 有時候孩子比較容易被標籤為有耐心（堅持完成拼圖）或固執（不想停止活動）。 ■ 可能比較容易成功地達成目標。

研究者認同的六項氣質概念

■ 膽怯、憂鬱：此類兒童傾向退縮，面對新情境或環境時會更憂鬱。
■ 憤怒／挫折：當兒童的需要或需求未能被滿足時，呈現憤怒與挫折之程度。
■ 正向情感：兒童表現出較多正向情緒、愉悅與興奮。
■ 活動程度：兒童大動作活動與能量的程度。
■ 注意力廣度／持久性：兒童維持專注與興趣的能力。
■ 規律性：兒童行為的可預測度。

Unit 4-7
嬰兒的情緒

圖解人類行為與社會環境

174

個人發展包含了情緒，使個人的人格更加健全。情緒（emotion）是感受及心情的混和，包含了微妙的心理反應，以及所展現的行為特質模式。Bridges是研究嬰兒情緒的先驅者，他指出嬰兒最初只有展現基本情緒，那就是興奮；Watson是另一位早期研究者，他認為有三種基本情緒：愛、憤怒與恐懼。依照Watson的說法，這些基本情緒是嬰兒對特定刺激的反射性反應表現。假如父母輕輕撫摸及溫和地說話，嬰兒會經驗到愛；假如約束嬰兒的身體，他會感到憤怒；突如其來的響聲，會讓嬰兒恐懼。茲將嬰兒的哭泣、微笑與笑、恐懼等情緒說明如下：

一、哭泣

哭泣是新生兒與他人溝通的第一種嘗試，需要去分辨嬰兒哭泣要表達什麼，以及需要立即回應或讓嬰兒自行平靜。嬰兒透過哭泣表現他們的情緒。嬰兒至少有三種哭泣型態：

(一) **基本哭泣（basic cry）**：也可說肚子餓的哭泣（hungry cry），是「有節奏的型態，通常由一聲哭泣，然後短暫靜默，然後一聲較短，且音階略高於主要哭泣聲所組成，然後在下個哭泣前稍微停頓。某些嬰兒期專家強調飢餓是激起嬰兒基本哭泣的原因之一。

(二) **憤怒哭泣（angry cry）**：是指嬰兒從聲帶擠出一大口空氣，所發出極大聲的哭泣。

(三) **痛苦的哭泣（cry of pain）**：其特徵是先前的吸氣聲或嗚咽聲的嚎啕大哭。

二、微笑與笑

嬰兒也會藉由微笑與笑，表現他們的情緒。嬰兒對父母微笑，而父母也以微笑回應。在孩子與父母之間的養育關係中，具有重要意義。嬰兒微笑有三個基本階段：

(一) **第一階段是反射性微笑**：最初是無意義的反射性微笑，通常發生在睡眠中，是中樞神經系統功能的自然發展；幾星期後，嬰兒開始對於「視覺、觸覺、聽覺刺激」有所回應。

(二) **第二階段是社會性微笑**：6～8個星期大的嬰兒，會出現社會性微笑，嬰兒看見父母的臉或聽見父母的聲音微笑。

(三) **第三階段是選擇性社會微笑**：彷彿他們認得他人，孩子以微笑回應。本階段開始於大約3個半月大，反映出嬰兒正逐漸熟悉並適應他人及社會關係。

三、恐懼

(一) 恐懼是嬰兒第一年期間發展的情緒之一。5～6個月大的時候，嬰兒開始出現陌生人焦慮（stranger anxiety）。8個月之後，見到陌生人的臉會避開或哭。8～10個月時，開始表現出分離焦慮（separation anxiety），照顧者離開時會哭。到了13個月大，嬰兒因為具有物體恆存或保留的認知能力，漸漸能夠克服這種恐懼或焦慮，他們知道母親只是暫時離開，不久便會再回來。此時，嬰兒能夠使用過渡性物體（transitional object）作為替代物。

(二) 過去研究顯示，從嬰兒期的情緒表達，可以預知兒童未來的情感特質，例如：害羞嬰兒長大之後，成為害羞的兒童。害羞的特徵就是在實際或想像的社交互動情境裡，焦慮地過度聚焦在自我，這種特質和嬰兒期避開人的臉和避免與人有眼光接觸有關。

過渡性物體（transitional object）

- 過渡性物體（transitional object）是嬰兒在照顧者離開時所使用的替代物。
- 過渡性物體可能是一塊毯子、一個玩具或一隻泰迪熊，在照顧者不在的時候，取得慰藉。

社會參考（social referencing）

8～10個月的嬰兒，很明顯地會受到他人情緒的影響。這個階段的嬰兒如果遇到陌生的情境，會想從母親取得情緒的線索。例如：寶寶看到會打鼓的粉紅色小兔玩具，會先看看母親的臉色和反應，母親如果微笑，他們就會接近玩具。到了12個月大，寶寶開始學會從陌生人的表情中，獲得要如何反應的線索，這種行為稱為社會參考（social referencing）。

Unit 4-8
嬰幼兒的語言發展

嬰兒在發育期間，語言成爲他們發展期重要而親密的一部分。語言的發展及說話表達的差異在於：語言的發展是指熟悉字彙及發音，以及結合兩者技巧的發展；同時也顧及句子的結構之長短、類型。說話表達則是指發聲誦音或字句、音韻、音調等的發展，如字正腔圓的熟悉度。嬰兒的口語，可以提供觀察者了解兒童心理的成長過程，以及兒童的內心深處之需求與興趣。茲將嬰幼兒的語言發展說明如下：

一、咕咕聲

嬰兒在3～5週大時，嬰兒會開始發出咕咕聲（coo）或者母音「啊啊啊」、「喔喔喔」。到3～4個月大，有時候會發出英語的子音（例如：「b」或「k」）。

二、兒語

3～6個月時，嬰兒會把英語中的子音和母音組合在一起，不斷地重複說出。開始一些p、b、m的發音，初期常見的兒語包括「mama」、「papa」和「dada」。到了7～8個月時，他們會在別人說完話時出聲，也就是說他們會先聽，然後再開口說兒語，屬於輪流式的發聲。到了8個月時，嬰兒開始出現母語口音，語調會與對話者一致，並且以上揚或下降的變音來結束句子，他們正在學習溝通的基本方式。他們接著會開始發出能夠指稱某些特定事物、人物或行動的聲音，例如：看到食物時說「mmmm」。他們也會使用動作配合語言，例如：以手指指出來，讓人家了解自己的想法。

三、全片語期

在9～12個月大的時候，嬰兒開始能夠說出第一個字。這個時候，他們的「接收性語言」能力比「表達性語言」能力好，亦即，他們能夠理解的字比能夠說的字還要多。在這個階段，嬰兒會使用一個字來表達整個句子的意思，稱爲全片語期（holophrastic speech）。例如：嬰兒會指著一個水瓶而說「汁」（juice），意指「我要喝些果汁」；當你倒一杯果汁給他，他會笑著高興地說「汁」，指的是「啊，總算有一些果汁可以喝了」；當果汁沾到他的衣服，他會掀開衣服，哭著說：「汁」，意指「我不小心把果汁沾到身上的衣服，我不舒服，我要換一件乾淨的衣服。」這種使用單字代表整個句子的溝通方式，稱爲過度延伸（overextension），指的是一個字被過度的概化，包括大範圍的類型事物。例如：嬰兒可能將所有長毛的動物都稱爲「狗」，但這並不代表他不知道狗與牛之間的區別。

四、電報式語言

到了18～24個月大的時候，嬰兒開始將單字組成簡單的語詞或句子，因爲句子結構很簡要，很像電報的內容，因此叫做電報式語言（telegraphic speech）。以往在電腦還沒發明之前，打電報時，每個字都必須付錢，因此能省則省，能簡就簡，除非必要的字，否則就不會放入。嬰兒的電報式語言，主要是包括名詞、動詞和形容詞，省略了助動詞、介詞、冠詞和代名詞。例如：18個月大的嬰兒，一次只會說一個字，有一天，她坐在母親的腿上看著檯燈，接著說：「媽咪、燈、熱、燒、哎唷」，她用了5個字來說明碰到燈泡燙傷，感覺疼痛的現象。

嬰兒認知發展的重要里程碑

項目	開始發展年齡	項目	開始發展年齡
以咕咕聲回應	出生到3個月	牙牙學語	6～8個月
以微笑回應	3～4個月	了解簡單的指令	12個月
對著鏡子裡的自己微笑	3～4個月	遵循指示的方向	2歲
大笑	3～4個月	學會連結2～3個單字	2歲
玩反覆遮臉和露臉的遊戲	3～4個月	學會使用句子	2～3歲
顯露出不高興的樣子	5～6個月		

嬰兒的表達性和接收性語言

發展年齡	表達性語言 （expressive language）	接收性語言 （receive language）
3個月	■ 對他說話時，維持眼神接觸。 ■ 因為不同的需要，哭的方式會不同。 ■ 叫叫叫、咕咕、微笑。	■ 顯示出對說話的人有所覺知。 ■ 注視說話者的嘴唇或眼睛；對他說話時，會微笑或安靜。
6個月	■ 開始兒語，發出p、b、m的聲音。 ■ 發出聲音引起注意和表達感受；使用和發出不同類的聲音。	■ 轉頭朝著說話的方向。 ■ 對他說話時，能夠傾聽和回應。 ■ 能夠注意發出聲音的玩具。
9個月	■ 以兒語發出4個以上聲音。 ■ 能夠參與輪流發聲。 ■ 以手勢溝通需求和想望。	■ 叫他的名字都能夠有反應。 ■ 提到熟悉的人或物的名字會注視。 ■ 遵循搭配手勢或姿勢的例行指令。
12個月	■ 發出1～2個字，例如：「mama」和「dada」。 ■ 模仿說話的聲音。 ■ 發出一串語言的兒語。	■ 可以理解最多到50個字。 ■ 對簡單的指引有所回應。 ■ 能夠跟隨你的眼神和方向。
15個月	■ 可以使用4～6個字。 ■ 模仿簡單熟悉的字和聲音。 ■ 混和聲音和手勢或姿勢。	■ 一致性的遵循簡單指引。 ■ 對圖片維持注意力。 ■ 能辨別1～2個身體部位，並說出名稱。
18個月	■ 可以使用20個字，大多數是名詞。 ■ 能夠回答問題。 ■ 持續發出一連串難懂的話。	■ 能夠指出圖片裡熟悉的物體和人物。 ■ 了解特定的方向與圖文。 ■ 以點頭或搖頭回應是否的問句。
21個月	■ 使用字句多過使用姿勢或手勢。 ■ 能夠一致性的模仿新的字彙。 ■ 20～50個單一字彙。	■ 了解一些情緒的字句。 ■ 了解一些代名詞。 ■ 能夠辨別3～5個身體部位並說出名稱。
24個月	■ 使用至少50個字。 ■ 開始使用2個字的詞。 ■ 使用寶寶常用的代名詞（me,you,my）。	■ 了解300個以上的字。 ■ 知道動作類的字彙。 ■ 很喜歡聽故事。

第 5 章

兒童期

● 章節體系架構 ▼

Unit 5-1
兒童期的生理發展

本單元說明兒童期的生理發展，分為兒童早期、兒童中期兩個階段加以說明如下：

一、兒童早期

此時期的生理發展主要是兩種過程，包括整個身體的成長和各種動作技巧表現能力的進展，分述如下：

（一）生理發展

兒童到了3歲，身高大約是出生時的2倍，體重則可達到出生時的4倍。身體的快速成長，代表適當攝取食物和營養的重要性。社會工作者可能會經常遇到對於兒童的飲食習慣很關注或擔憂的父母親，特別是挑食或吃太多的兒童可能成為照顧者的壓力。

（二）動作技巧

1. 大動作技巧：兒童早期階段是生理成長與動作發展最令人興奮的時期，這個階段的兒童特別好動，跑、跳、爬、翻滾，只為了挑戰身體的能力，不斷重複純粹為了樂趣。樂此不疲的原因，主要是可以從挑戰自己身體的過程中得到快樂與成就感。學齡前兒童的發展來到了一個特別的時機，就是靠著活動而成長，3歲兒童的活動量是人類生命週期之中最高的時期。

2. 精細動作技巧：精細動作技巧的發展在這個階段也非常迅速。不過，這個階段的兒童常會因為動作的精確度和力道不足而產生挫折感，有些活動方案並不適合他們，因為他們雖然在認知上能夠理解所要達成的方案目標，體力與身體執行動作的精準度卻沒辦法配合。例如：串珠子或是模仿哥哥堆出高度相同的沙堡，卻不容易成功。

二、兒童中期

（一）生理發展

兒童中期的生理成長和發展特徵是緩慢而平穩，緩慢的成長期剛好介於快速成長的兒童早期與超速成長的青少年早期之間（女生約10～13歲，男生則為12～16歲）。例如：在兒童早期和中期，平均每年成長2～3吋，到了14歲，男生的身高和體重都超過女生，這種情形在整個成年期都持續下去。在這階段的同時，身體的脂肪組織會比肌肉組織發展得更快。女孩的脂肪組織因保留時間較長，所以會較圓潤、柔軟，然而，男孩在肌肉組織方面是更快速發展。

（二）動作發展

1. 在兒童中期，大小肌肉的發展使得孩子動作的反應更加協調、順暢與敏捷。小學的孩子對許多運動都很感興趣，例如：攀爬、投擲、接球、游泳、滑板、溜冰等，這個階段特別需要大動作的運動。經過兒童中期，男生在大動作的發展超過女生，女生則在精細動作的發展超越男生，這也能部分解釋男生為什麼比女孩子會對體能運動更感興趣。

2. 此時期的兒童雖然會越來越像大人，他們卻不是小大人，因為身體的發展未臻完全，骨骼、肌肉和視神經的發展都不如成人。有些行為與動作的要求不能夠太高，學習不能太早開始，否則會產生強烈的挫折感。因此，時機成熟（readiness）這個觀念對了解兒童的發展格外重要。學習或行為的要求必須配合兒童的發展，因為時機尚未成熟之前強加的學習只會事倍功半。

父母因應兒童食物攝取困難的建議

父母親的責任	兒童的責任
什麼（What）：父母提供營養又好吃的多元食物選項，不要因為孩子抱怨而提供另外的食物，因為長期下來，額外的食物比較無法滿足營養的需求，也容易造成父母的壓力。當小孩正在轉換階段，比較沒有那麼挑食，父母可以要求小孩每餐至少要吃一種食物。	多少（How much）：為了幫小孩維持自然進食的欲望和行為，父母可以允許他們決定要吃多少。如果食物是健康的，就不用太擔心孩子會吃太多；如果孩子不餓，逼迫或催促他們進食，只會造成雙方的壓力。
哪裡（Where）：在用餐時間，父母可以決定孩子用餐的地點，不必要求每個家庭每天晚上都一定要一起用餐，但是能夠一起進餐、聊天和交流，對家庭凝聚力很有助益。父母也必須注意電視機前面用餐，可能會造成進食過多的可能性。	是否（Whether）：如果孩子拒絕吃，父母可以直接把食物收好，直到孩子想吃，這樣做就不會引起無謂的爭吵和不愉快，有助於減少用餐時間的壓力。
何時（When）：監控兩餐之間零食的分量，當孩子肚子餓的時候，比較可能嘗試新的食物。	

兒童中期的體能活動原則

型態	頻率	活動範例
有氧	1周至少3天	跑步、跳繩、游泳、跳舞、溜滑輪
肌肉強化	1周至少3天	爬樹、吊單槓、拔河、伏地挺身
骨骼強化	1周至少3天	籃球、網球、跳繩、跑步

Unit 5-2
兒童期的認知發展（Piaget的認知發展理論觀點）

Piaget對兒童的認知發展，將約2～7歲兒童的認知發展稱為前運思期（preoperational thought stage）、7～11歲的兒童認知發展稱為具體運思期（period of concrete operations）。本單元先說明前運思期，具體運思期於次一單元說明之。

一、前運思期（preoperational thought stage）

前運思期的兒童對抽象的事物仍不了解，必須依賴實物或概念的具象呈現，否則無法抽象地了解物體的重量、體積、尺寸或高度的意涵。Piaget將前運思期再細分成兩個次階段，說明如下：

（一）分期1：概念前期（preconceptual stage）（2～3歲）

1. 在運思前期中最重要的部分，是概念前期的符號象徵發展。2～4歲的兒童已具備象徵功能的思考能力，亦即，他們能夠以心像保留和呈現不在眼前的物體、進行延宕的模仿（看了他人的動作之後在心中形成心像，一段時間之後再加以模仿）、以塗鴉代表人或物體、獨自或和其他人玩扮家家酒、述說不在眼前的人或物。他們能夠想像或虛構有關自己或他人的整體情節，並且將這些情節融入遊戲與言語中。例如：象徵功能階段的兒童能夠玩「家和房子」或「學校」，扮演媽媽、爸爸、老師和學生的角色。

2. Piaget認為自我中心（egocentrism）是象徵功能階段的另一特徵，兒童無法區別自己的或別人的觀點。例如：你跟兒童玩捉迷藏時，兒童常會躲在容易被你找到的地方，因為他們以為自己如果看不到你，你也不會看到他們。此外，兒童不了解你有你的制高點，和他們不一樣。

（二）分期2：直覺思考期（intuitive stage）（4～7歲）

1. 約在4～7歲時發展出直覺思考這個特質。此時兒童只能運用原始的思考方式，不具邏輯思考能力。在這個階段他們常會問許多問題，每件事都想知道「為什麼」和「如何」，他們能夠確定自己知道的，卻無法確定自己是如何得知的。

2. 此時期的兒童用語言來象徵物體。在概念前期，任何長耳朵的物體都可能被稱為「小兔子」。不過到了直覺思考期，兒童開始了解小兔子這個詞彙所代表的是動物的全部，而不只是它的特性。然而，雖然幼兒已經能分辨不同的物體，但是他們的分類，一次只能依照一個屬性。例如：如果給予一組包括各種大小和顏色的填充玩具動物，幼兒的分類方式不是按照動物的顏色，就是大小。相反的，已達成直覺思考期的年長兒童，會將動物按照大小和顏色同時進行分類。

3. 在兒童早期，也開始進入Piaget稱的「轉換式推理」（transductive reasoning），即依據兩個或兩個以上經驗的思考方式，非運用抽象的邏輯推理。具體邏輯推理雖缺乏抽象推理能力，但可具體藉事物進行思考轉換式推理，亦即，從某一單一事件牽連到另一單一事件，但缺少推論的思考方式。例如：孩子在電影《獅子王》中看到的辛巴是幼獅，因此他推論，一開始出現在書上的成年獅子不可能是辛巴。

自我中心主義

兒童過於自我中心導致無法想像或理解另一個人，對相同的問題與情境可能採取另一種角度與觀點，幼兒深信「別人都是和我一樣，看到我所看到的」。

本位主義

兒童只注意事件的一個細節而無法看到其他部位的重要性，即見樹不見林。換言之，兒童不能夠見到差別性，而只注意局部或細節，或是事件過程中的單一環節，容易導致不合理的類推。

不能倒轉回溯

幼兒無法在他的思維中回溯至他最早的思考起點，例如：一個運思前期的兒童在蹣跚學步時，無法認識了解其起步點或回頭找到起步點。

Unit 5-3
兒童期的認知發展（Piaget的認知發展理論觀點）（續）

Piaget對兒童的認知發展，將約2～7歲兒童的認知發展稱爲前運思期（preoperational thought stage）、7～11歲或12歲的兒童認知發展稱爲具體運思期（period of concrete operations）。本單元接續說明具體運思期如下：

一、具體運思期

(一) Piaget將7～11歲或12歲這個年齡階段的兒童歸類爲具體運思期，他將這時期描述爲一系列可逆的運作或心理行爲，這種運作的特徵在於邏輯規則。這階段會被稱爲「具體」，是因爲兒童的思想僅限於實物（real objects），不會使用邏輯做正式的運思，也無法將想像和現實進行比較或假設性思考。

(二) Piaget認爲，具體運思期最大的突破是思維建立在心理操作上，而不是建立在行動操作上，而心理操作更是在物體關係中進行轉換的內部心理表徵。具體運思期的兒童，能說出操作之順序動作，並能從內心中說出此種物理關係，說明如下：

1. 心理運思是來自早期的知覺動作能力，而動作的基模是心理運思的基礎。

2. 心理運思具有完全的可逆性。動作的可逆性（如把物件從A點移至B點，再由B點移回A點）受外界環境或物性所限制，不可能達到百分之百的完美性。但心理或思考上，可透過想像達到百分之百的可逆。

3. 運思是內化的動作，所有的運思皆是在內心中進行，因此，運思就是思考。

二、兒童從具體運思期獲得的抽象技能

(一) 物體恆存／保留概念（conservation）

最著名的實驗是物體恆存（保留概念）測驗。物體恆存測驗是指不改變質或量，除非加入或取出部分物質（雖然外觀變化可能造成感知差異）。如右頁圖示所呈現的，即爲測量數量、體積、長度與面積質量恆存的典型操作。假使我們給兒童兩顆大小相同的球狀黏土，再將其中一顆捏成細長的形狀，5～6歲的兒童，會認爲細長形黏土的體積比較大；7～8歲的兒童，則因具有質量恆存的觀念而認爲兩者體積相等。這些兒童也具有運思程序可逆性（reversibility）的觀念，亦即他們的運思不固著於黏土的長度，能夠整合物體不同形狀的相關資訊，逐漸顯示出具體運思（邏輯法則的思考過程）的能力。

(二) 分類技能（classification skill）

分類技能包括對物體具有分組的能力，以及建立等級順序的能力，這是所謂層級分類能力。尚未進入具體運思的幼兒，傾向於只注意一個向度，例如：速度、顏色、形式，而較少注意雙重向度，如小的白花、跑得快且動作輕巧無聲等。具體運思的兒童可利用嘗試錯誤的方法，直到他們發現自己錯誤並重新調整解決問題策略。

(三) 組合技能（combinational skill）

在兒童有了數量保留概念之後，他們便了解物質不滅定律，而且知道物體數量，不會因集中或分散而改變。在具體運思階段，兒童皆已學會加法、減法、乘法及除法，無論涉及什麼特殊的物體或數量，兒童都會應用同樣的運算，發展組合技能。

測量物體恆存／保留概念（conservation）的典型操作

數量保留
（6～7歲）

兒童觀察到兩排相等數量的物體，即認為數目相等

將其中一排物體拉長，要求兒童辨認是否有一排物體數目較多

體積保留
（7～8歲）

兒童認為這兩顆球狀黏土體積相等

改變其中一顆的形狀後，詢問兒童兩者的體積是否相等

長度保留
（7～8歲）

將兩根長度等長的棍子並列對齊

將其中一根棍子往右或左移動，再問兒童兩根棍子是否仍等長

面積保留
（7～8歲）

兩塊面積相等的積木板上放置數目相同及排列組合也相同的積木，兒童確認剩餘空格的面積亦相等

重新將其中一塊積木板排列組合弄亂，再詢問空格的面積是否仍相等

Unit 5-4
兒童期的心理社會發展（Erikson的心理社會發展理論觀點）

Erikson的心理社會發展理論的八階段，在兒童期中，包括第三階段：進取對罪惡感（兒童早期：3～5歲）；第四階段：勤勉對自卑（兒童中期：6～12歲）等兩階段，說明如下：

一、第三階段：進取對罪惡感（兒童早期：3～5歲）

（一）進取

1. Erikson認為兒童發展的危機，起於生活依賴感減弱之後所面臨的困擾，即什麼是可行或不可行的，什麼是可接受或不可接受的衝突。當兒童發展他們的智能，多半可感受自己的權能所及或達成想做的事之可能。兒童也漸漸了解如何主宰自己的生理需求，以及其對物理環境所產生的影響力。

2. 這種極為複雜微妙的好奇心、創造力與探討外界的活力及語言認知能力，伴隨著對自我的信心，以及父母隨時會在背後的心理社會支持，更強化了兒童心理社會的發展。

（二）罪惡感

1. 兒童驅動新的能量，同時引起他們的罪惡感。因為內在的衝動力、自我中心有其外在的限制，兒童也能感覺心中的欲望與行為受限，產生不能為所欲為的矛盾及罪惡感。

2. 如果兒童能夠好好地控制罪惡感及危機意識，使他們將來得以有意義地、自由自在地發揮自主性，而且能夠融合自己內在的能力，轉化衝動力，接受外人的協助，促進自我成長。

二、第四階段：勤勉對自卑（兒童中期：6～12歲）

（一）勤勉

1. 此階段交雜著勤勉或自卑的衝突感，勤勉意味著表現動機欲望並賦予工作意義，兒童學習新的技能，讓兒童們有種獨立感及責任感，帶來自傲與自尊。

2. 兒童期獲取獨立自主是一般家庭所鼓勵的。兒童發展必須自動自發，如果孩子們仍然時時要看父母示意才行動，他們的勤勉養成可能性也會減低，在這種情況下，孩童會因而感到羞愧。

（二）自卑（inferiority）

1. Erikson指出，在此期間的發展相對於勤勉者，即為自卑。兒童何時、為何會自卑？自慚形穢來自於自我成長及社會環境，能不能勝任一件事，兒童如不能發展勝任感常會造成自卑感；兒童因個人的性向、嗜好及特殊才華的差異性，多少會在某方面的技術學習上感到力不從心，如果取其所長、補其所短，適度平衡成功與失敗，可減低力有未逮及心理社會的衝突與焦慮感。

2. 此外，周邊環境也不時會釋放出不同成就的獎勵訊息與賞罰規則。外界時常對慘遭敗北的兒童賦予負面評價而引發其自卑感，這種因失敗引咎自責及羞愧感，通常也伴隨著畏縮行為。由於幾次的挫敗，有些兒童因而避免參與擔任新任務以避免失敗。例如：「我當然會打網球呀！但是我打得不如Joe好，所以我不認為我能去參加比賽。」不過，孩童年歲漸長，勤能補拙，加以百折不撓的習得勝任的技能，並為社會所接受。根據Erikson的說法，兒童此期間習得勤勞與卑微的感覺，兒童的自尊乃是努力學習各種技能，並適度發揮表現以建立自己的地位。

進取對罪惡感

孩童們的運動神經和智能不斷的提升；他們繼續探索這個環境及在許多新事物上得到經驗，主動承擔責任及實現計畫。照顧者不能接受孩童進取的本能，會形成孩童對錯誤行為所導致的罪惡感。

勤勉對自卑

孩童們在學校和家庭中接觸到學習的需求，他們藉由成就和與他人的互動中，發展出自我價值的感受，否則他們在與他人的關係中，會有自卑的感覺。

Unit 5-5
Vygotsky社會文化認知發展理論

圖解人類行為與社會環境

188

　　Lev Vygotsky（韋考斯基）是一位蘇俄心理學家，提出有別於Piaget的社會文化認知發展理論。Piaget理論假設所有孩子的發展都依循既定相同的方式，相形之下，Vygotsky 的理論強調社會互動及個人在環境脈絡中如何運作。他認為：發展是一種見習，孩子一路走來，透過與他人共同合作而更加進步。Vygotsky認為，當孩子在發展旅途獨行，無法得到較大進步時，與熟練夥伴同行有助於進步。依據Vygotsky的主張，兒童藉由與他人互動且加以觀察，利用他們能夠想到的語言，將這些互動關係塑造進入心裡。然後他們的思考能力逐漸成長，並且透過語言學習與了解人際互動。茲將相關內容說明如下：

一、近側發展區（zone of proximal development, ZPD）

(一) 近側發展區意即「一個學習者能夠獨立完成，與接受有技巧同伴的引導激勵，才能完成之間的差異」，亦即，指的是一個人獨自解決問題所反應的實際發展程度，與其經由成人從旁輔助或與有能力的同儕合作解決問題，所反應出的潛在發展程度間的距離。

(二) Vygotsky採取社會文化的觀點探討人類發展的問題，其認知發展論強調社會互動對認知內化的作用，認為所有高層次的心理歷程都是社會化結果，這些歷程是在人們之間（特別是成人與兒童之間）的互動而逐漸形成的。剛開始時，兒童經驗與別人共同解決問題的活動，漸漸的兒童能獨自表現這些功能。

(三) 內化的歷程是逐漸形成的，首先由成人或知識較多的同伴引導兒童的活動，漸漸地成人與兒童分擔問題解決的責任，像這樣經由與別人約束（other regulation）到自我約束（self-regulation）的轉化過程，達到認知的結果。這個發展過程是透過個體與社會互動而形成的，社會環境中別人的支持效果具有鷹架作用（scaffolding）。

二、鷹架（scaffolding）

(一) 兒童近側發展區的學習，稱為鷹架過程。鷹架意即支持架構，Vygotsky定義鷹架是「成人藉著『鷹架』或支持來幫助孩子學習如何思考，為他們試著解決問題或探索原理」的一種過程。

(二) Vygotsky的這種觀點，Bruner等人在1976年將兒童得自成人或同儕的這種社會支持隱喻為鷹架支持，藉此強調在教室內的師生互動歷程中，教師宜扮演社會支持者的角色，這就有如蓋房子時鷹架的作用一樣。最初孩童需要在成人或同儕的支持下學習，不過，當孩童的能力漸漸增加後，社會支持就應該逐漸減少，而將學習的責任漸漸轉移到孩童自己身上，如同房子蓋好後，要把鷹架逐漸移開。

(三) Vygotsky理論至少有兩項重要的正向影響：第一，他考慮到多元文化的重要，不同文化的人有不同的思考模式。他強調應該關注在家庭與社會影響力對兒童早期思想的重要性；第二，「在近側發展區，個人藉著與他人互動有助於提升更高層次。」因兒童透過與周遭他人的互動，得以更加發展熟練。

近側發展區概念圖

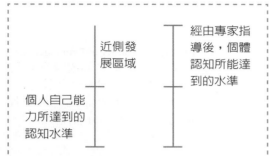

近側發展區域

經由專家指導後，個體認知所能達到的水準

個人自己能力所達到的認知水準

■ Vygotsky認為由目前能獨自完成的水準，達到潛在發展水準（經由協助後的表現水準），這段差距是學習潛能的重要指標。Vygotsky稱這段由現有的實際發展水準到潛在發展水準的差距為「近側發展區」。

■ 實際發展水準是指兒童到目前為止，已完全發展而成的心理功能，也就是兒童能獨自完成認知作業的水準。

Vygotsky社會文化認知發展理論的重要法則

01 孩子的發展，端視其周遭發生的事而定，亦即，孩子的發展會因社會文化環境及成長期望而不同。

02 孩子的發展，是當他們接觸各種不同社會情境與變遷，就必須去回應。

03 發展是孩子在團體活動的互動。

04 孩子藉著觀察他人及從活動與周遭狀況中學習，而有所成長。

05 孩子必須運用類似語言的一種符號基模來處理他們所見的事物，並發展新技巧。

06 孩子透過與周遭他人的互動學習文化價值。

對Vygotsky的社會文化認知理論之批判

■ 例如：互動。Vygotsky極度依賴諸如言語指導，但在某些文化裡這不是那麼適合或者有效的學習方式。澳洲小男孩學習野外追蹤獵物，或者是東南亞孩童學習莊稼收割，觀察與實地演練都比言語指導和鼓勵更有益處。其他研究者發現，同儕合作解決問題也並非總是有效的，假設有能力的合作者缺乏自信，或者無法好好地傳達所知給同儕了解，實際上可能逐漸損害任務的完成。

■ Vygotsky強調文化與社會經驗，導致他忽略發展的生物學層面。雖然他承認遺傳與大腦發育的重要性，但他很少探討此兩者對認知改變的角色。更甚者，比起其他學者，Vygotsky重視知識意涵的社會傳遞，很少關注塑造兒童發展的能力。

Unit 5-6
智力：智力的理論

智力（intelligence）可被界定為了解、學習及處理新的、未知情況的能力，並非指天生智商。茲將智力的理論說明如下：

一、Sternberg的智力三元理論

Sternberg提出人類智力的三元理論（triarchic theory of human intelligence），強調行為產生的背景，他從三個主要部分解釋智力的表現方式（因此命名為「三元」），包括成分智力、經驗智力、情境智力。他相信智力包括三個主要素，這些要素與個人適應行為有關，意即與個體的自我環境有重要關係。Sternberg模式強調人們思考內容的重要性，智力的三個主要部分，說明如下：

（一）成分智力（componential intelligence）

成分智力類似一般人對於智力的看法，認為智力奠基於人們思考分析資訊的方式，強調規劃、思辨及評估等能力。成分智力高的人，通常在標準化智力測驗也會有不錯的表現。成分智力是指人們的思考及處理、分析資訊以解決問題，並且評估結果。這項元素較高的人，智力測驗分數較高，且擅長爭論及有系統的辯論。

（二）經驗智力（experiential intelligence）

經驗智力著重於人們在任務上的表現，解釋人們如何學習新知並應用所學去解決問題。經驗智力高的人就像駕駛自動裝置一樣，能夠自由駕馭知識及任務，並學習新知。經驗智力又被稱作「理解的」（insightful）智力。經驗智力指個人確實執行任務，是有洞察力的，能夠以創新、創造力的方式結合所有資訊。例如：愛因斯坦將相對論加以概念化。

（三）情境智力（contextual intelligence）

情境智力強調智力的實際運用層面，即一個人對於新環境在不同情境下的適應力，也有人將此稱為「街頭智慧」（street smarts）。情境智力高的人擅長於「在環境中求生存」，並懂得如何「討好上位者」。因此，情境智力係指人們如何確實適應環境，在個別情境中，涉及人們所學習的知識及如何運用這些知識。

二、Cattell的變動與具體化智力

Cattell提出兩種不同的智力模式，說明如下：

（一）流動智力（fluid intelligence）

亦稱為變動智力、流動智能。變動智力主要是以神經的及生理因素的速率及效率功能為主。這一範疇包括神經速率、歸納及記憶的能力。這種智力類別能進入不同智力的活動，包括視覺、認知及認知上處理事務的能力。變動智力是一種個體處理高度概念性問題和其他問題、記憶事實、對眼前事物的專注與數字計算等的天賦，這類智能是與生俱來的。

（二）晶體智力（crystallized intelligence）

亦稱為具體化智力、晶體智能。具體化智力可被視為一種個人透過正式及非正式教育所能吸收，並記錄整合的能力，這些主要指（包括）語言的推理、字彙、理解力及空間視覺與辨識。具體化智力強調口語溝通與透過社會環境中的教育互動所學習的智力。例如：個人語言學習或字彙增加，個人也可能透過經驗獲取新知與從所學獲益。

Sternberg 的智力三元論組成

智力
三元論

1 成分智力

2 經驗智力

3 情境智力

對Sternberg 的智力三元論之肯定理由

許多學者認為Sternberg的理論是用一種比較正向、優勢
的觀點,去看待那些標準化智力測驗中得分較低的人,
同時可以解釋為什麼某些人看起來智力不高,卻能夠逾
越看似無法克服的障礙而獲致成功。

Sternberg 的智力三元論在社工實務有所限制之原因

CRITICAL THINKING

■ 它只描述了影響人類行為的眾多因素之一。畢竟,對於社會工作者來說,要如
  何應用理論去說明一個人在職場上比較具有複雜運算的能力,或是「百般討
  好」的特質呢?
■ 它的基本概念難以定義、測量及評估。例如:社會工作者要如何定義「街頭智
  慧」呢?
■ 當標準化智力測驗已被廣泛應用,一般人通常不願意再花力氣去找可驗證其他
  形式智力的方法。社會工作者要如何說服政策制定者,讓他們同意將資源投入
  在那些擁有非傳統定義智力的個案身上?

Unit 5-7
智力：智力測驗

在兒童及家庭社會工作領域，社會工作者的處遇計畫也經常需要參考智力測驗的分數。社會工作者應了解智力測驗的內容、使用方式，以及它的好處與限制，以協助社會工作者盡可能正確且適當運用這個工具，並確保案主不會因此受長期的負面影響。茲將相關智力測驗說明如下：

一、標準化智力測驗（Stanford-Binet intelligence test）

㈠ 亦稱斯比測驗，是由法國心理學家Alfred Binet於1905年首先提出。為了評估兒童在學習方面的問題，Binet發展心智年齡（mental age）的概念，以比較人與人之間心智發展的差異。心智年齡的概念後來被William Stem運用，進而發明了今天我們所熟知的智力商數（intelligence quotient, IQ）。

㈡ 智商分數的計算方式，是將一個人的心智年齡除以他或她的實際年齡之後再乘以100。因此，當一個人的心智年齡與實際年齡相同時，他的智商便是100，也就是標準化智力測驗的平均分數。測驗內容包含語文（語言的使用及了解）與非語文（非使用語言的問題解決與思考方式，例如：畫圖）。

㈢ 過去因過度強調語文能力，常遭人批評對於那些基於某些因素語文能力不足的孩子，無法測出他們真正的智力。新版的修改包括減少語文能力、增加較多的推理，例如：過去語文評估時會要求名詞解釋，如香蕉或鉛筆，現改用複雜繪圖以測試思考能力，並且修訂得更平均，以符合廣泛不同地區、種族、性別群體的使用。

二、魏氏智力量表（Wechsler intelligence scale）

由David Wechsler針對三個不同年齡層（4～6歲半、6～16歲、17歲以上的成人）所發展的測驗。測驗結果除了呈現整體的IQ分數外，也可分別呈現口語（verbal）及實作（performance）兩項IQ分數。

以往將智力失能（intellectual disability）稱為智能障礙（mental retardation）。智力失能是指到成年期時智力明顯低於平均值，伴隨適應功能缺損的狀態。依照《DSM-5精神疾病鑑別診斷手冊》對智力失能的定義如下：

一、個人的智力測驗分數低於平均值，雖然在測定上過去是以智力測驗為準則，現在則包含「臨床評估與個別化、標準化的智力測驗」。一般而言，智力失能者的智力程度至少落在正常值兩個標準差之下，意即智商約在70或更低。

二、智力失能定義應包含適應功能（adaptive functioning）損傷。亦即，個人如何看待自我狀況、與他人互動，以及日常生活活動自理。適應功能包含三個層面：概念的、社會的、實踐的，分述如下：

　㈠ **概念的（conceptual）層面**：即思考、記憶、解決問題與完成學業的能力。

　㈡ **社會的（social）層面**：包括與他人溝通、建立關係，以及了解他人情緒與其他需要。

　㈢ **實踐的（practical）層面**：即必要的日常生活管理。如自我照顧與個人衛生、擁有工作、金錢管理、完成其他教育與工作責任。

三、智力失能的定義

主要是鑑定或診斷「在發展時期」的情況，亦即在成年期之前。在過去意指18歲，但目前則有其他因素，例如將適應功能列入考量。

定義「資優者」的五項特點

01 智慧力
是指了解、學習、處理新的未知情況的能力。

02 特定學術領域
資優者在某些學術領域優於他人，包括學業如數學、科學、語文表現與社會科學等。

03 創造性或豐富的思考
創造性包含創新、獨創、豐富的、想像力、流暢、彈性、仔細、原創之思考能力。豐富的思考係指所提出的想法非常有效、實際或可應用的。

04 特定學術領域
領導係指個人影響團體成員達成共同目的的過程。一個資優者可能額外擅長影響他人。

05 視覺與表演藝術
資優者也可能擅長藝術，他們可能特別擅長視覺表現，如繪畫或雕塑，或者也可能在戲劇表演或體能活動相當傑出。

智力測驗分數對認知障礙的分類

智商
50～55到70
─────
輕度
認知障礙

智商
35～40或50～55
─────
中度
認知障礙

智商
20～25到35～40
─────
重度
認知障礙

智商低於
20或25
─────
極重度
認知障礙

使用智力失能與智能障礙這兩個用語有兩點值得注意：
■ 比起智能障礙，智力失能較少負面意涵。
■ 智力失能是人們在失能之前曾經擁有智力，例如：智力的、精神的，或者認知改變，我們應尊重他們享有平等的權利與尊嚴。

Unit 5-8
發展遲緩與早期療育

在社會工作實務中，對於發展遲緩兒童的了解，以及早期療育的介入，對其社會發展及激發潛能的增進有相當的幫助。茲將發展遲緩、早期療育的相關內容，說明如下：

一、發展遲緩（development delay）

(一) 發展遲緩兒童係指6歲以下的兒童，因各種原因，如腦神經或肌肉神經、生理疾病、心理社會環境因素等，導致認知發展、生理發展、語言及溝通發展、心理社會發展或生活自理等方面，有發展落後或異常的情形。

(二) 兒童發展遲緩的現象是機率性的，當嬰兒在出生前、生產過程中或出生後，神經系統及肌肉骨骼系統受到直接或間接、急性或慢性之病因的損傷時，均有可能導致發展遲緩。遲緩的原因大多數是未知的，而在已知的原因中，遺傳和環境因素的影響是最重大的，包括基因染色異常、先天疾病、環境因子刺激等。加上隨著社會高齡產婦的增加，遲緩兒童發生率也有增加的趨勢。因為高齡產婦容易發生高血壓、糖尿病、妊娠毒血等併發症，其所生的胎兒也較容易發生染色體異常、先天性畸形與發展遲緩。

二、早期療育服務（early treatment and education）

(一) 早期療育之定義，是指針對0～6歲之身心障礙與發展遲緩兒童所提供的篩檢發現、復健治療、特殊教育與療育，並對其家庭提供支持、福利服務與專業諮詢的一種跨專業、整合性的服務措施。《兒童及少年福利與權益保障法施行細則》第8條對於早期療育服務，則界定為有社會福利、衛生、教育等專業人員以團隊合作方式，依照發展遲緩及家庭其個別需求，提供必要之服務。

(二) 我國《兒童及少年福利與權益保障法》第31條規定，政府應建立6歲以下兒童發展之評估機制，對發展遲緩兒童，應按其需要，給予早期療育、醫療、就學及家庭支持方面之特殊照顧。

(三) 早期療育的特色
1. 以學齡前的身心障礙與發展遲緩兒童及其家庭為服務對象。
2. 採用專業團隊合作的方式提供服務。
3. 掌握6歲以前兒童發展的治療時機點。
4. 將家庭視為服務重點。
5. 重視身心障礙與發展兒童及其家庭的個別需要。

(四) 早期療育服務的重要性
1. 透過早期療育服務，增進發展遲緩兒童在生理、認知、語言發展、社會適應與生活自理之技巧，藉以改善甚至消除遲緩狀況，並激發起發展潛能。
2. 經由早期家庭服務，可協助家庭成員對兒童發展遲緩程度的了解，提供家庭支持，增進家庭對於現有的各種社會福利資源之了解與運用。
3. 對社會而言，提供早期療育服務可改善或消除發展遲緩兒童的狀況，減少殘補式社會福利、醫療衛生與教育成本的支出。
4. 對國家而言，早期療育服務是一種保護兒童人權、提升國家公共形象的具體表現。

我國早期療育的各體系執行任務

分工	社政	教育	衛生
任務	宣導、兒童發展諮詢、通報轉介、個案管理	兒童發展篩檢、教育保障、融合學習	兒童發展篩檢、評估鑑定、療育服務
型態	■ 兒少服務：提供家庭發展諮詢、受理疑似發展遲緩兒童通報、個別化服務計畫、協助兒童及其家庭連結到宅療育、社區療育、早期療育機構日間及時段療育等多元早期療育資源	■ 學前教育：幼兒園健康管理、親職教育 ■ 特殊教育：鑑定輔導安置、支援服務、個別化教育計畫、轉銜服務	■ 預防保健服務：預防注射、發展篩檢 ■ 聯合評估服務：特別門診、社區服務及療育服務

我國早期療育的通報制度

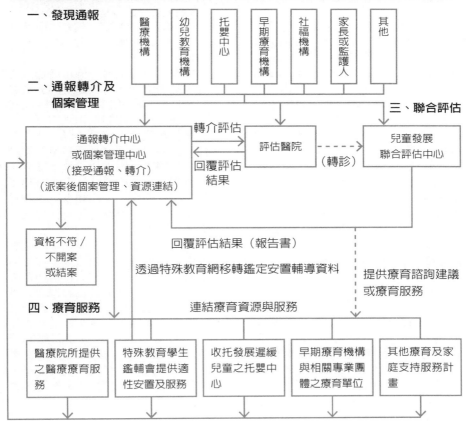

Unit 5-9
生長遲緩

　　生長遲緩是一種症狀，不是一種疾病。茲將生長遲緩的相關內容說明如下：

一、生長遲緩（failure to thrive）是指兒童體重在同年齡95%孩童的體重之下。許多發展遲滯的孩童出生時的體重還算正常，後來體重增加的比率卻明顯下降。體重不足的兒童當中，有些先天體型較小，體重自然落在95%之下；但是要符合發展遲緩的分類，兒童的身高和體重（和其他兒童相較之下）必須同時下降。發展遲緩兒童體重的下降，是在身高和頭圍下降之前。

二、一般用來評估生長速率的生長曲線圖，有體重年齡比照（weight-for-age）、身高年齡比照（height-for-age）、頭圍年齡比照（head circumference-for-age）等。因為生長速率被影響的順序依序為體重、身高、頭圍，因此體重年齡比照的生長曲線圖是評估生長遲緩最簡單，也是最適當的指標。

三、生長遲緩通常可分為兩類：器質性和非器質性，說明如下：

(一) **器質性生長遲緩**（organic failure to thrive）：通常是因為醫療狀況，例如：先天性心臟病、胰臟纖維炎或腎臟疾病，造成發展的衰退。

(二) **非器質性生長遲緩**（nonorganic failure to thrive）

　1. 通常找不到任何醫學上的病因，主要原因是情緒上的剝奪。Selma Fraiberg認為，非器質性生長遲緩幾乎是和母親失去功能，未能給予嬰兒物質或心理上足夠的照顧有很大的關係。因此，有學者認為生長遲緩的背後就是心理的因素：母愛的剝奪（maternal deprivation）。但Ephross認為，兒童生長遲緩通常不是母愛的剝奪造成的，而是家庭功能不彰和其他許多相關因素導致。家庭成員有人生長遲緩，並不代表這是個糟糕的家庭，只能說這是個需要協助的家庭。

　2. 值得注意的是，事實上，許多生長遲緩嬰兒的母親，童年很可能也是被剝奪者。這些母親之中許多人有一個很不快樂的童年，和母親有很不愉快的關係。童年的經歷使得這些母親似乎喪失以情感回應自己的寶寶和滿足他們需要的能力。有些人相信：照顧者的情感缺乏，可能會造成嬰兒的腦垂體荷爾蒙分泌不足，導致成長遲緩。情緒的緊張也可能導致嬰兒嘔吐、腹瀉和食慾不佳。

四、家中有早產兒是另一個可能造成生長遲緩的因素。生長遲緩的兒童之中，有20～40%出生時就有體重不足的問題。早產和體重過輕的寶寶，都是很難餵食、容易焦躁、難以照顧。有些嬰兒因為耳朵發炎或喉嚨痛，身體不舒服就比較無法進食，因為營養攝取不足，導致營養不良、抵抗力弱、生病頻繁，生病導致食慾不佳，進食的可能性降低，形成惡性循環。

五、家庭的情境也可能造成孩童的生長遲緩。壓力過大可能造成家庭生活的混亂，比較無法建立正常固定的進食時間。家庭成員也因為處於處理家庭問題和維生，忽略了孩子沒有進食的問題。有些家庭受到憂鬱症、吸毒、家庭暴力等問題的干擾，可能忽略兒童營養方面的需求。本身有發展遲緩問題的父母，可能無法了解嬰兒成長所需的營養。

生長遲緩的原因	
器質性生長遲緩	**非器質性生長遲緩**
周產期併發症 　輕微先天性異常 　藥物、酒精或其他毒物暴露 　子宮內生長遲緩	**小孩、父母的脾氣、個性** 　不完善的支持網絡 　拒絕協助的應對方式
慢性疾病 　先天性異常 　　基因異常、唐氏症、性腺發育不良	**強勢作風的母親** **缺乏父愛（情感上的或是單親家庭）**
心肺方面 　　先天性心臟病、氣喘、囊性纖維化 　　症（cystic fibrosis）、扁桃腺及腺 　　樣體慢性發炎	**餵食困難** **社經壓力** 　貧困
消化道方面 　　胃食道逆流、幽門狹窄、消化道結 　　構異常、腸胃過敏、肝膽疾病	夫妻間的壓力 　最近家人過世 　失去其他親人 　慢性疾病 　沒有規劃的生活 　無計畫的懷孕
腎臟方面 　　腎小管酸中毒、慢性腎功能不全	
內分泌代謝方面 　　先天性代謝異常、甲狀腺低下症、 　　糖尿病、腦下垂體病變	
神經學方面 　　腦性麻痺、發展障礙	
免疫方面 　　免疫不全、反覆感染、慢性泌尿道 　　感染或腎盂炎、結核病	
其他 　　鉛中毒、惡性腫瘤、風濕性疾 　　病	

197

NOTE

Unit 5-10
學習障礙

學習障礙兒童，在成長過程中常處於受壓迫、差別待遇、輕忽、嘲笑與拒絕公平的危機中，社會工作者應對學習障礙的相關內容加以了解，說明如下：

一、學習障礙（learning disability）的定義

(一) **美國聯邦政府的定義**：特定學習障礙意味著了解使用語言的一種或多種基本心理過程障礙，明顯表現在傾聽、思考、說話、閱讀、書寫、拼字或數理計算等能力不完整，包括概念的失能、腦部損傷、輕微腦功能異常、閱讀困難與發展性失語症等，不包含原有視覺或聽覺或動作障礙、精神障礙、情緒困擾或環境、文化、經濟損傷。

(二) **美國學習障礙聯合會**：學習障礙是一般性詞彙，可視為混亂失調的異質性群體，在傾聽、說話、閱讀、推論思考、數學的能力都呈現困難。這些混亂失調是個人本身的，推測原因係中樞神經系統失調，終其一生都有可能發生。學習障礙可能伴隨出現其他障礙（如感覺障礙、精神障礙、嚴重情緒困擾）或者外在影響（如文化差異、不適當的指示）。

二、學習障礙的共同問題

(一) 認知

1. 注意力困難：很容易因有人在走道講話或馬路上車輛雜音，而轉移注意力。

2. 知覺困難：知覺（perception）不僅與學生的看或聽有關，更是大腦在其聽、看後如何詮釋與行動。知覺困難包含空間關係的理解，也可能

距離判斷錯誤。

3. 記憶與回憶：孩子無法正確回想起他們所看到或聽到的訊息，經常拼錯字。

4. 對所接收的訊息缺乏組織能力：缺乏重新記憶與歸納所需要的「分類、聯想與順序，以及將所學習的運用到新的情境裡的能力。」

(二) **學業**：學業表現出現閱讀、口語、書寫、數學或綜合任一項的困難。

(三) **書寫**：書寫問題如拼字、發音、使用大寫或字彙型態等困難。

(四) **社交與情緒困擾**：有較高危機面臨沮喪、社會排斥、自殺意念與孤寂。

三、學習障礙對兒童的影響

(一) **習得無助感**：習得無助感是學習障礙者的回應方式之一。這些情況導致孩子失敗之後不再嘗試學習，開始依賴他人的幫忙。亦即，他們喪失學習動機進而放棄，孩子可能以此來逃避其他有能力完成的事情。

(二) **低自尊**：這些孩子很可能看到其他孩子正在做他們不會的事情；或者被他人嚴厲批評，老師與父母可能對孩子的無能力，表現出一點不耐煩與挫敗，孩子更有可能將失敗內化，覺得自己比別人差，造成低自尊。

(三) **缺乏社交能力**：研究顯示學習障礙兒童經常受缺乏社交能力所苦。社交能力是一種對社會情境的覺察與詮釋，然後產生適當的社會回應，以及與他人互動的能力。某些社會情緒學習障礙與適當地跟他人互動溝通之障礙有關，此將影響學習障礙者的社交能力，意即受歡迎度。

Friend對學習障礙特徵的概述

01
學習障礙是個人本身神經生理因素造成的，某些障礙原因係腦部功能失調，而非經驗不足或教學素質差等外在因素。

02
學習障礙顯現出非預期的學業成績低落。

03
學習障礙並非其他障礙或問題所導致。

學習障礙的原因

01
神經功能異常缺損。

02
基因遺傳因素：似乎在某些家庭裡更常出現學習障礙，可能起因自遺傳或家庭暴露在某些致病媒介環境。

03
先天畸形：如藥物導致胎兒畸形，可能造成學習障礙。

04
健康狀況：如營養不良、早產、愛滋寶寶，可能直接與學習障礙的發展有關。

學習障礙的介入

- 教育環境與計畫：教育處遇焦點在發展個別化的特殊教育方案，強調孩子的優點及小看他的缺點。教育內容可採認知訓練、直接教導兩種方法。
- 父母、其他家人與其他社會機構的處遇：家人及其他社會機構協助其建立自尊與正向自我概念；增強學習障礙孩子家庭的社會功能，包括教育學習障礙孩子與周邊的人去了解他們所無法達成的事並調整期望，對雙方都有助益。個別與家庭諮商可以改善溝通，促進家庭成員了解他人對於障礙的觀點。

Unit 5-11
注意力缺陷過動失調症（ADHD）

　　社會工作者必須具備整合的能力，以確保注意力缺陷過動失調症的兒童能獲得最適當的發展。茲將注意力缺陷過動失調症的相關內容說明如下：

一、注意力缺陷過動失調症（ADHD）的定義

　　是一種精神的診斷，是焦慮違常的一種類型。注意力缺陷過動失調症是指注意力無法持續集中或過動，開始出現於學齡期的學習與行為問題症候群，特徵是持續的不專心、過度的身體活動、在至少兩種以上環境中表現衝動（包括家裡、學校、工作或社會背景）。估計罹患注意力缺陷過動失調症學童比率約占3～7%。

二、注意力缺陷過動失調症的成因

(一) **神經及化學性因素**：根據研究指出，神經傳導物質出現異常或缺乏時，就有可能會誘發ADHD。

(二) **遺傳性因素**：在許多ADHD的基因研究中發現，患有ADHD的兒童家庭中，其父母或是兄弟姊妹中，有高達30%的比例有注意力不足的問題。惟目前仍未有具體的結論足以顯示ADHD，會單純地因某種遺傳性因素所引起，只有「發病因素可能與家人有關」的推論。

(三) **環境因素**：有研究報告指出，懷孕時胎兒的狀態與注意力不足有關。意即ADHD罹患率會受到孕婦在懷孕時期的營養、壓力、感染、藥物服用等眾多因素的影響而發生，胎兒早產或難產時頭部受損等情況，也可能是ADHD的引發因素，但並不代表這樣的環境因素就絕對會引起ADHD（這

項因素過去被許多人認為可能導致ADHD的行為）。

(四) **解剖學原因**：大部分學者認為，注意力不足為一先天性疾病，可能是神經及化學性原因所造成的現象。研究統計資料顯示，ADHD兒童的腦部基本構造的外觀並無異常，但可在腦功能方面發現細微的功能障礙。以平均值而言，ADHD兒童的前額葉（frontal lobe）比正常的兒童小10%。

三、注意力缺陷過動失調症的治療

(一) 大多數被診斷有ADHD的兒童都在服用藥物（例如：Ritalin, Dexedrine, Cylert, Benzedrine等），雖然這些藥物不一定能夠減少兒童的活動量或改進他們在學校的表現，即使有效，效果也很短暫，其長期的效果頗受質疑。此外，這些藥物都會產生副作用，最常見的是食慾減退和睡眠受到干擾。但是服用之後還是有些益處，藥物可增進兒童的注意力，減少他們在課堂上的干擾和改變同學對他們的負面印象，這些功能對兒童的人際關係均有助益。

(二) 多數專家認為藥物治療必須輔以行為治療，一些研究結果也支持這類主張，研究發現：上述兩種治療模式並用時，其療效最大。由此可見，藥物治療之外，還必須依靠其他的治療方式，以增進在學校的表現和改變部分問題行為。Chase和Clement發現行為治療法中，又以代幣制度最有效，其方式是由兒童設定自己想達成的（學業方面）目標，兒童如果達成目標就可以累積點數，交換所喜歡的玩具或東西，如此可增強兒童的正面行為。

注意力缺陷過動失調症定義的特點

症狀出現在7歲之前。

多重的發生模式，不只是在單一的情境或單一某人，也包含不全然與某個特定背景有相關的不可控制行為。

三種行為特質：
1. 不專心，行為症狀有做事混亂、漫不經心、經常搶先、容易分心、討厭需要專心與費力的事情、任務與活動組織力非常困難、很難持續溝通。
2. 無法控制的過度生理活動（過動），幾乎持續地在動、扭動或坐不住，很難專注靜態活動，話說個不停。
3. 衝動、極度沒耐性、難以等候輪流、經常打斷與干擾。

注意力缺陷過動失調症的類型

過動─衝動型	注意力不足型	複合型
患者的主要症狀為衝動和過動，但無注意力不足症狀，活動量特別大、坐立不安，不分場合不時地敲擊指頭、晃腳；在課堂中的表現，可能是煩躁不安的、愛插嘴的、不斷地站起來在教室內走動，有時甚至無緣無故捉弄鄰座同學、亂拿別人東西等。	患者的主要症狀為顯著注意力不足，但無衝動或過動症狀，對於外界的刺激保持開放的態度，因此常容易被刺激物分心，精神無法集中；在課堂上的表現為：經常性地晃神、無法專心聽講，此種特徵表現在團體活動或遊戲時最為明顯，有時候甚至連遊戲都無法玩完。	會出現左述兩種類型的臨床特徵患者，主要症狀除了有過動─衝動型的大活動量、衝動性強等特徵之外，亦伴隨有注意力不足型無法集中注意力的主要症狀。

Unit 5-12
自閉症

自閉症（autism）是一種以社交互動和溝通能力受損爲特徵的發展障礙。由於被診斷有自閉症的比率增加，因此許多父母對孩子的健康和幸福感到非常焦慮，社會工作者可以透過學習最新的自閉症研究、治療及有關成因的知識來協助父母。茲將自閉症說明如下：

一、自閉症是屬於自閉症類群障礙症中的一種類型。這類型的疾病具有溝通困難、社會互動困難及重複或侷限的行爲模式的共同特徵。被診斷患有這些疾病的個人，通常會出現一系列獨特症狀，但是這些症狀會影響的心理功能及造成的障礙，每個人都不一樣。自閉症特徵會因年齡、智商及其嚴重程度而不同。

二、自閉症的主要特徵

(一) **社交溝通與社會互動上的障礙：**自閉症兒童缺乏學習認識自己與他人的關係和基本社交應對的能力，因此可能表現出不理人、不看人、對人缺少反應、缺少一般兒童自動自發的模仿學習能力、無法和小朋友遵守遊戲規則一起玩耍、難以體會別人的情緒和感受、不會以一般人能接受及理解的方法，表達自己的情感及想法等方面的困難。

(二) **固定的興趣及重複的行爲：**自閉症兒童常有一些和一般兒童不同的固定習慣或玩法，如特殊固定的衣、食、住、行習慣，狹窄而特殊的興趣，玩法單調反覆缺乏變化，環境布置固定等，若稍有改變，就因爲不能接受而抗拒。

三、自閉症的確切患病率很難確定，但最近的估計表示，美國每68名兒童就有1名兒童患有自閉症，而且有些社區的患病率高於其他社區。在過去幾十年中，自閉症的發病率一直在增加，但這有可能是因爲有更好的診斷工具，以及在自閉症類群障礙的範圍中，包含了更多的行爲和症狀。

四、受自閉症影響的兒童，涵蓋所有種族和社經地位群體。然而，男孩被診斷爲自閉症的可能性幾乎是女孩的5倍，患有這種疾病孩子的兄弟姊妹，以及患有其他發展障礙的孩子，也比較有可能被診斷爲患有自閉症。

五、嬰兒到18個月時，可明顯觀察出很多自閉症症狀。例如：兒童在眼神接觸、非口語交流、適合其年齡的遊戲，以及對方向或自己名字等方面出現明顯的問題。有些症狀跡象甚至可以在更早的時候就被發現，例如：嬰兒可能不會發出咕咕聲或說出其他語言，或者他們可能不會指方向或手抓住物體。一項研究發現，童年後期被診斷患有自閉症的兒童，在他們2～6個月之間其實很少有眼神接觸。然而，許多父母一直到小孩大約2～3歲時才注意到此症狀，那時候孩子在言語交流方面有明顯的問題，或者他們急遽大幅的失去了他們之前能熟悉使用的技能。早期診斷和治療，包括一系列行爲、教育和藥物治療，可以改善終身預後，也能減少孩子可能出現的症狀。

1

自閉症兒童的胎兒睪丸酮會增多，以及免疫發生異常。

2

出生時體重低的嬰兒發生自閉症的可能性，是接近正常嬰兒的5倍。

3

在懷孕間隔時間較短（特別是兄弟姊妹出生後不到1年）後出生的孩子，發生自閉症的風險高於懷孕後間隔時間較長者。

4

自閉症與母親生育的年齡之間存在相關性，尤其是35歲以上的母親有較高的風險生下自閉症的嬰兒。20歲以下的母親生出有自閉症嬰兒的風險較低。

5

自閉症發病率與環境因素之間存在相關性。研究發現降雨量高的地區，兒童有自閉症比例較高。或許是這些地區的兒童比較容易待在室內，導致維生素D缺乏，以及接觸家用化學品機會多，這些因素可能會引發這種疾病。

6

自閉症類群障礙的敏感性與遺傳因素，有中等程度的關聯性。

Unit 5-13
兒童的性別認同與發展

　　從發展心理學的角度來看，性別認同會隨著兒童認知能力的發展歷程而逐漸達成。Newman指出，在兒童早期，性別成為兒童如何理解自己和他人的一個重要面向。此一階段的性別認同包含四個部分，茲說明如下：

一、正確的使用性別標誌： 2歲時，幼兒通常可根據外表準確地辨識他人為男性或女性。

二、理解性別是穩定的： 之後，兒童理解性別是穩定的，也就是男孩長大後會成為男人，而女孩則會成為女人。

三、理解性別是恆定的： 即使有了對於性別穩定性的認知，幼兒富有想像力的思考方式，使得他們仍然繼續認為，經由外觀的改變，女生可以變成男生，而男生也可以變成女生。例如：讓一位3歲兒童看一張女孩的照片，他能夠識別那是個女孩；但如果同一個女孩在另一張照片中打扮成男孩的模樣，3歲的兒童便會認為那是個男孩。一直要到4～7歲時，兒童才能了解性別的恆常性（gender constancy），也就是個人的性別並不會改變，打扮成男孩模樣的女孩仍舊是個女孩。

四、理解性別的生殖器基礎： 性別恆常性被發現與理解性別和生殖器之間的關係有關。7歲以上的孩童會知道身體結構上的差異，所以與異性在性別上有所差別，也知道自己和同性之間的相同處。因為這些生物上（身體結構上）的不同，所以孩童會對性別概念有更深的理解，知道男生與女生除了性別標誌、穩定性和恆定性外，仍有根本上的生殖器官差異存在。這也會使孩童對生殖器官相同的同性產生性別認同，並且影響與性別有關的行為。

　　而依據Egan與Perry的研究指出，性別認同由五大部所組成，包括如下：

一、對成員的了解（例如：對成員中不同性別的認識與了解）。

二、對典型性別差異的分辨（例如：在團體中某人可以覺察到另一個成員的性別的程度）。

三、對性別的滿足感（例如：了解某人對於他自己的性別是否感到滿意）。

四、對性別表現符合期待感到壓力（例如：某人對從父母、同儕或其他人所獲得的對性別刻板印象所形成的壓力）。

五、團體成員間的偏見（例如：在某種程度上認為自己的性別是優於其他成員的）。

　　性別角色是可透過學習而來。有關性別特質的描述，反映了個體對於性別角色及其行為的信念與態度，這與社會化歷程中，文化及社會期許是密切相關的。然後，形成一個固定的、刻板的看法及印象，也就是性別刻板印象（gender stereotypes）。這樣的刻板印象，在性別概念形成的初始就已經建立。例如：8個月到2歲左右的幼兒，會區分穿裙子的人是女性；學齡期的兒童會因性別不同，而分成女生、男生等次級互動團體，或是女生都愛哭、男生愛打架等說詞。由於性別刻板印象與社會、文化密切相關，所以性別刻板印象並不是固定不變的，會隨著文化的變遷而改變。

性別認同與發展的四個階段

階段	年齡	性別概念	Piaget認知發展能力	典型範例
一	學步期至2歲左右	性別標誌的使用	象徵符號的認知（感覺動作期）：已發展原始的符號，物體概念完備（如語言），能界定人、物，並能預期結果。	豪豪玩車車是男生；柔柔穿裙子是女生。
二	4歲左右	性別是穩定的	運思前期：單向思考，並集中在較明顯的外觀上；特定事物之間的推理。	豪豪是男生，長大了會變成父親。
三	5～7歲左右	性別是恆定的	具體運思期：具可逆性及恆存概念。	豪豪即使穿了裙子仍然是男生。
四	7歲以上	性別具有生殖器基礎	具體運思期：具可逆性及恆存概念；具可易（替代）概念。	豪豪因為有陰莖，所以他是男生。

Maccoby與Jacklin研究發現的四項性別差異

1. 女性的語言能力比較強
2. 男性的視覺和空間能力比較強
3. 男性的數學能力比較強
4. 男性比較具有攻擊性

常見的性別迷思

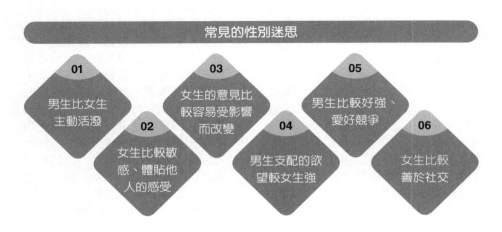

01 男生比女生主動活潑

02 女生比較敏感、體貼他人的感受

03 女生的意見比較容易受影響而改變

04 男生支配的欲望較女生強

05 男生比較好強、愛好競爭

06 女生比較善於社交

Unit 5-14
兒童的負面情緒反應

　　兒童的負面情緒，會影響兒童的發展，因此，了解兒童的負面情緒反應，是社會工作者非常重要的課題。以下將分兩個單元，說明兒童的負面情緒及相關的處遇原則。

　　學齡前兒童的想像力和認知能力的出現，有助於同理心與幽默感的發展，但也帶來負面的結果，就是新的恐懼的開始。懼怕成為學齡前兒童的問題，害怕暗夜、惡夢、惡魔、噪音和陌生地方，這些都會在想像之中突然產生，這也是因為兒童能夠使用象徵和抽象式思考。

　　當孩子直接受到災難的影響，如親眼目睹財務危機和親人的死亡，可能會受到很大的衝擊與產生長期的情緒問題。即使沒有親眼目睹的兒童，也可能引發創痛的反應，甚至出現創傷後壓力症候群（posttraumatic stress disorder, PTSD）。當事者覺得好像在重新經歷創痛事件，這種現象通常發生在真實事件後的幾個月或幾年。經歷創傷事件後，兒童比較容易發生PTSD的危險因子，包括環境因素（例如：低社會支持、低社經地位）和個人因素（例如：心理或精神障礙的共病問題）。

　　父母親可能會注意到經歷創傷的孩子行為改變了，包括無法入睡、做惡夢、尿床、敵意越來越強、越來越黏人、哭或哀傷、食慾改變、社交退縮、沉迷在遊戲裡、過動、身體症狀或不適的抱怨增加（例如：頭痛和胃痛）。社會工作者可以在創傷事件或災難發生後，協助兒童因應複雜的情緒，例如：懼怕、失去控制、憤怒、失去穩定性、孤立和混亂。社會工作者除了對兒童的行為變化有所警覺之外，重要的角色還包括提供照顧者所需要的支持。

　　在兒童的發展過程中，常見的負面情緒反應如下：

一、恐懼：孩子可能會擔心他們的安全，以及他們所關心的人、事、物的安全。他們可能會有悲劇幻想或想像災難的發生，有時這些想像和情緒可能表現在遊戲或作品之中。

二、失控：正如大多數成年人一樣，孩子會感到不知所措和困惑，因為在災難期間或之後他們經歷到驚慌失措的感覺。父母親可能會發現兒童會不斷專注在任何他們可以控制的東西，並且拒絕合作或為了安全而黏著父母親。

三、憤怒：憤怒是一種常見的反應，兒童內心如果有很多的情緒（例如：羞愧、不滿），有時可能會以憤怒來表達，最常表達憤怒的對象是最親密的人，例如：父母、老師和同儕。

四、不安穩：因為兒童的日常生活被干擾，因此可能會感到不安與焦慮。

五、孤立：當家庭成員有人離開家，兒童可能會感到特別孤立，因為這種情形可能會讓他們覺得失去朋友，因而感到孤獨，有時可能會引發他們對正常家庭兒童的嫉妒感。

六、混亂／困惑：兒童對某些不確定和不可預測的災難感到混亂或困惑，特別是恐怖攻擊和戰爭。他們可能無法區分現實生活中發生的，或與電視、電影中看到的暴力、災難間的差異，可能因而感到困惑。

兒童情緒的發展與哀傷（父母與子女討論死亡的建議）		
年齡／階段	哀傷症狀／反應	協助的方向
0～2歲：Piaget感覺動作期（目標導向行為、物體恆存）、Erikson信任對不信任階段	▣ 不了解什麼是死亡。感受到成人的情緒、依賴非語言的溝通、不會記得過世的人。 ▣ 鬱卒、睡不著、絕望、抗議。 ▣ 緊張無法控制怒氣、經常生病、出現容易發生意外的行為。 ▣ 反社會行為、叛逆行為。 ▣ 過動、惡夢、憂鬱、強迫行為、記憶反反覆覆。 ▣ 過度憤怒、過度依賴存活的父親或母親。 ▣ 重現的夢境、不合理的期待、否認、偽裝的憤怒。	▣ 需要身體照顧、親情與安慰或友誼。 ▣ 需要替代者提供穩定一致的照顧。參加葬禮儀式。
2～5歲：Piaget前運思期（自我中心、萬物有靈論）	▣ 混亂、夜晚不安、惡夢、退化。 ▣ 孩子理解發生重大失落事件。好像不受影響。 ▣ 不斷提問。 ▣ 對死亡的了解仍然有限。也許知道「死亡」的字眼，但意義的了解極有限。 ▣ 認為死亡是暫時或可逆轉的狀態。	▣ 使用簡單和坦承的字句。 ▣ 再保證和確認。 ▣ 提供安全、愛和關懷的環境。 ▣ 一起畫畫、看書、玩耍。 ▣ 需要愛、關懷、誠實對待，儘快回歸正常生活。 ▣ 讓他們參加葬禮儀式。
Erikson的自主對羞怯和懷疑、（進取對罪惡感）	▣ 會問死亡的原因。 ▣ 可能會覺得失去所愛的人是一種懲罰。 ▣ 難以理解抽象觀念，例如：天堂；短暫感到悲傷。 ▣ 退化。侵略性增強。 ▣ 理想化失去的人。 ▣ 放棄對心愛的人的依附，轉向替代的依附對象（老師、鄰居）。 ▣ 以遊戲逃避現實。表現出對失落沒反應或無動於衷。 ▣ 有可能不記得過世的人。 ▣ 擔心沒有人會照顧他們。 ▣ 會擔心可能失去存活的父親或母親，因此緊密地依附存活者。	

Unit 5-15
兒童的負面情緒反應（續）

本單元接續說明前一單元有關兒童的負面情緒相關內容，如下：

從嬰幼兒期進入兒童期，大多數孩子經由生活經驗的培育，覺察成長的能力，洞察並表明自己及解讀他人的情緒。大部分的兒童在這個年齡階段，發展出更為細緻的應對知能，以調適氣憤、苦惱的情緒、壓力或精神創傷。

Daniel Goleman（丹尼爾·葛爾曼）提出「情緒智能」（emotional intelligence）的概念，「情緒智能」是指「轉念激勵自己，堅持並面對挫折，控制衝動和延遲欲求，調適自己的情緒，保持思考能力，突破難題窘境，培育同情和希望」的知曉能力。情緒和社會關係智能是密不可分的，當兒童的社會調適發生困難時，處遇的策略往往著重於若干情緒面向的管理。

Daniel Goleman認為，道德推理和道德行為往往取決於社交和情緒智能，而情緒管理能力包括自我覺察、情緒控制、辨識愛情、嫉妒、焦慮和憤怒等情緒的表達方式。學齡兒童健康情緒的發展，容易遭到家族社群重大失落事件，以及心理創傷經驗所影響。社會工作者需要覺察學齡兒童的情緒和心理健康狀況，進一步評估與檢視，且提出相關的處遇。

而認知行為的轉化，是教導孩子適當的改變情緒與思維方式，從正面解讀不幸事件，化危機為轉機。例如：「大難不死必有後福」、「塞翁失馬焉知非福」等正面的轉念。研究顯示，具有韌性（resilience，又稱為堅毅力）的兒童，對兒童的發展具有關鍵的復原能力。Rutter指出，具有韌性的兒童可以對壓力有所反擊及超越逆境。具有韌性的兒童，係指兒童成長在不利條件下而能自我不受影響，朝向正向成長、成功及自我實現，積極發展成果。

社會工作者在面對兒童的負面情緒反應時，建議的處遇原則如下：

一、歷經創痛或危機後，社會工作者可鼓勵家庭使用清楚、直接、適於孩子年齡的語詞，向他們說明事件的來龍去脈。

二、持續監控照顧者的情緒反應：聚焦在孩子的情緒確實是最迫切的事，但是照顧者對孩子安全感的衝擊最大，因此必須持續關注。

三、注意孩子行為的變化：尤其是過去沒有出現過的行為，例如：睡眠干擾、食慾改變、社交退縮、過動。

四、鼓勵成人減少兒童被創傷事件訊息的侵擾，例如：聽到成人談論、媒體不斷的報導。

五、和孩子談話，先確認他們已經知道的內容：孩子比較容易被誤導或存有錯誤觀念，傾聽他們覺得事件中最可怕的是什麼，很有可能和成人覺得困擾的事有很大的不同。

六、鼓勵家庭考量兒童發展的適切性，儘量進行開放式的對話，孩子不一定需要知道一切，鼓勵父母回答問題和主動對話，迴避話題只會增加孩子的不安全感。

七、協助家庭找到可向孩子保證或確認安全的方式，例如：說明可讓孩子感到安全的步驟。

Gottman提出的「情緒教練」五個步驟

「情緒教練」
是指父母或照顧者協助孩子辨識自己的情緒，然後藉此經驗幫助孩子了解自己和運用在問題解決的過程。

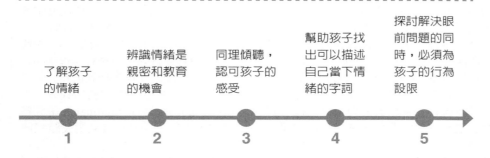

了解孩子的情緒

辨識情緒是親密和教育的機會

同理傾聽，認可孩子的感受

幫助孩子找出可以描述自己當下情緒的字詞

探討解決眼前問題的同時，必須為孩子的行為設限

1　　2　　3　　4　　5

韌性兒童的特質：風險因素和保護因素

風險因素	保護因素
■ 貧困 ■ 早產 ■ 壞脾氣 ■ 不安全依附關係 ■ 不一致、嚴苛的教養風格 ■ 父母婚姻衝突、不和諧 ■ 學校課業表現差 ■ 同儕排斥與隔離 ■ 鄰里具有暴力特徵 ■ 種族歧視、不公平、缺乏機會（教育與就業）	■ 足夠及好的資源 ■ 健康 ■ 脾氣好 ■ 安全依附 ■ 父母溫暖和支持 ■ 家庭和諧 ■ 學校課業表現好 ■ 具有人緣 ■ 支持的鄰里 ■ 沒有歧視與不公平，有許多教育與就業機會
其他風險因素	兒童其他特點
■ 父母的醫療問題、精神疾病 ■ 父母死亡、離婚 ■ 孩子的殘疾、精神疾病 ■ 兒童虐待	■ 聰明 ■ 自信 ■ 自尊 ■ 內控 ■ 具吸引力

Unit 5-16
兒童的人際覺知與友誼發展

兒童的社會認知（social cognition）發展，是指兒童隨著認知能力的發展，對自己和他人的認識也不斷更新，對他人的想法、感受與意圖的覺知程度越來越高。這種覺知更進一步的表現，就是角色採取的能力（role-taking abilities），意指能夠減少Piaget所謂自我中心的思考模式，以別人的觀點看事情，同理別人的感受。角色採取的能力和社交技巧的發展也有密切的關係，它是合作和利他行為的先決條件，也是兒童由同儕習得其他社交技巧的重要途徑之一。

Selman進一步以角色採取的觀念，說明兒童同儕關係的發展。Selman的研究著重在人際覺知（interpersonal awareness），意即兒童對自己的人際或同儕關係的看法。Selman依據Piaget的脈絡，將兒童角色採取的能力分為五個階段：

一、**階段0**：自我未區分和自我中心的觀點採取。兒童無法區分生理和心理的層面。

二、**階段1**：區分和主觀的觀點採取。5～9歲的時候漸漸能夠區分生理和心理層面，例如：開始能夠區別故意和非故意的行為。

三、**階段2**：自我反思和相互的觀點採取。約7～12歲左右，兒童大有進步，能夠針對自我觀念進行自我反思，更能夠區分生理和心理層面。

四、**階段3**：第三者和相互的觀點採取。10～15歲左右，能夠採取第三者的觀點，真正地從不同的角度看事情。

五、**階段4**：社會性／象徵性的觀點採取。12歲之後才開始，甚至到了成人階段才會出現，能夠從許多的層次抽象思考，能夠辨認各層次之間的不同。

Selman的研究著重在人際覺知，即兒童對自己的人際或同儕關係的看法。Selman在他的研究中，提出友誼發展的五個階段，包括0階段（暫時性的玩伴）；1階段（單向的協助）；2階段（順利的時候合作）；3階段（親密的互相分享）；4階段（自動相互依賴）。兒童會根據自己對於人際互動的覺察，去理解不同的信任關係。Selman的研究結果發現，對於協助兒童發展對友誼和同儕關係的健全覺知，關鍵在於提供兒童角色採取的機會，因此鼓勵他們以廣闊的視野透視人際關係。

Lyman和Selmam發展出配對治療，方式是：一位社會工作者與兩位人際關係屢遭困難的兒童每週會談一次。配對治療包括三個基本的層面：

一、**提供舞臺或機會（stage setting）**：提供舞臺指的是在安全和接納的環境中，提供引發衝突的機會，兒童能夠自由地表達自我、分享意見和幻想，嘗試運用新模式處理衝突。

二、**建構（structuring）**：建構是指仲裁同儕之間的協商、引發動機、設定規範，然後儘量放手，由兒童自己嘗試新的協商技巧。

三、**促進思索和反省（reflection）**：促進思索或反省是指鼓勵兒童反思自己的行為，思索社會工作者解決問題的方式，鼓勵同儕之間的反饋，透過楷模的學習和問題解決的途徑，鼓勵使用有效解決衝突的技巧。並鼓勵兒童不只在治療之時，在治療之外的時間也能夠回想整個過程，以便鞏固所學習的新技巧。

非個人與人際間覺知的發展階段

內在		人際關係	
階段	認知	友誼	同儕團體
0	運思前期	短暫的玩伴	身體的聯繫
1	運思前期和具體運思期的過渡期	單向的協助	單邊的關係
2	具體運思期	順利的時候合作	雙邊關係
3	具體運思期和正式運思期的過渡期	親密互相分享	同質性社區／社團
4	正式運思期	自動互相依賴	多元的組織

Selman的友誼發展五個階段

階段	友誼	兒童回應範例
0	短暫的玩伴	我信任我的朋友，因為如果我把自己的玩具給他，他不會弄壞。
1	單向的協助	我信任我的朋友，我告訴他，他會照著去做。
2	順利的時候合作	信任就是：我為他做點事，他也會為我做點事。
3	親密互相分享	信任就是：他們對我吐露心事之後有釋懷之感，朋友的生命中有一些共享的事物。
4	自動互相依賴	依賴信任就是：一個人必須成長，對自己要有信心，因為自己是自己的好朋友，這樣你才會信任朋友。

Unit 5-17
兒童的遊戲

遊戲得以讓兒童發揮他們的想像力、與他人互動、學習扮演不同的角色、發展認知與生理能力，同時找到自然的方式去抒發緊張與挫折。對於兒童發展而言，學者多支持遊戲與同儕關係同樣具有正向的功能。

遊戲具有能力建構這個概念，可見於許多與兒童發展相關的理論中。例如：Piaget便強調感覺動作與認知發展的議題，認為嬰兒期的遊戲可刺激視覺與動作技巧，隨著兒童年紀漸長，更能夠操作遊戲的環境，同時刺激協調能力與其他能力的發展。年紀較大的兒童，能夠在遊戲中運用想像力去操作物體，並且能夠運用他人觀點進行角色扮演。此外，他們已經能夠了解遊戲規則，並發展出需要競爭和談判的遊戲。Parten將兒童如何參與社會性遊戲的發展模式，分成以下的類型，說明如下：

一、無所事事／空閒式遊戲（unoccupied play）

係指很少或沒有活動，孩子可能安靜地坐著或站著，通常孩子專注地觀察周圍的某些事情。亦即，沒有投入任何活動、沒有和任何人一起玩、毫無目標，屬於最少見的遊戲方式。

二、單獨遊戲（solitary play）

係指孩子獨自玩遊戲，不關心其他孩子或他們在做什麼。亦即，獨自玩耍、任務取向、沒有其他兒童參與，是2～3歲兒童最典型的遊戲方式。

三、旁觀者遊戲（onlooker play）

係指單純觀察其他遊戲中孩子的行為，精神上參與其他孩子在做的事情，

然而身體上並沒有參與。旁觀者遊戲與單獨遊戲的區別在於孩子的注意力在遊戲中的同儕，不是發生在周遭的任何事。亦即，觀看其他兒童玩耍，會參與聊天、問問題、口語參與，對遊戲感興趣但沒有直接投入。

四、平行式遊戲（parallel play）

係指孩子單獨玩耍，但是當其他孩子突然靠近時，會有類似遊戲的態度或類似玩玩具，但並沒有任何互動。亦即，和其他兒童一樣玩玩具，但是不和其他兒童一起玩，年幼的兒童比年長的兒童較容易採取這類遊戲方式。

五、聯合／結交式遊戲（associative play）

孩子們一起玩遊戲，但有些互動並非是有組織性，例如：孩子可能共享玩具或活動、互相交談等。然而他們其實是各玩各的，每個孩子都聚焦在他們自己個別的活動。亦即，兒童很活躍地一起玩，互動比遊戲的組織和任務的達成更重要，社交技巧（例如：輪流和服從領袖）是遊戲的內容。

六、合作性遊戲（cooperative play）

包含組織性的互動，孩子們一起玩耍以達到類似目標，一起完成某事或生動地表達某個情況。其注意力集中在團體活動，合作是必需的，孩子清楚地感覺到自己是團體的一部分。亦即，社會互動很頻繁，活動有組織，可以是社交性的、由老師所組織正式性的及比賽性的遊戲，兒童早期比較少有這類遊戲。

Parten對於遊戲的分類

遊戲類別	說明
無所事事遊戲 （unoccupied play）	非典型的遊戲類別，通常是指兒童什麼也不做的站在那裡，或是進行無特定目標或目的的活動；兒童通常只是看著發生在他或她周遭的事情。
獨單遊戲（solitary）	指兒童獨自一人進行活動，通常他或她不太理會其他人在做什麼，普遍發生於2～3歲的兒童之間。
旁觀者遊戲 （onlooker play）	指兒童旁觀他人進行遊戲，他或她可能會發問或感到興趣，但不會參與遊戲。
平行式遊戲 （parallel play）	指兒童同時進行遊戲但各玩各的，他或她玩類似的玩具或遊戲方式；隨著兒童的年紀漸長，他或她會較少從事此類遊戲。
聯合式遊戲 （associative play）	指兒童之間有較多互動，但仍然以個人為主進行的遊戲，此時他或她雖然玩在一起，但是並沒有明確的組織與目標。例如：兒童會一起聊天或分享玩具，但卻專注於自己的活動上。
合作性遊戲 （cooperative play）	指具有社交互動、組織及團體認同的遊戲，此時兒童之間有共同的遊戲目標並合作完成任務。

引自：Anissa Taun Rogers著，張紉等譯。《人類行為與社會環境》。心理。

213

幻想樂園（fantasy）

兒童藉由幻想遊戲扮演著成人的角色，透過幻想境界，兒童私底下開展其社會化的經驗，排練預演人生舞臺上形形色色的腳本。諸如假飲玩具杯中的牛奶，以及利用玩真電話與假想的遠方朋友通話。

NOTE

Unit 5-18
兒童的遊戲（續）

兒童早期的象徵性遊戲，具有以下的功能，說明如下：

一、遊戲作為探索現實世界的機會

幼兒在遊戲中模仿成人的行為，並嘗試社會角色的扮演。他們會玩家庭、學校、醫生、警察、消防隊員等遊戲。當他們「裝扮」成不同形式的成人角色，甚或是蜘蛛和兔子時，都是在運用幻想去探索他們可能成為的角色。

二、遊戲對於認知發展的助益

幼兒藉由遊戲思考他們身處的世界，同時了解因果關係。整個兒童早期階段，幼兒在他們戲劇性的遊戲中，表現出日益複雜的字彙使用。兒童社會學家發現，兒童在團體遊戲中所創造的複雜語言遊戲，得以促進語言及邏輯思考的發展。某些研究人員已開始研究幼兒如何經由遊戲發展識字的能力，特別是書本閱讀與遊戲。

三、遊戲作為獲得控制的機會

在對於遊戲的跨文化研究中，兒童社會學家表示，幼兒通常會運用戲劇性的遊戲來因應恐懼感。他們將自己的恐懼納入到團體遊戲之中，從而發展出某種掌控壓力和焦慮的能力。這種看待幼兒遊戲的觀點，成為遊戲治療的基礎。

四、遊戲作為共享的經驗

許多研究幼兒遊戲的研究者認為，能協調兒童想像力的社會戲劇性遊戲，或是團體想像遊戲，為此階段最重要的遊戲形式。幼兒能夠發展出更為細緻的想像遊戲，並藉由組成朋友團體持續扮演的張力，這反而又讓他們獲得團體衝突與問題解決的經驗，這些都是在成人世界裡會繼續存在的問題。當幼兒在團體中遊戲時，他們會限制哪些人可以進入遊戲領域，以試圖保障遊戲繼續進行的機會。經常可聽到幼兒說：「我們是朋友；我們正在一起玩，是嗎？」或者是，「你不是我們的朋友，你不可以跟我們一起玩。」相反的，幼兒也必須學會如何進入一個已在進行的遊戲。一個重要的社交技巧是能夠證明他們的加入不會擾亂遊戲，幼兒學習到一套「可以做的」和「不可以做的」遊戲原則以達成上述目的，並且發展出得以進入遊戲的複雜策略。

五、遊戲為父親與子女建立依附關係的重要途徑

大多數對於依附關係的理解，都著重於母親與兒童關係的連結，以及母子關係所造成的影響。某些人認為，父親與兒女的依附主要是藉由遊戲而發展，如同母親與兒女關係的建立是來自於照顧行為。特別令人感到有趣的是，母親與父親在遊戲風格上的差異。研究者的結論是，相較於母親與兒童之間進行較多的風俗習慣或禮俗慶典互動，父親與幼兒之間則有較多的體育性遊戲。兩種型式的遊戲，都可表現父母的情感，因此，兩種型式的遊戲都有助於親子依附關係的發展。事實上，肢體性遊戲能夠刺激、喚醒，並且將兒童帶出他們的舒適安全地帶。通常父親的遊戲方式，能夠提供幼兒克服自我限制的機會，同時讓他們知道自己是在父親的保護傘下，去體驗冒險與挑戰。

感覺動作遊戲
（sensorimotor play）

典型的嬰兒遊戲，旨在探究感覺動作的能力。

練習性遊戲
（practice play）

透過遊戲不斷練習新習得的技巧和動作上的協調，以達到精熟的程度，作為運動和其他遊樂的基礎。人終其一生經常會從事這類遊戲，兒童早期三分之一的時間是花費在這類遊戲。

象徵性／假裝遊戲
（symbolic / pretense play）

使用周遭的環境，以象徵其他事務、假裝遊戲、營造幻想及角色扮演。自9個月大到2歲半開始，4～5歲的時候達到高潮。

社交性遊戲
（social play）

和同儕進行社交性的活動，例如：追、趕、跑、跳、摔角、翻滾。

建設性遊戲
（constructive play）

結合感覺動作和象徵性的遊戲，多數是兒童自創或發展出來的比賽。學齡兒童常從事這類有組織和有規則的比賽。

215

Unit 5-19
兒童詮釋事件的風格

圖解人類行為與社會環境

　　兒童在成長過程中，失敗本身並不代表悲慘的災難，重點在於孩子本身對失敗事件的不當詮釋，有可能導致憂鬱的情緒。孩子對事件的解釋方式及他如何思考事件的前因後果，可能會強烈地影響如何看待發生在自己身上的好事情和壞事情。因此，Seligman相信一個具有樂觀解讀取向的孩子，比較能夠面對生命中的高低起伏。

　　Seligman以永久性、普遍性、個人化等三個層面來區分孩子詮釋事件的風格，說明如下：

一、永久性：「有時」vs.「往往」

　　當壞事發生的時候，悲觀小孩相信它是永久的，例如：他會認為「拼音考試我永遠無法有好的表現！」樂觀的小孩則會說：「今天的拼音考試，我沒有考好。」相反地，面對好事時，樂觀小孩會認為好事會持久，而且與自己的努力有關，例如：「我考得好，是因為我很用功」；悲觀小孩則認為：「我成績好，是因為媽媽逼我用功。」

二、普遍性：「特定的」vs.「全面的」

　　悲觀的人把事情的原因投射到生活的每一個層面，卻沒有看到那只是單一的事件。一個普遍或悲觀的陳述可能是：每個人都討厭我。相對的，特定和樂觀的陳述應該是：「瑪莉不喜歡我。」針對好事，樂觀的陳述通常會有普遍性的思考或陳述（例如：「我是一個聰明的人」）；悲觀的陳述則是特定的（例如：「我的閱讀能力很好」）。

三、個人化：「內在的」vs.「外在的」

　　個人化是指決定「是誰造成的」或「誰該負責任」，孩子可對內責怪自己（內在的）或者對外責怪他人，或責怪環境或情境（外在的）。壞事發生的時候，經常責怪自己的兒童，往往有比較低的自尊心。不過，這不代表兒童如果想要有好的感覺，就是要去責怪其他人。兒童還是必須為自己的缺失或過錯負責任，重要的是孩子是否能夠針對行為錯誤的問題，不要太過於全面性的責怪自己。樂觀小孩的行為自責是出於自然的態度（短暫的和特定的），例如：「我受處罰，因為我不遵守規定。」悲觀小孩的自責則是全面性與永久性的，例如：「我被處罰，因為我是個壞孩子。」

　　Seligman相信，父母、老師及社會工作者與其幫助孩子「感覺好」，還不如幫助他們「做的好」，也就是幫助他們建立能力及運用正確態度來面對生活中的挑戰。正如Gottman所說的，Seligman認為負面情緒及經驗對孩子的情感障礙是很重要的，他強烈反對一些傾向避免孩子經驗成績低落的學校政策，免得因為要預防他們經歷失敗，反而使他們在經歷時，喪失了經驗正常情緒反應的機會，例如：難過、焦慮及生氣等。避免失敗經驗不僅使孩子缺乏控制的能力，更造成他們產生較低的自尊。

樂觀的小孩 悲觀的小孩

■「有時」
▶ 壞事：今天的拼音考試，我沒有考好。
▶ 好事：我考得好，是因為我很用功。

永久性

■「往往」
▶ 壞事：拼音考試我永遠無法有好的表現！
▶ 好事：我成績好，是因為媽媽逼我用功。

217

■「特定的」
▶ 壞事：瑪莉不喜歡我。
▶ 好事：我是一個聰明的人。

普遍性

■「全面的」
▶ 壞事：每個人都討厭我。
▶ 好事：我的閱讀能力很好。

■「內在的」
▶ 我受處罰是因為我不遵守規定。

個人化

■「外在的」
▶ 我被處罰，因為我是個壞孩子。

Unit 5-20
兒童的攻擊行為

圖解人類行為與社會環境

218

在社會工作實務上，社會工作者常需評估兒童的攻擊行為。為了精準評估，社會工作者必須清楚了解造成兒童攻擊行為的生物、文化和社會因素之間的交互影響，以及成人對於這些行為的看法，說明如下：

攻擊是在兒童早期逐漸增加的一種行為。在幼兒身上觀察到兩種侵略的類型，包括1.工具性攻擊（instrumental aggression）：通常發生於爭奪玩具和空間的時候；2.敵對性／惡意性攻擊（hostile aggression）：即蓄意傷害另一個人的攻擊行為。

近來，學者提出其他類型的攻擊行為，包括1.肢體性攻擊（physical aggression）：即涉及使用武力對付另一個人；2.社交性攻擊（relational aggression）：在不使用武力的情況下破壞關係的行為，例如：威脅要離開某一段關係，除非朋友願意服從命令；或是用社會排斥或沉默對待的方式，以達到自己的目的。研究發現，男孩較常使用肢體性的攻擊行為，而女孩則較常使用社交性的攻擊行為。大家普遍認為男孩攻擊行為的頻率和比率都比女孩高，然而，這項觀點或研究發現忽略了女孩間微妙形式的傷害行為。女孩的攻擊行為可能透過某種比較間接、非身體接觸或社會操縱的形式，例如：藉由散布謠言故意侮辱、貶低、傷害受害人；排擠受害者，不讓他們參加團體活動。

攻擊行為的發展歷程涉及生物、環境、同儕情境、社會政治情境、親職教育風格，以及暴露於負面的事件等因素的交互作用與影響。有些則牽涉到懷孕期間的因素，例如：吸菸或暴露在吸菸環境、化學物質、有害物質（例如：鉛和有毒氣體）影響胎兒的腦神經發展，以及出生後幼兒可能會出現自我安撫與情緒調節的困難，再加上父母親對於這類困難嬰幼兒的照顧和親職反應的問題，都和日後的攻擊行為有密切關係。

雖然某些兒童的高度攻擊行為會持續到兒童中期，但是通常肢體性的攻擊行為是在兒童早期的初期階段達到最高峰。到了兒童早期結束前，兒童已學會較佳的協商技巧，更知道如何要求以滿足自己的想望，並且用語言來表達情感。

學者Goodenough對兒童的攻擊行為研究，所獲得的結果如下：

一、攻擊行為的次數在4歲時達到最高峰，然後開始走下坡，沒有前兆、無緣無故發脾氣的事件逐漸減少，4歲之後幾乎不再發生。

二、3歲兒童碰到挫折或攻擊時，報復性的攻擊行為有增加的趨勢。

三、2～3歲的兒童會比較不理會父母的勸阻或告誡，繼續攻擊性的行為。大一點的兒童只有碰到和同儕衝突時，才比較會有攻擊性的行為。

四、年紀較小的兒童早期，會為了得到想要的東西（例如：玩具）而踢或打，他們的攻擊行為比較是工具性的。年長的兒童，早期比較常使用口語攻擊的行為，包括取笑對方、罵人、說壞話、搬弄是非或閒言閒語。爭執的原因和年幼的兒童一樣，也是為了取得某些東西，只是年長的兒童的攻擊行為會比較惡意，意在傷害對方。

嬰幼兒和學齡前兒童

- 一天之中，有多件脾氣暴躁的事例，每次持續15分鐘以上，很難接受父母或照顧者的安撫。
- 經常發脾氣，通常毫無理由。
- 行為表現衝動，並且毫無懼怕。
- 經常拒絕遵守規範或聽從成人指引。
- 行為顯示出和父母的依附關係薄弱。
- 經常觀看暴力主題的影視節目。
- 喜好有暴力主題的遊戲或活動。
- 以殘忍的態度和方式對待其他小孩。

219

學齡兒童

- 常有干擾教室課堂活動進行的行為。
- 在學校經常和其他學童打架。
- 面對失望的情緒、被批評或被取笑，會以強烈的憤怒、譴責和報復因應。學校的朋友很少，行為造成同儕的迴避和拒絕交往，喜歡和同類為伍。
- 拒絕聽從成人的指引。
- 觀看暴力電視節目或喜好暴力電玩。
- 對他人的感受不具敏銳覺察的能力。
- 以殘忍態度和行為對待寵物或動物。

Unit 5-21
兒童的攻擊行為（續）

針對兒童的攻擊行為，近來的處遇強調儘早監控攻擊行為，最好在學齡前就開始，越早遏止，就越能減少日後的不當行為。社會工作者必須對遏阻攻擊行為之方式有所了解，說明如下：

一、不相容的反應技巧 / 不予理會

這個技巧的重點是故意不去理會兒童的攻擊行為，以避免增強這類行為，只有在行為會造成傷害和危險時才加以干涉。同時，只要有和攻擊行為不相容的行為，應馬上給予正面的增強（讚許或獎勵），例如：相親相愛或互相禮讓。研究結果顯示，這種技巧不只是能夠減少口語與肢體攻擊的行為，並可增進互助的行為，可避免因為使用懲罰造成兒童模仿懲罰的暴力行為。此外，可避免給予攻擊行為不必要的注意力，因為攻擊行為有時是為了得到注意，若給予兒童所想要的注意力，無形中會增強其侵略的頻率。

二、暫停的程序

要孩子由遊戲中暫停，或者將孩子由爭執場所移開，提供一個安全的地方讓他們恢復情勢的控制。這種技巧的優點是以非懲罰的方式介入兒童的攻擊性行為，並且暫時將小孩所想要得到的注意力撤回，直到適當的行為出現再給予，避免因為給予注意而增強其行為。

三、角色楷模與教導

成人或其他小孩可成為非攻擊性解決衝突策略的楷模和導師，他人以非攻擊性行為解決爭端的典範會促使兒童避免攻擊性的解決方式。研究顯示：這種方式對缺乏有效的解決問題策略的兒童很有效果。

四、營造一個無暴力的環境

提供一個可減少衝突和減少肢體接觸的遊戲場所，場所必須有足夠的空間、足夠的器材或玩具，並且避免提供可能引起攻擊行為的玩具（例如：刀、箭、玩具槍）。

社會工作者對於兒童早期的攻擊傾向的處遇，首先必須分辨不同攻擊類型。自我肯定的攻擊（assertive aggression），主要是在爭取獨立自主和學習處世或生存的技巧過程中，無意間攻擊父母或他人，這和惡意的攻擊不同，惡意的攻擊是指透過口語行動企圖傷害或刻意脅迫他人屈服。

減少兒童攻擊行為的第一要務，是了解兒童行為背後的意義。任何類型的攻擊行為背後意義，不外是想引起他人的注意、定義自己是誰或確保獨立的自我。例如：兩個兒童為了玩具扭打成一團，其訊息不外乎：「看我的能耐！」、「讓你見識我是什麼樣的人！」、「我就是要做我想做的事！」了解背後的理由後，可以教導兒童有效的自我肯定方式，包括常常問孩子有何需要和感受、同理他們的感受、提供抒發負面情緒的管道、鼓勵他們自我肯定、協助他們了解自己是獨特的個體、給予成長的空間但不忘管教，告訴他們個人的成長可以不必透過攻擊他人或占他人的便宜方式取得等。

兒童的攻擊行為類型

1 工具性 攻擊
爭奪玩具和空間

2 敵對性 攻擊
蓄意傷害他人

3 肢體性 攻擊
使用武力對付

4 社交性 攻擊
破壞關係的行為

221

遏阻兒童攻擊行為的方式

 不 相容的反應技巧 /
不予理會
故意不理會，以避免增強攻擊行為

遏阻

Aggression
攻擊

 暫 停的程序
遊戲或爭執的中斷暫停，暫時將兒童想要得到的注意撤回

 角 色楷模與教導
成為教導非攻擊性解決衝突的楷模或導師

 營 造無暴力的環境
提供減少衝突的場所

Unit 5-22
兒童與媒體

　　媒體與科技產品的使用，對於兒童發展與行為產生的影響，可說是最受家長關心的議題。對於媒體與兒童發展相關的討論，大都關注在電視、電玩或網路上暴露過多暴力，以及不適合兒童的內容。有關媒體暴力對於兒童影響的研究非常多，此類研究的結論通常是：在媒體上觀看暴力行為對於兒童會產生負面影響。例如：增加兒童的攻擊及反社會行為，以及恐懼和不安全感。

　　在Bandura的一個著名研究中，發現當兒童觀看一名成人攻擊一個名叫「Bobo」的充氣娃娃並得到獎勵時，他們也會傾向複製這樣的行為。許多父母及專家擔心，在電視或電玩中的暴力行為，不但被塑造成模範，同時還被美化。當兒童看到暴力犯罪被獎勵，或是未受到懲罰時，可能導致他們認為使用暴力不是件嚴重的事。

　　許多對於媒體暴力的擔憂，其實與兒童的發展能力有關。回顧Piaget的認知發展階段，幼童要等到所有的認知過程都發展到位後，才有能力分辨現實與幻想。因此學齡前兒童仍然處於幻想（magical thinking）階段，這表示他們很有可能認為電視上所看到的都是真實的情況，他們無法了解電視上的人是在演戲。因此，幼童並不了解電視上的暴力行為是為了「娛樂效果」，並且可能將此行為解釋為社會上的普遍現象和可接受的行為。

　　電視並非全是負面的影響，有些研究顯示電視媒體教導兒童正常健康的見義勇為、友善、合作、敦親睦鄰的精神等值得讚賞的內容。電視節目的設計，如果主題正確、公益性高及講求人性的光明面，是足以擔任如人師的角色，例如：《芝麻街》（Sesame Street）是一種強調社會正常的活動，如分享彼此的資源、患難與共、體恤相助的人類、互相合作的精神與情誼。研究也發現，觀看這類節目的兒童，其性格及行為較為正直。

　　總之，電視節目可提供兒童正面教導功能，同時也可能具有負面的殺傷力。由研究的案例歸納總結，看了太多電視節目的孩子，多半比較被動、畏縮、沒有彈性，不如與同儕結伴而遊的孩子來得有創作力及進取心。

　　另一個需要被關注的議題是，兒童花費在看電視、打電玩或上網的時間。研究指出，當兒童多花1小時在看電視上，其在課堂專注力、數學學習成就及身體活動便相對減少，而身體質量指數（body mass index, BMI）、飲料及零食的消費則相對增加。

　　當媒體使用越來越成為兒童生活的重心，社會工作者需要與學校老師、家長及其他專業人士合作，為科技對於兒童發展的可能影響，找出因應之道。此外，社會工作者也要處理兒童暴露於媒體暴力的議題，協助案主家庭在媒體使用及其他休閒活動上取得平衡，讓兒童多從事身體活動並與同儕互動。最後，對於促進兒童發展的相關政策及立法，社會工作者則要發揮倡導的影響力。以上這些都需要社會工作者持續努力。

媒體對兒童發展影響的四個解釋層面

1 觀察學習

從社會學習理論而言，幼兒透過觀看或模仿來達到對行為的增強而獲得學習。不管兒童是由觀察別人或觀看電視來達到學習，這些都是事實。電視或媒體提供攻擊行為的模仿來源，而且遊戲也讓兒童歷經實際攻擊，加上透過父母、老師、同儕或其他人給予增強，兒童從觀察中可學習到特定策略、一般問題解決能力與態度等。

2 認知基模

兒童由媒體所獲得的認知基模與由特定觀察所獲得的行為不同，「基模」是個體對物體或概念的了解，以及在特定情境中可能遭遇的事件順序。幼兒從媒體吸收到的不真實、刻板化及偏見概念，可能鼓勵幼兒有了不正確的認知基模，這些基模可能導致他們將真實的社會情境解釋為危害性，但事實上可能沒有。

3 去敏感性

當幼童接觸到更多的暴力情節，漸漸地他們需要更多刺激來產生反應，去敏感性讓幼童對暴力情節及行為產生麻痺和遲鈍。去敏感性讓兒童更加習慣看見電視中的暴力，漸漸地他們為暴力所驚嚇的刺激減少，而接受它成為一種習慣。

4 增加激發水準

暴力情節的刺激可能會增加兒童生理的激發水準。激發水準指的是此刺激已激起個體的情緒及生理反應。

Unit 5-23
Baumrind的親職教養風格

社會工作者在從事兒童及家庭社會工作時，理解親職教養的許多層面是很重要的。Baumrind界定了四種不同的親職教養方式，有助於描述父母在養育孩子時的親職教養風格（模式），說明如下：

一、威權專制型父母（authoritarian parents）

此類父母同樣使用堅定、明確的控制，但對孩子較不具關懷和愛，而採取較為拒絕及不回應孩子的方式。對孩子的教養傾向較嚴屬和處罰性，並未考量孩子的觀點或需求，要孩子服從指令，不對孩子提出解釋、溝通或妥協。在此種教養風格下所成長的孩子，常覺得陷於困境、易怒，而且不敢與父母產生衝突，他們可能在學校學業表現較差，對朋友較具敵意與攻擊性，人緣較差，而且較依賴。

二、權威式父母（authoritative parents）

此類型對孩子呈現高度的愛和溫暖，而且對孩子使用堅定、明確的規範與控制。此種父母會陪伴孩子並監督，且對行為有清楚的規範、管教和高度的期待。親子關係是互動、雙向溝通的，父母對孩子的行為會給予支持，並傾聽孩子的言語與需求。此類型父母養育出來的子女有較好的學業表現、較少的敵意行為、較好的社交關係、自尊及較為獨立自主。證據顯示，在西方文化中，權威式教養是養育調適良好兒童的最有效方式。然而，這個結論不一定能適用於其他文化中的父母。並非所有文化在育兒方面都具有相同的價值觀，不同的教養方式實質是反映了該文化中哪些重要的價值特性，從而灌輸給兒童。

三、拒絕／忽視型父母（rejecting／neglecting parents）

亦稱為寬大疏忽（permissive indifferent）、疏忽冷漠型。此類型不會對孩子加以設限，也不會對子女的需求有所回應。拒絕型父母對子女非常嚴屬，而且主動拒絕孩子。而忽視型則忽視孩子的需求，而且未履行父母應有的責任。此類型的父母，可能本身具有太多壓力或缺乏親職技巧，以至於無法適當地表現父母的角色；此類型父母不能承擔養兒育女的責任，或是他們有心理或情緒困擾，他們較為可能成為有毒的父母（toxic parents）。在此類型家庭成長的孩子可能有最壞的發展行為，例如：偏差行為、犯罪、藥物濫用或提早有性行為。

四、放任型父母（permissive parents）

此類型父母給予孩子溫暖與愛，但很少控制孩子的行為，且較少給予孩子限制或規範。此類型的父母由於較寬容，所以少與孩子產生衝突。極端型的父母是「縱容型父母」（indulgent parents），除了無視孩子的違規行為，甚至還會促使違規行為的發生。此類型父母所養育的孩子較可能衝動、學業表現較 差、較少自我肯定、較依賴及少有自信心。

Baumrind發現，父母的溫暖和支持，並且為子女的社會互動設定合理的要求與期待，則兒童比較具有社交能力，社會調適的情形也比較好。另有證據顯示，在養育方面最重要和最有效的方法，甚至可能比特定風格的教養模式更有效，是一致性和關懷。

Baumrind的父母親職教養風格

高

控制

威權專制型父母	權威式父母
■ 父母控制、順從，嚴厲處罰	■ 父母教養具有一致性的支持和妥協，有限度的約束、鼓勵獨立性
■ 孩子不快樂、恐懼、焦慮，以及缺乏主動性和溝通技巧	■ 孩子積極主動、自我導向、具溝通和合作的能力。

1 **2**

低 ← 溫暖　　　　　　　　　　　　　溫暖 → 高

3 **4**

拒絕／忽視型父母	放任型父母
■ 不對孩子設限、不對需求有所回應	■ 父母高度關注孩子，不提供多結構性規範或控制、對孩子的要求很少
■ 孩子易具有偏差行為	■ 孩子自我控制能力差、缺乏對他人尊重

控制

低

225

祖父母教養風格

■ 玩伴：祖父母扮演孫子女的玩伴，雙方都能在祖孫關係中享有共同的樂趣。
■ 遙遠人物：祖父母只偶爾與孫子女接觸，祖父母幾乎沒有參與孫子女的生活。
■ 代理父母：祖父母承擔了照顧孫子女的大部分責任。
■ 正式角色：祖父母僅偶爾提供照顧服務或提供孫子女一些特殊待遇，所有教養責任都是父母自己承擔。
■ 家庭智慧傳承者：祖父母扮演權威角色，扮演智者，傳授技巧、傳統、故事等。

Unit 5-24
Hoffman的父母管教策略

Hoffman提出三種父母的管教策略，每一種都有其深遠的影響，因為會對兒童的發展產生助益或傷害，使用時必須加以考慮，以便決定使用何種方式。分類如下：

一、威權施壓的管教（power assertive discipline）

權威施壓的管教方式，包括體罰、處罰的威脅或透過肢體的方式控制兒童行為。研究顯示使用這些方式可能會增加兒童的侵犯行為，其理由可能是：父母管教的行為提供兒童角色模仿的機會，與父母有衝突的兒童會以為這是解決問題與爭端的最佳手段（吵鬧和威脅），或者威權施壓方式會造成孩子的尷尬與羞愧感，甚至導致自我價值的低落，自我價值比較低的兒童比較會使用侵犯行為來處理問題。

二、愛的撤回（love withdrawal）

愛的撤回是指兒童有不當的行為時，父母將愛撤回。撤回的方式可以是口頭的貶抑、威脅要將小孩送走及指出對方不當的行為是造成不再被愛的原因；除口頭之外，也可用行動表示，故意不理或故意不和兒童互動（又稱沉默的威脅）。這種管教方式對兒童不太公平，因為兒童的行為再嚴重也不應讓他們承受這類的懲罰，這類懲罰也容易造成負面的結果，包括引起焦慮、過度恐懼和減少兒童情感的表達。

三、循循善誘（induction）

循循善誘是指透過解釋和理性說明，企盼能夠影響兒童的行為。其特徵是不以強制或威權管教，重點在於：說明兒童必須依照父母指示而行動的理由，提供兒童決定行動和思考是否行動的空間，考慮兒童認知能力和道德發展

的階段或層次，不將成人的標準強加在他們身上。此方式的優點包括有助於兒童發展內在的道德標準、取得自我控制的經驗、學習考慮和體貼他人的立場，這些都是威權施壓之下的兒童比較無法習得的。

1998年美國小兒科學會及許多親職專家，提供了父母應如何管教孩子的一些建議如下：

一、**管理情境**：父母應該要了解孩子身處的情境，而且能設身處地管理孩子周遭的情境，以降低孩子發生越軌行為的誘因。

二、**設立清楚的規矩與規範**：父母需要清楚指出何事是可以做的，哪些事是不允許的，而且不要一下子就訂定太多的規矩，要依孩子的年齡及發展能力來作為規定的指標。

三、**獎勵好的行為**：不要盡抓孩子的小辮子，而是多注意孩子表現適當及良好的行為，適時鼓勵與增強其正向的行為，並給予管教正向的回饋。

四、**使用誘導、解釋及講道理**：此種方法最能培育小孩自主及高道德行為。溫暖、誘導及講道理的討論，給予父母有機會對孩子表達溫暖及情感，提供示範機會展示正向處理衝突的機會。利用誘導及溝通方法來提升良性的親子互動，以達成雙贏策略。

五、**利用「取消特權」或「暫停」的處罰來取代體罰**：善用行為修正技術來改正孩子搗蛋行為，「取消特權」或「暫停」是一種處罰，被使用來減少非期望行為出現之頻率，此種管教行動與策略對孩子較溫和，也符合適齡發展實務。

Hoffman的父母管教策略

01

威權施壓的管教
- 體罰、處罰的威脅、肢體的方式控制兒童行為。
- 造成孩子羞愧、自我價值的低落

02

愛的撤回
- 口頭的貶抑、威脅、不再被愛、不理會
- 引起孩子焦慮、過度恐懼、減少情感表達

03

循循善誘
- 透過解釋和理性說明
- 有助於孩子道德標準發展、取得自我控制、體貼他人

Hoffman的父母管教策略之案例

- 媽媽的問句：小成，進來屋子裡，不聽話，我就打屁股。
- 孩子的反應：引起兒童的憤怒或不滿。

循循善誘的例子：
- 請不要靠近那道牆壁，因為牆壁不夠堅固，可能無法支撐你的重量（理由是為了避免受傷）。
- 你今晚不能看電視，因為你違背了不能無緣無故發脾氣的規範（訴諸公平公正）。
- 請不要一邊講話，一邊嚼食物，不太符合餐桌應有的禮儀（訴諸行為規範）。

- 媽媽的問句：小成，該進來了，晚餐已經好了，今晚你阿姨要和我們聚餐，再不進來我們會遲到的。
- 孩子的反應：這是循循善誘，這種方法可以協助兒童了解自己的行動要依照父母指示的理由，兒童會比較合作。

Unit 5-25
親職教育模式

　　社會工作者常常必須擔負親職教育的責任，有時必須帶領父母進行親職教育團體，或協助寄養父母如何管教托養兒童，或提供未婚青少年父母親職教育課程等。茲說明四種最常用的親職教育模式，每一種都有它基本的運作原則，這些教育模式包括親職效能訓練（parent-effectiveness training, P.E.T）、父母參與訓練（parent-involvement training, P.I.T.）、行為修正（behavior modification）、有效管教的系統訓練（systematic training for effective parenting, STEP）。本單元先說明親職效能訓練，其餘親職教育模式於後續單元說明。

一、親職效能訓練（parent-effectiveness training, P.E.T）

㈠親職效能訓練是人文學派的主張，強調父母和兒童之間的關係應該是相互尊重的。Gordon認為父母應該永遠放棄權力的使用，其理由有二：1.因為權力會傷害人，也會破壞人際關係；2.權力的運用會妨礙P.E.T.中無傷的（no-lose）解決衝突方法的實施。P.E.T.對兒童行為的看法與眾不同，認為沒有所謂的不當行為，任何行為的目的只是為了滿足需求。

㈡P.E.T.主張的第一個策略是鼓勵父母和兒童雙方，將焦點放在雙方關係中沒有問題的層面，其作法是環境營造，也就是營造一個可以減少問題發生的環境。例如：將藥物擺在兒童拿不到的地方，可減少父母的干預和雙方的衝突。一個問題較少的環境，也是一個能讓雙方避免過度互相干擾、氣氛輕鬆、放鬆個體和保持冷靜的環境。

㈢其次，當這些措施無效的時候，才訴諸P.E.T.的重要技巧。首先，父母要問：「這是誰的問題？」（問題的歸屬），如果這是兒童自己必須解決的問題，則父母要傾聽。例如：兒童因為弄丟了學校的作業本而無法交給老師，在學校被訓誡，放學後，進入家門就面有怒色，這是兒童自己的問題。父母要學習如何協助兒童了解、接納和處理自己的感受。父母可以對兒童說：「你很生氣，我知道準時交作業對你來說是很重要的事。」許多父母使用的方式不太適當或不太有效，例如：一聽到孩子這麼說，便生氣地嚴加責備，有些父母則企圖為孩子的行為合理化，或想要替代兒童成為問題的解決者。

㈣如果父母無法接受孩子的行為，問題便歸屬於父母，父母是解決問題的關鍵。這時候必須使用的策略是：使用第一人稱「我」來傳達訊息或自己的感受，避免使用第二人稱的「你」，以第二人稱為開頭的話語帶有譴責和貶抑，容易造成兒童自我價值的低落。例如：兒童將音響的音量調高，父母可以對他們說：「我真的需要安靜片刻，請你將音量調低點，好嗎？」如果以第二人稱則常會變成：「你每次都這樣，只會吵人，什麼都不會。」

㈤當上述兩種方法都無效的時候，最後才使用無傷的（no-lose）問題解決方式：父母和兒童一起坐下，雙方合作一起解決問題。

P.E.T.強調的管教原則

	問題歸屬	管教原則
父母 **能夠接受** 的 行為	問題歸屬於兒童（兒童是問題的解決者）	父母傾聽
	沒有問題	
父母 **無法接受** 的 行為	問題歸屬於父母（父母是問題的解決者）	以「我」（第一人稱）傳達訊息，必要時，使用「無傷」的問題解決方法

無傷的（no-lose）問題解決方式之步驟

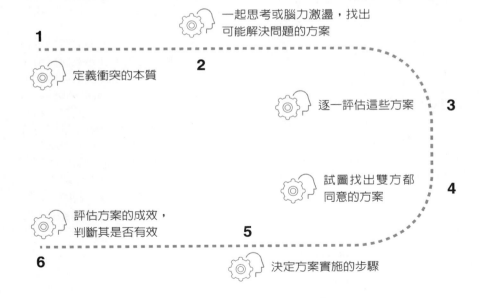

1 定義衝突的本質

2 一起思考或腦力激盪，找出可能解決問題的方案

3 逐一評估這些方案

4 試圖找出雙方都同意的方案

5 決定方案實施的步驟

6 評估方案的成效，判斷其是否有效

Unit 5-26
親職教育模式（續1）

　　社會工作者常常必須擔負親職教育的責任，有時必須帶領父母進行親職教育團體，或協助寄養父母如何管教托養兒童，或提供未婚青少年父母親職教育課程等。茲說明四種最常用的親職教育模式，每一種都有它基本的運作原則，這些教育模式包括親職效能訓練（parent-effectiveness training, P.E.T）、父母參與訓練（parent-involvement training, P.I.T.）、行為修正（behavior modification）、有效管教的系統訓練（systematic training for effective parenting, STEP）。本單元接續說明父母參與訓練、行為修正，其餘於後續單元說明。

二、父母參與訓練（parent-involvement training, P.I.T.）

　　參與訓練的主旨是鼓勵父母參與，尤其與學校教師合作，其理由是父母行為的改變根植於充滿信任、接納與溫暖的人際關係上。被信任的兒童和自我肯定的兒童，行為較容易被改變。P.I.T.教導父母要隨時融入孩子生活，尤其當他們有需要或情緒不佳時。父母不可接受任何藉口，且應避免使用處罰，與孩子一起玩遊戲，提示兒童評估自己的行為等技巧（P.I.T.訓練方案的七個步驟如右頁圖示）。

三、行為修正（behavior modification）

㈠ 行為修正的重點在於教導父母如何將行為學派的原則應用到管教兒童上，這些原則包括行為的增強、懲罰、消除、區辨增強和衝動的控制等。首先教導父母選擇和定義想要改變的行為，行為的改變不外乎是決定要增加行為的次數或減少行為發生的頻率。選定了想改變的行為且學會如何定義之後，還要學習如何監控與記錄該行為，以便評估行為的嚴重性和後來行為改變的程度。例如：使用圖表表示或記錄之。這些都學會之後，開始教導父母行為改變的原則。想要增強行為出現的頻率時，通常以讚美或代幣制度（累積點數以換取金錢、獎品或特權），多數運用行為修正法的專家，會強調讚美的使用勝過其他的行為修正原則，他們會鼓勵父母當兒童表現出好的行為時，大加讚美，為了增加讚美的次數，還鼓勵父母以小卡片自我提醒，甚至將兒童行為的進步，以圖表記錄並張貼，以自我勉勵。

㈡ 想要減少行為的次數，通常要使用各種不同的懲罰方法。例如：使用消除（不理或忽視），以減少上床前哭鬧的行為或避免增強其行為。此外，兩個最常被使用的懲罰方式是暫停和撤銷原有的特權。暫停是讓兒童在角落靜坐2～6分鐘，以引起枯燥無聊或避免增強其行為；撤銷是取消代幣制度的點數或特權，如果行為持續下去，進一步取消日常的特權，例如：為了減少手足之爭，可取消看電視的特權。

P.I.T.訓練的七個步驟

1　常常參與或投入，尤其是以聊天的方式，集中在雙方都感興趣之事物上。

2　協助兒童辨識自己當下行為的特徵，並且認識到那是他們自己選擇的行為模式，雖然不可忽略兒童的感受，但此時將焦點放在行為是必要的。

3　提示兒童評估自己的行為，要他們捫心自問自己的行為是否有益。

4　協助兒童策劃負責任的行為，要避免好高騖遠，最好能有成功的經驗作為行為持續的動機。

5　協助兒童對計畫的實施有所承諾，和他們訂定契約可以增進其動機和投入的意願。

6　不接受藉口，如果他們沒有照著所承諾的去實踐，回到步驟3，重新開始。

7　避免使用懲罰，因為懲罰可能造成身心的痛苦，導致孤獨、孤立和敵意，寧可多運用鼓勵或獎勵等正增強的方式，必定可以激發兒童的動機和增進他們的投入。

Unit 5-27
親職教育模式（續2）

圖解人類行為與社會環境

　　社會工作者常常必須擔負親職教育的責任，有時必須帶領父母進行親職教育團體，或協助寄養父母如何管教托養兒童，或提供未婚青少年父母親職教育課程等。茲說明四種最常用的親職教育模式，每一種都有它基本的運作原則，這些教育模式包括親職效能訓練（parent-effectiveness training, P.E.T）、父母參與訓練（parent-involvement training, P.I.T.）、行為修正（behavior modification）、有效管教的系統訓練（systematic training for effective parenting, STEP）。本單元接續說明有效管教的系統訓練。

232

四、有效管教的系統訓練（systematic training for effective parenting, STEP）

　　有效管教的系統訓練來自Adler（阿德勒）學派的影響，Rudolf Dreikurs首先將其運用到親職教育實務上，之後Dinkmeyer及McKay運用Dreikurs的想法，進一步設計一套完整的親職教育模式，其主要概念如下：

(一) **了解影響子女態度和信念之形成：**家庭中許多因素，例如：遺傳、家庭氣氛、價值觀和父母教養方式，皆是影響孩子行為的重要因素。生活中的重要成人被子女當作角色模範，也是影響孩子的態度和信念的重要因素。

(二) **兒童不當行為之目的：**Adler認為人的行為皆是有目的的，Dreikurs則指出小孩的行為背後有四個目的：引起注意、爭取權力、報復和自信心不足。因此，父母需要學習鼓勵和管教策略。除了強調給予兒童許多責任，避免過度保護或不必要之代勞，再者使用自然和合理的邏輯結果，讓兒童能

夠有機會經驗自己的行為和抉擇（不論好壞）所帶來的結果。

　　因此，有效管教的系統訓練這種親職教育訓練的基本信念是：行為不當的兒童是缺乏鼓勵的兒童。父母需要學習使用鼓勵與管教的策略，說明如下：

(一) **鼓勵：**強調給予兒童許多的責任，避免過度保護或不必要的代勞。例如：讓兒童自己倒牛奶，若沒倒好，為其擦拭桌面，繼續嘗試。對此兒童才能由自己行為學得教訓，這在管教的技巧上更具效果。

(二) **管教：**是指運用自然與邏輯的結果，讓兒童能夠有機會經驗自己的行為和抉擇（不論好的或壞的）帶來的結果。這和行為修正的原則不同。懲罰與獎勵兒童的行為，是指父母得為兒童的行為負起責任。STEP講求的管教是兒童自己做決定，並由好的決定得到益處，為壞的決定承受後果，如此兒童比較會為自己的行為負責，不必受父母的干預。例如：兒童太晚回家，錯過晚餐，他們必須自己準備晚餐；忘了帶外套，必須面對可能的感冒；錯過了公車時間，必須走路去學校，這些都是緊跟在行為之後的自然結果。如果自然結果不會發生，或者會引起危險，則必須改用邏輯的結果。例如：父母覺得兒童自己在外面玩太危險，就必須在家裡玩；兒童如果在牆壁上亂塗鴉，父母就必須將蠟筆沒收。管教系統訓練者認為，使用自然和邏輯的結果管教兒童，比使用獎勵和懲罰還要有效，可避免父母介入所造成的權力角逐，並且提供兒童從實際生活習得結果的機會。

STEP的管教策略

鼓勵
給予兒童責任，避免過度保護或不必要的代勞。

管教
兒童要為自己的行為和抉擇帶來的結果負責。

親職教育模式

親職教育模式	主要假設／目標	關鍵概念
親職效能訓練	人類學取向：父母應該放棄使用權力	確認誰是產生問題者，若為兒童則積極傾聽。 若為父母，以單一人稱傳遞訊息。 無效的話，即使用「無傷」的問題解決模式。
父母參與訓練	父母行為的改變根植於充滿信任、接納與溫暖的人際關係	被信任的兒童和自我肯定的兒童，行為容易被改變。
行為修正	使用如增強之原則，來改變兒童的行為	定義欲改變、追蹤及監督進展、執行計畫。
有效管教的系統訓練	阿德勒（Adler）取向：需了解不當行為背後的原因，發展責任感	四種目標：注意、權力、報復與自信心不足，協助兒童增加責任感，避免過度保護且使用自然合邏輯的方式。

Unit 5-28
家庭的型態

家庭的型態隨著社會的變遷，而呈現多樣的型態，茲說明如下：

一、繼親家庭與重組家庭（stepfamilies and blended families）

亦稱為混和家庭。意即透過再婚而組成的家庭，繼親家庭常會再生育以增添家庭的成員。指父母親之一或雙方帶著前任婚姻或結合關係的小孩住在一起，共組新家庭，家庭成員可能包括繼父、繼母和來自於前一任婚姻所帶來的孩子。此種家庭成員也可能包括目前婚姻所生的孩子。如同離婚一樣，父母再婚與家庭的重組也會造成兒童適應上的困難。重組家庭中父母各自帶來的孩子需要時間彼此認識並建立關係，家中的每一位成員也都需要適應新家的環境，以及新的角色和責任。此外，再婚的父母雙方通常需要一段時間適應同居的婚姻生活，這也會讓孩子們承受到額外的壓力。

二、單親與同居家庭（single parent and cohabiting households）

單親家庭是指雙親只有一方與小孩住在一起，形成單親家庭的最主要原因為離婚所造成。在美國，2012年的新生嬰兒中，約有41%為未婚女性所生，約42%的12歲兒童會生活在同居家庭，而這個比例幾乎是與離婚父母一方同住兒童的2倍。

三、隔代教養家庭

隔代教養一般又稱為「隔代家庭」或「祖孫家庭」，係指小孩因種種原因無法與父母親同住，只得與祖父母生活在一起，而由祖父母代為照顧子女及負擔教養責任的家庭。隔代教養家庭有狹義及廣義之分：狹義指由祖父母負起孫子女照顧及教養責任的家庭，父母親則很少或根本沒有履行親職；廣義則如三代同堂，或晚間父母、週末父母、假期父母等情形，惟父母親仍或多或少履行親職的情形。

四、同志家庭

同志是否適合擔任父母，是一個備受爭議的教養議題。事實上，許多同志有親生的子女，大部分是在之前的異性戀關係之中所生，然而當爭取孩子的監護權時，同性戀的一方經常受到歧視。即使仍有部分的人認為同志不適合當父母，但實證研究顯示，同性戀家庭的孩子在適應上與異性戀家庭的孩子無異；兒童無論是生長於同性戀或異性戀家庭，在認知、情感、社交及性功能的發展上，均呈現同樣的發展水準。此外，沒有任何證據顯示，生長於同志家庭的孩子，將來必定會朝同性關係發展。美國兒科學會認為伴侶之間彼此相愛、關係穩定，孩子便能獲益，因此支持同性伴侶領養小孩。

五、飽和家庭（saturated family）

Tommy晚上7點在學校有活動，所以要在6點吃飯，他的姊姊Martha則在曲棍球場等著家人接她回來。因為母親Sarah在辦公室有會議，直到8點後才能離開，到時候將沒有人做晚餐，也沒有人去接Martha。Sarah曾請先生Rick早點回家幫忙，但是他要準備隔天飛往Dallas的公事，必須工作到晚一點。而隔天是Sarah母親的生日，但是他什麼都還沒準備。除此之外，家中的電話答錄機還有緊急的訊息，一通是Rick的老朋友說會在城裡待一天，想順道拜訪他；另一通則是Sarah好友向她哭訴自己的婚姻問題。Gergen稱這種現代家庭為「飽和家庭」。

01 ▶ 兩人組合的家庭

只有兩人組成一個家庭,這種家庭可能只有夫妻兩人或單親家長及一個單獨的孩子。這種兩人家庭的結構可能是一種相互共生共存的依賴形式,兩個個體在生物體上相互依賴,在這種家庭中,兩個人可能十分相依為命。

02 ▶ 三代同堂家庭

通常是指社經地位較低的團體所組成。在這種幾代同堂的家庭中,有著祖父母、父母、兒童們,這種組合最常見的問題是,誰負責管教孩子。

03 ▶ 一條鞭法家庭

是指配偶一方因職務所需經常離家,如海軍眷屬。其家庭模式是由夫妻一方挑起大梁,肩負雙重的責任,既為家庭照護者、執行者,也是負責教導孩子的人。

04 ▶ 流動家庭

流動家庭(fluctuating families),指的是家庭中的關係不定型,長期處於不斷變動的狀態,缺乏界線。流動家庭必須適應權力結構的喪失,傳統上階級與權力結構的概念,將逐漸不適用於現代家庭。另外,亦可指這種家庭時常移動於不同的地區,所以對家庭成員而言,認同一個特定地方為家的概念是因為移動而逐漸消失的,一個成年人可能因為常常轉換關係而視人際關係缺乏意義。

第五章 兒童期

235

NOTE

Unit 5-29
兒童福利服務

本單元說明兒童福利服務之類型，以及兒童保護的三級預防機制，內容如下：

一、兒童福利服務之類型

Kasushin及Martin（卡督遜與馬汀）將兒童福利服務依其與家庭系統互動之目的，分為三類：

（一）支持性服務（supportive service）

1. 支持性服務是以家庭為基礎的計畫（home-based programs）和兒童保護機構的工作。主要目的在支持、增進及強化家庭滿足兒童需求之能力，避免家中成員因蒙受壓力，且在壓力持續一段時間後，導致家庭關係或結構的破壞，因而影響兒童之福祉。

2. 支持性服務為兒童福利的第一道防線，其具體的服務內容包括未婚媽媽服務、兒童虐待疏忽預防性服務、社區心理衛生及家庭與兒童諮商服務等。

（二）補充性服務（supplementary service）

1. 補充性服務是在彌補家庭照顧之不足或不適當，而有的福利服務。主要目的在因應父母角色不適當執行，致影響親子關係，但經由家庭系統之外提供補充性服務之適當協助，補助父母實行照顧子女的功能，使子女仍能生活於家庭中，避免子女受到傷害。

2. 補充性服務為兒童福利服務的第二道防線，其具體的服務內容包括經濟補助、托育服務、居家服務等

（三）替代性服務（substitutional service）

1. 替代性服務是在家庭發生特殊狀況致嚴重危害兒童受教養的權益，需要短暫或永久解除親子關係時，將兒童進行家外安置或收養之服務。替代性服務必須以「兒童的最佳利益」作為家外安置服務的主要依循準則，且長遠規劃（permanency planning）之原則為親生家庭教養，其次依序為親屬寄養、一般家庭寄養、機構教養。

2. 替代性服務為兒童福利服務的最後一道防線，其具體的服務內容包括寄養服務、機構安置及收養服務等。

二、兒童保護的三級預防機制

(一) **初級預防**：避免及阻止虐待案件的發生，此部分有賴社會宣傳、親職教育，以及兒童服務工作者、學校老師與大眾媒體扮演積極角色。

(二) **次級預防**：幫助及保護不幸的受虐者。此部分主要依賴良好的責任通報制度和輔導照顧措施，社會工作者、醫療體系人員、兒童保護機構工作者和司法人員特別重要。

(三) **三級預防**：治療受虐兒童所受到的傷害，共同預防進一步的受害。最主要是身體治療、寄養服務、心理輔導等，社會工作者和醫療人員都有責任為此努力。

整體而言，若自廣義角度觀之，兒童福利係以全體兒童之成長與發展為主，以發展或制度化取向（developmental or institutional orientation）為原則，採取積極性、發展性、預防性及全面性之福利作為，保障所有兒童之各項基本權益，並兼顧成長發展需求的一項福利服務。若自狹義角度觀之，兒童福利係以特殊需求兒童之特定需求為主，以殘補或最低限度取向（residual or minimal orientation）為原則，採取消極性、保護性、補救性及問題解決性之福利作為，以保障弱勢兒童之權益，提升其生活福祉之一項福利服務。

兒少保護社會工作者的助人者角色

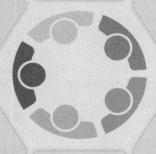

評估者
提供兒童少年安全性評估：進行家庭功能與需求評估。這個工作自受理通報開始到結案都會持續進行。

協調者
協調網絡各單位提供家庭服務；協助家庭關係的處理。

教育者
幫助家長、民眾了解兒童少年保護的觀念。提供親職示範，以及表現出合理的權威運用。

資源連結者
媒合適當資源，使案家減輕照顧者生活上的壓力。如照顧服務員、安親班、社福補助、兒童少年關懷據點、諮商協談等。

行政者
完成組織所規定的工作記錄或行政作業。

倡導者
協助個案反應現有體制上的不平等，以及協助他人理解個案的身心或家庭狀況，倡導個案權益的維護。

兒少保護社會工作者的公權力角色

- ■ 調查者：依法執行疑似兒童少年保護案件調查工作。
- ■ 執法者：依法進行強制安置的工作。
- ■ 裁罰者：依法開立行政處分，裁處施虐者進行強制性親職教育或罰鍰。
- ■ 司法角色：為保障兒童少年的人身安全，依法聲請保護令、提起獨立告訴或告發、提起停止親權訴訟、依法代行親權等。
- ■ 監督者：定期監督兒童少年保護個案的家庭改變進度。

Unit 5-30
兒童虐待發生的理論

對於兒童虐待的發生，有不同的理論解釋觀點，說明如下：

一、心理動力模式

兒童虐待的加害者通常在童年時期也有被虐待的相同經驗，導致個人的自我概念模糊、性格偏差、對人缺乏信任感、挫折容忍力低或人格不成熟等現象。因此，因童年時期的不滿足導致目前內在衝突的發生，並在不知不覺中將潛意識中的早年受虐經驗重演，或是陷在缺乏親職知識的惡性循環中，對孩子有不合理或非理性的要求，甚少思考孩子在不同年紀有不同的發展和需要。

二、人格特質模式

本觀點是分析施虐父母的人格特質。施虐父母通常自制力差、挫折容忍力低、易衝動、較缺乏安全感、低自尊或自我認同混亂等，這些施虐父母會較孤立且少與社會接觸，所以對人難以信任，因此，當有環境上的壓力產生時，施虐行為就容易發生。此外，父母會對孩子有過高的期望或因擔心太寵孩子而做出不當苛求，當孩子無法達到父母要求時，施虐行為便會發生。

三、社會學習模式

認為行為是經由人們的經驗與認知而習得，特別是兒童早期的生活經驗對兒童的未來具有決定性的影響。在兒童社會化過程中，兒童與主要照顧者或重要他人的互動模式將奠定兒童日後的行為模式。因此，如果兒童在童年時期的需求沒有得到適當的滿足，也缺乏適當的角色模仿對象，在為人父母後也就缺乏適當的親職知識。如果童年曾有受虐待的經驗，虐待模式便在世代間傳遞；另施虐行為可以帶來想要獲得的結果，因此當受害者順從壓迫時，施虐者將因此得到權威、控制及心理的滿足，進而增強其施虐行為。亦即，不管施虐者或受虐者的行為，皆是學習而來。

四、社會心理模式

強調兒童虐待不是單一因素所促成，而是由諸多因素共同引起的，且各個因素間有相當複雜的關係。認為父母虐待子女是其因應壓力的一種形式，而造成壓力情境的因素則有：父母關係不和睦、家庭結構不穩定、失業、社會疏離、子女本身的偏差行為、父母社經地位或社會化程度等，都可能是促成施虐的因素。當施虐父母面對一連串的社會和孩子所帶來的壓力，再加上突發性危機事件，虐待行為就極有可能發生。

五、環境壓力模式

此觀點並非探討個別差異，而是對整體社會、價值和家庭組織的共同特質做研究，包括社經階層、失業、擁擠的環境等。認為可能引起兒童虐待的環境壓力有低教育程度、貧窮、種族、失業或因工作壓力過大導致失控而虐待的情形。另外，諸如婚姻衝突、配偶遺棄、疾病、經濟問題、缺乏親職教養技巧或缺乏社會支持系統等因素，也較易促成虐待事件的發生，當壓力產生而又無資源可資利用或壓力無法紓解時，便將壓力轉移至孩子身上。

六、精神病理模式

此觀點認為，虐待行為的發生乃起因於施虐者罹患各類精神疾病，影響其個人心理健康狀況，進而導致虐待行為的發生。

兒童虐待對於成長與發展可能造成的影響

生理損傷	認知損傷	情緒損傷
身體虐待或疏忽		
■ 燙傷、疤痕、裂傷、骨折、重要器官及四肢的損傷 ■ 營養不良 ■ 身體暴露於外 ■ 皮膚保健不良 ■ 牙齒保健不良 ■ 嚴重健康問題 ■ 嚴重牙科問題 ■ 發育不良症候群 ■ 死亡	■ 認知能力遲緩 ■ 語言能力遲緩 ■ 心智遲緩 ■ 現實感遲緩 ■ 思考過程的整體阻礙	■ 負面的自我概念 ■ 攻擊行為增加 ■ 同儕關係不佳 ■ 衝動控制不佳 ■ 焦慮 ■ 注意力缺乏 ■ 逃避行為
性虐待		
■ 口腔、肛門及陰道部位受傷 ■ 生殖器及直腸部位疼痛 ■ 生殖器及直腸部位出血 ■ 生殖器及直腸部位撕裂傷 ■ 性傳染病	■ 過動 ■ 性行為異常	■ 過於適應的行為 ■ 過於順從的行為 ■ 慣性失調（咬指甲） ■ 焦慮 ■ 憂鬱 ■ 失眠 ■ 作惡夢 ■ 自殘
情緒虐待		
	■ 悲憤的人生觀 ■ 焦慮及恐懼 ■ 扭曲的世界觀 ■ 道德發展缺陷	■ 疏離 ■ 親密問題 ■ 低自尊 ■ 憂鬱

Unit 5-31
兒童虐待類型：身體虐待

圖解人類行為與社會環境

240

兒童虐待（child abuse or maltreatment），是指違背社會對兒童照顧和安全所訂規範的情況，包括身體虐待、疏忽、情緒虐待、性虐待等類型。茲分多個單元依序說明各類型，本單元及次一單元說明身體虐待。

身體虐待（physical abuse）是指對兒童身體施加的傷害，例如：造成骨折、嚴重和輕微燒燙傷、頭部受傷和瘀傷等。另外，身體的碰觸即使沒有明顯可見的傷痕也算是，例如：打耳光、毆打、使用皮帶或以戒尺體罰。兒童身體受虐的指標，包括身體指標及行為指標，說明如下：

一、身體指標

(一) **瘀傷**：任何嬰兒身上的瘀傷都應該被懷疑，他們甚至還不能行動，所以不太可能弄傷自己。瘀傷的部位或形狀不尋常，可能是身體虐待。當瘀傷形狀可辨識為如手印或皮帶時就該注意，最後如果瘀傷顏色深淺不一，可能意味瘀傷已經一段時間了。

(二) **撕裂傷**：經常發現或無法解釋原因的割傷、擦傷或抓傷，可能是身體虐待。應該要注意臉部和生殖器的撕裂傷，咬傷也可能是虐待。

(三) **骨折**：骨折和其他骨頭的傷害可能是虐待的指標，特別是奇怪的扭曲變形骨折，和多處骨折更是無可掩飾的症狀。嬰兒骨折原因可能是虐待，其他則為關節脫臼和骨膜受傷。

(四) **燒燙傷**：特別是奇怪部位或型態的燙傷，可能是虐待的指標。兒童被香菸燙傷與繩索烙印（被綑綁與監禁），或發生在難以到達的部位，如胃、生殖器或腳底燙傷都是虐待的線索。燙傷的型態也會指出孩子被何種熱容器所傷。

(五) **頭部受傷**：其指標如頭蓋骨折、強烈拉扯之後的掉髮及硬腦膜下血腫、黑眼圈也很可疑，強烈搖晃孩子會造成視網膜剝離或出血。

(六) **內出血**：踢打可能造成孩子脾臟、腎臟及腸子的傷害，靜脈破裂及腹膜炎都可能是虐待指標。

二、行為指標

(一) **極度被動、親切、低姿態的柔順行為**：避免與父母潛在衝突，因為這可能會導致被虐待，受虐兒童異常溫和及馴服，以避免任何與施虐父母可能的衝突。假如他們可以隱形，就不會激怒父母。因為過度關注自己，受虐兒童甚至會避免玩樂，這種行為模式有時稱為過度警戒。

(二) **因為需求未被滿足而產生憤怒及挫折，導致對他人有明顯攻擊行為與敵意**：有些孩子在初期時會裝出完全相反的過度被動態度，這些孩子拚命地想要被注意，會試著做任何事來得到注意，即使只能從父母處得到負面的注意，這會增強他們的攻擊行為。

(三) **發展遲緩**：因為受虐孩子被迫將他們的專注與精神放在適應受虐狀態，經常呈現發展遲緩，如語言遲緩、社會技巧發展不足或動作發展遲緩。

社會工作者評估兒童是否遭受身體虐待應考慮的問題

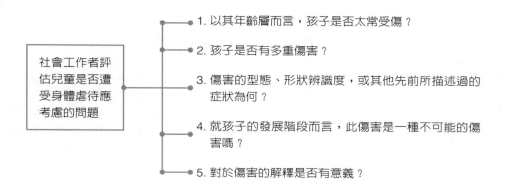

社會工作者評估兒童是否遭受身體虐待應考慮的問題

1. 以其年齡層而言，孩子是否太常受傷？

2. 孩子是否有多重傷害？

3. 傷害的型態、形狀辨識度，或其他先前所描述過的症狀為何？

4. 就孩子的發展階段而言，此傷害是一種不可能的傷害嗎？

5. 對於傷害的解釋是否有意義？

兒童虐待的相關症候群

搖晃嬰兒症候群（shaken infant syndrome）

是指搖晃嬰兒所造成頭部的傷害。由於嬰兒的頸部肌肉很脆弱，在快速的搖晃之下，大腦可能會撞擊頭骨，造成嬰兒顱內出血和腦部的傷害，也可能會有永久性神經損傷、抽筋、失明或耳聾。看得見的症狀則包括昏睡、哭鬧、嘔吐、沒有胃口及抽筋等，甚至有25%的嬰兒會死亡。

曼喬森氏症候群（Munchausen's syndrome by proxy）

受虐嬰兒通常會有多種不同的病症，這些症狀多數是照顧者（通常為母親）親手造成，製造症狀者通常也是最先發現孩子有症狀的人，她們會通報家人或醫療人員，虐待者通常有強烈想要立功的欲望或被孩子依賴的需求。例如：母親會餵孩子喝糖漿，使之嘔吐；或將血滴入孩子的尿中，讓人覺得這孩子好像病了。

241

Unit 5-32
兒童虐待類型：身體虐待（續）

雖然造成兒童虐待的背後動機相當複雜與多元，其共通特徵包括以下六個層面，但並非每個人都具備全部特徵，可能只會具備某些問題。茲將兒童虐待的施虐者的特質，說明如下：

一、人際和撫育的支持

施虐者的基本特質是低自尊，從兒童期開始他們的情感需求就沒被滿足，所以他們也無法滿足孩子的需求。因為對自我能力信心不足，導致抗拒和敵意。他們不知道如何得到支持，一方面覺得沒受到幫助，另方面極度渴望別人的支持。

二、社會孤立

施虐者的自信可能較低，自認不被喜歡，所以將自己隔絕起來。即使需要他人情感支持，他們也拒絕關心、害怕關心，不想與別人聯繫，造成壓力與日俱增，無人能夠協助。

三、溝通與人際關係困難

施虐者與家人、重要他人的關係惡劣、溝通困難、有敵意，低自尊也會影響與伴侶、甚或重要他人的關係。施虐者不知道如何滿足自我需求，且因為不知道如何適當表達感受，而衍生失望與憤怒。即使在婚姻或伴侶關係中，他們還是覺得孤立和孤單。父母無法互相溝通時，可能會遷怒孩子，會把要對伴侶或重要他人表達的暴力跟憤怒，發洩在孩子身上。

四、親職技巧不足

許多施虐者不知道如何撫育孩子，由於他們的原生家庭經驗可能是敵意和虐待的，因此從未由父母和照顧者身上觀察到養育行為，所以也就無法學習到如何養育子女。此外，他們可能要求孩子需完全順從，或親職管教行為不一致、具有敵意且缺乏正向互動。

五、適應技巧不佳

施虐者可能無法適應壓力，故壓力由孩子替代承擔。他們缺乏憤怒管理技巧，也不知道如何滿足自我情緒需求，也可能沒學習到如何區隔感受、情緒與行為，因此當生氣時，他們無法以口語討論，就使用拳頭。未能學習適當的責任劃分技巧，施虐者傾向將自我過錯怪罪他人，例如：是因為孩子太頑皮，是孩子的錯，所以孩子應該被打。施虐者可能也缺乏決策和問題解決技巧，很難表達和評估對各種不同選擇的正反面影響。

六、高度外在壓力與生活危機

兒童虐待與低社經地位有關，貧窮導致壓力，施虐者缺乏適應策略，覺得孤立又無力。其他生活壓力，如失業、生病、婚姻或家庭爭執，甚至孩子的行為，可能將其逼到邊緣無法適應，他們排除壓力最簡單的策略，隨手可得的目標就是孩子。

兒童意外傷害與虐待傷害的辨別

意外傷害	虐待傷害
傷害發生的過程能夠交代清楚,且前後症狀一致;在意外發生之後即刻產生。	沒有人知道傷害如何發生,說辭一變再變;傷害之後,幾天才產生症狀。
意外發生之後,照顧者即刻尋求醫療照護。	傷害之後,照顧者可能尋求醫療照護。
意外發生的時候,有人目擊。	只有一人知道傷害如何發生,沒有其他任何人目擊。
有人知道意外怎麼發生,並可以清楚描述。	總是同一套說法, 孩子從床上或椅子上跌下來(警察稱之為「殺手沙發」)。
意外發生通常有一件主要的事件,例如: ■ 主要的傷害發生在住家以外的地方。 ■ 跌下來並不是死亡或受傷的主因。 ■ 跌下來的傷害通常具有某種高度(如3公尺以上)。	傷害的原因通常微不足道,例如: ■ 從1公尺以下的高度跌下。 ■ 是手足將小孩丟下而造成的。 ■ 將零星的小傷害解釋為一項主要的傷害。
小孩活潑蹦跳。	小孩無法動彈。

243

Forward提出的有毒的父母之特徵

1 **無法勝任教養子女的父母**
經常只顧自己的問題,把子女當成小大人,反而要求子女來照顧他們。

2 **主宰慾強的父母**
用罪惡感來控制子女,甚至過度地照顧子女的生活,讓子女沒有自己的生活。

3 **酗酒的父母**
把大部分時間精力用在否認自己的問題,置子女的生活與成長於不顧。

4 **情緒虐待者**
經常嘲笑、批評、挑剔、諷刺、數落、吼叫、謾罵、侮辱子女、打擊子女的自尊心。

5 **身體虐待者**
動不動就發脾氣、責罵子女、體罰子女,用體罰來控制子女的行為。

6 **性虐待者**
對子女毛手毛腳,玩弄子女的性器官,和自己的子女亂倫。

Unit 5-33
兒童虐待類型：兒童疏忽

　　兒童虐待（child abuse or maltreatment）是指違背社會對兒童照顧和安全所訂規範的情況，包括身體虐待、疏忽、情緒虐待、性虐待等類型。茲分多個單元依序說明各類型，本單元說明兒童疏忽如下：

一、兒童疏忽（child neglect）

　　兒童疏忽是一種比較不明顯的虐待，涉及成人的主動式或被動式行為。身體疏忽（physical neglect）包括遺棄、延誤就醫或剝奪健康照護的機會、照料不周到，以及基本生活需求（衣、食、住、衛生）供給不足。如果想要避免這些方面的疏忽，父母必須提供持續的支持、資源和主動照顧孩子，兒童疏忽通常是因為資源嚴重缺乏所致。

二、兒童疏忽的指標

　　值得注意的是，並非所有的特徵都適用於所有兒童疏忽，但任何一個特徵都可能是疏忽的指標。

(一) **生理健康照顧**：生病而未被照顧及適當的牙齒健康維護。

(二) **心理健康照顧**：兒童的心理健康問題不是被疏忽，就是不予理會。有時照顧者於孩子被發現有嚴重情緒或行為障礙時，對被要求其接受矯治或治療之建議予以拒絕。

(三) **教育疏忽**：父母未能遵守法律讓孩子上學，缺乏正當理由的過多曠課和遲到，也可能是疏忽的指標。

(四) **教導**：經常或多半讓兒童獨處，缺乏充分的教導，甚至不照料嬰幼兒，或是將較幼小的孩子當成其他孩子的責任，由其教導。當孩子從事可能傷害自己的活動時不加以指導，或是孩子不準時上學也未能適當教導。

(五) **遺棄與替代性照顧**：最公然的疏忽形式是遺棄。父母放任孩子獨處不予照顧，父母應該回家的時間卻沒回來，對於受託照顧者置之不理，也不知道他們與孩子的相處狀況。

(六) **居家危險物品**：住所的溫度、空氣及安全設備等不適合，危險物品如將藥品或武器隨意放置在孩子隨手可及之處，電器設備不合格也可能導致危險。

(七) **家庭衛生設備**：食物可能壞掉了，家裡到處是垃圾或排泄物。

(八) **個人衛生**：衣服老舊、破損不乾淨、頭髮蓬亂骯髒，沒有洗澡致身體發出臭味。

(九) **營養**：孩子經常抱怨飢餓，且到處找東西吃；兒童食物不足導致營養不佳、營養不良造成發展遲緩等都可能是疏忽。

(十) **社會依附困難**：兒童與父母有互動問題，無法維持安全依附關係：即信任父母、正向回應，且持續與父母互動。兒童對父母可能表現出被動、退縮，或父母對孩子低度敏感及參與。孩子與同儕關係呈現出社交行為不足、社會退縮、孤立、較少互惠友誼等問題。

(十一) **認知與學習欠佳**：兒童可能語言能力不足、學業成就不佳、分數低、智能不足、創造力差、問題解決能力差。

(十二) **情緒及行為問題**：疏忽兒童呈現冷淡、退縮及孤立、低自尊、身體及口語的攻擊性、注意力不容易集中、焦慮或沮喪等精神症狀。

兒童疏忽父母的特質

- Crosson-Tower 指出，疏忽的父母經常忽略自己，如同疏忽孩子；對他們而言，這是生活方式的學習，他們的兒童期只有憤怒和漠不關心，因此當他們成年之後也顯現無法滿足那些成長過程中未被滿足的請求。
- 兒童疏忽的母親之五項基本類型
  1. 冷漠、毫無生氣的母親被形容為麻木的，她很少或沒有情緒反應，而且對任何事都懶洋洋。
  2. 衝動不負責任的母親，對待孩子不一致且經常漫不經心，衝動控制力差且缺乏適應方法。
  3. 沮喪的母親以放棄方式反映其不快樂的生活環境。不像冷漠的母親，他們表現出沮喪及悲傷等極度的情緒經驗。
  4. 智力遲緩的母親疏忽兒童是因為本身智商不足，且缺少可協助他們承擔責任的有效支持。應注意的是，並非所有智力遲緩的女性都會疏忽子女。
  5. 嚴重精神障礙母親，如精神疾病者，這些母親因為超乎尋常的思考過程、妄想或極度焦慮導致功能失常。

兒童虐待和疏忽的風險因子

父母和照顧者因素

- 人格和心理幸福感
- 兒童虐待歷史
- 物質濫用問題
- 態度和知識
- 年齡

家庭因素

- 家庭結構
- 婚姻衝突和婚姻暴力
- 壓力
- 親子互動

兒童因素

- 年齡
- 身心障礙

環境因素

- 貧窮
- 失業
- 社會孤立
- 缺乏社會支持
- 社區暴力

245

Unit 5-34
兒童虐待類型：情緒虐待

兒童虐待（child abuse or maltreatment）是指違背社會對兒童照顧和安全所訂規範的情況，包括身體虐待、疏忽、情緒虐待、性虐待等類型。茲分多個單元依序說明各類型，本單元說明情緒虐待如下：

一、情緒虐待（psychological maltreatment）定義

情緒虐待亦稱為心理虐待、精神虐待，是指身體自由的限制約束，不斷的威脅、拒絕、剝削和貶抑。雖然這些定義不夠具體明確，但是許多口頭的訊息，若帶有負面標籤和貶抑都算是心理虐待，因為這些口頭訊息對兒童的心理影響重大。例如：負向的標籤和辱罵，這類貶抑的口語虐待。

二、情緒虐待的五項基本行為

(一) **拒絕**：意指放任孩子不予理會，或其作為代罪羔羊（如對孩子某些行為不公平的責罰或批判）和語言羞辱。父母可能在孩子朋友或鄰居面前，強調他如何的愚笨。照顧者拒絕認可兒童的價值和兒童需求的合理性。

(二) **孤立**：意指使孩子遠離適當的關係，包括不允許孩子與同儕一起玩、與其他親屬相見，可能也會將孩子鎖在衣櫥裡，使得兒童相信自己是孤獨的生活在世界上的。

(三) **威脅**：意指恐嚇及嚇唬孩子。照顧者用言語侵犯兒童，形成恐怖的氣氛，威嚇、恐嚇兒童。假如他不洗碗，父母可能威脅孩子要殺死他心愛的寵物。

(四) **忽視**：意指不去回應孩子，或假裝孩子並不在那裡。照顧者剝奪兒童的基本刺激和反應學習，影響兒童情緒發展和智力發展。例如：父母看著電視且無視孩子要求協助功課或吃東西等請求，迫使孩子自己處理。

(五) **墮落**：意指鼓勵或支持不合法或偏差行為。照顧者教導或引導兒童從事破壞性或反社會的行為，禁止兒童正常與人交往。這種情緒虐待包括該做和不該做的行為，危及自尊心、社交能力、親密關係能力，以及正面健康的人際關係發展。例如：照顧者強迫孩子去商店偷東西或喝啤酒。

三、受情緒虐待孩子的特質

(一) 受到情緒虐待兒童的特徵，包括自卑感、疏離感、低自尊、感覺不被需要或不被關愛。兒童可能變得有敵意或具攻擊性，或將這些感覺隱藏，變得自殘、疏離、憂鬱、有自殺傾向、發展出身體症狀（頭痛、腹痛、緊張的習慣）或睡眠問題。

(二) 研究顯示成人期的種種問題與幼年期遭受精神虐待有關，這些潛在影響包含低自尊、焦慮、沮喪、負面生活態度、自殺可能性增加。

四、施虐者的特質

就像其他虐待或疏忽的父母及照顧者，兒童情緒虐待的施虐者本身通常有嚴重的情緒問題或缺損。他們發現自己對婚姻或伴侶關係感到失望或枯燥無味，並尋求一個簡單目標（通常是孩子）作為憤怒及挫折的出口。他們缺乏處理問題及情緒困擾的因應技巧，幼年期的情感需求可能未被滿足，他們自己的父母也缺乏養育技巧，自然也無法教導他們如何成為好父母；他們可能必須面臨自我個人問題，例如：精神疾病或物質濫用。

迷思	事實
虐待行為不會發生，即使偶爾發生也不會惡化。	許多兒童問題，因為受害者個人的觀念或社會認為是家務事而很少公開，因此，實際發生案件數是大於報案數字。而且，暴力行為往往是得寸進尺，越演越烈。
只有低收入戶家庭、特定種族、宗教或教育程度低的人，才會發生兒童虐待的問題。	家庭暴力存在於各種經濟、種族或宗教背景的家庭中。
酗酒是造成家庭暴力的最大原因。	許多施虐者並無酗酒問題。
施虐者沒有能力改變或是控制自己的暴力行為。	只要施虐者願意接受心理諮商或輔導，學習新行為來解決問題，暴力行為是可以控制的。
施虐者對所有人都是暴力相向的。	許多施虐者只在家中施暴，在其他的社交場合卻可能非常溫文有禮，言行都有分寸的人。
施虐者有精神疾病，且對自己的暴力常是樂在其中。	研究顯示施虐者的身心狀況與常人無異，施暴後，施虐者常後悔自己的衝動行為；但若不經過治療，施虐者很難終止其暴力行為。
施虐者必然是失敗者、少有成就，而且缺乏愛心、長相凶惡的人。	許多施虐者是醫師、律師、政治家等專業人士，而且長相斯文體面，甚至有時相當善解人意。
天下無不是的父母，沒有父母親會狠心傷害自己的親生小孩。	多數兒童是被自己的親生父母所傷害。
不打不成器，怎麼打都是為孩子好。	父母以教養子女為名，而對子女行虐待之實，並不是為子女好，反而常是父母不知如何處理本身的情緒壓力。
父母通常會適時控制自己，而不會造成兒童的傷害。	當父母為發洩個人的情緒壓力而虐待子女時，往往是非理性的行為，有時甚至不能與不願克制自己。
受虐兒童必然是有錯在先，才會被虐。	施虐父母的非理性行為與子女的行為無關。
父母一定是管不動小孩，才會出此下策用打的，他們是被逼的。	無論任何情況，使用暴力都是不對的，父母有責任學習更佳的管教方式。
性虐待絕不可能發生在家中。	有不少加害人正是受害者的父母；手足、繼（養）父母、叔伯、長輩、朋友或鄰居等。
只有女性才會受害，而且加害人一定是男性。	多數受害者雖是女性，但男性也會受害，而儘管大多數的加害人是男性，女性施虐者也是存在的事實。
性虐待的加害人必然是精神違常、變態或智能不足的人。	多數的加害人一如平凡人般的正常。

Unit 5-35
兒童虐待類型：性虐待

兒童虐待（child abuse or maltreatment）是指違背社會對兒童照顧和安全所訂規範的情況，包括身體虐待、疏忽、情緒虐待、性虐待等類型。茲分多個單元依序說明各類型，本單元說明性虐待如下：

一、性虐待（sexual abuse）定義

(一) 性虐待亦稱爲性侵害，是指各種形式的觸摸、插入與剝削。性騷擾（molestation）是指對兒童的不當觸摸，即使沒有接觸到性器官。性剝削（sexual exploitation）是指讓兒童從事性方面的活動，例如：雛妓、色情書刊或照片。插入（penetration）指的是以身體的任何部位或物體侵入肛門、性器和口腔，通常是使用身體的一些部位插入，例如：手指、陰莖或物體。

(二) 亂倫（incest）是一種特別的性虐待，意指孩子與親屬——父母、繼父母、父母的同居伴侶或愛人、養父母、手足、堂（表）兄弟姊妹、叔叔、舅舅、姨姑、嬸嬸、伯母、祖（外祖）父母等間的性活動。「性活動」包含廣泛的性行爲，例如：色情照片、性姿勢、父母性器官暴露、愛撫、口交、性交及所有性的接觸。

(三) 警告兒童遠離陌生人是一個主要的迷思，事實上，跟孩子親近與信任的人更危險。據推估約有60～70%性虐待發生在家庭內，但並非意味著另外40%是遭受陌生人性虐待，而是許多家庭外的性虐待加害人與家庭十分親近，且受兒童信任。只有5～15%的性虐待加害人是陌生人。

二、性虐待的五個基本階段

(一) 約會期（engagement）：加害人會測試能夠與孩子多親近及孩子的反應。

(二) 性交期（sexual interaction）：不同程度的親密性行爲會發生在此階段，此階段持續越久，施虐者與受害人的關係變得越緊密。

(三) 祕密期（secrecy）：施虐者會使用一些操弄手段，以控制受害者繼續保持在性侵害關係中。例如：加害人會說「不要告訴你媽媽，不然她再也不喜歡你」；或是「因爲我很愛你，這是我們之間的祕密」，或是「假如你告訴其他人，我會處罰你」，利用威脅和罪惡感來維持祕密。

(四) 揭發期（disclosure）：爲了某些原因，孩子揭露性侵害事實。例如：孩子感染性病或性行爲被他人看到，或是受害者無法忍耐而告訴別人。

(五) 壓抑期（suppression）：此階段受害者與家人都呈現高度焦慮，加害人可能否認，受害者有罪惡感與不安全感，其他家庭成員則感到憤怒。

三、性虐待受害者的特徵

(一) 身體的指標：包含與性相關的各種身體問題，如性傳染病、喉嚨或口腔問題、排尿困難、陰莖或陰道分泌物，或是生殖器官挫傷。有時候懷孕也是一種指標。

(二) 心理的指標：包含低自尊、情緒障礙，有時候開始變得有自殺傾向。

(三) 行爲的指標：包含與他人關係顯得退縮與同儕互動困難。男女受害者均會經常過度沉溺性活動，以及不適當的性行爲。

兒童虐待常見的徵兆

身體虐待

- 經常發生的割傷、擦傷或劃傷
- 多處骨折
- 頭部受傷
- 內傷（例如：脾臟、腎臟）
- 燒傷，特別是常見物體形狀的燒傷（例如：香菸），或在不太可能的身體部位發生的燒傷（例如：屁股、胃）

疏忽

- 生長遲緩症候群
- 生理社會性侏儒症
- 缺乏監督
- 衛生習慣差
- 缺乏適當的生理及心理保健照顧
- 生活在危害環境中
- 家庭衛生條件差

情緒虐待

- 低自尊
- 焦慮、憂鬱
- 對生活未來前景不樂觀
- 自殺行為
- 情緒不穩定和不良的衝動控制
- 藥物濫用和飲食障礙
- 關係問題
- 暴力或犯罪行為
- 學校表現不佳

性虐待

- 性感染疾病
- 喉嚨或口腔問題
- 懷孕
- 生殖器瘀傷
- 生殖器排泄或排尿問題
- 自尊心低
- 憤怒、恐懼、焦慮、憂鬱
- 退縮或攻擊
- 不恰當的性行為

Unit 5-36
父母離婚與兒童發展

在婚姻關係中，空殼婚姻（empty-shell marriage）是指配偶彼此間並沒有強烈的情感，外在壓力迫使雙方繼續維持婚姻。所謂的外在壓力指工作上的理由（如公職人員必須維持家庭美滿的形象）；投資方面的理由（如丈夫與妻子共有豪華住宅、其他房地產，兩人都不願放棄）；外人的觀感（如夫妻居住在小社區裡，為避免親友的異樣眼光而決定不離婚）。此外，夫妻兩人可能覺得一旦結束婚姻會傷害小孩，認為離婚是一種不道德的行為。Cuber與Harroff將空殼婚姻分為三大類別，包括無活力關係（devitalized relationship）、習慣衝突關係（conflict-habituated relationship）、被動─協調關係（passive-congenial relationship）等（詳右頁說明）。

在空殼婚姻裡，沒有多少樂趣及笑聲，夫妻兩人並不分擔煩惱、討論問題，也不會分享心事；彼此間只維持必要的溝通，難得向對方表示愛意或親密，也不會讓對方知道自己的心情。生活在這種家庭裡的孩子，往往很渴望得到愛，也不太願意讓朋友來家裡玩，因為他們覺得讓朋友看到父母的互動情形會很沒面子。在空殼婚姻裡，夫妻兩人都必須付出相當的努力，才能避免婚姻逐漸走到這個地步。雖無法明確說出有多少空殼婚姻最後會以離婚收場，不過這個數字一定不低。

導致離婚率升高的原因之一，是有些男性不願意接受女性地位的改變。有些男性還是喜歡傳統婚姻的丈夫是一家之主，許多女性已不願接受這樣的地位。她們要求平等的婚姻，夫妻雙方一起做出重大決定，平均分擔家務，共同養育子女，也一起分擔家計。女性的就業率越來越高，因此許多婦女在經濟上不必再依賴先生，面對走調的婚姻，往往傾向選擇離婚。

此外，個人主義盛行也造成離婚率升高。抱持個人主義的人，常把自身利益放在家庭利益之前。由於年輕人越來越信仰個人主義，因此如果婚姻讓他們不快樂，很可能就會選擇結束，尋求全新的生活。且我們的社會，越來越能夠接納離婚這件事，離婚者不像以前那樣必須面對異樣的眼光，因此在婚姻中不快樂的人就比較有勇氣結束婚姻。

人們之所以決定離婚，可能並不是因為配偶有某些「缺點」。許多人表示他們之所以選擇離婚，主要是因為對彼此失望；換句話說，婚姻中的兩人就是無法達到配偶的期望。失望加上領悟漸漸讓他們做出離婚的決定。婚姻破裂的原因很多，包括酗酒、失業或其他財務問題所引發的爭吵、雙方興趣有所衝突、外遇、嫉妒、言語或肢體暴力、親戚或朋友的干涉等。

離婚雙方（即使是主動提出離婚要求的那一方），都會經歷失去婚姻的悲傷。他們平常習慣的行為模式必須有所改變；即使是負面行為模式消失也會帶來壓力，因為他們必須建立新的互動方式。離婚後常會產生各種強烈的感受，許多人會感到憤怒與焦慮，事情的發展並不如計畫，他們可能會覺得受到不公平待遇，婚姻的失敗都該怪罪配偶。也有不少人會自責，充滿罪惡感。

空殼婚姻的三大類別（Cuber與Harroff提出）

1 無活力關係

夫妻兩人對配偶或婚姻毫無興趣，也漠不關心。這種婚姻的特色，就是無聊和冷漠，很少發生嚴重爭執。

2 習慣衝突關係

夫妻經常私下爭吵，維持這種關係的夫妻，或許會在公開場合爭吵，但也可能在外人面前表現得相親相愛。這種婚姻的特色就是不斷衝突，氣氛緊繃，對彼此深感不滿。

3 被動—協調關係

夫妻雙方並不快樂，但對生活還算滿意，也覺得彼此的關係差強人意。他們可能有某些相同興趣，但卻不是很重要的興趣。丈夫或妻子都很少令對方覺得真正滿足。這種型態的婚姻關係通常很少發生公開衝突。

關於婚姻的統計數字

- ■ 配偶的年齡：20幾歲的夫妻最可能離婚。
- ■ 訂婚時間的長短：訂婚時間越短，離婚的可能性越高。
- ■ 結婚時的年齡：很年輕就結婚的人（尤其是青少年）比較可能離婚。
- ■ 結婚年數：大部分的離婚案例發生在結婚後3年內。也有越來越多夫妻，選擇在孩子長大後離婚，等到孩子已經可以獨立了，再結束不快樂的婚姻。
- ■ 社會階層：社會經濟階層較低的人，比較容易離婚。
- ■ 教育程度：教育程度越低，離婚的可能性越高。有趣的是，如果太太的學歷比先生高，離婚率也比較高。
- ■ 居住地區：城市的離婚率高於鄉下。
- ■ 第二次婚姻：離婚次數越多，下次再離婚的機率越高。
- ■ 宗教：一個人的信仰越虔誠，就越不可能選擇離婚。夫妻信仰不同，離婚率也會提高。

引自：Charles H. Zastrow等著，溫如慧等譯。《人類行為與社會環境》。東華。

Unit 5-37
父母離婚與兒童發展（續1）

離婚是由一系列的痛苦經驗所串聯而成的事件。本單元就離婚的階段，以及「離婚←→壓力←→適應觀點」加以說明如下：

一、離婚的三個階段

Wallerstein與Blakeslee提出離婚的三個階段，這三個階段都可能使兒童從發展的任務上分心。離婚的三個階段如下：

（一）第一個階段：急症期

其特徵是父母親所發生的衝突、爭吵、憤怒、憂鬱及單方決定分居等情形，這個階段代表了危機，並且通常會持續超過1年的時間。而這對兒童而言，是最痛苦的時期，因為他們要目睹父母間的爭執與衝突，並活在不安穩的環境當中，甚至會經歷到父母對他們的疏忽；處在爭執與衝突之中的父母也常無法顧及孩子的感受，以及對孩子所造成的影響。在此階段，孩童首當其衝會經歷到較差的教養過程，雖然這種情況在1年後有可能會得到改善。

（二）第二個階段：過渡期

父母與孩子雙方都在適應重組後的家庭所帶來的新生活，這個階段通常會持續幾年的時間，直到成員適應了新的角色與生活步調之後才結束。

（三）第三個階段：鞏固期

成員都已經適應了新的角色、建立了新的忠誠和信任、發揮家庭應有功能，以及有餘力面對新的挑戰。當然，並非所有家庭都會經歷相同的階段，各個家庭成員的功能也可能參差不齊。

二、「離婚←→壓力←→適應觀點」（divorce-stress-adjustment perspective）

雖然兒童大部分是生活在雙親的家庭中，然而，這些家庭中不全然是原生父（母），有些是生活於繼親家庭、隔代教養或單親家庭中。單親家庭最大可能是父母離婚。專家們皆同意離婚為一種過程，而非單一事件，這個過程開始於父母分居，直到父母終止合法的婚姻關係。

從「離婚←→壓力←→適應觀點」（divorce-stress-adjustment perspective）來看（如右頁圖示），離婚過程起始於父母與孩子共同面對的壓力事件，然後這些壓力源將增加父母與孩子之負向影響之危機。依據此觀點，離婚對兒童之影響，端賴各種因子及其交互作用。中介事件與過程，例如：親職教育、經濟來源等；兒童之特定易受傷因子，例如：氣質、失能、心理問題（如憂鬱）；保護因子的存在，例如：良好的因應支持、社會支持等，皆會影響或舒緩壓力之衝突。有時候，離婚也會帶來一些正面影響，例如：淘汰一些不良因子（如：父母的反社會人格、不善的父母管教技巧而造成家庭暴力）。

離婚對孩子之負向影響，有三個中介變項很重要：財務、父母管教品質、社區資源及連結，尤其是家庭經濟之貧窮因素，除了減少兒童休閒活動、衣食供給及健康照顧之量與質，最可能會限制兒童教育機會或因貧窮所帶來的壓力，衍生了家庭暴力。

離婚對孩子之影響是一項複雜的過程，而且對每一個孩子有其特殊影響，可能是危機，也可能是轉機。但是，孩子還是具有彈性及韌性來克服此種危機，且轉化成良好的適應能力。

「離婚←──→壓力←──→適應觀點」
（divorce-stress-adjustment perspective）

離婚過程

中介變項（壓力源）

成人：
1.親職資源及效能降低
2.單一管教責任
3.失去監護權
4.情緒支持
5.缺乏經濟來源
6.其他相關之壓力事件

兒童：
1.父母支持度低
2.父母持續衝突
3.缺乏經濟來源
4.搬家
5.缺乏父母有效控制
6.其他相關之壓力事件

特定之易受傷因子

1.氣質
2.失能
3.心理問題傾向（如憂鬱）

保護因子

1.有效的因應技巧
2.社會支持度
3.資源的可近性、有效性
4.安全、穩定的鄰里環境
5.人口特性

適應

1.心理、行為與健康問題的嚴重度與期間
2.新角色
3.自我認同及生活風格
4.短期效應
5.長期效應

Unit 5-38
父母離婚與兒童發展（續2）

圖解人類行為與社會環境

254

許多臨床工作者及兒童福利專家認爲孩子面對父母離婚時，如同成人面臨親友死亡般，會有創傷後壓力症候群（post-traumatic stress syndrome），這些步驟稱爲喪親模式，有Elisabeth Kubler-Ross所提出的五階段：否認（denial）、生氣（anger）、討價還價（bargaining）、沮喪（depression）及接受（acceptance）。Hozman及Froilac提出兒童面臨父母離婚的五個階段之反應，社會工作者必須了解在這過程中兒童的情緒反應，才能以同理心提供各項處遇。茲將兒童面臨父母離婚的五個階段之反應，說明如下：

一、階段1：否認

在此階段必須克服後，兒童才能進行下一個階段。兒童想要拒絕父母分居之事實，他們常會從心中消除此種想法，而且對任何情境不產生反應。不幸的是，父母常會隱藏分居之事實來增強孩子此種不適當之行爲。在青少年前期的否認，會造成他們產生隔離行爲，與世隔絕，不與同儕、老師與環境打交道。也有可能因缺乏社交技巧，而產生退縮行爲。

二、階段2：生氣

在此階段兒童常常會攻擊與父母離婚情境有關的人，有時會攻擊取代父母的人，例如：祖父母或學校行政人員。此種行爲乃是來自兒童內心的罪惡感，而導致攻擊行爲，拒絕服從規範、退縮、對同儕具有敵意。因此，社會工作者要同理孩子的感受，表達這是正常反應。

三、階段3：討價還價

在此階段，兒童因生氣不能奏效，改採迎合父母要求的遊戲，或做一個乖寶寶來挽回與父母間關係。有時，孩子也會做牆頭草，在父親這邊說母親的壞話，而在母親這邊說父親的壞話，嘗試要討好與父／母親之間關係。

四、階段4：沮喪

當兒童了解討價還價不能奏效後，接下來就會沮喪。兒童可能後悔過去邪惡的行爲舉止，或覺得錯失機會和家庭重聚。最後兒童開始準備修復失去父母的關係。此時開始有傷心、沮喪行爲出現，例如：從社會互動中退縮，常亂耍脾氣以奪得父／母親的注意。

五、階段5：接受

在嘗試各種努力後，兒童終能認清事實，知道事情不能挽回，而個人價值並不受外在力量所控制，而是由內在所決定。此時，兒童比較成熟接受對父母親之愛／恨關係。透過社會工作者之協助，兒童開始學習接受外在資源的支持。此後，兒童才能發展有關自我概念，增加個人之自我信心及自我尊重。

然而，並不是所有的兒童皆能順利度過這五個階段，但是每個兒童會經歷相同的階段順序。對社會工作者而言，了解兒童之發展能力及需求，以評估兒童是否有能力度過父母親離婚過程之痛苦階段，提供適當的處遇。

Kalter與Schreier提出父母離婚對兒童產生的壓力源

生活上的改變	隨之而來對兒童所產生的影響
父母之間的敵對行動	悲傷、憤怒、忠誠度、衝突
有監護權一方（父或母）的心煩意亂	焦慮、父或母角色的模仿、（父或母）無監護權的一方與有監護權的一方之互動
與（父或母）無監護權之一方關係的喪失	自責、低自尊、憂鬱
父親或母親開始有約會	對父或母親新約會對象的情感競爭、害怕失去父或母親的關愛、對於父或母親在性關係上的好奇心（特別指年紀稍長的孩童而言）
再婚	需要向他人分享自己的父母、接受父母有親密愛人、形成與繼父母和繼兄弟姊妹間的關係、接受新的父或母親的權威、解決新的繼父母和家長同性別議題的忠誠度
與貧窮相關	經濟情況變差（成為貧窮）、情緒壓力、住所改變、同儕關係和熟悉學校環境的喪失、照顧者的改變

兒童面臨父母離婚的五個階段之反應

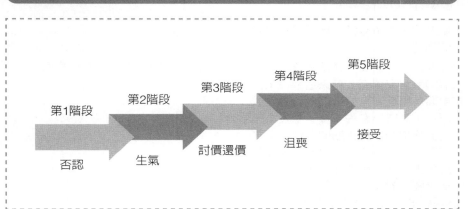

Unit 5-39
父母離婚與兒童發展（續3）

圖解人類行為與社會環境

256

Sigelman與Rider提出辨認五項可使離婚之後的路更為坦蕩的因素，Sigelman與Rider的觀點立基於一個重要的理論架構，亦即家庭是根植於大的社會系統中的一種社會體系。家庭體系中的每個成員對其他成員的調適都有深遠的影響，家庭整體的經驗又受到成員與周遭環境互動的影響。茲將五項可以使離婚之後的路更為坦蕩的因素，說明如下：

一、充足的財務支持

過去的研究結果顯示，財務狀況因為離婚而枯竭的家庭，調適情形通常是比較有問題的。如何維持某種水準的財務支持，是離婚家庭必須面對的課題。

二、具監護權的父母能夠提供充分的關照與管教

因為離婚的過程會使得父母備感緊張與壓力，所以導致管教的效能也因此大打折扣。然而，在這種痛苦期間，父母如果得到妥善的支持與鼓勵，就能夠繼續維持適當、持續的管教，兒童會面對比較少的問題。

三、促進沒有監護權的父母與兒童之間的感情

許多離婚的結局，通常是雙方都具有強烈的敵意與憤怒，結果造成孩子被夾在中間，缺乏安全感，問題行為比較容易浮現；同時，有許多孩子都失去了與不具監護權的父母接觸的機會。事實上，約有三分之一的兒童與不具監護權的父親失去連絡。研究顯示，與父親保持定期接觸，對兒童在面對父母離婚的調適有很大的助益，特別是男童。

四、額外的社會支持

社會支持扮演重要的角色，可以幫助離婚的父母雙方及孩子調適離婚後所帶來負面效應的衝擊。有好朋友支持的父母親，比較不會有憂鬱的症狀，孩子們也可從親密的友伴關係中得到支持。讓兒童參加專為離婚家庭所設立的團體，將可使孩子有機會分享他們的感受和學習積極的應對技巧。同時，若能針對父母提供與教養孩子相關的協助與監督，將可減少在單親家庭中長大的孩子之犯罪行為。為這類家庭尋求適切的社會支持，將可有效降低因離婚所造成的負面效應。

五、將額外的壓力降至最低

離婚的家庭必須面對許多的變動，例如：收入的減少、遷移、訴訟，以及雙方家庭的介入等問題。如何減輕這些問題帶來的壓力，或減少壓力的來源，這時候因應技能對家庭成員成功因應離婚的過程，有相當的幫助。

影響家庭調適的因素繁多，前述的五種因素的描述只是個開始，這些因素的描述，協助社會工作者思考如何更進一步地幫助離婚家庭所面對的危機。

幫助離婚家庭的處遇原則

1 協助家庭度過經濟困難，兒童的扶養費對兒童的成長非常關鍵。

2 即使父母處在緊張關係，建議他們在兒童面前保持溫和及一如往常的態度，維持他們的關係。鼓勵家長參與在地組織所舉辦的家長管理培訓課程。兒童在不同的生活環境（例如：沒有監護權的家長、祖父母家）要受到同樣的對待和管教方式，才能使兒童健全地成長

3 父母如果能保有持續的聯繫，並且致力於改善雙方的關係，兒童也比較能夠適應單親家庭的生活。

4 鼓勵家庭尋求家人、朋友和支援團體的支持，父母可參加離婚父母的團體，兒童可參加離婚家庭的團體。

5 家庭會遇到其他因素，例如：低的收入、搬遷、轉學、法律糾紛和家庭關係的衝突。這時候因應技能對家庭成員的變動相當有幫助。

6 父母在離婚後可能很快就開始自己的新生活，兒童可能會參與他們的約會，家長應以兒童為優先考慮，向新的夥伴介紹他們，以減少兒童對繼父母的排斥壓力。

Unit 5-40
父母離婚與兒童發展（續4）

258

　　本單元就學者對父母離婚對兒童的影響之研究成果綜合彙整，說明如下：

一、離婚干擾了兒童生命中的核心關係，破壞了兒童賴以穩固發展的家庭結構。

二、離婚引起調適上的問題，更是兒童一輩子都必須去面對的。因為父母離婚當時，兒童必須面對的壓力與問題，在日後的人生可能會以不同的方式重新浮現。

三、對兒童而言，無論年齡或性別，失去父親或母親任一方，都會令他們產生不安全感、喪失自我價值、喪失愛人與感到被愛的能力、焦慮、孤單、憤怒、怨恨、罪惡感、怕被遺棄、憂鬱、無助感。

四、兒童必須面對搬新的家庭與新學校的適應問題、父母的就業問題、面對監護父母的壓力和負擔、不耐煩，以及負荷過重的情形。

五、每日生活事件中充滿了許多的混亂與不可預測性，當孩童在最需要父母時，父母正好必須面對多種壓力、無暇關照他們的發展需要。

六、父母離婚時，幼兒因為高度依賴父母，會出現更多的恐懼感，並且他們對於父母離婚的真正原因理解能力有限，因此往往會先責怪自己，以及面臨分離被遺棄的恐懼感。

七、孩童在父母離婚的1年到1年半之間，幼兒的調適情況會惡化，5年之後情形甚至會更糟，男孩的情況會特別明顯，他們在家裡和學校可能會有侵犯和擾亂的行為出現。

八、幼兒需要家庭更完整的照顧品質，因此父母離婚致使家庭所能提供的照顧品質降低時，會遭受更大的傷害與痛苦。

九、年齡稍長的孩童則因為有較佳的因應技能與解決問題的資源，因此，在面對父母因離婚所造成的壓力與震撼時，較能夠有所緩衝。

十、在長期（10年後）的預後情況方面，面臨父母離婚的情況，幼兒的情況反而要比年齡稍長的兒童還要好，原因可能是幼兒對創痛事件的回憶能力有限，加上他們將經驗統整到自己的信念系統的能力不如年長兒童，因此離婚對他們的長期影響可能不比年長的兒童大。

十一、男孩與女孩在調適結果的差異上，取決於監護人的性別而有所不同。整體而言，女孩們在父母離婚後會比男孩們適應得更好。與其他兒童相比，和同性別父母親同住的兒童其自尊較高、社交能力比較強、獨立性較強、較具安全感、成熟度通常也比較高。這些研究結果可能與一項事實有關，就是法院通常會將監護權判給母親，並由母親扮演角色楷模，並提供兒童支持。

　　離婚並不一定會造成兒童生活功能的阻礙，在家庭關係緊張不合的環境中，反而比較容易造成兒童攻擊性和反社會行為。且離婚不一定會造成孩子的教養問題，離婚之家庭系統的成員對離婚後關係的處理才是主要因素。Hetherington與Kelly提出建言，認為離婚的「長期且負面之影響已到了誇大的地步，甚至已經造成對這類孩童產生心理暗示的情形。」約25%成長於離婚家庭中的孩童，出現嚴重的社會與情緒問題，而成長於雙親家庭的孩子當中，則約10%的兒童會出現此情形。

單親家長的角色負荷

01 責任負荷過重

不論在教育子女、家庭決策等方面，單親家長都因缺少溝通商量的對象，而產生責任負荷過重的現象。

02 職務負荷過重

單親家長必須負擔家庭、子女、工作三個繁重的職務，幾乎耗盡所有精力和時間；同時，職責壓力過大，往往造成身心極度的疲憊，帶來許多生活適應上的困難。

03 感情負荷過重

除責任、職務繁重外，還需負起照顧子女情感的責任。單親因照顧孩子而產生的挫折、不值得或覺得寂寞、孤單的情緒壓力，鮮少得到適當的紓解，所以會造成情緒的壓抑及負荷過重的情形。

單親兒童的角色負荷

01 子女必須對自己的生活負照顧責任

在單親家庭中，由於角色功能的不足、親職投入的減少，使得子女往往被迫於外在壓力，必須承擔新的責任。單親家庭的兒童成長太快，會影響其日後的生活調適。

02 子女需對其父母負責

單親父母獨自負起養家的責任，有時過量的負荷會轉移到孩子身上，無形中要求孩子扮演配偶的角色，如做決定、情緒支持等，致使孩子承受過重的情感壓力，而造成兒童早熟、焦慮的情形。

03 子女處於父母的衝突之間

縱使父母已經離異，並不意味夫妻間的衝突已結束。父母間的衝突，常藉子女為傳聲筒而進行，或告訴子女對方的壞話，子女夾在父母爭執之間，產生忠誠衝突，致使心理需求被壓抑而無法承受負荷。

Unit 5-41
父母離婚與兒童發展（續5）

離婚對孩子之影響是一個複雜的歷程，而且對每一個孩子有其特殊的影響方式。學者Amato提出父母或其他人可用以減少父母離婚後之負向影響作法，說明如下：

一、父母離婚中及離婚後，減少彼此之衝突

當在協商監護權、財務問題或學校時，要將兒童的最佳利益及需求列為最優先考量。不要對孩子說前夫（前妻）之不是，也不要讓孩子當夾心餅乾，且不可要求（或暗示）孩子選一邊站。

二、不要在同時要求孩子做很多的改變，一個一個慢慢來

如果可能的話，不要讓孩子搬家，儘量減少變動。讓孩子可與他的朋友、老師、學校及社區資源保持連結。若非得做必要的改變，應盡可能採取漸進式。

三、避免孩子成為家庭的照顧者

必要時，參加離婚父母成長、支持團體，或找尋朋友、家人尋求情緒及實際支持，以免讓孩子擁有過多的成人角色及負擔。

四、發展及維持有效的父母管教風格

保持融入孩子的生活及提供親情，但也要確保提供適宜的監督。

五、尋求幫助與支持

從朋友及家人中獲得支援，必要時尋求專業的婚姻諮商或兒童發展專業人員提供諮商與輔導，以改進父母管教技巧或增進親子關係。

六、小孩的行為及期望要有一致的規則

試著讓孩子同意你對他的期望，在他沒達到時給予合理的要求，以及在孩子的行為與活動上給予規律的監督。理想上，父母間應有相同的規定且相互支持。

七、幫助孩子能和父／母親保持一致性的接觸

對沒有監護權的父／母親，孩子能有定期的探望，但要隨孩子的要求與興趣來調整探望的時程。也可以利用電話、e-mail或信件保持與父／母親的聯繫，尤其是住在遠方的父／母親。要記得重要的節日，如孩子的生日、年節或特別日子。對孩子的活動，如演奏會、運動會等，至少要偶爾參與。

八、當孩子表現痛苦或有壓力時，要帶他尋求專業的幫助

在學校尋找專業人員提供各種介入或處置來消弭壓力，或改變兒童對父母離婚的不好想法或信念。孩子如表現出嚴重的問題，如行為偏差或憂鬱時，要尋求專業的心理治療。要教導孩子主動因應之技巧，例如：問題解決及尋求支援，以及幫助兒童建立有效因應壓力之技巧。試著在離婚前、離婚時及離婚後，均提供有效、正面且具前瞻性的模式。

九、幫助年紀幼小的兒童發展人際技巧

父母要有健康的人際關係技巧以發展與別人的親密關係，並能提供此種模範來讓孩子模仿學習。輔導或治療人員應要接受人際關係技巧訓練，並能提供相關訊息與知識給父母。

十、儘量減少財務窘境

尋求必要的支持或援助，如居住津貼、就業協助或教育訓練補助。

十一、勸合不勸離

可能的話，儘量增強脆弱的婚姻功能，或教育夫妻因應婚姻衝突或危機，以預防離婚。試著解決或減少家庭與其他義務（如工作）間的衝突。

親職化兒童（parental child）

- 從雙親家庭到單親家庭的改變需要有一些新的分工，以便執行缺席的父親或母親角色過去在家中所做的事。如果一個小孩是暫時的補充缺席父親或母親所應負的角色責任，之後會允許他回復符合其年齡的孩子行為時，小孩就比較不會受到嚴重的傷害。
- 但是如果監護小孩的單親家庭，需要他在家中扮演照顧者的角色，其所被加上的責任變成永久時，這個小孩就變成「親職化兒童」。此類年幼的孩子會變得過分早熟和世故，缺乏屬於他那階段年齡應有的活潑和適當的活動，且因缺乏參與活動而被他的同儕團體疏遠。

Wallerstein提出兒童成功地適應父母離婚的事實必須完成的六項任務

1 接受父母親已經離婚，而自己至少和其中一人的關係會有所改變。

2 脫離父母親的衝突，並且繼續進行自己的「工作」（學校、遊戲、朋友等）。

3 處理失落感，例如：搬家、收入減少、失去父親或母親等。

4 承認並解決對於自己，或是父母親任何一方的憤怒感受。

5 接受離婚是不會改變的事實。

6 了解父母的婚姻失敗，並不意味著他們無法與其他人建立健康的關係；亦即，父母親的離婚並不排除子女未來會有美滿婚姻的機會。

Unit 5-42
父母離婚與兒童發展（續6）

兒童與自己的關係，乃立基於與他人的關係。當兒童與父母、手足、主要照顧者的人際關係緊張時，與自己的關係也會很緊張，身心不安定將影響兒童的認知發展。對於未成年的子女而言，父母衝突、分手，世界就開始搖動，像閃電、打雷、地震，會產生巨大害怕及各種不舒服的情緒。且實際的情況是：這一代的孩子較上一代有較高的比例，會在單親家庭中長大。

離婚對子女並非最壞的選擇，但離婚的過程若不謹慎，讓子女陷入兩難，子女可能在這過程再度心理受傷。研究指出，父母衝突而持續同住對子女的影響甚於離婚，結論顯示，父母高衝突的家庭，離婚反而可改善子女之心理健康，對子女的發展是正向的，並有以下的研究發現：

一、青少年的焦慮、憂鬱等負面心理症狀的出現頻率，與父母婚姻品質高度相關。父母感情不佳，子女心理健康就差。

二、對父母感情不佳的家庭來說，父母若離婚，子女負面心理症狀顯著減少；且對父母感情不佳但始終維持著婚姻的家庭來說，子女一直處於高焦慮狀態比較顯著。

三、父母離婚對子女心理健康的影響並非一定是正面或負面的，如果父母原先婚姻品質不錯，失落較大；但對父母感情一直不睦的家庭來說，雙親完成離婚手續，反而可顯著減少子女的焦慮、憂鬱等心理症狀。

四、持續的婚姻中父母間的衝突，對子女心理狀態具有顯著負面影響。

離婚對兒童造成的創傷修復，與關係的重建需要時間，父母要有耐心等待孩子慢慢調適。Wallerstein和Lewis在1997年的研究指出，子女適應父母離異過程可分為三個階段：(1)初期階段：震驚、失望、茫然恐懼、排斥父母；(2)1年後進入過渡階段：接受新的環境與新的朋友；(3)5年後重建階段：適應單親家庭，發展穩定生存。

LaFrancois在1999年的研究報告中指出，在單親家庭中長大的孩子比在傳統家庭中長大的孩子，更容易遭遇行為、社會、情緒或課業方面的困擾。除了負面影響外，有些報告顯示單親家庭也可能呈現比較正面的影響。Rutter指出，與其生活在一個氣氛不和諧的傳統家庭中，不如讓孩子在親子關係良好的單親家庭中長大──其發展情況較好，調適的結果也不錯。

Hetherington的研究結果發現，一個冷漠無情的父親（或母親）對孩子造成的傷害，甚至比缺席的父親（或母親）來得嚴重。總之，傳統家庭或單親家庭並不是重點，獨立支撐整個家庭的母親（或父親）以何種態度對待孩子才是最重要的。

此外，離婚本身並不一定造成兒童功能性的阻礙，在家庭關係緊張，或是高衝突的家庭中，反而較容易造成兒童的攻擊性和反社會行為。

婚姻幸福的指標

婚前的幸福指標
- 父母親的婚姻很幸福
- 擁有快樂的童年
- 父母親的管教合理
- 與父母的關係和諧
- 與異性相處的情況良好
- 認識1年以上才結婚
- 父母親贊成這個婚姻
- 年齡相近
- 滿意對方、喜歡對方
- 愛
- 相同的興趣
- 生性樂觀
- 情緒穩定
- 同意、體諒的態度
- 文化背景相似
- 相容的宗教信仰
- 滿意的職業和工作條件
- 因為喜歡作伴而非一時迷戀所產生的戀愛關係
- 了解自己、接納自己
- 了解對方的需求
- 適應能力良好
- 擁有不錯的人際社交技巧
- 具有正面的自我形象
- 擁有相同的價值觀

婚後的幸福指標
- 良好的溝通技巧
- 平等的關係
- 與雙方父母親維持良好關係
- 希望生小孩
- 擁有相近的興趣
- 展現負責任的愛、尊重與友誼
- 美滿的性關係
- 喜歡共同度過休閒活動
- 喜歡相互作伴、喜歡對方
- 能夠接受也能付出

婚姻不幸福的指標

婚前的不幸福指標
- 父母親離婚
- 父親或母親（或雙親）過世
- 與伴侶的個性不合
- 認識不到1年就結婚
- 因為寂寞而決定結婚
- 因為想逃離原生家庭而結婚
- 年紀很輕就結婚，特別是不滿20歲
- 自己或伴侶原本就很不快樂
- 嚴重的個人困擾

婚後的不幸福指標
- 丈夫比較獨斷
- 妻子比較獨斷
- 嫉妒配偶
- 覺得自己比配偶優秀
- 覺得自己比配偶聰明
- 和對方的父母親同住
- 愛發牢騷、經常擺出防禦姿態、固執、一碰到衝突就離開或拒絕和配偶說話
- 家庭暴力

Unit 5-43
父母離婚與兒童發展（續7）

　　離婚事件發生後，根據Hetherington的研究指出，約有75%的單親家庭，會在3～5年間有再婚經驗，亦即，組成繼親家庭。繼親家庭是指父親母親之一或雙方帶著前任婚姻或結合關係的小孩住在一起，共組新家庭，家庭成員可能包括繼父、繼母和來自於前一任婚姻所帶來的孩子。此種家庭成員可能包括目前婚姻所生的孩子。在這樣的家庭裡，可能會有「爸爸的小孩、媽媽的小孩，以及爸媽的小孩」。當夫妻或雙方有一次以上或有不同婚姻關係的孩子，繼親家庭可能會變得更複雜，亦稱爲混和家庭（blended family）。

　　繼親家庭成員須適應許多不同情況，丈夫或妻子須教養沒有血緣關係的孩子，孩子也須和繼父或繼母所生的孩子建立新的手足關係。繼親家庭的互動關係，比傳統核心家庭更複雜。

　　Kail與Cavanaugh對於繼親家庭的適應，參考許多的研究報告，做出以下結論：

一、如果前次婚姻以離婚收場，而非因配偶死亡而結束，那麼繼親家庭的重新整合就會比較容易，這可能是因爲孩子深切體認父母的前次婚姻並不幸福，所以重新再來。

二、在繼親家庭形成時，無血緣關係的父母和子女都抱有不切實際的期望，以爲馬上就能產生親情和家人的感覺。

三、孩子常會覺得和自己不同性別的繼父或繼母，比較偏愛自己的親生子女。

四、大部分的孩子都會繼續想念、崇拜生父或生母。

五、男孩似乎比較容易接納繼父或繼母，尤其很多男孩都和繼父相處愉快。

六、年幼的孩子或已經成年的孩子比較願意接納繼父或繼母，青少年較可能出現適應上的困難。

　　繼親家庭要做到成功的整合必須先完成四大任務（詳右頁說明），且必須付出極大的心力，才能培養良好的親子關係。Berman及Visher提出以下的建議：

一、**新家庭的父母親要了解孩子的情緒反應**：剛結婚的兩個人可能還沉浸在甜蜜的愛意中，不過他們必須特別注意孩子的恐懼、擔憂和不滿，做出適當的回應和疏導。

二、**不必操之過急**：讓繼父或繼母和孩子慢慢培養出親情。大人應該體諒孩子想念生父或生母的心情，還有他對於親生父母離婚可能很不諒解。有些孩子甚至覺得父母離婚錯在自己，也有孩子會故意找繼父或繼母的麻煩，希望逼走他／她，好讓父母復合。身爲繼父或繼母，要了解孩子可能出現這些感受，以體諒的心耐心等待，讓孩子慢慢消除心中的憂慮，培養出新的親情。

三、**在新家庭裡可以建立新傳統，也培養出大家都接受的習慣**：有些家庭可能必須考慮搬家，協助孩子適應新的情況。夫妻兩人也要好好安排休閒時間，讓孩子可單獨和生父或生母相處、單獨和繼父或祖母相處，也有機會和新家庭成員一起從事愉快的活動。此外，新家庭可採用新作法來慶祝各種節日、生日和紀念日。

四、**尋求社會支持**：繼親家庭的父母親不妨和處境相似的家長多做交流，說出感受、擔憂、挫折，也分享各種經驗、適應策略和愉快的心得，這種交流可讓夫妻兩人更實際地面對新處境，也學到別人的寶貴經驗。

對於繼親家庭的三大錯誤迷思

MYTHS ✕	VS	✓ FACTS
「邪惡的繼母會虐待孩子」。許多人覺得繼母並不關心孩子的幸福,她只在乎自己的事情。由於灰姑娘的故事深入人心,大家也都深信繼母只想讓自己的孩子得到幸福,根本不會去關心丈夫和前妻生的小孩。		事實上,只要繼母本身有足夠的自我肯定,能夠得到丈夫的支持,她們往往可以和孩子建立充滿關愛的親子關係。
「在繼親家庭裡,繼子或繼女的地位永遠比不上親生孩子」。		事實上,這種講法忽略了一個事實,人們的確可以學會彼此相愛,也有強烈的動機想讓所有家庭成員緊密結合在一起,組成一個新的幸福家庭。
「繼親家庭從形成的那一刻起,所有家人就會彼此相愛」。		事實上,每一段關係都需要慢慢培養、慢慢成長,馬上就建立愛的聯繫實在是過高的期望。在全新的家庭關係裡,大家都需要時間相互了解,測試彼此的容忍度,漸漸培養出相處的自在感。

繼親家庭整合需完成的四項任務

01
必須承認每個人都可能懷念舊有的家庭關係。

02
要創造全新的習慣和家庭傳統,取代舊家庭習慣。

03
要在新家庭裡建立新的結盟關係,包括夫妻及新的手足和親子關係。

04
整合,讓所有成員融入新的家庭。必須訂出明確合理的規範,要求成員孩子遵守,並給予正面鼓勵。

Unit 5-44
校園霸凌

校園霸凌（bullying）是校園暴力與破壞行為的一種，且被認為是最常見的校園暴力行為之一，往往也是嚴重校園暴力的前奏。根據調查，就讀小學的孩童是霸凌的高風險群，包括加害當事者、惡作劇的加害人或受害人。

校園霸凌最早被挪威學者Olweus（歐維斯）定義為：一種企圖傷害他人的身體或心理的重複攻擊行為。Olweus強調權力的重要性，認為霸凌行為來自身體的優勢與心理的強勢。因此，校園霸凌隱含兩個重要元素：具有權力關係的負向行動、重複持續一段時間。負向行動包括造成他人傷害或不舒服，不論是身體接觸、語言表達或其他方式。

校園霸凌分直接霸凌、間接霸凌。直接霸凌以侵害、霸凌身體為主；間接霸凌則包括語言、心理、社會或群我關係等恐嚇手段。其類型包括以下幾種：

一、身體霸凌

身體傷害、踢、打、撞、敲擊、搶奪財物、惡作劇、戲弄、攻擊等。

二、情緒霸凌（關係霸凌）

散布惡意的玩笑、排斥某人加入團體、脅迫某人成群結黨欺負他人、刻意忽略他人（冷漠對待）、騷擾、激怒、背後說人壞話、不讓朋友分享自己的祕密等。

三、言語霸凌

用髒話罵人、嘲笑他人的外貌／身體與穿著、給他人取不雅的綽號、逼問他人說出不想說的話、用言語騷擾等。

四、網路霸凌

透過網路散播不利於他人的文字、於部落格或網站張貼不適當的圖片，或利用他人的帳號、姓名散播謠言或欺騙留言等。

五、性霸凌

以有關性、身體性徵及性別作為嘲笑或譏諷他人的行為，或以性有關的動作、言語侵犯他人的身體或人格，如罵人行為不檢點、或撫摸他人身體、脫衣、要求性行為等。

六、同志霸凌

以性取向作為嘲笑、譏諷他人的行為，如嘲笑他人很娘等。

校園霸凌的旁觀者之所以不離開現場，或不加制止，往往是受到霸凌心智的制約，或是集體壓力的左右，不只旁觀，一旦進入集體霸凌情境的情緒加溫，相互激盪，就開始加油添醋、鼓動情緒；進而，動手加入成為共犯。許多少年集體性侵事件或傷害事件，都是在如此的心態與壓力下形成。

社會工作者應協助發展校園為本的霸凌與受害者介入方案，並應建置與暢通通報管道，及早發現受霸凌者，鼓勵知情者、受害者通報，協助受害者接受治療，進行加害者行為修正，協助進行旁觀者教育方案，支持家長進行親職教育，協助學校建立輔導團隊，倡議校園和平的文化。校園霸凌必須跨專業的合作，包括學校行政人員、老師、學校諮商師、學校社工師、家長等。

校園霸凌路徑、循環

01 學生暴露在家庭、鄰里、學校及社會的高風險環境中

↓

02 尋找被標定的學生

↓

03 校園社會控制力薄弱

↓

04 集體霸凌心智的激發

校園霸凌循環

1. 尋找欺侮對象
2. 發動霸凌行為
3. 出現集體霸凌心智
4. 被欺侮者不適當的回應
5. 形成霸凌循環
6. 增強集體霸凌心智

校園霸凌對學生個人的影響

對象	共同特徵	短期影響	長期影響
霸凌者	強烈的攻擊、破壞、支配他人	心理健康易陷入困境、學業延遲完成	成年後易犯罪、潛在低就業
受害者	無法保護自己、被動、順從、屈服於霸凌者	自認是失敗者、學業低落、焦慮、失眠、沮喪、孤單、較低自尊、自暴自棄、有自殺念頭	成人後的人際關係欠佳、有性方面的問題、對自己的孩子過度保護
霸凌者—受害者	屬於反擊型霸凌者，也是挑釁霸凌者的受害者	被標籤為脾氣大、易有負面的自我形象、更多焦慮、比那些單純霸凌者不快樂	成年後易有身心症、精神症、懲罰自己的孩子、孩子易步其後塵而成為霸凌者
旁觀者	在旁助陣，或為霸凌發生過程的目睹者	受吸引而趨向攻擊其他兒童、有社會及情緒問題的風險	易涉入幫派、有較高比率進入犯罪矯正系統

Unit 5-45
中途輟學

依照聯合國教育科學文化組織對中輟學生的定義，係為「任何一階段的學生，在其未修完該階段課程之前，因故提早離開學校者。」教育百科全書則定義中輟為「在學中、小學生在完成學業之前，除死亡與轉學外，因各種緣故退出學生身分者。」我國教育部對國民教育階段中途輟學（中輟）的定義，可分為狹義和廣義兩種，狹義的中輟是指未完成國民教育因故離開學校者；廣義則包括未入學學生在內。

有關中輟生特質的研究結果顯示，有幾個因素可預測中輟現象的產生，包括缺乏參與、缺乏興趣、貧窮、單親家庭、父母不參與青少年生活的決策、校園裡的偏差行為、留級、成績不好、懷孕、每星期超時工作（15小時以上）、都市生活。其實，中輟現象和能力不足並沒有關聯，中輟生的智力分數通常都有達到平均值。整體而言，中輟就是學生開始不想參與學校教育和生活。

在Franklin與Streeter的研究指出，學生輟學的原因為：社會心理層面的因素、學校相關的因素。他們認為學校體系（或稱為教育體系）的影響因素，為中輟發生主因之一。另外，長久以來，中途輟學的問題都被視為是教育體系內的家務事，例如：學校體系中學校組織、特徵，以及學校的結構等所產生的問題。

發展至今，中輟問題的歸因，已由教育體系裡的家務事，演變成社會中多元問題共同影響的結果，此問題發生原因的歸結，已是一種全面性問題的切入，意即學生輟學問題，已跳脫單由學校內問題發生或僅在學校內進行事後處遇，反而是著重所有可能影響中輟發生的學校、家庭、社會環境等綜合因素，以及整體性地對中輟生可能產生輟學的原因加以干預與預防。因此，預防中輟的方案通常要聚焦在找到高危險群的目標案主群、改善他們的學業成就、改變他們對學校的態度，同時降低他們的缺課率。預防策略必須從改變整個學校組織和結構著手，減少中輟生對教育過程的疏離感，增加學習的動機與興趣。

在我國，中輟生如經追蹤輔導返校而無法適應原就學環境，經縣市復學輔導就讀小組評估通過，並經家長或監護人同意，可安排就讀下列多元型態中介教育措施：

一、**資源式中途班**：由直轄市、縣（市）政府遴選有熱忱、有意願之國中小學校，分區設置資源式中途班（鄰近學區教學資源共享），提供中輟生多元適性課程及輔導措施者。

二、**合作式中途班**：由直轄市、縣（市）政府結合轄區內已立案及經法人登記之民間團體或企業資源，由民間團體提供適宜場所，提供中輟生專業輔導資源及中介措施，學校教師提供適性課程者。

三、**慈輝班**：由直轄市、縣（市）政府依國民中小學慈輝班實施計畫辦理，輔導對象為國民中小學學生因家庭遭遇變故而中途輟學，經追蹤輔導返校而無法適應就學環境，或因家庭功能不彰而有中輟之虞，經家長或監護人同意接受輔導者。

中輟歷程圖

第1階段 ●	學生隱瞞家長與學校蹺課之事
第2階段 ●	學校與家長發現後採取控制措施
第3階段 ●	學生稍有收斂但心懷抗拒
第4階段 ●	家長與學校見學生行為略有收斂而控制稍解
第5階段 ●	學生故態復萌
第6階段 ●	家長與學校再度嚴厲控制但效果日益變差
第7階段 ●	學校與家長發現管教無效
第8階段 ●	家長與學校放棄，導致中途輟學的結果

中輟介入時機以中輟歷程中的前三階段最為重要，在第四階段「家長與學校見學生行為略有收斂而控制稍解」後，就陷入一種惡性循環而較難以介入。

專業輔導人員與查勤人員協力合作輔導中輟生之方式

學校查勤人員（教學組職員）
■ 統計學生缺席時數
■ 預警通知學生及家長
■ 提報經確認之中輟生
■ 協助發展出缺席政策
■ 說明缺席處罰規定

學校心理專家（臨床心理師）
■ 協助改善學校氣氛
■ 加強學習上的適應
■ 實施學生個別輔導
■ 認知行為技術訓練

預防性處遇
改善性處遇
補救性處遇

學校諮商人員（諮商心理師）
■ 建立教師督促方案
■ 實施學生個別輔導
■ 建立學生同伴系統
■ 實施社會技巧訓練

中輟生輔導
←——→

學校社會工作者（學校社工師）
■ 加強親職教育
■ 強化要求家長、學校夥伴關係
■ 結合社區夥伴實務
■ 實施學生個別輔導
■ 家庭訪問與家長接觸
■ 推動學校與警察合作
■ 媒合另類教育方案

第 6 章

青少年期

● 章節體系架構 ▼

Unit 6-1
青少年期的生理發展

圖解人類行為與社會環境

272

青少年期（adolescence）是由兒童轉變為成人的過渡階段，此時會經歷生理成熟和性成熟。即使青少年期多半始於11或12歲至20歲結束，但並沒有一個確切的時間。青少年期和青春期不一樣，青春期／思春期（puberty）會有一個特定的時間點，青少年期通常是生命中某一個特定階段，有其文化意涵；青春期泛指在生理發展上的特定時間，性發展會成熟，具備生殖能力。青少年期主要的生理變化，包括青春期、速長期，以及性徵發展等。本單元說明青春期、速長期等生理變化，性徵發展則於次一單元說明。

一、青春期

(一) 青少年時期的發展特徵，在於青春期出現及相關的荷爾蒙改變。青春期是指快速的生理與性生長，並且經常伴隨著荷爾蒙、情緒及其他變化，青少年時期的荷爾蒙變化，主要與大腦中的下丘腦與腦垂體腺，以及性腺（男性的睪丸和女性的卵巢）等構造相關，男性及女性荷爾蒙則影響生殖、性別及其他生理發展。

(二) 青春期的特徵為生殖器官和生殖器快速成長，且會發展第二性徵。女孩的青春期介於8～12歲，男孩則較女孩晚2年，大約在10～14歲時進入青春期。女孩的身高通常會在16歲定型，而男孩則會持續長高至18～20歲。

(三) 青春期的發展，主要是荷爾蒙分泌增加造成的。荷爾蒙（hormones）是內分泌腺所分泌的化學物質，會激發性器官和性特徵成長，每一種荷爾蒙均會激發特定生理推展。例如：睪丸素會直接影響陰莖和鬍子，女性的雌激素和黃體激素會影響子宮和陰道。

二、速長期

(一) 速長期是突然長高，為進入青春期的典型特徵。男女都可能會長高5～15公分。進入青春期前，男孩通常會比女孩高2%；但因為女性較早進入青春期，所以在11～13歲期間，女孩通常會比男孩高壯，但男性在急速成長後，身高又會比女孩高。

(二) 青春期成長會影響骨骼和肌肉發展，但男孩和女孩的發展層面不同。男孩的肩膀會變得比較寬，腳及手臂會比女孩長一些。女孩則是骨盤和臀部會變得較大，這可增進生育能力。

(三) 在青春期成長階段，多數青少年的外型都不太勻稱。身體各部位的發展各具階段性，有些青少年的身體與四肢的比例看起來非常奇怪，身體部位呈現不協調的對比。青少年期生理的發展，是由四肢部位（兩手、兩腳及頭部）先發展，先有了成年人的尺寸，然後才是身體軀幹的發展。雖說最後整個體型均會完整發展，然而這不均衡的外型會讓青少年覺得難為情，且有些笨拙，大腦也需適應這新的身體，會有動作不協調的時候。

青少年的各個階段

階段	每個階段的發展特性
前期 11～14歲	抽象思考的開始、更強調同儕的重要性、身體形象成為主要焦點、青春期的身體變化、親子衝突增加的開始
中期 14～16歲	嘗試新的角色、道德思考的進展、性別認同的聚焦、性衝動、親子間的衝突減少
後期 17～21歲	同儕友誼的深化和親密、同儕影響的減弱、聚焦在工作或大學求學計畫、更加獨立
成年初顯期 18～25歲	獨立性再增強、生活各種可能性的探索、自我責任的增強，有介於青少年和成人之間的感覺

1. 引自：Craig W. LeCroy & José B. Ashford, & Lela R. Williams等著，張宏哲審閱。《人類行為與社會環境》。雙葉。
2. 前揭書於青少年階段新增「成年初顯期」，與一般其他教科書教該年齡區間納入成年前期或青壯年期、成年期之分類不同。本書將成年初顯期納入第七章成年期。

青春期的身體變化

階段	每個階段的發展特性
頂泌腺（大汗腺）的發育	男生和女生類似
骨盆的變化	男生骨骼增強；女生卵巢和子宮的增長
性腺的發育	男生睪丸和陰囊增長；女生卵巢和子宮的增長
乳房的增大	男生增大；女生增長更大
陰毛的成長	男生和女生類似
生殖器的發育	男生陰莖增長；女性陰唇和陰道增長
外在青春期	男生夢遺；女生月經初潮
青春期	男生有精子；女生排卵
身體尺寸	男生肩膀變寬；女生臀部增大

Unit 6-2
青少年期的生理發展（續）

本單元接續說明青少年期生理變化的性徵發展如下：

三、性徵發展

青春期最主要特徵有第一性徵和第二性徵發育成熟，說明如下：

（一）第一性徵

是指生殖器官的成熟，這扮演了生育後代的直接角色。就女性而言，包含子宮、陰道和卵巢發展成熟。卵巢是女性最主要的性腺，會製造性荷爾蒙和卵子以準備受精。就男生來說，主要性徵包含陰莖、前列腺和睪丸的成熟。前列腺位在膀胱下方，主要功能為射精或分泌鹼性物質以製造精液。睪丸是男性最主要的性腺，可製造性荷爾蒙和精子。

（二）第二性徵

是指可區辨不同性別，而與生育能力無關的徵候，包括月經、毛髮生長、乳房發育、聲音改變、皮膚變化、夜間夢遺等，說明如下：

1. 月經：女性進入青春期的最主要指標為第一次月經到來，亦稱為初潮，月經為每個月未受精卵子由子宮排出的血液和體內組織廢棄物。現代女性的月經會比三、四十年前的女孩更早來。目前美國女性月經到來的平均年齡是12.5歲。

2. 相較於女性，男性進入青春期的確切時間點較不明確。就男性而言，平均在14歲前，荷爾蒙會造成睪丸增大，並開始製造精液。睪丸素分泌的增加，會激發陰莖發育變粗、變長。

3. 毛髮生長：青春期時恥骨周圍會開始生長毛髮，幾個月和數年之後，這些毛髮會變捲、變粗和變黑。而恥骨生長毛髮之後2年，腋窩會開始生長毛髮。但這也有個別差異。男性的嘴唇下方和下巴、臉頰，也會開始生長毛髮。胸毛則是在青春期後期才會生長。

4. 乳房發育：乳房發育通常是女孩性成熟的訊號之一。乳頭和乳暈周圍會變黑。原本較圓錐型的乳房也會變得較圓潤，乳房的功能為分泌乳汁。有些青春期男孩會經歷暫時性乳房發育，這會讓他們焦慮並擔心自己不正常，Hyde與DeLamater指出，將近80%的青春期男孩會出現這種現象，可能是因為睪丸分泌女性荷爾蒙所造成，此情形通常在1年內會消失。

5. 聲音改變：男孩在青春期晚期會注意到自己的聲音變得更低沉，這包括喉頭擴展和喉結生長。女孩雖不像男孩那麼明顯，但女孩會感受到聲音輕微改變。女孩的聲音會變得稍微不那麼高亢，並因為喉頭成長而使音調變得較成熟。

6. 皮膚變化：青少年的皮脂腺分泌會增加，並使皮膚較油，毛孔會比較粗糙和變大，且通常臉上及背部會長出黑頭和面皰，通稱為粉刺，並造成疼痛感。粉刺會增加青少年的壓力，且更意識到外貌和身體正在改變。

7. 夜間遺精：夜間遺精亦稱為夢遺，泛指男性在睡眠中射精。在青春期後期最頻繁時，一個月會有一次夢遺，至20歲時會逐漸變少，到30歲以後則完全終止。夜間遺精是釋放性張力的本能反應，有時會伴隨性夢境。重要的是，需讓青少年了解這是正常生理反應。

典型的青春期發展			
青春期階段	生理變化	心理變化	社會變化
早期 （11～14 歲）	■ 荷爾蒙的變化 ■ 春情發動期 ■ 生理外觀的變化 ■ 可能初嘗禁果和使用成癮物質	■ 對包括早熟在內的生理變化有所反應 ■ 思維很具體，以當前為焦點 ■ 怯於展現身體 ■ 情緒喜怒無常	■ 和父母、同儕的關係有所改變 ■ 學習架構具章法 ■ 揚棄文化和傳統 ■ 從眾隨俗
中期 （15～17 歲）	■ 春情發動期及生理外觀的變化成熟 ■ 可能初嘗禁果和使用成癮物質	■ 對包括晚熟在內的生理變化有所反應 ■ 自主性提高 ■ 抽象思維增強 ■ 認同發展啟動 ■ 準備念大學或就業	■ 社會情境決策日益顯著 ■ 注重外貌
晚期 （18～20 歲）	■ 生理變化速度減緩 ■ 可能初嘗禁果和使用成癮物質	■ 形式運思期 ■ 認同發展持續運作 ■ 道德推理	■ 學習及生活架構漫無章法 ■ 展開親密關係 ■ 重新對文化和傳統感興趣

引自：Elizabeth D. Hutchison著，洪貴真主編。《人類行為與社會環境：心理暨社會取向》。洪葉文化。

275

青少年生理改變對心理影響之研究結論

■ 女性月經來潮與較成熟的社會能力、改善同儕關係、較高的自尊心、對自己身體有較高的自我意識等均有關。

■ 男生早熟似乎比晚熟好，早熟的男孩自信心較高，自我觀念較佳，而且同儕關係亦較佳。

■ 女生初經來得早（稱之為早熟），多半學業表現較差，也出現較多的行為問題，但多半較早獨立，也與異性有較佳的互動關係。

■ 發育較早應理造成較正向的自我形象，但有時卻是相反，原因是較早熟的少女在身材上會比較晚熟的少女顯得矮胖。

Unit 6-3
青少年期的認知發展（Piaget的認知發展理論觀點）

Piaget的認知發展理論，最後的階段是形式運思期（period of formal operations），大約開始於11或12歲到16歲，說明如下：

一、青少年時期是認知發展的重要階段，此時青少年的認知技巧更趨於複雜熟練。以Piaget的理論檢視青少年時期的認知發展，此時正進入形式運思期（亦稱爲正式運思期）。前一階段的具體運思期，是指人類對可觸摸的具體事物經歷之事件的心理活動，例如：在心理上將所見的動物歸類。形式運思期，意指抽象概念的心理活動，具有形式運思能力的個人，能夠思考抽象的、未見、未聽、未嗅、未嚐的概念。亦即，形式運思期比具體操作思考期較具假設、抽象的邏輯思維。例如：學齡兒童界定司法體系，憑藉著警察執法及法官判刑的案例來作判斷，而青少年可能認爲，司法體系是指政府的部會必須考慮不同利益團體之間結合運作，且必須顧及公平正義的平衡體系。

二、進入形式運思期的青少年，同時具備後設思考（meta-thought）的能力，即對於自己的想法再進行思考的能力。青少年已能運用抽象的概念，例如：理想（ideals）、品質及特徵等，作爲描述他人的性格，並分辨是非。此外，具有抽象及邏輯思考能力的青少年，也更能夠處理複雜的問題，例如：道德及靈性的議題。

三、這個階段的青少年會有抽象思考的能力，而在進入這個階段以前的兒童只有具體思考（concrete thinking）的能力。由於抽象思考

能力的存在，使得青少年的思維豁然開朗，開始能運用這種能力來進行合乎邏輯的抽象思考，並發展出解決問題的能力，此又稱爲「假設演繹推理」（hypothetical-deductive reasoning）。這種能力讓青少年能透過線索或假設，按部就班地找尋出最佳的方式來解決問題。

四、事實上，青少年開始意識到自己的思考能力，他們可以想到自己爲何會對某些事持有某種看法，而這樣的思考能力也與理想主義和對未來的看法有關。爲什麼青少年常常很關心他們的未來、人生的意義或發展出屬於自己的意識型態呢？Piaget認爲這些想法都是形式運思期的特質所造成的。青少年已具備了思考超越眞實面的能力，而這能力可從其思考模式中顯現。例如：一位少女可能會想到：「如果我和阿傑結婚會怎樣？」、「我現在不該再這樣看阿傑了，我應該思考我想從他那邊得到什麼？」

五、形式運思期在青少年期產生的兩個明顯特色，說明如下：

（一）**理想：** 思考中充滿無限的可能性，這階段也被稱爲同化期（assimilation），指的是青少年會將新的資訊與現有的知識結合起來。

（二）**適應：** 到了青少年中期，如果能透過適應（accommodation）的過程，則會取得較好的平衡。換句話說，青少年必須適應認知能力的改變，而隨著經驗的累積，形式運思的能力也會漸漸融合於經驗中。

青少年形式運作與邏輯思考能力之範例

思維上的主要改變	實例
對可能性的思考能力	我希望能更了解她──她應該會是個好的朋友，或者我決定讓她成為我的女朋友。我們彼此喜歡，應可建立更親密的關係。
對假設的試驗	她說她不想成為我的女朋友。我想女孩子大概就是不喜歡我，因為我不夠帥，也不夠酷。不過也有別的女孩表示過她們喜歡我，也許不是所有的女孩都會喜歡我，我應該努力去找到一個真正喜歡我的女孩。
思索未來	我現在有一個女朋友，而且相處得很愉快，不過如果我們一直交往下去，我將不知道和別的女孩交往會是怎樣的情形，為了要找到最佳的終身伴侶，好像應該有較多的女朋友。
對想法的思索	我一直在想別人有多喜歡我，我真的受歡迎嗎？不過即使我不像其他人一樣受歡迎，至少我還是有很多好朋友，我實在不必擔心自己是否受歡迎，只要好好把握現在的好朋友們就好了。
思考能力的擴展	我受邀去參加一個派對，但我最好的朋友泰瑞卻沒受邀，因為主辦派對的約翰不喜歡泰瑞。如果我告訴泰瑞實話，他一定會生約翰的氣，而約翰也叫我不能說。不過如果泰瑞問起，我也不想欺騙他，我實在不知道我是否應該答應約翰對泰瑞撒謊。

Piaget認知發展理論的思考模式四個要點

1 內省
思考想法。

2 抽象思考
不將思考侷限於現實層面，而延伸到未知的可能。

3 邏輯思考
能考慮重要事實及概念，進而綜合出結果。例如：決定動機及效果的能力。

4 假設推論
在考慮多項變數的情況下，規劃假設並測驗結果的能力。

Unit 6-4
青少年期的心理社會發展（Erikson的心理社會發展理論觀點）

Erikson的心理社會發展理論的八階段，在青少年期中，為第五階段：認同對角色混淆（青春期：12～19歲），說明如下：

一、認同

(一) 根據Erikson的觀點，青少年處於自我認同的危機，是人生階段性發展中一個主要危機。認同意味著一種相互的關係，這種關係同時意涵著一種個體自我的相似性（self-sameness），以及與其他人共同享有的永續存在的性格。青少年期是醞釀自主性的階段，青少年選擇他們自己的朋友及休閒活動，以及建立在家庭以外有意義的情緒連結，他們建立自己的價值體系，通常是在家庭的羽翼下，受家庭其他成員的影響得以規劃未來。這種認同及規劃過程，占滿了青少年的生活與時間。

(二) 當青少年年紀增長，他們變得相當在乎自己是什麼，重視自己及其他人在過去所建立的聯繫網絡，也會考量未來建構的方向。自我認同是社會關係的一種標竿，得以讓青少年在持續的互動經驗中成為領航人。

(三) 文化因素左右自我認同養成。Erikson相信，青少年在此年齡層開始主動追求他們個人的生活目標，青少年的目標及價值觀反映出他們所歸屬的文化範圍等。在型塑個人的認同之際，他們必須學習並決定他們所追求的文化目標，解決認同的危機是內化文化價值的最後步驟。不同文化顯然有不同的期許，而個人在追求自我認同的歷程中，青少年為文化期許所同化。

二、角色混淆

(一) 青少年自我形象的形成過程，每個人很可能因為生活中重要他人的需求，而做出若干決策。例如：青少年由於父母的期許決定當醫師或律師，青少年在這種過程中為了取悅長者而下決策，可能沒有經過審慎的考慮，以及對他的目標有所認定。或是，有些青少年在成長過程中也可能養成負面的自我形象，並內化成其自我形象。

(二) 這種喪失自動權的認定（foreclosed identity）及負面的自我形象，解決了自我認同的危機，提供個人一個具體的自我認同。在某方面來看，這是缺乏一種正面個人認同及目標。但無論如何，對青少年來說，青少年在解除認同危機時，會因而導致角色的擴散，造成角色混淆。他們可能既不能達成心中鎖定的目標，也缺乏整合生活上不同角色任務的能力，這些青少年常常掙扎著面對衝突的價值觀，極大多數缺乏自信、判斷與決策能力，這種角色的擴散造成焦慮感、冷漠及敵視的態度，因為這些人對各種角色都有不適感。

(三) 自我認同轉化過程中，個人可能經歷短暫的混淆及憂慮，青少年極可能沉溺於自我而淪為與外界隔離，以及在支離破碎的生命殘骸中，難以拼湊勾勒出一套完整的人生願景，即便是生命中所具有些微的正面角色認同，也摻雜著若干程度的角色混淆，甚至有些人從未構成一個令人滿意的自我認同，融合多面向的認可、肯定、精神期許及多種角色，這些青少年同時想超越內在，對未來懷抱不安與恐懼。

認同對角色混淆

青春期發展出強烈的自我感,否則他們在
生活中對自我的認同及角色會引起混淆。

心理社會延期償付（psychosocial moratorium）

- ■ Erikson 以心理社會延期償付描述在達到最終自我認同前的自由試驗期。此延期償付允許青少年有試驗自我信念、價值角色的自由,這樣一來他們才確認可發揮自我優勢的社會角色,並獲得社區正向的認同。

- ■ 解決自我認同和角色混淆危機的最佳方法,是將早期認同、目前價值與未來目標整合為一致性自我概念。因自我認同只有在一連串的質疑、反覆地評估及試驗後方可達成。若僅致力解決自我認同問題,可能使青少年更加情緒化、過度熱心的承諾、自我疏離、反抗行為或耽於嬉戲。

Unit 6-5
青少年期的道德發展（Kohlberg的道德倫理兩難案例）

道德發展理論認爲：道德發展意識是循著一些思考階段的歷程。Kohlberg認爲隨著個體的發展，道德思考也是經過某些系統性的模式。Kohlberg採用以下的案例調查青少年的道德判斷，案例說明及判斷如下：

一、道德困境案例

有一位女士得了癌症瀕臨死亡，有位醫師相信某種藥物可以治療她免於死亡，剛好發明這種藥物的藥劑師也和這位女士及其丈夫住在同一座城市。雖然這種藥物製造時的成本很昂貴，但是藥劑師的索價仍然超過製造成本的10倍，他花費 200美元，卻要求2000美元，而且劑量很小。女士的丈夫Heinz傾全力向他所有的親友借錢，卻只籌到第一期藥物的一半款項1000 元。於是他回頭找這位藥劑師，表示他的太太瀕臨死亡，期望能在藥價上給予更多的折扣，或是讓他晚一點支付款項，但這位藥劑師表示：「不，藥物是我發明的，我要靠它來賺錢。」Heinz在情急之下，不顧一切地破門而入，盜取藥物，拯救他太太。

二、青少年對案例的道德判斷

(一) 這個故事列出幾個道德上的困境和難題。例如：如果Heinz眞的無法以其他方式取得藥物，他有責任爲自己的太太偷藥嗎？而這位藥劑師有權力要求如此高的價格嗎？

(二) 這個故事和這類問題都是調查青少年道德判斷常用的方法，目的是想了解青少年如何思考這些沒有明確對錯答案的道德困境。到底Heinz該不該偷取這個藥物？一個人如何思考這類問題，可以當作其在道德發展階段上的指標。

(三) 另外，「道德發展」也可指稱人與人互動過程的行爲準則。例如：青少年可以推理說，無論什麼情境之下，偷竊的行爲都是錯的。不過，另一個思考的軸線是，偷竊是情有可原，因爲藥價實在是高得離譜，很不公平，況且更糟糕的是，這位太太如果不服藥就會死亡，所以以偷竊是可被接受的。

(四) Kohlberg相信這些行爲準則（或規範）會依照個人不同階段的發展，而有不同的進展。每個階段都代表思考各種行爲規範的不同方式，這些階段可當作我們擁有的有關對錯的觀點或理論。每個階段都有「什麼才是對的」不同觀念，以及一個人必須是「善的」不同理念。例如：在青少年前期，年輕人正處於「人際從眾」的階段，他們以爲「所謂的正確」就是做個好人、活在他人的期待裡；所謂「好」的理由，就是尋求如何成爲別人眼中的好人，自己才會自認爲是個好人。當青少年成熟後，他們比較有可能進入一個對「系統」（system）負責任的階段，所謂的「好」，就是實踐或履行自己對社會責任或價值體系的責任，以免社會秩序的混亂和崩解。當個體進展和通過每個階段，他就更接近道德充分發展的境地，這些階段就是Kohlberg所描述的「道德成規前期／前習俗期」（preconventional）和「道德自律期／後習俗期」（postconventional）的道德思考或推理階段。

Kohlberg的道德推論：
青少年對病患丈夫Heinz及藥劑師事件上道德兩難議題的可能反應

道德發展階段	支持竊取藥物的道德推論例子	反對竊取藥物的道德推論例子
道德成規前期／前習俗期的道德推理		
1.懲罰與服從	Heinz不應坐視他太太死亡，所以他應該不會坐視不管。	Heinz應該不想偷竊被逮，因為被逮的結果可能必須坐牢。
2.自我利益	Heinz果真偷竊被逮，應該將所竊得的藥物歸還，以避免遭到判刑入獄。	藥劑師只是在商言商，理所當然可以販賣藥物以獲利。
道德成規期（習俗期）的道德推理		
3. 從眾性：「好男孩、好女孩」	Heinz是個好丈夫，他之所以會這麼做，是因為他很愛他的妻子。	Heinz無法接受因妻子死亡而遭受的責備；這位藥劑師是自私的人。
4.法律和秩序	Heinz若沒有任何舉措而導致他妻子的死亡，則他妻子的死亡就是他的責任；他可以先偷竊藥物拯救妻子的性命，然後再晚點支付費用給藥劑師。	偷竊就是錯的。Heinz如果真的竊取藥物，他會覺得愧疚。
道德自律期／後習俗期的道德推理		
5. 人權：社會契約	針對這樣的情境，並沒有法律可以規範，雖然偷竊藥物是錯誤的行為，但Heinz這樣做是合理的。	這種情境不應該成為徇私枉法的理由。Heinz不應該被情緒掌控，他應該考慮這件事對自己的長期影響，而且不失去自尊心。
6. 普世的人類倫理	如果Heinz竊取藥物，他那樣做雖符合社會期待，但卻會遭受良心的譴責。	Heinz應該想到可能有其他人的狀況和他妻子一樣，需要這種藥物；他的行為應該要以普世的倫理原則，以及所有人整體生命的價值為指引。

281

Unit 6-6
青少年期常見的健康問題

圖解人類行為與社會環境

282

青少年期是生理發展的狂飆期，在生理發展的過程中，青少年經常面對的生理發展問題，說明如下：

一、體重問題

肥胖是以個體的身高為基準，體重超過標準的20%就是肥胖。過去20年，兒童和青少年肥胖的比例明顯增加。肥胖除了是罹病的重要危險因子外，對青少年而言，也是嚴重的社會問題，因為肥胖會遭到同儕的侮辱、汙名化和拒絕。許多青少年會發展出過多的脂肪，有可能導致成年期的肥胖。另外，青少年時期建立的飲食行為，通常會延伸到成年期。

二、經痛問題

經痛是指在月經前或在月經期間，腹部發生抽筋性的疼痛。對女生而言，這是個非常普遍的經驗，盛行率高達90%；經痛通常從青春期開始，大部分都未經診斷，也沒有接受治療。

三、粉刺問題

超過80%的青少年有粉刺的困擾。粉刺的產生是因為青春期性荷爾蒙增加，刺激皮脂腺（臉部為多）的脂肪質分泌，大多數青少年到了20歲時，粉刺就會開始減少。粉刺或青春痘和基因遺傳與脂肪的沉積有關，它會導致皮膚組織產生疤痕，影響外表，使得青少年覺得尷尬，造成社交退縮的問題。

四、睡眠問題

10～18歲的兒童和青少年睡眠時數是不斷減少的，兒童期中期每晚的睡眠時間大約是10小時，到了16歲，睡眠時間下降到8小時。睡眠專家認為青少年每天約9.25小時的睡眠時間，身體和心理才能夠維持良好的狀態。研究指出，約有50%的高中生，在週間經常是過了午夜才上床。睡眠不足會引發認知功能較差、煩躁不安的情緒增加、焦慮及憂鬱等情形。

五、飲食失調症

(一) **神經性厭食症**：好發於青春期早期和中期，其特徵是患者會做出讓自己瘦到不能再瘦的行為。厭食症通常始於減重，或經歷到某種壓力之後，從減重演變到嚴格控制飲食、過度運動，甚至有時候會催吐或吃瀉藥。厭食症與環境壓力之間有明顯的關聯性，遺傳基因也是此疾病可能的成因之一。厭食症的症狀包括1.心理症狀：焦慮、憂鬱、無情緒（或很少情緒表現）、強迫行為等；2.生理症狀：皮膚乾燥、發育不良、骨質疏鬆、月經失調、身體及臉部的毛髮變得細軟、對冷的敏感度升高、心臟疾病，甚至死亡。

(二) **暴食症**：雖然與厭食症的某些症狀相似，但暴食症的特徵在於持續大量進食，再經由運動、催吐或瀉藥將食物排出的行為模式。暴食症好發於青少年晚期或成年早期，並可能持續發病至成年晚期。與厭食症的患者一樣，暴食症患者同樣執著於變瘦、被扭曲的身體形象所困擾。然而與厭食症患者不同的是，暴食症患者通常體重正常、對自己的行為感到羞愧，並且意識到自己有不正常的癖好。多數暴食症患者長期隱藏自己的行為，並維持正常以上的體重，因此他們比厭食症患者更難被察覺。暴食症患者會出現的症狀，包括1.心理症狀：憂鬱、強迫行為及物質濫用；2.生理症狀：脫水、暈眩、心臟疾病、電解質不平衡、牙齒的琺瑯質受損等。

預防肥胖的策略

- 改善家庭和學校提供給兒童食物的營養品質，減少零食和碳酸飲料的攝取量。
- 強化學校教育，加強健康飲食宣導，強化體能活動和正向身體形象的教育。
- 依據學童個別需求量身訂製體能活動，增加校園內的動能，減少久坐不動的時間。
- 改變社會環境和文化，支持健康飲食和活躍體能的習慣。
- 教導父母如何強化營養飲食的選擇，準備健康的餐飲和零食，提供體能活動，減少花費在電子產品的時間。

飲食失調症

厭食症的診斷指標
- 拒絕維持適合其年齡及身高的體重
- 對於體重的增加感到非常恐懼
- 對於身體形象的感知混亂
- 至少連續3個月未有月經來潮

暴食症的診斷指標
- 出現一再復發的暴食行為（必須是間斷性的發生，同時患者感到對飲食失去控制）
- 出現避免體重增加的行為，例如：使用瀉藥、過度運動或催吐
- 至少連續3個月有每週2次以上的暴食行為
- 對於身體形象的感知混亂
- 未出現厭食症的混亂行為

Unit 6-7
青少年的自尊心發展

　　生理、認知、情緒及社會等方面的發展，對於青少年如何看待與評價自己，將產生短期及長期的深遠影響。同樣的，青少年對於自己的評價，他們如何看待這個世界，將進一步影響他們往後的發展與身心健康，因此，我們將人對於自己的整體評價稱為「自尊心」（self-esteem）。

　　自尊心是對自我的整體評價，有時又稱為自我形象（self-image）、自我概念（self-concept）。一般而言，自尊心會隨著青少年階段而改變，通常在青少年前期（11～14歲）處在最低潮。因為這個時期的青少年，多半會有很強的自我覺知或自我意識（self-consciousness），而他們對自我的感知（self-perceptions）又很容易受外界的影響，尤其是要進入中學這個過渡階段的女孩。自尊心最低的情況，是發生在叛逆和尋找感官知覺刺激的少女。值得注意的是，大多數的青少年在整個青春期階段的自尊心並沒有太大的改變。

　　大部分自尊心的來源和青少年如何評估自己達成短期目標的能力有關。青春期的重要課題就是，青少年必須了解每個人都無法達成每一個短期目標，不可能在每一件事上都是最棒的，也不可能在每一個運動項目上都成為贏家，或是在每一項課業上都有最優秀的表現。有時候青少年會把一時的失敗當成重大的挫敗，甚至把這些挫折當作是毀滅性的失敗，因而影響自尊心的發展。

　　對於增強青少年自我概念上，可採用以下的四種方式，說明如下：

一、對成就的鼓勵

　　青少年可以經由指引，聚焦在他們比較可能有成就的領域。體能比較不足的孩子，可以從事比較需要腦力或智力的遊戲。研究顯示，青少年的自我肯定訓練有助於強化自尊心。有時青少年必須為了達到自己設定的更高目標而更加努力，或者接受自己已經很不錯的好表現，即使不是完美無缺。

二、增進特定領域的能力

　　許多青少年一開始就為自己設下不合理的要求，這些「必須」或「應該」就掩蓋了他們對自己實際成就的肯定。青少年如果經過教導或指引，能夠對自己過去經驗和行為持著正面看法或感受，自尊心通常會提升。

三、強化同儕和父母的支持

　　自尊心和同儕團體的形成有密切的關係，研究顯示，父母親和同儕的支持，以及社區和學校活動的參與都有助於改善青少年的自尊心。

四、發展因應技巧

　　因應能力和自尊心的強化、壓力的紓解都有關聯。當青少年運用因應能力解決問題，結果就是正向的自我評價和自尊心的提升。如果教導青少年因應問題的技巧，他們會學習更實際和誠實面對問題。

影響青少年自尊心發展的因素

生理發展及青春期到來的時間點	同儕與家人關係
01	**02**
03	**04**
社會規範與期待	心理社會因素，例如：復原力、性格及適應能力

寄養家庭孩子的自尊心發展之研究結果

■ 寄養兒童常有一種低自尊的特質，因為沒有緊密的家庭關係，造成他們低自尊與認同上的混淆。

■ 當將兒童從失功能的家庭中帶出時，因為減少他們接觸不當家庭互動及衝突的機會，的確可以幫助他們增加自尊。

■ 低自尊也與這些寄養兒童曾安置到多少個寄養家庭，以及寄養時間長短等經驗有關。

■ 對較年長青少年的寄養服務應該是有選擇性的，他們曾經歷家庭關係的不和諧與心理健康方面的問題，所以更應該得到這些相關資源的協助。穩定的安置環境可以提供青少年達到並建立支持性的關係，甚至可以補償日後所可能產生的問題。

Unit 6-8
青少年的自我認同

認同（identification）的概念源自於Freud的心理分析論所提出的假設：一個人的行為經由類化另一個人的人格特質，而形成相似的思想、感覺和行為。依Erikson的心理社會發展理論，青少年處於自我認同的危機，是人生階段性發展中的一個主要危機。Erikson用自我認同（ego identity）解釋青少年對自我的質疑——我是誰？

自我認同是個體社會關係的標竿，是隨著年齡增強而漸漸建立，到社會化歷程的重要他人，如學校、父母、同儕媒體或文化因素所影響。James Marcia運用Erikson的相關觀點，提出四種人們因應自我認同危機的主要方法，茲說明如下：

一、認同擴散／認同迷失（identity diffusion）

係指未曾就角色和價值觀進行探索，也不曾身體力行，這是最不成熟的情況。此類青少年尚未經歷過危機，所以他們也尚未探索有意義的其他選擇，而他們也不對一些重要態度、價值觀或生涯規劃等作任何承諾。這類人也許曾經歷、也許不曾歷經考慮可能性的階段（危機），但在任何一種情況下，他們都未達成一種承諾，使他們傾向於膚淺、不快樂，且常感到孤單，因為他們沒有真正的親密關係。

二、喪失主動權／取消贖回權（identity foreclosure）

係指未曾就角色和價值觀進行探索就直接身體力行。這個階段的青少年對某些特定的目標、價值或信仰已經做了承諾，但也還未經歷過危機。這類人做了承諾，卻未考慮其他可能的選擇（經過危機期），他們接受別人為他們的生活作安排的計畫。例如：女孩跟隨母親成為虔誠的家庭主婦，男孩跟隨父親成為商人或農夫。他們較為快樂、較自我肯定，有時驕矜、自滿，並具有強烈的家庭連結意識，當想法受到威脅時，他們會變得獨斷。

三、延期償付（identity moratorium）

係指就角色和價值觀進行探索，但不曾身體力行。青少年此時處於危機之中，他們正在積極地探索價值、意識型態或信仰，這時他們可能還未有所承諾，或對某種承諾只有模糊的概念。這類人正處於做決定的過程（處於危機中），似乎正準備做承諾，而且也可能達到認定。在衝突掙扎的階段中，他們傾向多話、矛盾、活潑；他們接近異性的父母、好競爭、焦慮，希望擁有親密關係，並了解其中所包含的事物，但卻不一定擁有此種親密關係。

四、認同達成（identity achievement）

係指就角色和價值觀進行探索，然後身體力行。在這個最後階段，青少年已經解決了衝突，而且對諸如職業、性別認定及宗教意識型態等做出堅定的承諾。在人們花許多時間對自己生活中的重要事物做主動思考後（危機時刻），他們做出必要的選擇，表現出強烈的承諾。彈性的力量是他們的特色：他們較深思熟慮，但也不至於畏首畏尾；他們具有幽默感，在壓力之下仍表現良好，能與人形成親密的關係，能接受觀念並維持自己的標準。

個體發展特定認同的四種方式

1.未來導向

步入青春期時，青少年業已發展出兩種重要的認知能力：他們能夠思考未來，也能建構抽象思維。這些技巧讓他們得以依據假想行為所衍生出的潛在後果，就一份假想行為名單做出選擇。

2.角色實驗

根據Erikson的看法，青春期提供了心理社會未定期（psychosocial moratorium），在此時期內，青少年享有就各種社會角色進行實驗的自由。因此，青少年基本上會在不同的小圈圈裡淺嘗團體成員的身分，和不同的心靈導師建立關係，選修不同的課程，加入五花八門的社團及組織，種種作為都是在嘗試進一步定義自己。

個體發展特定認同的四種方式

3.探索

角色實驗特別指稱對於嶄新角色的嘗試，而探索則是指青少年在嘗試新事物的過程中所展現的安適自在。個體對於探索越感到自在，認同形成的過程就越順利。

4.自我評估

在尋求認同的過程中，青少年不斷拿自己跟同儕做比較。Erikson認為，認同發展即是個體就自己與他人的相互關係所做的反思與觀察。米德（George Herbert Mead）認為，青少年創造出所謂的概化他人（generalized others），以此代表他人可能看待自己或對自己的回應方式，是將社會上各種角色加以類型化的過程，使得自我與他人互動時，有最低程度的互動判斷依據。青少年預先設想家人或同儕可能出現的反應，再據此來採取行動。

Unit 6-9
青少年的自我獨立

青少年在成長過程中，受到同儕的影響因素極大。同儕的壓力造成青少年的從眾奴化心態。同儕壓力與從眾性均為青少年時期所要面對的一個張力很強的進程，特別是在國中階段。青少年通常會運用他們的邏輯能力進行思考「如果大家都這麼做，這必定是好的、對的事。」

而到了青少年後期時，因從眾性所引起的各種反社會行為將會減少，青少年將開始會與父母及同儕間經歷到更多的合作與一致性的關係，因為他們越獨立，就越不會受到父母及同儕的影響。也許此時的從眾性是青少年發展過程中正常的一部分，並且也是一項重要的發展任務，就是要逐漸淡化同儕團體對自己的影響力，畢竟我們都需要學習在個人自主及他人期待中取得一個平衡點。只不過當有人對從眾的觀點施壓時，它的結果就可能有負面也有正面。雖然我們常常視同儕壓力為負面的影響，但它有時也有正面或中性的影響。

為了協助青少年擺脫從眾性推理的現象，Lickona提出六種方法，說明如下：

一、使自己成為一個獨立自主的人

要教導青少年成為有獨立見解的人，父母首先得成為很好的角色楷模。當孩子們提出老掉牙的說辭時，例如：「人家的父母都答應讓他去玩，你們為什麼就不答應？」這時父母不能因此而妥協，應該馬上告訴他，「重要的不是他人怎麼做，我們就怎麼做，而是應該思考他們的想法或作法到底對不對？」

二、常提到獨立的價值

父母需要幫助青少年了解獨立是為了他們自己好，Lickona建議父母可以對其青少年子女說：「做你自己，做你自己想做、有興趣的事，如果你能忠於自己，你才會快樂；當你不快樂時，需試著去了解原因為何。」

三、幫助青少年學習思考該如何回應

父母應透過角色扮演的方式，讓青少年學習在面對同儕壓力時應如何應對，例如：當男孩想要有進一步的親密關係時，他可能會說：「有很多人都這麼做」時，我們可以教女孩做以下回答：「如果你認為有很多人都這麼做時，你大可去找這些人啊！」

四、幫助青少年了解自己

青少年如果知道自己屈服於同儕壓力的感受是什麼時，應該就比較能夠應付，通常屈就於同儕壓力的青少年多半是因為自卑，害怕因此而遭到同儕的拒絕。

五、以適當的角度來看待「受歡迎」這件事

感到「受歡迎」常是使得青少年無法獨立的主因，我們應告訴青少年價值觀是不斷改變的，現在受歡迎並不表示以後也會如此。等到青少年稍微年長後，體貼他人的感受與能完成人生的目標等，可能會是更重要的事。

六、挑戰青少年在第三階段的「集體道德觀」

父母可以讓青少年知道所謂的「集體道德觀」（即他人認為合乎道德的事便是合乎道德的），並不一定是解決道德兩難的最好方法，以培養其獨立思考與解決問題的能力。

青少年的從眾奴化心態

- ➤ 青少年全然的效忠同儕團體或過分注重社交地位，容易造成青少年奴化自己而不能自制，因為一旦沒有人環繞於身邊，即感到寂寞與焦慮。
- ➤ 最怕是青少年為了討好友伴而盲目從眾，如此不僅失去了獨立自主的邏輯思考能力，有時也失去了自我判斷力，如果分屬兩個利益價值衝突的團體，更易造成兩難的困境。
- ➤ 青少年過度效忠團體，會造成僵化及受團體的奴化而失去自我。

Moore提出青少年與父母分離的獨立四個元素

01　生活功能獨立

如準備上學：選擇合適的衣服、打扮得體、整理課本等用品，自己用餐、獨自運作，或者從父母那裡得到的協助微乎其微。

態度獨立　02

這點不只是指態度與父母親涇渭分明，而是指發展個人的價值觀與信念。例如：基於個人的價值觀與信念投票選總統候選人，而非基於父母的意願。

03　情緒獨立

係指減少對父母或其他人的情感依賴，並在維持親密情感關係時，仍能強化自我獨立性。情緒獨立包括接受與分享情緒及相互依賴，當中沒有人會被支配和壓迫。

衝突獨立　04

這是指能夠體察到個人與父母親分離為二，而不致於有著內疚、怨恨、憤怒及負面情緒。衝突獨立指的是個體對於代間想法行為有所不同，感到安然自在。

289

Unit 6-10
青少年的自我中心主義

圖解人類行為與社會環境

290

David Elkind 提出青少年自我中心主義（egocentrism）。所謂的「自我中心主義」是指個人對自己的行為、感受或想法非常在意，而一般相信這種想法的產生是由形式運思能力所造成的。亦即，當個人以自我認知結構為中心，並且更關注主體本身的觀點，而忽略實際處理的客體（個體所環繞的周遊世界），那麼個體與他人間的觀點便無差異存在。Elkind 此種觀點為「自我中心主義」。

Elkind認為，青少年具有自我中心思考，有以下的行為特徵：

一、向權威角色挑戰

青少年對世界及現實擁有想像與理想，追求完美，當他們發現自己一度崇拜的偶像遠不及自己心目中的理想對象時，他們會挑出偶像所有的缺點，希望將現實與自己的理想拉近。

二、好爭辯

青少年急於表現出他們對事件的觀察能力，且對任何事物會表達自己的看法，有時候會捲入人際間的不睦、不合群。所以，成人應了解此種行為特徵，鼓勵青少年參與有關原則的爭辯（例如：辯論），而避免涉及人格或人際攻擊，將有助於他們擴展推理能力。

三、自我意識（self-consciousness）

青少年過度的自我意識大都來自想像的觀眾（imaginary audience），這是指青少年認為自己是焦點，別人都在注意他。例如：聽到父母低聲細語交談，他會認為父母正在對他品頭論足。這也可能讓青少年出門時，很難決定要穿何種衣服，走在路上認為路人會看他的穿著打扮或注意到他的青春痘。因為此時

的青少年尚未能區分自己與別人所感興趣之處有何不同，所以他們假定別人與他的想法一樣，而創造出一些想像的觀眾。

四、自我中心（self-centeredness）

此種堅信自己是特殊、獨一無二、為世界萬物法則管轄之外的想法，Elkind稱為個人神話（personal fable），這也解釋青少年早期的冒險行為（例如：飆車不戴安全帽、性行為不使用避孕用品）。

五、明顯的偽善

青少年不明瞭理想與實際、實踐與理想之間的差異，他們一方面為環保議題抗議示威，另一方面又因參與活動而製造許多垃圾及噪音。

青少年自我中心與其社會認知有高度相關，青少年的自我中心思考一直要到15～16歲之後，與同儕互動經驗增加，加上認知成熟，才會減少，使用自我中心式的思考，運用正式運思的能力，進行假設演繹推理。

Newman提出幫助青少年發展形象思考的三項途徑，如下：

一、幫助青少年在生活中實踐各種角色，以學習角色間的情境、衝突、壓力，幫助其發展因應能力，增加相對思辨驗證的能力。

二、提供各種不同的群體活動，透過與自己成長環境不同之同儕建立關係，而意識到他們與自己的想法及期望有所不同。

三、學校課程要能帶領青少年做假設與演繹推論的思考，以促進形象操作與抽象觀念的發展。此外，大眾媒體與傳播網路要提供此種功能。

想像的觀眾（imaginary audience）

是存在於青少年心目中的觀眾，而青少年深信別人對其各種行為表現的在意程度，就與他自己的關心程度一樣。青少年將自己想像成站在舞臺的鎂光燈下，而其他的人都是觀眾，也因為他們相信大家都在注意他們，所以他們對自己的外表及行為會顯得相當重視。

個人神話／神格化（personal fable）

是指青少年相信自己是最獨特的，並具有無敵不死之身，所以任何危險都傷不了他。正因為他們太獨特了，以至於相信沒有人能了解他們，而又因為他們是無法被毀滅的，所以不好的事不會發生在他們身上。

假設演繹推理（hypothetical-development reasoning）

■ 正式運思期通常開始於約11～12歲，到了這個階段青少年會有抽象思考的能力，而在進入這個階段以前的兒童只有具體思考（concrete thinking）的能力。

■ 由於抽象思考能力的存在，使得青少年的思維豁然開朗，他們開始運用這種能力進行合乎邏輯的思考，並發展出解決問題的能力，此又稱為「假設演繹推理」。這種能力讓青少年能透過線索或假設，按部就班地尋找出最佳的方式來解決問題。

Unit 6-11
青少年的性議題：性與性別

將性視爲靜態與二元是錯誤的（即男－女、同性戀－異性戀）。事實上，性是一種流動性的概念，且不同的人會有不同的經驗。所謂性具有流動性，是指要將人歸類是一件困難的事，因爲同性戀與異性戀之間，並沒有一個明確的分際。

通常人們會把他人做兩極劃分：不是異性戀，就是同性戀，如此一來，事情就變得可以預測。如果有人被歸類爲異性戀者，其他人就會開始設想他的種種狀況。例如：異性戀的女人，具有的特質包括柔順、恬靜、感情豐沛和男人約會，最後結婚生子；如果是男同性戀者，則人們會有不同的想像。這種歸類方式最大的問題，就是會造成刻板印象。刻板印象是一種對某群體既定的心理印象，並可應用於這個群體的所有成員。通常這種印象所顯示的特質是武斷的、不考慮個別差異，並且否定個人的價值與整體性。例如：對同志的形容詞，包括娘娘腔、男人婆。

爲周延的對性進行探討，可以從生物面向、性取向、性別等三個面向加以說明如下：

一、生物面向

這個面向是指個人的染色體與生殖系統所呈現的狀態。通常男性有生殖器官（例如：陰莖）與 XY 染色體。然而，有許多人的外部生殖器官並不明確，染色體也沒有呈現典型對應。這類生理狀況稱爲「雙性人」（intersex），即這些人的性徵介於典型男性與女性之間。

二、性取向面向

此面向意指兩個層面：浪漫情愫的吸引，與性的吸引。多數人是異性戀，被異性所吸引。同性戀者被同性所吸引，雙性戀者被同性與異性所吸引，跨性別者被同性、異性或雙性所吸引。

三、性別面向

性別與個人感覺是「男性」或「女性」有關。通常，有男性生理狀態的人會覺得自己是「男性」，有女性生理狀態的人會覺得自己是「女性」。然而，有一些擁有女性生理狀態的人，會覺得自己是「男性」，而某些有男性生理狀態的人覺得自己是 「女性」。一般而言，「跨性別」（transgender）一詞，就適用在這些人身上。

至於「性別」（gender）的意涵，根據美國心理學會對「性別」（gender）的定義爲：與個人生理性別及其所處文化相關聯之態度、感受及行爲。符合文化期待的行爲被視爲性別規範；不符合文化期待的行爲則會造成性別上的特立獨行，這即是性別的社會建構（social construction of gender）。

性別的社會建構理論是指「探討性別在社會秩序中的架構，並將之視爲一整體；同時也探討其建構及維持的過程。」這表示傳統性別期待不再是鐵律，而是可被改變的認知與期待。性別是動態的，其概念在持續發展過程中允許極具彈性的角色與行爲。更具包容力的觀點，是不再將人類二分爲男性與女性，而是能將性別表現視爲連續性的。

Money提出性別的六項生理變因與兩項心理變因

生理變因

1. 性別由染色體決定，ＸＹ為男性，ＸＸ為女性。
2. 分別會有睪丸或卵巢。
3. 性別與大腦發展在胎兒時期便有不同：男性有睪丸酮，女生則無。
4. 內部生殖系統不同，女性有子宮、輸卵管與陰道；男性有輸精管與前列腺。
5. 男女的外部生殖器官不同。
6. 青春期時會分泌不同的荷爾蒙（女性分泌雌性激素與黃體激素，男性分泌睪丸酮）。

心理變因

7. 性別是出生時被歸類的（「是個男孩！」或「是個女孩！」）。
8. 性別認同，即個人內心的自我概念是男性或女性。

性別取向

性別取向	說明
同性戀（gay）	許多非同性戀者用gay來指稱男女同性戀者。雖然多數女同志認為gay是個通稱，但當其他人說起gay時，大多指男人而非女人。媒體現在開始用gay man及lesbian兩詞。
女同志（lesbian）	專門描述女性同性戀者的用詞。
雙性戀（bisexual）	指的是性愛的對象可以是同性和異性。
跨性別者（transgender）	■ 是指個人的性別認同和傳統上依他（她）的生理特徵所認定的性別有所不同，包括變性人（transsexuals）、扮裝皇后／國王（drag queens/kings），以及變裝者（cross-dressers）等。因此，跨性別者可以是男同志、女同志、雙性戀或異性戀（heterosexual）。 ■ 通常會將同性戀者和跨性別者統稱為LGBT（lesbian, gay, bisexual, transgender），或LGBTQ（除上述四種類型外，再加上質疑自己的性取向者）。
同性戀（homosexual）	這個字詞可以同時代表男同志和女同志，但一般比較少使用，因為這個字詞通常帶有負面的刻板印象。（註：homosexual與gay，國內中譯均為同性戀，但意涵有所差異）

Unit 6-12
青少年的性議題：性行為

性（sex）是指男性與女性在生理上的不同，通常為生殖器官及基因上的差異。因此，性著重在男女生理上的差異。要不要有性行為是大多數青少年會做的另一項決定。在性的抉擇上，生理、心理、社會、個體的文化、宗教（靈性）與道德（價值觀體系）等因素各自發揮其影響力。研究指出，包括以下因素：

一、**生理因素**：荷爾蒙分泌的變化及青少年對於荷爾蒙所帶來的外貌變化之反應，都是性行為的可能觸媒。

二、**心理層面**：青少年得做不同的抉擇並發展個人認同，性行為不過是另一項決定而已。

三、**社會層面**：青少年透過外在環境、學校、同儕、手足、家人、社團與組織、媒體等管道，接觸到旁人看待性行為的態度，並因而受到影響。青少年開始有性行為的時機與方式，和他們心目中同儕的所作所為息息相關。研究亦提到，和學業表現出色的青少年相較，學業欠佳的青少年更可能有性行為。

四、**個體的文化、宗教（靈性）與道德（價值觀體系）**：塑造相關性行為的信念及行為。Ponton與Judice提到，全國對青少年性行為的態度，在青少年的性發展上扮演著重要角色，影響到法律、性媒體（sexual media）和性援交（sexual services），牽動著宗教和國家的互動狀態，也左右了青少年在學校所接受到的教育類型。

Petersen與Crockett更提出四個，他們認為會影響青少年發生性行為與未婚懷孕的相關因素，包括：

一、**生理因素**：青春期的生理發展被假設對青少年的性行為有很大的影響，這也容易造成未婚懷孕與生子的問題。這個階段的生理發展，可由兩部分影響青少年的性行為：一是直接由荷爾蒙對大腦作用，而間接的作用則來自外表較成熟的改變，如此改變代表對較成熟性行為的期待。

二、**性虐待**：青春期前的性虐待經驗可能會影響少女的性行為、未婚懷孕與生子，然而這兩者間為何會有關聯卻仍有待釐清。

三、**偏差或問題行為**：有偏差行為的青少年，通常也比較容易發生有性行為及未婚懷孕的情形。Jessor推測，青少年會有這些所謂的問題行為，是因為他們想要變成成年人，或者青少年想透過這些行為以取得同儕的接納與認定。

四、**規範性期待**：社會期待往往會影響青少年進入不同的生活階段。換言之，如果他人期待某青少年進入大學，然後結婚，再有小孩，則他人這樣的看法會影響該青少年的生命發展。Petersen與Crockett發現，在國中時期就有性經驗的少女，通常在那時候就有了成人時期才要完成的生涯規劃。例如：完成學業、找工作，然後結婚、生子。而當時沒有性經驗的少女，則較少想到這些規劃。他們的研究也同時發現有趣的代間相傳現象，即該少女的母親如果較早有性經驗，其女兒的性經驗也會較早，這種現象會產生，可能與其母親對性持較開放的態度或是受到遺傳的影響，而使得母女的生理發展都較早熟等有關。

影響青少年性行為的重要因子

1
生長在單親家庭的青少年，性行為發生的頻率比較高。

2
參與教會和學業表現良好者，較不容易發生性行為。

3
有良好的親子溝通關係者，較不易發生性行為。

4
太早有約會的經驗，比較容易發生性行為。

5
父母的管教方式太鬆或太嚴的青少年，比較容易發生性行為。

愛滋病（acquired immune deficiency syndrome, AIDS）

STOP AIDS

■ 愛滋病為後天免疫系統失調的一種疾病，是由人類免疫缺陷病毒（human immunodeficiency virus, HIV）所引起的。這種病毒會破壞人體的免疫系統，並導致患者發生細菌或病毒（原本對健康的身體無害）的伺機性感染（opportunistic infections），進而造成身體健康的傷害，而當個體出現免疫力較差或缺陷的情形時，容易引發疾病，最終會導致死亡。

■ 當個體經檢驗後確認受到HIV病毒的感染，通常稱為HIV-possible（HIV陽性反應），這種病毒的感染率屬於嚴重的健康問題。由於HIV的感染會有很長的潛伏期（平均約為11年的時間），許多年輕人在感染了愛滋病後，要到20～30多歲時才發病。年輕人罹患愛滋病的新案例中，大多數都是男性和男性發生性行為。這其中有一項嚴肅的議題，就是有許多年輕人經診斷確定染愛滋病後，卻依然繼續和其他人有危險的性關係。

Unit 6-13
青少年的性議題：未婚懷孕

青少年發生性行為，在未做好避孕措施的情況下，可能的後果就是發生非預期的懷孕，這時需面對未婚懷孕的許多困難抉擇，包括是否要結婚、墮胎、出養、提早輟學等。

過早懷孕容易因為懷孕生子，導致很早輟學，造成學歷不高的問題，因而找不到好工作，只能從事低薪工作、收入不高，以及依賴社會福利等，產生經濟財務方面的困難；且必須面對社會或人際關係方面的問題，例如：高離婚率、不穩定關係及更多非預期生子。

過早懷孕對母親及孩子都會有所影響。對嬰兒而言，主要的影響是體重不足，以及死亡率的可能性比較高。對母親而言，特別是年輕的母親，發生併發症和死亡率的風險會增加。青少女如果終止懷孕的過程，也必須面對負面的後果，尤其是越慢選擇墮胎，發生併發症的風險也越大。

許多人對於青少年「小爸爸」存有一個常見的迷思，那就是：小爸爸一旦發現女朋友懷孕，就不會想要她和寶寶。然而，最近的調查結果顯示，越來越多的父親不想放棄自己的孩子。亦即，和過去大眾想法不同的是：越來越多的小爸爸想參與撫育的過程。但是，這些小爸爸通常必須面對女朋友父母的敵意，並且小媽媽和家人會主導和嬰兒有關的所有決定。因此，社會工作者在協助這類家庭為嬰兒做決定時，應該要將小爸爸的意見一併納入考量。但成為小爸爸後，必須面對許多不利的問題。例如：必須提早輟學賺錢，但只能選擇低薪的工作。

針對減少青少女未婚懷孕的建議，包括如下：

一、**擴大性教育的措施**：提早進行性教育，並需教導青少年做決定的技巧、生活技能，以及生涯規劃的能力。許多學校課程教導青少年面對可能懷孕的風險時，必須同時教導具備的問題解決、擇善固執和自我肯定的能力。

二、**強化避孕管道的可近性**：避孕管道的增加有助於降低青少年懷孕的人數。學校的保健可提供推廣避孕的多元服務，減少學生對求助的烙印或負面印象。健康中心工作人員可以與社會工作者合作，聚焦在未婚懷孕的初級和預防服務，內容包括身體活動、緊急照護、心理衛生照顧和社會工作諮詢輔導等。

三、**提供年輕人更多的生涯選擇**：由於青少年懷孕對青少年社會層面的發展很不利，因此，有必要改變社會環境，使他們的人生有更多的選擇。因此，必須降低青少年出現可能導致懷孕風險的動機，而最好的避孕措施，就是給予他們對未來的希望和選擇。

四、**強化社區參與和支持**：一般大眾很容易將性教育和建議視為父母和學校的責任，但研究顯示，父母給子女的性教育其實非常少。當親子之間有關性知識方面的溝通增加時，青少年使用避孕措施的機會便會增加，但是仍然需要社區整體層次的努力。如果能改變社會大眾對性教育的態度，就能夠強化降低未婚懷孕服務的可近性和使用率。

01

替代模式

▶ 由未成年未婚媽媽的母親，負全責養育孫子。

▶ 有些未成年未婚媽媽仍與其父母同住，並未負起養育孩子的責任，與其同儕團體仍維持以前的生活方式。因為未成年未婚媽媽的不負責任，祖母為了孩子的福利和健康著想，而負起照顧責任。

02

補充模式

▶ 指未成年未婚媽媽的母親與其共同分擔照顧小孩。未成年未婚媽媽可能與小孩的祖母同住或分開住。

▶ 例如：未成年未婚媽媽上學時，小孩由祖母代為照顧。若小孩的母親有空在家，則由母親照顧，這是最普遍的安排方式。

297

03

支持模式

▶ 此模式中，未成年未婚媽媽負起全時間照顧孩子，其原生家庭與之固定的溝通、拜訪及提供經濟支持，偶爾提供孩子的照顧和協助處理家務。

▶ 不同於補充模式，此模式中的未成年未婚媽媽幾乎是全時間參與孩子的照顧。

04

學徒模式

▶ 此模式祖母扮演女兒的老師，將之視為學徒。她不認為女兒天生就知道如何扮演好母親的角色，祖母的任務是了解女兒在為人父母時的知識和能力，培養其良好的技術和能力，然後逐漸撤回其責任。

Unit 6-14
青少年的性議題：同性戀

有關於為何有些人是同性戀？目前主要論點大致分為生物理論、心理社會理論，以及互動式理論等，說明如下：

一、生物理論

生物理論對同性戀的解釋，大致依循三種途徑：基因、腦結構及荷爾蒙。這個理論的基本概念，是同性戀源於先天生理機轉，非後天人為可控制或改變。說明如下：

(一) **基因因素**：雖然許多的研究支持基因因素會影響同性戀，然而性學專家對於是否有導致同性戀的基因，仍然謹慎以對。基於性取向的複雜程度，同性戀的基因關聯，或許只占了其中一小部分。

(二) **腦（解剖）因素**：經研究同性戀者的人體腦部結構，發現同性戀男性的下視丘，只有異性戀男性的一半大。但是，我們並不知道這樣的差異，是出生時就有，還是經過一段時間才造成的。此外，也沒有證據證實這樣的差異與性取向有直接相關。

(三) **荷爾蒙因素**：有些論者認為荷爾蒙種類、分泌量、母親懷孕期間不正常的荷爾蒙分泌等造成同性戀。但不管是懷孕期還是成年期，至今仍無任何證據顯示荷爾蒙與性取向的關聯。

二、心理社會理論

(一) 心理社會或行為理論強調同性性行為如同其他行為，是學習而來的。在早期生活中，同性性行為或許藉由愉悅的經驗而獲得正向的增強，又或許透過負面的懲罰而遭受壓抑。例如：若一個孩童與同性有多次正向的性接觸，他有可能因此而受到正增強，進而尋求更多這類接觸。同樣地，如果一個孩童與同性的關係是負面的，便有可能避免與他們進行此類接觸。

(二) 但此理論有兩項缺失，包括1.大環境向來敵視同性取向，在這種非難的情境下，同性性行為要如何獲得增強並持續，即成了一大問題；2.學習理論意味著個人首先要有同性性經驗，如果是受到鼓勵或嘗到甜頭，往後便會尋求更多類似的經驗。問題是，難道不是有同性情慾的人一開始便主動尋求同性性經驗？換句話說，難道不是先有同性情慾，才有隨後的性行為？

三、互動式理論

(一) Storms根據生理傾向與環境之間的互動，提出互動式理論。他認為同性性取向的發展，取決於人在前青春期的成熟度。兒童在前青春期通常與同性玩伴遊戲互動，這種與同性的互動大約持續到12歲左右，之後才開始與異性發展互動並產生交往關係。與異性的約會大概15歲開始。

(二) Storms 認為，有些人的性驅力比其他人早些發展。如果兒童在與同性交往的階段便已開始性成熟，便可能對同性產生正向的性經驗，發展出趨向於同性的交往模式，並對異性興趣缺缺，這便是環境因素帶來的影響。如果這些性早熟兒童與同性友伴恰好有良好的性關係，便有可能維持這種同性性取向；如果缺乏這樣的關係，當他們之後開始與異性交往時，便發展出異性性取向。許多專家同意同性性取向或許是生理與心理社會的綜合產物，只是還不清楚兩者間作用為何。關於人為何會變成同性戀，至今仍無確切的答案。

Bell的同性性取向起源研究

研究主題 同性性取向起源調查

研究者 Bell等學者

研究機構 Alfred C. Kinsey性學研究中心

研究對象 以訪談法，訪談979位男女同志，並與477位異性戀男女做對照

統計方法 統計學的路徑分析（path analysis），找出各個變項的因果關聯。例如：產前特徵、家庭關係、性取向的發展。

研究結果

推翻既有理論假設：
- 所有有關同性性取向的理論都無法獲得支持。
- 許多其他理論所提出的變項與同性性取向並沒有關聯，例如：同性戀與兒時是否受同性引誘沒有關係。

三項顯著研究發現：
- 性取向出現於男女進入青春期之際，對於少有或甚至毫無性經驗的人，亦復如是。有些人會開始認知到自己不是異性戀，因為在兒時曾有過不一樣的感受。有些人在青春期時會發現與異性相處時，總缺少了些什麼，但卻覺得同性同儕具性吸引力。
- 與異性戀者相比，男女同志在兒童與青少年時期，亦有相似的異性性經驗，唯一不同的，在於他們在異性性經驗中，並沒有太多愉悅的感覺。
- 研究發現同性戀者可能在兒童時期即產生「性別不協調」（gender nonconformity）。性別不協調，指的是兒童偏好於某些遊戲或活動，而一般社會卻認為這些遊戲或活動適合另一個性別的孩童。例如：小女孩通常會玩芭比娃娃及扮家家酒，而小男孩則喜歡玩金剛戰士與玩具推土機。如果小女孩去玩坦克車，小男孩玩起芭比娃娃，這即是性別不協調。性別不協調因素對男同志的影響，遠大於對女同志。其他因素，如家庭關係，則對女同性戀影響較大。

研究結論
性取向在孩童時期便已開始發展。要成為同性戀或異性戀，並非自己可以決定。就像異性戀者會被異性所吸引，同性戀者亦受同性所吸引。要使同性戀者轉性成異性戀，就如同要求異性戀者尋求同性伴侶一樣，是不可能的。

Unit 6-15
青少年的性議題：同性戀（續1）

圖解人類行為與社會環境

300

在社會中，一個人到底是同志或異性戀者的迷思仍然存在，但根據Kinsey的性行為研究顯示，我們應該視同性戀和異性戀為一個連續體（如右頁圖示）。然而，由於社會存在著對同性戀嚴重的偏見，使得青少年面臨性別取向的挑戰。

所謂青少年面臨的性別取向挑戰，指的是青少年同性戀的出櫃（coming out）。出櫃指的是個人從自我認知到公開承認同性戀傾向的過程。鑑於周遭無所不在的恐同言論與刻板印象，這段過程通常極為漫長而艱辛。

對於想要出櫃的青少年，Sauerman提出了以下的指引：

一、自己要很清楚：如果你已經接受自己的性取向，並且覺得這樣很舒服、很快樂，那就告訴他們吧！重要的是要向父母表達這件事。如果你自己還是不舒服或不快樂，他們會看出你的言語和情緒兩者間的落差或不一致，他們很有可能會試圖說服你放棄這個決定。

二、選擇適當時機：當你和你父母的所有事情都很順利的時候，或者一切都還算是平靜的時候，告訴他們你的性取向。

三、避開不適當時機：不要在爭執過程選擇出櫃，以避免這件事情成為引起大家痛苦的一項新武器。

四、先只告訴其中一人：有時候也可只告訴父母當中的一位，如果這麼做對你來說比較容易或比較舒服，但是切記，最後一定要讓父母雙方都知道這件事。

五、表達對他們的愛：一開始先告訴父母「你愛他們」。如果你平時不常對父母這麼說，可以找一些積極正向的想法和他們分享，作為開始。

六、預期可能的反應：準備好面對父母聽到你揭露的消息，可能會出現的沮喪和傷心。你的父母可能會憤怒，但你不要試圖防衛或表現出憤怒的情緒。最好也準備好，當父母告訴你：「我已經知道這件事好多年了。」你自己要如何回應。當然有些父母什麼都不說，每個父母的反應都不一定相同。

七、給予時間和空間：給你父母一點時間和空間，好讓他們可以消化這個消息。

八、確認自己的不變：告訴他們，你還是同一個人，並沒有改變，你也希望他們能夠繼續愛你。

九、維持暢通的溝通管道：你的父母通常會需要一段時間調適，他們可能會感到內疚、夢想破滅，或是對未來有更大的不確定感。有時候，他們就是需要時間。

十、藉助於一些資料：取得一些可閱讀的資料，提供給你的父母閱讀，提供你父母相關的機構諮詢電話，好讓他們可隨時求助。

十一、重要性的差別：對父母親公開自己出櫃，對你來說，其實比對他們而言更為重要。如果你的父母親還沒有準備好要談論這項議題，不要強迫他們。他們可能需要一點時間和空間消化這些訊息，並且整理出一些頭緒。

Kinsey提出的異性戀與同性戀的性取向連續體觀念

異性戀		疑問	雙性戀		男同志或女同志	
0	**1**	**2**	**3**	**4**	**5**	**6**
完全是異性戀行為	偶爾出現同性戀行為	更常出現同性戀行為	同性戀與異性戀行為平均出現	更常出現異性戀行為	偶爾出現異性戀行為	完全是同性戀行為

同性戀的認同過程

第 1 階段	第 2 階段	第 3 階段
這個時候個人開始與同性有肢體接觸。	指的是他人如何看待其為同性戀。	牽涉一連串事件。剛開始個人對自己與眾不同的性取向感到不安與困惑，例如：個人面對同性的舉止反應可能與異性戀的認同相衝突，然而隨著時間往前推移，個人開始正視自己為同性戀者，並面臨新身分調適問題。

出櫃的過程

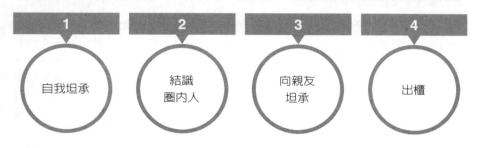

1	2	3	4
自我坦承	結識圈內人	向親友坦承	出櫃

Unit 6-16
青少年的性議題：同性戀（續2）

圖解人類行為與社會環境

302

近年來，對於同性婚姻合法化的支持或反對，引起社會激烈的討論，甚至引起不同支持團體之間的相互對立，這種情況在我國亦面臨同樣的情況。其中，在我國對於同婚該不該納入《民法》或立專法，立場不同的團體各有主張。我國在108年5月22日公布《司法院釋字第七四八號解釋施行法》，亦稱為同婚專法，規範相同性別之兩人，得為經營共同生活之目的，成立具有親密性及排他性之永久結合關係之法律。

根據研究，美國贊成或反對同性婚姻的理由，說明如下：

一、贊成同性婚姻的理由

(一) 同性伴侶間應該要和異性伴侶間一樣，能夠公開讚頌對彼此的承諾。

(二) 同性伴侶間應該要和異性伴侶間一樣，享有同樣的福利。

(三) 婚姻要將社會態度也納入考量以重新定義；多數美國人支持同志婚姻。

(四) 在憲法致力於自由與平等前提下，同性婚姻應受到保障。

(五) 讓同性婚姻合法化，並不會損害異性婚姻或「家庭價值」，社會也會繼續成功地運作。

(六) 若結婚的理由僅侷限於傳宗接代，那麼不孕夫妻應該不被允許結婚。

(七) 同性結婚是民事權利。

二、反對同性婚姻的理由

(一) 傳統以來婚姻制度就是定義為男女之間的結婚。

(二) 若同意同性戀者結婚，將會進一步削弱婚姻制度。

(三) 這可能會造成「滑坡謬誤」（slippery slope），讓其他人，像是一夫多妻、亂倫、殘忍關係及其他屬於非傳統關係的人們，都有權利結婚。

(四) 同性婚姻可能會造成更多小孩在同性家庭中長大；這不是一個絕佳的成長環境，因為小孩需要父親與母親。

(五) 婚姻不應延伸到同性伴侶，因為他們無法生育小孩。

(六) 婚姻是一種男性與女性間的宗教儀式。

(七) 許多信仰、經書典籍及傳統宗教團體，都不容許同性婚姻。

此外，社會上許多人充滿恐同症（homophobia），更加深了對於同性婚姻的反對態度。恐同症是指對同性戀者不理性的負面態度，通常厭惡同性戀的因素，包括權威的觀點、強烈的宗教觀和反對與同性戀的人成為朋友，以及從來不曾和同性戀者交流過。恐同症出現在社會的各個層面，許多同性戀的專業人員，即使是醫生、律師和社會工作者等，均認為他們必須隱藏自己的同志身分。最近的一項研究發現，即使是社會工作者，也有人對同性戀者有恐懼症。

此外，除了社會的恐同症外，有些男同性戀、女同性戀和雙性戀者，可以忽略社會對他們性取向的偏見，但有些卻將這些偏見吸收和內化，產生一種強烈的自我厭惡感。這種厭惡感稱為內化的恐同症（internalized homophobia），是指同性戀者對自己的同性戀或雙性戀有負面感覺，這通常與憂鬱症、低自尊或強烈自我防衛有關，嚴重的話，可能會影響建立親密關係的能力。

恐同症的表現形式

01 貶抑的名詞〔如queer（酷兒）、faggot或dyke〕

說具貶損意味的同性戀笑話 **02**

03 拒絕同性戀者在住房、求職到社交等機會

嘲弄（言語暴力） **04**

05 攻擊同性戀者（身體暴力，有時甚至具致命性）

〔註：酷兒一詞來自英文「queer（與odd同義）」，本意指「古怪的、與通常的不同的」，以中文而言，大致與奇怪、怪胎、變態等相近，屬於負面的詞彙，原先都是反同或恐同人士拿來辱罵同性戀的（其他的詞彙還有fag, faggot, homo, dyke等）。

社會工作者幫助有內化恐同症的案主之原則

■ 與案主一起討論他的早期經驗，以及他如何因應和壓抑自己的同性戀感受。

■ 挑戰案主對性別角色的認定及想法。

■ 檢視社會工作者自己本身對性別角色的想法，確認自己不會要個案只接受傳統的角色作為唯一的選項。

■ 成為角色模範。如果社會工作者是同性戀者，並且曾經處理並克服自己內化恐同症，或自我輕視與貶抑，則正好可以提供他們一個正向的角色模範。

Unit 6-17
青少年自殺：基本概念

青少年期，是正值享受年輕及期待各式各樣令人興奮經驗的年齡，但有些年輕人選擇結束生命。對於青少年自殺之肇因，至今尚無特定原因可能導致青少年自殺，但經歸納，促成青少年自殺，主要有三個層面問題，說明如下：

一、壓力上升

(一) 許多青少年對承受的多方壓力感到不安，這些壓力可能與社會和經濟環境有關，如家庭破裂、霸凌、畢業即失業、同儕壓力、被孤立、性別取向問題、失去愛情、意外懷孕、重要他人往生。很多青少年尚未體驗，且學習到自己其實可安然度過這些事件，且在歷經情緒混亂後仍可繼續生存，而自認已失去處理問題的力量，因而選擇放棄自己，引發自殺想法。

(二) 研究顯示自我期許高的青少年壓力更大，也更有可能會自殺。自我期許高的青少年，可能會對自己要求過高，急切要求自己必須滿足父母、學校和朋友的期待；如不能達成，則產生強烈的挫折感，引發自殺的意圖。

二、家庭議題

家庭風暴和家庭瓦解，會導致青少年自殺。當家中可能有嚴重溝通問題、父母物質濫用、父母有心理健康問題，或有身體或性侵害，且缺乏穩定家庭環境，會讓孩子有較寂寞和孤立感。

三、心理因素

(一) 心理因素通常和憂鬱有關，這會導致自殺想法，原因之一是低自尊。當自認為無能時，人們就會發現自己很難向外尋求支持以克服壓力。無助感和無望感也可能會導致自殺。

(二) 衝動或未經思考的突發行為，是導致青少年自殺的另一變項。困惑、孤立及絕望感會促成衝動，決定結束所有的一切。青少年在過渡為成人的過程中，會面臨許多緊張。社會價值不斷地在改變，同儕壓力極大，青少年沒有足夠時間可累積生活經驗，故傾向有衝動行為表現。任何瑣碎小事，都可能會變成自殺的危機。

青少年面對壓力無法因應的時候，可能將壓力或問題放在心中，形成內在的情緒和想法的問題，嚴重的話可能變成內化的障礙或疾患。例如：憂鬱是青少年最常見的問題，自殺則是青少年的第三大致死原因。在經歷到憂鬱的問題方面，女生的人數是男生的2倍。青少年憂鬱的症狀主要是情緒鬱卒、日常生活和功能的問題、社交關係的問題。

青少年面對壓力時，仍然能夠有良好的因應能力，稱為抗壓青少年（stress-resistant adolescents）。即使面對讓多數人受到負向影響的強大壓力，這些抗壓青少年卻具有「復原或彈回」（bounce back）的能力。具有抗壓能力的青少年，由於取得重要的社會資源，並且能夠善用這些資源，比較能夠因應壓力的衝擊，也比較不會產生自殺的念頭。

生活中的起伏

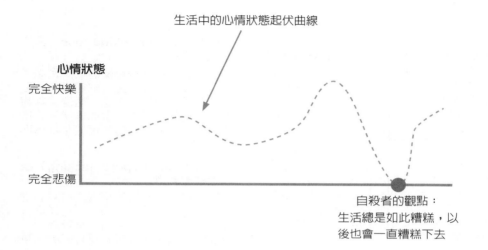

生活中的心情狀態起伏曲線

心情狀態

完全快樂

完全悲傷

自殺者的觀點：
生活總是如此糟糕，以
後也會一直糟糕下去

青少年具有抗壓能力的可能因素

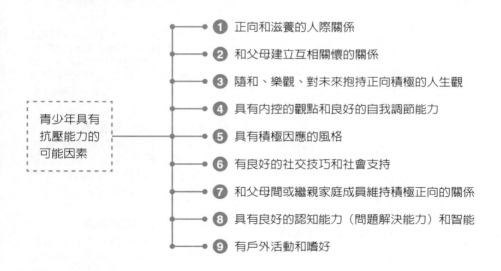

青少年具有
抗壓能力的
可能因素

1 正向和滋養的人際關係

2 和父母建立互相關懷的關係

3 隨和、樂觀、對未來抱持正向積極的人生觀

4 具有內控的觀點和良好的自我調節能力

5 具有積極因應的風格

6 有良好的社交技巧和社會支持

7 和父母間或繼親家庭成員維持積極正向的關係

8 具有良好的認知能力（問題解決能力）和智能

9 有戶外活動和嗜好

Unit 6-18
青少年自殺：SAD PERSONS量表

圖解人類行為與社會環境

306

Patterson和同僚列出潛在自殺危機因素，他們提出以SAD PERSONS量表作為評估自殺風險的方法。每一個字母的開頭字母，均代表一項自殺危機因素。茲將SAD PERSONS量表評估自殺危機程度，說明如下：

一、S（sex）性別

青少女比青少年更有可能自殺，但青少年自殺成功率為青少女的4倍以上。青少年的自殺危機程度較高，理由之一是青少年比較傾向採取容易致死的激烈自殺手段，例如：使用槍枝或上吊。相較之下，青少女多是採用過度用藥等較無致命性的方式。

二、A（age）年齡

雖然每個年齡的人都可能會嘗試自殺，但某些年齡的自殺危機比較高。統計指出，15～24歲或65歲以上的人，自殺危機最高。在自殺死亡中，有20%為14～24歲。

三、D（depression）憂鬱

憂鬱會導致自殺。所謂憂鬱，嚴格上來說指的是憂鬱症（depressive disorder），是一種精神疾病。特徵是會出現沮喪、悲觀主義、與節食無關之體重減輕或體重增加、失眠、無價值感。憂鬱不僅只有負向感覺，尚涵蓋個人特質、感覺和行為三者交互影響與衝擊。

四、P（previous attempt）之前曾嘗試自殺

過去曾有自殺嘗試行為的人，會比第一次嘗試自殺者，更有可能會自殺身亡。

五、E（ethanol abuse）濫用酒精或其他藥物

濫用酒精和藥物的人，比未濫用者更可能自殺。會改變心智的物質，可能會影響濫用者的邏輯思考能力，並導致憂傷情緒更低落。

六、R（rational thinking loss）喪失理性思考

患有心理和情緒障礙的人，例如：憂鬱、精神疾病者，比心理健康的人更可能會自殺。幻覺、妄想、極端混亂和焦慮，均是危險因素。假如未能具有現實感和客觀思考，衝動和情緒化行為則可能取而代之。

七、S（social supports lacking）缺乏社會支持

寂寞和孤立感已被證實是自殺的主要原因。覺得不被關心的人，可能會自認沒有用且絕望。心愛的人最近過世、被所愛的人拋棄、曾威脅要自殺者，自殺危機會特別高。

八、O（organized plan）有組織的計畫

自殺者所採用的自殺計畫越具體、越有組織者，自殺危機較高。此外，方法越危險者，危機越高。在評估危機因素時，需思考以下問題：此計畫的詳細程度如何？有常在思考應如何自殺的詳細計畫嗎？以前曾經想過這個自殺計畫嗎？此自殺方法的危險程度有多高？是否已經準備好施行此計畫或準備好武器呢？是否已選定好要自殺的明確時間呢？

九、N（no spouse） 無配偶

成人單身者比已婚者更可能會自殺。離婚者的自殺率最高，其次為寡婦、單身未婚者，自殺率最低的是已婚者。一般而言，沒有伴侶的人，較容易有寂寞和孤寂感。

十、S（sickness）罹患疾病

生病的人比身體健康者更容易自殺。對那些長期生病的人而言，長期生病會對他們的生活產生諸多限制。在某些案例中，他們可能已無能力因應生病以外的壓力，生病的痛苦已侵蝕他們所有的因應能力。

SAD PERSONS量表

S （sex）
性別

A （age）
年齡

D （depression）
憂鬱

P （previous attempt）
之前曾嘗試自殺

E （ethanol abuse）
濫用酒精或其他藥物

R （rational thinking loss）
喪失理性思考

S （social supports lacking）
缺乏社會支持

O （organized plan）
有組織的計畫

N （no spouse）
無配偶

S （sickness）
罹患疾病

在評估自殺危機程度時，每一個情況均代表1分。
例如：有憂鬱情緒的人，在憂鬱上得到1分，另外又有酒癮則會累加為2分，依此
類推。

自殺危機評估處遇決定的指導方針

1	2	3	4	5	6	7	8	9	10
回家持續追蹤		應考慮住院		強烈考慮住院；視個案能否遵守接受追蹤之安排而定		住院或監禁於醫院			

▶ 0～2 分意味著輕度風險，但仍需接受追蹤和治療。
▶ 3～6分代表自殺風險的嚴重程度等級，屬於此範圍的個案雖需要幫助和治療，
然而其立即性和強度可能會有不同，應針對每一個案進行專業上審慎考量。
▶ 7～10分顯示有嚴重自殺傾向，這類個案需立即治療，而住院或監禁於醫院是
可採取的處理措施。

Unit 6-19
青少年自殺：處遇建議

專業助人者在處遇自殺個案時，必須考慮的五個步驟，說明如下：

一、**建構安全環境**：考慮自殺者所使用方法，需撤走或使其不易取得。直接詢問且根據個案的自殺計畫，移走打算用來自殺的器具，包括拿走藥物或槍枝，也包括必須確定有人持續陪伴支持個案。

二、**協商安全**：協商安全的具體目標為，藉由表明、要求個案在特定期間內不傷害自己來確保人身安全；對個案的了解越具體、越明確越好。通常個案會同意在下次會談前維繫自我安全，而在下次會談時，則可再協商另一約定。這樣的約定對有自殺意念個案會有重大影響，可延遲他採取行動結束生命。

三、**計畫後續之支持**：自殺個案應該持續獲得社會和專業支持，這包括計畫後續會談時間。運用電話後續追蹤關懷個案，以確定個案一切安好，並計畫會面時間，讓個案能有所期待。

四、**將寂寞感和孤獨感降至最低**：專業助人者不該讓中度自殺危機個案獨處。在此危機期間，朋友和家人持續陪伴是很重要的。動員個案的朋友、家人和鄰居，使其意識到持續被關心。

五、**運用住院提供密集關懷**：假若無法穩定個案狀況，為確保其處在於安全環境，那麼必須考慮安排其住院。

若要成功預防自殺，社區資源不可或缺。社會工作者必須倡導新方案，或擴展服務機構的服務內容。社區可採用很多方式來協助自殺預防，以下說明四種方式：

一、**成立預防自殺任務小組**：成立預防自殺任務小組，可有效評估個案服務需求及提供必要服務內容。在計畫過程中，可思考下列問題：誰是潛在個案？社區是否已具有最有效預防自殺的服務？如果沒有，應該最先建立什麼樣的服務方案？若要發展此方案，需取得哪些資源呢？預防自殺任務小組強調，必須研究導致人們自殺的理由、最有效處遇方法，以及評估自殺預防方案之成效。

二、**設立危機專線電話**：此危機專線可針對特定危機類型提供服務（如家庭暴力或自殺防治），亦可針對各類型危機個案進行危機干預或提供資源轉介資訊。其優點為當有自殺想法時，個案即可於最需要的時機，匿名打此電話尋求協助。危機專線的工作人員需接受完整自殺預防訓練，也需24小時均編制工作人員接聽電話。

三、**以學校為中心之同儕協助方案**：這類型方案的目的，係使青少年自殺者有機會立刻向同儕諮詢者尋求幫助，因為這些提供諮詢服務者，他們自己已成功克服自殺等類似的問題，此類志工需接受相關訓練。

四、**社區專業人員及其他照顧者之自殺預防訓練方案**：此類型的社區自殺預防模式的對象，為專業人員及其照顧者。所謂的照顧者，包括任何潛在自殺者可能求助的對象，例如：神職人員、家人、醫事人員、老師和朋友。如此一來，當潛在自殺者向這些人求助時，可增加其得到適當協助的機會。

自殺防治的處遇歷程

事前預防
（**prevention**）

1

係指預防發生自殺危機之措施，包括排除及減輕高危機情境，以增進較佳的生活環境、減少負向社會情境。這些措施可以涵蓋改善媒體報導內容、大眾教育方案（宣導如何察覺有自殺風險之個案、應該怎麼處理及哪裡可提供幫助）、降低自殺工具的致命性和取得性。

介入
（**intervention**）

2

係指立即管理自殺危機及長期關懷、治療、支持有自殺危機者。這類作為包括確認可供轉介之潛在資源、危機辨識、危機評估、降低危機強度，以及治療和支持危機者。根據預防自殺小組的建議，亦應將健康照顧專業人員、防治人員等納入訓練，尤其是急救的介入，以及針對急性和慢性自殺危機個案提供不同的作業程序等。

事後介入
（**postvention**）

3

係指在自殺行為後所採取之行動。其目的有二：其一為對喪親者提供社會支持和諮商；其二為蒐集、解析心理層面資訊，以重建與自殺有關之社會、心理因素。

309

專業助人者協助自殺者之指導方針涵蓋的層面

01
因應立即危機

需立即協助與實際支持威脅要自殺的個案保有生命。

02
處理導致其壓力升高的問題

此部分干預可能需要長期處理一些存在已久的問題，而這些問題可能不盡然與自殺危機有直接相關。

Unit 6-20
青少年的物質濫用

　　在物質濫用上，青少年基本上會遵循成癮物質使用模式，以香菸、咖啡和酒精為其源頭。因此，香菸被視為成癮物質進一步使用與濫用的誘導性毒品（gateway drug）。在工業化國家之中，美國的青少年藥物濫用問題排名第一，酗酒則是最常見的物質濫用行為。

　　青少年經常使用的藥物，包括迷幻劑、吸入劑、大麻及安非他命。酗酒及藥物濫用，會為青少年及其家庭帶來許多短期和長期的問題。例如：藥物濫用的青少年在暴力行為、意外事故、早年性行為、非預期懷孕及罹患性病等方面，呈現較高的比例；同時，他們出現發展及學業成就低落的風險也較高，進而影響到他們長期的健康，以及成年後的經濟及其他發展機會。

　　一項針對青少年物質濫用原因所進行的大規模研究指出，生活壓力事件（例如：生病或離婚）、與同儕或父母的衝突關係，是青少年物質濫用的兩大主因。具體而言，缺乏同儕與父母支持，以及不健康和經常衝突的關係，是青少年物質濫用的主要風險。相反的，與父母保持緊密而具支持性的關係，則可避免青少年物質濫用的風險。這或許解釋了為什麼青少年酗酒的比例從中學時期開始上升，從發展的觀點來看，此時青少年開始宣稱自己的獨立性，於是導致與父母的衝突增加；而當青少年年齡增長，與父母的衝突減少，酗酒的比例也因此下降。因此我們可以說，雖然青少年物質濫用和青少年與他人的關係品質之間，沒有明確的因果關係，但兩者確實有所關聯。許多成年人的物質濫用始於青少年，同時因為濫用行為而導致的健康問題，可能延後出現。

　　選擇濫用成癮物質的青少年似乎和不使用成癮物質者有所差別。Richard Jessor的研究發現，酗酒青少年和其他青少年的差異在於：個人性格、社會環境及其他行為模式。酗酒的青少年較不會固守教育、宗教層面的傳統價值觀，或從眾行為，他們認為家人的價值觀和同儕落差很大。這些青少年受同儕影響較深，會有一些同樣有酗酒問題的同儕。最後，酗酒青少年也更容易從事性行為、少年犯罪等其他冒險行為。成癮物質會削弱青少年的免疫系統，以及罹病或產生整體健康狀況欠佳的可能性。

　　濫用成癮物質對青少年的心理社會層面有重大影響，它危及青少年在校的適應與表現，導致成就感低落、學業成績欠佳及高中輟學。它瓦解心理社會功能，減少社會支持，限制青少年對適於其年齡層活動的參與，縮減心理資源，造成焦慮、緊張和低自尊。成癮物質所誘導的心理反應，會干擾進食和睡眠，改變與健康相關的行為，可能也是精神疾患重症的成因。

　　物質濫用的預防，包括增加青少年對各項物質的正確認識、情感、社交技巧、家庭技巧等訓練，以及抗拒同儕壓力等方法。研究證實，有效的預防措施主要的焦點在於：強化保護的因子，例如：社交技巧、家庭凝聚力，以及和學校建立依附關係。在強化保護因子的同時，當然也必須減少危險因子或者削弱藥物成癮的原因。最近的研究也顯示，強化保護因子和減少風險因子必須同時進行。

藥物使用之理論

01 生物理論（biological theory）
聲稱藥物所產生之生理變化，最終會產生無法抗拒用藥渴求，並假設有些人的基因具備濫用特定藥物之傾向。例如：有些專家相信基因在某些人的酗酒傾向中，扮演一定角色。

02 行為理論（behavioral theory）
認為人們因藥物帶來快樂而用藥，繼續使用則為避免戒斷症狀。

03 互動理論（interaction theory）
認為藥物使用是經文化中與其他人互動而學習的，例如：人們喝酒是因為喝酒被廣泛接受。互動理論聲稱使用大麻或古柯鹼等非法藥物的人，是因為接觸到鼓勵體驗非法藥物的藥物次文化。

青少年使用藥物之理由

使用藥物的理由	說明
實驗型	剛開始是基於好奇，會在短期內嘗試不同藥物，但不會長期使用。
社會休閒型	藥物使用是基於社交的目的，只會使用層次較低的藥物來助興。
情境型	藥物使用有特定目的，例如：考試或睡眠問題，不小心會不自覺而成癮。
強化型	此類使用者是因個人問題或壓力情境所導致，當變成慢性慣用者或個體長期壓力未能解除時，便會成癮，只能依賴加強藥物的劑量來紓解壓力。
強迫型	此類使用者已有身心因素的依賴，例如：酗酒、藥癮者，未使用藥物會出現身心症狀。

Unit 6-21
青少年犯罪：基本概念

一項針對青少年偏差行為、犯罪與暴力所進行的廣泛研究指出，青少年暴力的成因包括：

一、微視層面

男性、物質濫用、學業成就低落、衝動控制能力差、有無力感、兒童時期的攻擊行為、過動及退縮等。

二、中介層面

家庭衝突、家庭支持與教養功能不彰、負向的同儕影響等。

三、鉅視層面

貧窮、居住在都會及犯罪率高的地區、接觸媒體與社會環境中的暴力行為。

許多上述的因素之間會有交互影響，例如：在貧窮的家庭之中，父母較難提供適當的管教與支持，因為他們可能同時需要做好幾份工作，生活壓力非常大，很難有時間陪伴孩子。此外，許多貧窮的都會社區犯罪率高，兒童接觸暴力的機會也較高；同時社區中通常缺乏適當的學校教育，造成學生的學業成績低落。因此，預防或減少青少年犯罪行為的介入處遇，必須聚焦於前述心理社會因素之間的交互動力。例如：社會工作者可以尋找經費支持學校，以提供更好的教育品質；社會工作者可提供家長相關的教養支持，尤其是針對經濟弱勢的家庭；對於身處於失序、暴力與貧窮環境的青少年，社會工作者可協助他們建立自我效能及對於未來的盼望。

有許多犯罪行為的發生是和青少年所處的同儕團體有關，犯罪行為有可能是與同儕共同犯下，也有可能是為了同儕而犯的。未成年者犯罪行為一般的原因，以及會使未成年者出現犯罪欲望的動機，都與其所喜歡的同儕，以及想增強其個人的自尊感有關。在青少年時期，青少年會感受到從同儕團體而來的壓力越來越大，而大部分的犯罪行為都是在這種情況下發生的。許多研究探討偏差或犯罪行為的預測因子，這些預測因子可以屬於多面向的觀點，例如：從生理、心理和社會層面，了解偏差行為的成因（如右頁圖示）。

一般而言，對於青少年觸法行為之司法處置與成人不同。少年法庭所扮演的角色跟父母一樣，都會盡力考慮孩子的最佳利益。少年法庭是屬處遇取向（treatment orientation）。成人犯罪審判之重點為指控明確罪刑，並以公開審判來決定其罪刑，如屬有罪，將藉判決予以懲罰；相反的，少年法庭主要關注滿足孩子當前的生理、情感、心理與教育需求，而非懲罰過去錯誤行為，其目的為促使青少年改過自新（reform）或接受處遇。

過去20年犯罪青少年的處遇模式歷經許多改變。整體而言，處遇模式已經從早期的精神醫療模式（聚焦在內在的心理衝突、情緒困擾和診斷的模式），轉移到重視成長、行為改變、因應技巧的學習、社會學習和楷模的學習等模式。

預測青少年犯罪的因子

面向	相關因子
生物層面	早期犯罪、男性、發展障礙
心理層面	犯罪行為、同儕壓力導致犯罪、高風險行為（例如：藥物濫用、性行為）、共病問題（和精神障礙共病，例如：注意力不足過動症、焦慮、敵意）、和學校漸行漸遠
社會層面	低社經地位和貧窮、家庭問題（家庭衝突、兒童虐待、家庭暴力、精神障礙家庭史、物質濫用）、課業表現差和口語能力差、宗教和靈性投入程度、住在犯罪率高的社區（都會困境）、學校問題（專注力不足、管控差、活動和學習機會少）

幫派的四種類型（Morales的分類）

01
犯罪型幫派
（criminal gangs）
犯罪幫派的主要目的是藉由犯罪活動以獲取物質，包括偷竊、勒索、贓物買賣，以及違法藥物的取得和販賣。

02
衝突型幫派
（conflict gangs）
衝突幫派較屬於地盤勢力取向，並且與侵犯、羞辱其鄰里的人或團體有暴力衝突。強調需被尊重和自我防衛。

03
逃避型幫派
（retreatist gangs）
逃避幫派關心的是酒精、古柯鹼、大麻或其他藥物的使用。人們為了要能持續取得藥物而加入幫派。不同於犯罪幫派利用藥物來獲取金錢，逃避幫派則是想藉使用藥物逃避壓力才結合。

04
神祕型幫派
（cult / occult gangs）
這類型幫派是指某些事不為人知、有祕密或有神祕信念、超自然力量，然而並非這類團體都會涉及犯罪活動。團體結構和行為會有幫派型式，包括刺青、相同穿著和髮型、使用藥物和犯罪行為（通常屬憎恨犯罪）。

Unit 6-22

青少年犯罪：解釋犯罪的理論（Merton的脫序論）

　　青少年常面臨的問題是犯罪與偏差行為。犯罪行為是違反法律。對於犯罪行為的解釋，有諸多的理論，茲就Merton的脫序論、標籤理論、差別結合論、社會控制理論、文化傳襲論等重要理論，分單元加以說明。本單元先說明Merton的脫序論如下（其餘理論於次兩個單元之說明）：

　　Merton認為，偏差行為來自文化目標與人們可選擇應對方式之間發生斷裂所產生的社會結構緊張。在社會中，文化為人們建立目標，而社會結構則為人們提供或者使之缺乏達成目標的手段。依據Merton的觀點，在整合良好的社會中，人們採用社會所能接受的方法，以達成社會所設定之目標；換言之，目標與手段處於平衡的狀態。一旦兩者失去平衡，便會產生結構性緊張，偏差行為於是可能形成。根據Merton的說法，這個不平衡，或者文化目標與社會結構所能提供之可選擇途徑兩者間的斷裂，便會迫使個人採取偏差的行為。

　　Merton的脫序論（anomie theory）認為，一個社會只有一套共同的社會價值觀思想，個人的偏差行為來自社會結構的不一致。他認為社會的迷亂、脫序狀況，主要源於其「文化目標」與「達成目標的制度方法」之間協調關係的結果。在此有三個重要變數必須提及：首先是「文化目標」（cultural goals），係指人們在社會被教導的需求與企圖，如財富、名譽、地位、權力，是文化所規定值得個人來爭取的目標，透過社會化方式，使得個人將文化目標內化成個人爭取的目標。其次，爭取目標的「規範」（norms），這乃是個人追尋

目標合法的依據、管道或合法的方法，例如：努力勤奮、追求教育、合法投資、考試等方式。最後，制度化的手段（institutionalized means），係指個人可利用的資源，如權力、智慧、家世背景、教育程度、聲望等。

　　一般而言，個人採取社會認同或社會接受的方式，來追求社會承認的目標，但若是缺乏機會去爭取目標時，人們就會試圖尋求其他途徑來達成目標，或是放棄目標。所以，Merton所謂的偏差者其實就是文化目標與社會制度化手段和規範間存在著一種不能配合的問題。

　　Merton從文化目標與社會結構之間的關係之配置方式，歸納出五種類型，包括順從、創新、儀式主義、退縮、反叛等（詳右頁說明），除第一種順從者之外，其他四種都是屬於偏差行為。

　　然而，這個理論忽略了人類的信念、目標並非一成不變，而是會受到社會情境和家庭、同輩團體等人際關係的影響。個人人際關係，會左右其目標與手段之間的調和能力，且理論忽略了人際互動及社會回饋之觀念。因為社會對個人不良行為的反應，會深深影響其日後的行為表現；且無法充分解釋何以某些具有合法競爭機會的人，反而會去從事違法行為，而某些缺乏公平競爭機會的人，反倒是中規中矩。

Merton（莫頓）脫序論提出的文化目標與社會結構配置的五種類型

類型	說明
1. 順從 （conformity）	順從者是指個人採取社會合法的制度化手段，來追求社會所贊同的文化目標。這是一種守法的行為，而大多數人以合法的方式，追求自己的目標，就是屬於順從者，又稱為奉公守法者。例如：以通過考試方式，來獲得資格檢定或證照，以及那些遵守法律的公民。
2. 創新 （innovation）	創新者是指個人不採取社會合法的制度化手段，來追求社會所贊同的文化目標。這種拒絕用合法的手段來追求社會或文化目標（如經濟成功、社會地位、物質獲取、教育等），很明顯地，是一種違規或犯罪行為，又稱為創新立異者。例如：經濟犯罪、搶劫銀行、黑道、考試作弊、吸毒、從事色情交易等。
3. 儀式主義 （ritualism）	儀式主義者是指個人採取社會所認同的制度化手段，卻不用來追求社會所贊同的文化目標。也就是放棄社會目標，但仍執行社會規定的手段，又稱為墨守成規者。這往往表現在政府部門裡的行政效率低落或拘泥於形式，是形式主義的官僚作風。
4. 退縮 （retreatism）	退縮者是指個人不採取社會所認同的合法制度化手段，也不追求社會所接受的文化目標。也就是同時放棄了社會手段與目標的消極作風，又稱為頹廢者。例如：自殺行為、酗酒和吸毒成癮、遊蕩和濫用麻醉藥劑等。又如有工作能力卻不去工作，或是辭去職業，寧願賦閒在家，並接受救濟金過日，這種行為充分表現出退縮者的偏差行為。
5. 反叛 （rebellion）	反叛者是指個人拒絕或排斥社會所贊同的文化目標與制度化手段，取而代之的是一套新的目標和手段，當作個人的行為依據。這往往發生在社會快速變遷後，由於傳統目標與手段日漸不為一些人接受，轉而以新的現代化價值或理想為訴求，又稱為反叛革命分子。例如：革命分子、幫派、激進分子等。

Unit 6-23
青少年犯罪：解釋犯罪的理論（標籤理論、差別結合論）

　　本單元接續說明標籤理論、差別結合論等兩項理論對於犯罪行爲的解釋，茲說明如下：

一、標籤理論（labelling theory）

　　標籤理論由Lemert（勒馬特）所提出。標籤理論將他人的反應，視爲產生與持續偏差行爲過程中最重要的因素。標籤理論認爲：「如果人們定義某情境爲眞，那麼其所爲之結果亦爲眞。」標籤（label）是由他人（包括某些社會機構代理人）指定或附加在某些人身上的偏差認同。因此，人們對特定對象的反應而非其行爲本身，才是在標籤過程中形成偏差的主要原因。並且一旦被標籤化，偏差標籤便很難卸下。標籤理論有助於解釋，爲何出獄者成爲累犯的機率如此高，犯罪或前科的標籤，使得他們難以得到社會大眾的信任，而在尋找合法工作時往往遇到極大的困難，前科的標籤已經決定了他們未來發展的可能。

　　標籤理論認爲偏差的界定並無絕對的標準，而是具有高度的相對性。任何行動者只要被貼上標籤，才會成爲偏差者，確定自己的偏差身分。若是沒有被標上標籤，偏差的行爲是不可能發生，也唯有被發現有偏差的行爲，才會被貼上標籤。很清楚地，一些人的行爲偏差並不是因爲自己有偏差的性格，而是由於被貼上標籤後被塑造出來的。

二、差別結合論（differential association theory, DAT）

　　差別結合論（亦稱爲差別接觸論）由Sutherland（蘇薩蘭）所提出。「差別結合論」的看法認爲，一個人的價值行爲觀，主要是來自於他所接觸的團體，經由學習而來。不同的結合團體，當然有著不同的價值、行爲、規範與信仰。若是與偏差的結合團體相處的時間越久，關係會越密切，個人受其影響的程度也會提高。

　　差別結合論認爲，成爲一個罪犯或少年犯，是在其所屬的初級團體中學習的結果；當人們在社會化過程中，被強烈要求破壞法律，而非順從它時，人們便因此成爲罪犯。差別結合論非常強調人們和同儕，以及他人互動過程的重要性。與少年犯、偏差行爲者或罪犯有差別接觸的人，則會習得看重偏差所帶來的價值。較高頻率、較爲長期或花費較多時間涉入偏差環境者，便較易成爲偏差行爲者。例如：社會學家認爲，在偏差家庭中成長的孩子，較易被社會化爲偏差行爲者。差別結合論對於偏差者如何形成文化傳遞，提供了強而有力的解釋，人們在其進行互動的社會團體與網絡中傳遞偏差期待，其中家庭便是此過程最重要的初級團體之一。

　　但批評者認爲，差別結合論從某些群體的價值觀角度，歸咎產生偏差行爲的原因。這種沿著階級界限劃分偏差與否的論述，忽視了中產階級與菁英的偏差。弱勢群體也會共用中產階級的價值觀，但可能無法以合法手段達到。

標籤理論的貢獻與限制

貢獻

- 有助於解釋更生人因為被標籤化，致出獄後成為累犯的機率如此的高。
- 說明偏差認同是一個人對自己成為偏差者的自我認定，通常偏差是經歷長時間才能形成的。

限制

- 過分強調社會對偏差者的反應，從而忽視其所作所為。事實上，許多批評者指出：是個人先做出某些行為，然後被標籤，而非先對標籤做出越軌行為。
- 無法解釋偏差行為發生的原因：標籤理論的焦點總是集中在社會反應，而無法解釋某人做出某些偏差行為的原因，以及過分強調偏差者的普遍性，忽略人與人之間在性格上的差異。
- 擴大被標籤身分的永久性。
- 把被標籤的人看得太被動與軟弱：彷彿他人給一個標籤，標籤者便自動接受下來，從而終身影響自己對自己看法。

317

差別結合論對於偏差的解釋之論點

- 犯罪行為是經由學習來的。
- 它是經由與他人溝通，而且大部分是在小團體或親密團體當中學習得來的，這包括犯罪技術、內容、合理化、動機與態度。
- 一個人之所以犯罪，乃是犯罪偏好影響多於非犯罪環境的因素。
- 高犯罪地區長大的孩子比起低犯罪地區的孩子，擁有偏差行為傾向的可能性較高。
- 個人的偏差行為可能性與其傳授偏差者的關係、接觸頻率、時間長短、接觸年齡有關。

Unit 6-24
青少年犯罪：解釋犯罪的理論（社會控制理論、文化傳襲論）

本單元接續說明社會控制理論、文化傳襲論等兩項理論對於犯罪行為的解釋，茲說明如下：

一、社會控制理論（social control theory）

Travis Hirschi（赫胥）提出社會控制理論解釋偏差發生的原因。社會控制理論認為，偏差發生於個人（或團體）與社會連帶之間依附關係有所減弱時。大部分情況下，人們都因彼此依存而將社會規範內化至內心。人們因在意別人如何看待自己，接受著社會中他人也接受的期待，從而順從整體社會的期待。正如功能論的理論架構，社會控制理論假定社會化過程對形成順從的重要性。但當與社會的連結鬆動破壞時，便會產生偏差行為。

社會控制理論認為，社會中普遍存在一個共同的價值觀體系，當個體不再忠於此一體系時，便是發生社會偏差行為的來源。此理論強調偏差行為者對於價值觀體系的依附（或破壞）關係對其所產生的影響，同時也闡述了在什麼樣的情境下，人們會選擇破壞此價值體系。社會控制理論認為，人們雖然多少都會有偏差的衝動，但因依附於社會規範，因而偏差行為會受到阻止。社會學家也發現，父母不太控制子女暴力行為的青少年，以及從同儕團體中習得攻擊行為的青少年，更可能涉入暴力犯罪。

二、文化傳襲論（cultural-transmission theory）

文化傳襲論與脫序論不同，脫序論觀點認為偏差是社會結構與個人行為之間的不協調所致，迫使個人去從事創新的偏差行為。而文化傳襲論並不認為偏差者都是創新者，主張偏差者的行為偏差只是認同次文化的規範而已，更認為偏差者也像其他人一般，學習既定的行為模式知識、態度、價值與信仰等，而偏差行為的產生就是從社會環境中學習到一些偏離主流價值體系的行為所致。例如：藥物、街頭、同性戀、色情，以及幫派等次文化。其實，「孟母三遷」的道理便是一個最好的寫照。文化傳襲論強調偏差行為，是社會環境影響與學習的結果。

此外，犯罪次文化觀點（criminal subculture theory）是文化傳襲論解釋偏差的代表觀點。次文化提供一套信仰體系，當作其團體成員的行為依據。次文化團體會發展出一種集體的行為規範與價值體系，甚至用來應付外來團體的歧視與壓力。犯罪次文化主張犯罪是一個地區生活的傳統方式，並經由個人與團體的接觸，代代相傳，形成犯罪次文化。任何人成為偏差行為者並非是有意的，而是身處染缸中，學習團體的傳統行為或犯罪文化所致。犯罪次文化的論調，其實就是「近朱者赤，近墨者黑」的道理，而任何人會成為偏差行為者，就是學習了犯罪行為的次文化所致。但是，文化傳襲論無法解釋為何在一個高度犯罪的地區，仍有相當多的人沒有受到影響而成為偏差者，以及無法解釋那些並不需要向他人學習技術和態度的偏差行為，例如：順手牽羊的商店小偷、經濟犯罪、激情式性犯罪等。

問題行為症候群與自我控制的關係

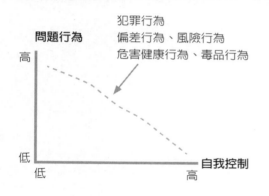

問題行為
高

低
低　　　　　　　　　高
自我控制

犯罪行為
偏差行為、風險行為
危害健康行為、毒品行為

- 自我控制越高者，問題行為將越少。
- 自我控制越低者，問題行為將越多。而越低自我控制者，問題行為較多具有心理病態（psychopathy）性格者之臨床症狀。例如：缺少同情心及責任感、病態說謊、追求刺激、衝動、缺乏長遠目標、偏差人際問題等。

犯罪次文化理論模型

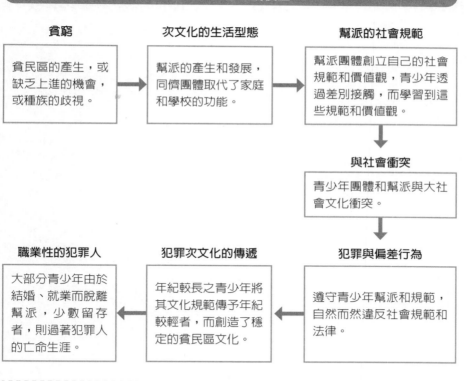

貧窮

貧民區的產生，或缺乏上進的機會，或種族的歧視。

次文化的生活型態

幫派的產生和發展，同儕團體取代了家庭和學校的功能。

幫派的社會規範

幫派團體創立自己的社會規範和價值觀，青少年透過差別接觸，而學習到這些規範和價值觀。

與社會衝突

青少年團體和幫派與大社會文化衝突。

職業性的犯罪人

大部分青少年由於結婚、就業而脫離幫派，少數留存者，則過著犯罪人的亡命生涯。

犯罪次文化的傳遞

年紀較長之青少年將其文化規範傳予年紀較輕者，而創造了穩定的貧民區文化。

犯罪與偏差行為

遵守青少年幫派和規範，自然而然違反社會規範和法律。

犯罪次文化理論的解釋重心，在於低產階級的犯罪行為。該理論的產生，主要是針對大都會中的低產階級生活狀況之研究。該理論認為，貧民區的居民之所以違反法律，是因為他們信奉一套存在於低階層區域的特殊而獨立的次文化體系。而這一套次文化體系，卻使他們與中產階級的規範相衝突。這一套特殊低產階級價值體系是一代又一代的傳承，使得生活在該區域的居民，很少不受影響，因而產生犯罪的傾向。

319

第 **7** 章

成年期

● 章節體系架構 ▼

Unit 7-1
成年初顯期

對於成年期發展特徵的領域，已經受到挑戰，到底進入成年期之前的過渡時期有何特色和定義？成年期的定義是以年齡、社會和經濟因素來決定嗎？Erikson 認為，成年正處於一個親密對孤立的階段，一個人離開家後開始擔負起成人相關的新責任，達到了社會心理的成熟程度。

近十幾年來，年輕人進入成年的時間，比之前的世代要來得晚許多。美國心理學家Jeffrey Arnett為此種轉變創造了一個新名詞：成年初顯期（emerging adulthood），用以描述工業化國家中18～25歲年輕人的發展過程，其目的是為了解釋進入成年時間點的轉變，以及18～25歲年輕人所從事的活動。

對現代人而言，離開家並過渡到成熟程度和過去相較之下很不一樣，這個過渡期稱為成年初顯期。Arnett認為，成年初顯期既不屬於青少年期，也不屬於成年期，屬於獨特的時期。這個時期的特徵就是正要過渡進入成人的角色，有其特定的生命路徑，強調變化及探索愛情、工作和世界觀的可能方向。

延遲成年角色是這個階段的主要特徵。在這個階段，如果問一個問題：「你覺得你已經成年了嗎？」最常見的答案就是：「在某些方面是，在某些方面不是。」相較於50年前的18～25歲而言，現代的年輕人接受高等教育的比例較高，工作的不穩定性較高，常換工作及從事危險行為的比例較高，同時結婚和生育時間也較晚。

Arnett的研究挑戰過去將成年初顯期概念化為過渡期，忽略了它是延伸的心理過程，亦即過渡到成年期的歷程，是一段比以前所認為還要長的旅途。他的心理學觀點和過去社會學觀點最大的差異在於：他強調心理的過程，而後者則強調生命事件和角色的轉換，例如：離家、完成教育、進入婚姻關係、成為父母。成年初顯期取代了想將青少年後期延伸到25～30歲的努力，志在建立一個獨特的心理特徵發展階段。

整體觀之，成年初顯期的重點在於嘗試新角色，而又未背負著做出任何特定承諾的壓力。所以，從成年初顯期邁向成年期的轉型階段，就以角色承諾（role commitments）的定型化為其特色。更晚近的研究顯示，在各個種族和民族之中，有人遵循情境式個體化路徑（default individualization pathway，意指成年期轉換由情境和狀況來加以定義），而不是由個體動能（individual agency）來定義；另亦有採用發展式個體化路徑（developmental individualization pathway，意指成年期轉換由個體動能加上智識、職業、心理社會等範疇，刻意詳盡規劃的成長機會加以定義）。兩者間的差異在於，後者對於目標、價值觀和信念的承諾較為穩固。

而此時期的另一項主題是住所的穩定性和流動性，20歲出頭的成年初顯者，可能發現自己在不同時間點和家人同住，或者自立門戶但仍依賴父母的支援協助，或者和重要的伴侶或朋友們一同居住。的確，居無定所、四處遷徙的情形，約在23～26歲達到高峰。因此，傳統上對於分離——個體化過程（separation-individuation process）的定義，可能未必適用於成年初顯期。真正與原生家庭的「分離」，可能要到成年期末期才會出現，對於某些人來說更可能要到邁向中年的轉型期才會成真。

成年初顯期的特徵（不同於青少年期和成年前期之處）

認同探索（age of identity explorations）

此階段人們探索自己的興趣，並思考對於工作及關係的選擇。由於他們頻繁變換工作、交往對象、住所及教育目標，因此「不穩定」便成了此階段的主要特徵。

自我聚焦（age of self-focus）

此階段人們開始獨立，但尚不需要負擔義務；他們可以明顯感受到自己正處於青少年和成年人的「中間」（between），卻不屬於任何一方。

發展的可能性（age of possibilities）

此階段人們對於即將進入成年並達成想像中的目標，充滿了希望；他們對於不穩定的現狀並不感到憂慮，因為他們認為所有的事都會變得更好。

Arnett成年初顯期理論觀點的貢獻

1 說明了青壯年期在工作、教育、人際關係、家庭和社區範疇裡，角色實驗與探索有所延長的現象。

2 提出論述架構，有助於理解年輕人在踏上穩定性遞增之旅程中的順逆消長。

3 認定這個實驗性階段的無可避免之處，以及其常態性色彩，是至關重要的。

4 傳統的人類發展模型高度依賴恆久的獨立住所、穩定的就業及新家庭的成立等規準，這些模型在今後可能需要重新檢視、更新相關的見解與論證。

Unit 7-2
成年期的生心理發展

茲將成年期的生理、心理社會層面的發展，說明如下：

一、生理社會層面的發展

青年期生理上的發展有兩項特質，一是生理發展的高峰期，另一是身體發展隨年齡增長而緩慢下降。體力的表現在20歲初期是最強的高峰期。與青少年階段相較，成年期的新陳代謝機制會開始慢下來，體重開始增加，必須努力避免變胖。這個階段肌肉組成的比率逐漸減少，並不是因為肌肉減少，而是體脂增加造成的。一般建議成年男子的脂肪約占15～18%之間，女性則占20～25%之間。

體重之所以隨著年齡增長而增加，主要是受到基礎代謝率（basal metabolism rate）的影響，意即人體在休息狀態下所用到的最低能量，此能量通常會隨年齡增長而減少，這代表如果個體想保持以前的體重，就必須適度的運動，加上均衡、含脂量低的飲食才是最佳的作法。

對於婦女而言，這個階段的生理狀況最適合懷孕，20幾歲的女性已擁有成熟的生殖系統，而且比較能產生受精卵。此外，女性的荷爾蒙製造也比較規律。正因為生理狀況處於最佳狀態，而且此時子宮也最能接受懷孕，所以這是懷孕和生下健康寶寶的最理想時機。

雖然荷爾蒙對男女都造成影響，但對婦女的影響較大。隨著月經週期（menstrual cycle）的進行，婦女的荷爾蒙也會跟著改變，特別是當婦女排卵時，她們體內的雌激素會升到最高點，而在接近月經週期時開始下降。排卵之後，婦女體內的黃體激素開始增加，大約在經期的前10天，黃體激素的分泌會達巔峰，大多數的婦女（85%）會因此產生月經前症候群（premenstrual syndrome, PMS），此症候群會讓婦女在經期之前有胸部變軟、腫脹、焦慮不安，以及情緒不佳等症狀。

二、心理社會層面的發展

成年前期的個體面對生活方式有各種不同的選擇，而選擇的過程有時得承受挫折，但過了30歲，經歷許多人生的抉擇，可將其經驗與期許轉化，提升至人生另一個境界。在成年前期階段，社會角色對人格的發展任務，包括㈠選擇登對的配偶；㈡學習與婚姻伴侶同居、共財或是選擇志業或規創事業；㈢建立新的家庭；㈣養育子女；㈤經營管理家庭；㈥拓展職業的選擇或專長；㈦行使公民的責任；㈧參與符合自己理念、志趣的社團。如能成功地完成前述任務，始能導引進入較為滿意的中年期及老年生活。不管成年前期是否了解每一個抉擇，他們的思慮與動作都是為了未來的收成而播下種子。

成年期最重要的能力是將知識及技術做一思考及劃分，包括分類、整合、強化所學及轉化經驗為知識的能力之認知發展。成年期前期重要的工作，主要在訴求並扮演好社會規範的成年角色，擔任新的責任與義務。角色的轉換包括正規教育的完成、找一份全職的工作、結婚生子及為人父母。但各代間的成長過程有所不同，此階段的人生規劃很難依據一項標準來設定。

女性經前情緒障礙（**premenstrual dysphoric disorder, PMDD**）症狀

1
悲傷和哭泣

2
緊張、焦慮和煩躁不安

3
對某些食物的渴望

4
注意力難以集中

5
身體問題（乳房鬆軟、頭痛、關節或肌肉疼痛、腫脹）

6
睡眠障礙

成年期前期的發展里程碑

生理上

■ 生理發展趨向穩定
■ 良好的體能狀況，但在成年前期的後半段開始走下坡
■ 不良生活習慣的建立

認知上

■ 更具有反思能力，思考過程也更為複雜
■ 能夠運用邏輯和推理的方式進行思考
■ 開始連結新的訊息與過往經驗，以增進學習能力

人格與情緒

■ 情緒發展趨向穩定，能夠掌握情緒
■ 人際與親密關係的發展
■ 在西方文化中，進行獨立的準備
■ 建立自我認同

Unit **7-3**
成年期的心理社會發展（Erikson的心理社會發展理論觀點）

Erikson的心理社會發展理論的八階段，在成年早期為第六階段：親密對孤獨（成年早期：20～30歲），茲說明如下：

一、親密

(一) 根據Erikson的觀點，成年期的主要危機在於親密關係及孤獨關係的建構。Erikson 認為個人在承諾自己與另一個人的互動，即形成所謂共同享有的認同感（shared identity）之前，必得先釐清自己的角色責任（即青少年期的任務），才懂得愛別人。

(二) 一個成年人如果對自己沒有清楚的自我概念，很可能會覺得冒然踏入一個長期而承諾的關係，有「被綁死」（tied down）的感覺，因此他或她很可能轉而要求對另一半完全的依賴。對Erikson而言，性還意涵著心理、社會的關係層次。性關係只是親密關係中的一部分而已，當一個人尚不能肯定自己，則要在確定自己之後，他們才能追求其他形式的親密關係，諸如友誼、戰鬥夥伴、領導夥伴及愛情的伴侶。

(三) 家庭通常是分享自信及愛意，或者接納自身的長短處與依賴的支柱之地；而成年人要面對如此重要的任務：與外人而非家人建立一種親密關係。這種脫離對家庭的愛，依賴且建立另一種愛的關係，對成年期是一連串的挑戰。

(四) 親密關係是一種特有能力，能與他人建立開放的、支持的、柔情蜜意關係而不會失掉自我。Stone曾描述過親密關係是一種體認獨立判斷，它不應該摧殘個體性。親密關係也是含有一種彼此同理及尊重需求的認可，一個人在接受愉悅之餘也要懂得回饋。

二、孤獨

(一) 相對於親密關係的危機，依Erikson的觀點乃是自我孤立與隔離產生的孤獨，也就是與別人建立親密互賴的關係，一不小心可能會失去自我認同，想到自主性、主動性因與他人過於緊密而造成界限的模糊。有的人為了建構完整的自主性而阻礙與他人交流，特別是因為童年時期缺乏關愛，有著極脆弱的自我定位。人類如有這種不知如何與他人互通交流的情形，將常常掙扎著如何在傳播訊息中尋覓獲得親密感。

(二) 孤獨受社會化模式的影響。例如：許多男孩從小就被教導要抑制個人感受，不要表達心裡的想法；他們也被社會化為具備競爭力及獨立自主的形象，這樣的結果造成許多男性無法做好準備接受與異性的親密關係；女孩被社會化為在情感上比較需要親密關係，也準備得較好。

(三) 孤獨是青年期危機的另一端。抗拒親密關係的人，會在自我及他人之間持續樹立障礙。有人認為親密關係會模糊自我認同的界限，因此不願意捲入親密關係中。有人忙著探索或維持著自我認同感，以致無法在親密關係中與他人分享並表達自我感受。

(四) 孤獨可能因情境因素而形成。一位年輕人可能為了考上醫學院而過度用功，導致沒時間與他人形成親密關係；或是一名少女可能因為懷孕、生產、開始撫養小孩，結果缺乏與成年人建立密切關係的機會。

親密對孤獨

成年期發展出與他人的親密關係，否則他們與其他人的關係會保持距離。

親密感定義的三項元素

01 和另一個人相互依存

02 自我表露（self-disclosure）

03 濃情蜜意

增進親密感的任務

- 有效協商彼此對關係的期待
- 協商角色和責任
- 培養妥協力
- 祭出並捍衛所列價值觀的優先順序
- 決定分享個人私事的尺度
- 辨別並滿足個人需求
- 辨別並滿足伴侶的需求
- 就認同重啟協商過程
- 發展信任感和安全感
- 考量相互對等的溝通
- 在伴侶身上投注陪伴時間
- 有效化解衝突和議題
- 展現尊重、支持和關懷

Unit 7-4
Levinson生命架構（生活結構）理論

一項針對Erikson的心理社會發展理論指出，Erikson只強調親密和生產的任務，可能忽略了其他理論家覺得重要的一項任務，就是職涯的鞏固任務（consolidation）。這項重要任務達成之前，許多年輕人在就業、投入職場、求學或接受相關訓練的過程中，會經歷到諸多困難。英國將16～24歲的年輕人沒有就業、沒有在學，也沒有接受任何訓練的人，稱為「尼特族」（NEET），美國稱之為「失聯族」（disconnected）。不論是尼特族或失聯族，都和職涯發展的社會主要結構脫節，喪失了建立Daniel Levinson（拉文森）所說的「生活結構」（life structure）的能力。

levinson是「成年發展理論」的推手，該理論包含Erikson心理社會發展理論所沒有包括的階段。這套理論的基礎是建立在不同年齡層成年男性的深入訪談資料，後來這套理論也擴大到成年女性。他將成年早期及中期勾勒出八個發展階段，該理論的核心為「生命架構／生活結構」的觀念。Levinson對「生命架構／生活結構」的描述是：個體在人際關係、職業與養兒育女等範疇上，沿著生命歷程的進展所做的特定決定與選擇，以及其所衍生的結果。亦即，是指在某一個特定的時間裡，某位成人的生活基本型態，而個人的生活結構反映出個人的選擇，例如：結婚、養兒育女、職業等。他認為成年人的生命週期，是在穩定、動盪與過渡之間變動或擺盪。

Levinson提出成年發展的「生命架構／生活結構」的八個階段的特質，包括如下：

一、進入成年早期（17～22歲）：脫離青少年年期，對成年的生活作出初步的選擇。

二、進入成年早期的生命架構（22～28歲）：愛情、職業、友誼、價值觀及生活方式的初步選擇。

三、30歲轉換期（28～33歲）：生活結構的改變，也許是小改變，但經常是重大的和壓力性的危機。

四、成年早期生活結構之高峰（33～40歲）：建立在社會上的立足點，以及在家庭和職涯成就方面的進展時間表。

五、中年過渡期（40～45歲）：生活結構的質疑，通常是對個人的生命意義、方向及價值產生疑問，開始想表達自我被忽略的部分（例如：才能、欲求和期待）。

六、進入成年中期的生命架構（45～50歲）：重新選擇並建立新的生活結構，個人必須投入新的任務。

七、50歲過渡期（50～55歲）：進一步的質疑和修訂生活結構，在40歲還沒有遇到危機的成人，此時可能會遇到。

八、成年中期生命架構之高峰（55～60歲）：建立新的生活結構，可能是最大的實現期。

Levinson 稱17～33歲是成年期的見習階段（novice phase），邁入青壯年期的轉換期是在17～22歲之間發生，任務包括揮別青春期，就人際關係、職業與信仰做成初步決定；而告別這段時期的轉換期，發生在30歲左右，標示著生命結構與生命歷程軌跡的重大變化。

在此見習階段，青壯年的人格持續發展，同時他們準備（在情緒、住所及財務上）與其原生家庭區隔開來。邁向成年期的轉變，主要發生在兩個領域：工作與人際關係。Levinson提到，某些人可能得花長達15年的時間，來處理邁向成年期的過渡階段，並建立穩定的成人生命結構。

Levinson描述青年期17～33歲的特質是：聚焦在愛情、工作、友誼、價值和生活方式，他辨認成人發展初期的階段為「新人／見習」階段（novice phase）。此時，年輕人開始進入成人世界，建立一個穩定的生活結構，不過這個「新人／見習」階段通常會經歷到變動和不穩定。

Levinson生命架構（生活結構）的四個重疊時期

01

未成年期（出生到22歲）：是從出生到青春期結束之間的成長期。

02

成年早期（從17～45歲）：是人們做出重要決定的時期，人們展現出最多的精力及體驗到最多的壓力。

03

成年中期（從40～65歲）：是人們生理能力開始衰退，但社會責任卻增加的時期。

04

老年期（65歲及以上）：是生命的最後階段。

註：1. Levinson主張人們在上圖的四個重疊階段中（每個約20～30年）塑造了生命架構。
　　2. 引自Charles H. Zastrow等著，溫如慧等譯。《人類行為與社會環境》。東華。

Levinson生命架構（生活結構）理論

生命結構時期	轉換
1. 未成年期（0～22歲）	進入成年期（17～22歲）
2. 成年早期（17～45歲）	進入成年早期的生命架構（22～28歲） 30歲過渡期（28～33歲） 成年早期生命架構之高峰（33～40歲） 中年過渡期（40～45歲）
3. 成年中期（40～65歲）	進入成年中期的生命架構（45～50歲） 50歲過渡期（50～55歲） 成年中期生命架構之高峰（55～60歲） 老年過渡期（60～65歲）
4. 老年期（65歲以上）	

註：引自Charles H. Zastrow等著，溫如慧等譯。《人類行為與社會環境》。東華。

Unit 7-5
溝通的模式

社會工作實務中，溝通的議題是特別需要關注的問題，尤其是夫妻尋求諮商時，是男女兩性的差異，影響了家庭的互動關係。在成年期，溝通方面最顯著的情形就是溝通不良。成年期的男女比較會聚焦在他們之間溝通方式的差異，這種性別差異的觀念反映在普羅文化裡。或許溝通方面的確有性別的差異，但對於不同性別在溝通上的差異之理解，仍充滿許多性別刻板印象，而且這些所謂的差異可以化約成兩項結論：男性追求權勢，女性則更在乎人際關係。

在不同性別的溝通模式上，男性使用工具性風格（instrumental style）的溝通模式，女性則使用表達性風格（expressive style）的溝通模式。工具性風格專注在訂定目標與尋找解決問題的方法；表達性風格則涉及情緒的表達，以及對他人的感受有敏感度。一般而言，男性較有興趣在理性的討論和問題解決，女性則傾向於對情緒的表達、感受、傾聽及提供支持。

進一步討論，Tannen認為男女在溝通上還有其他的差異。女性比較會使用善意交談的方式（rapport talk），討論彼此間相似與相同的經驗；男性則會使用報告式交談（report talk），聚焦在討論知識性的話題和展示相關技巧。且男女雙方話題的內容也有相當大不同，女性通常較喜歡討論個人生活和感情，男性似乎比較喜歡討論活動及事件。而在兩性共同交談的場合當中，女性通常較男性更容易成為傾聽者，而男性較容易成為說教或說理者，Tannen認為會造成這種差異，可能和孩童期遊戲時所學習到的經驗有關。Tannen認為這種兩性的交談場合，讓女性處於「雙重束縛」（double bind）的情境，因為她們無論選擇男性或女性的風格，都可能會被給予負面的評價，主要是如果女性使用社會認可的女性應有的說話方式，她們將被視為不具有領導者的特質，但如果她們使用社會認為領導者應有的說話方式，她們會被視為不具有女性的特質

在提升男女的溝通技巧上，因為在男女的討論場合，男性通常會占有主導的地位，女性可能需要使用比平常說話更強而有力的方式，才有可能「插入」談話行列或插入話題。如何善用非語言式的溝通完全就很重要，包括保持目光接觸、使用適當的音調與音高、保持良好的姿勢和空間的定向，都比較可能引起注意；而男性常常主導交談，他們應該觀察與人溝通的模式，評估他們主導談話的傾向，並應學習檢視自己插話的問題，馬上移轉，禮貌地鼓勵對方繼續說下去，改善男性溝通技巧的方式之一，就是使用「雙問題規則」（two-question rule），這項規則有助於將談話聚焦在別人身上，作法就是發言者提出開放式的問題，然後在這個問題後，接續另一個提問，以展現出良好的傾聽技巧。男性必須學習成為好的傾聽者，因為平衡的對話需要有「給」、有「取」，這樣才有可能促進男性和女性間的良性溝通。

男女溝通的差異

男性	語言	女性
展示知識和技巧	友善言談	討論共同和差異之處
談論活動和事件	報告式言談	討論個人生活和感受
說教	和其他人談話	傾聽
讓我們決定它吧	問題相關話題	提供了解

Mehrabian提出的非語言表達三個層面

1 好惡面向（the like-dislike dimension）：是透過親近或距離表現出來，例如：正視或不正視。

2 力道面向（the potency dimension）：是透過個人的表現，例如：身體挺直的或歪斜的，快速或慢動作。

3 回應面向（the responsiveness dimension）：是透過臉部的動作、音調與音量來表達。

331

非語言溝通的功能

■ 非語言訊息能夠重複語言所表達的意涵：例如：一位丈夫表示他非常期待當爸爸，其快樂的神情與容光煥發的臉部表情都重複說明這項訊息。

■ 非語言訊息能夠取代語言訊息：例如：一位摯友在重要的考試中失利，你可以由朋友的臉部表情中完全了解她的想法與感受。

■ 非語言訊息可以強調語言訊息：例如：你約會的對象因為你做了某件事而感到生氣，你可以從他／她揮動的拳頭與指責的手勢更深刻感受到。

■ 非語言訊息可以控制語言行為：例如：當有人在與你說話時，你卻把頭轉開，這正傳送著你對這段談話沒有興趣的訊息。

■ 非語言訊息與語言訊息相互矛盾：當一個人漲紅著臉並緊皺眉頭的大聲咆哮，卻說他沒有生氣。當非語言訊息與語言訊息互相矛盾時，非語言訊息通常更為正確。

Unit 7-6
職涯發展與就業

在成年前期，一個人的職業可以是自我認同很重要的一部分。Levinson認為年輕人進入職場的歷程，必須先發展對該職業的認同，並在職場中找到自己的定位。每一份工作都有讓人能成功適應的必要條件。Newman與Newman則指出四個要件，包括專業技術的使用、權威關係的發展、對特殊需求與危險的適應，以及與同事共處的技巧。

此外，社會學者提到從事職業的社會化（occupational socialization）是一個過程，在這個過程當中，工作的歷練促進並培育個人的人格發展。透過服務他人的機會，激發創造力並為生命帶來意義。個人的發展透過工作而得以發揮，進而促進人生的新方向和目標、秩序，以及事業發展的穩定性。個人的生活方式就在所謂事業及人生中與其他的經濟、家庭活動中融合在一起，彼此作用交互影響。

事實上，職涯發展是成人期的重要任務之一，學者提出不同的職業發展理論加以說明（詳右頁圖示），包括(一)Super的「成人的職業發展理論」：Super整理一套自我概念及職業發展關聯性的報告。在此架構中，一般人的職業發展是隨著自我概念改變而有所不同；(二)Ginzberg的「職業選擇理論」：認為職業發展理論是一種「現實妥協理論」。但職業生涯中，個人努力和實踐因而導致職涯成就的卓越表現，通常和某些心理過程有關聯。正向心理學已經發現這種關聯，這些心理過程包括共振（resonance）、熱情（passion）、恆毅力（grit）。

其中，「共振」的概念是由Newberg、Kimiechk、Durand-Bush和Doel所創造，「共振」指的是能夠在一些不同的專業領域有卓越成就的過程。他們發現那些表現卓越的人通常是很專注或全力投入的，能夠全神貫注以造就卓越。這是因為他們想要在每天的工作裡，有意識地辨識出自己獨特的感受，並且常常將自己投入能夠發現那些感受的情境和環境裡。

Newberg等學者提出的「共振表現模式」（resonance performance model, RPM），包括四個階段：1.夢想階段（dream stage）；2.準備階段（preparation stage）；3.障礙階段（obstacles stage）；4.夢想重溫（revisiting the dream）。個人如果想要圓夢，就必須持續不斷地實踐，在實踐的過程中，障礙當然隨時出現，努力克服障礙就是這些人和其他人不同之處。但是只試圖克服障礙，不見得就是最好的因應之道，這些人異於常人之處在於：他們能夠重溫夢想，能夠和激發夢想的火花再連結，這種和最先感受的連結，促使他們擁抱障礙，並且避免落入「加倍努力，縮減享樂」的圈套，因而能夠往前走。

而「熱情」代表一種專注於某種活動的傾向，這種傾向定義了一個人的特質。這種自我定義的傾向，反映個體自我認同感的主要特質。另研究結果也指出，熱情在成就上扮演重要的角色，且熱情和堅持的概念相互融合，即為「恆毅力」。研究發現，自律嚴格且對目標很堅持，以及具有熱情的人，對於目標的恆毅力也很高，且發現恆毅力隨著年齡而增強，和正向的表現或成就有關。

Super的「成人的職業發展理論」

1. 準備階段
是指青少年末期到20歲出頭時，一般人在專業實習或打工兼職中習得有關職場角色第一線的經歷後，並嘗試可能的事業規劃的選擇期。

2.建立階段
是指成年初期選擇進入某一行業工作崗位的進階服務。

3.維持階段
是指在職場上，工作者逐漸減少投入工作的時間並持之以恆。

5.退休階段
乃指當人們停止全職的工作階段。

4.成功階段
乃指職場上的工作人員開始認真思考往後的退休生涯，以及工作以外的人生規劃。

Ginzberg的「職業選擇理論」

夢幻期 **1**
通常只維持到11歲左右，在這個階段對職業的選擇不會考慮能力、所需的技術或工作機會的問題，單單只因為聽起來喜歡。

試驗期 **2**
在青春期則進入此階段，此時會開始考量較實際的問題，也會考慮個人的價值觀和生活目標，並思考怎樣的職業會讓自己感到滿足。

現實期 **3**
在成年期時會進入此階段，開始會經由真正的工作經驗或專業訓練來探索一個特定的職業；在初步的探討之後，人們會縮小選擇的範圍，而最後會對特定的職業做承諾。

Unit **7-7**
職涯發展與就業（續）

當人們進入成年期，接觸社會的領域漸廣，例如：就學與就業的環境，便容易感受到性別歧視，尤其是女性。女性在某些科系與職業領域中，居於弱勢的現象，引起了性別歧視的相關討論。性別歧視，包括對於女性和男性的刻板印象與概括想法，並且依據此種刻板印象去對待他們。最常見的情況是，性別歧視會對於案主或是社會的某個面向產生負面影響。

雖然性別歧視對於男性也有負面的影響（例如：男性被期待要隱藏自己情緒，因此不利於他們的身心健康），但對於女性來說，性別歧視似乎是較為普遍的問題。相較於男性而言，一般對於女性的刻板印象較為負面。

工作職場的性別歧視是長久以來的問題，形成同工不同酬的現象。性別之間的薪資差異，幾乎存在於所有專業領域。對於成年期的女性來說，薪資不平等的狀況讓她們一進入職場便處於劣勢，且女性會因為生小孩而暫時離開職場，以及要照顧小孩或年長父母而請假或離開職場的比例也較高，致使當有升遷的機會時，她們也較難配合工作地點的移動。

許多人認為，性別同工不同酬的根本原因，來自於制度的性別歧視。亦即，高薪與握有權力的工作職位，仍然將女性排除在外。同時因為在高階職位的女性相對較少，相關的政策與改變便難以推行。

為了緩解因性別差異而產生的薪資不平等，美國許多女性主義倡議者爭取比較價值（comparable worth）的立法，主張依照工作換算的價值，而非工作者的性別給予報酬，以及應立法列出無薪資報酬的工作，例如：準備三餐、照顧小孩及做家事等，認為應比照相關工作

（例如：接送服務、食物料理、托育服務等）給予報酬。然而，這個立法的行動並未成功，主要是來自於企業的反對，以及社會上普遍對於家務工作的不重視。

女性主義者認為性別歧視已長期存在於以男性為主導的社會，與以下的性別刻板印象有關：

一、多數女性（尤其是年輕女性）缺乏在各個領域的權力與公眾領導地位，女性仍然被認為較缺乏競爭力，尤其是在擔任領導者方面。

二、當女性擔任具有權力的職位時，人們會傾向認為那項職位是不重要的。

三、若是無法否認該項職位的重要性，人們便會將那位女性的成功視為幸運，或認為她是得到外力幫助（例如：同事的協助或特殊對待），才能獲致成功。

四、若是無法否定那位女性在職位上的成功，人們便會因為她的能力及違反了性別刻板印象而仇視她，於是這類女性被標籤為「壞女人」（bitches）、「自私的」（selfish）和「刻薄的」（bitter）。

五、媒體助長了性別歧視及對於女性的負面刻板印象。媒體中的女性負面形象，加強了對於女性角色、規範及能力的刻板印象，使得性別歧視更為惡化。

六、女性的成功容易被歸因於她們的外表、性吸引力、依靠男性同事，或是性別保障名額。年輕女性特別容易受到性別刻板印象及偏見的影響，長官和同事可能會因為她們的年紀，認為她們過於年輕和天真，因此能力不足。

個人特點與工作情境的是否匹配衡量之四種核心關係

01
技術技能
多數工作要求具備一定的技術專長，個人必須評估特定技能要求是否合乎個人的能力，判斷個人是否有改進技能的潛力及展示能力，以及是否從中獲得快樂與滿足。

02
權威關係
各種工作角色對人與人之間的地位和決策關係已做了明確規範，工作培訓的內容，即是要幫助新進員工了解個人受誰評估、評估標準是什麼，以及個人工作的自主性受到何種限制。

03
要求和危害
每個工作崗位有其獨特的職業要求，包括自我保護、危害預防、生產效能和效率等。此外，工作參與之後可能影響個人的閒暇、家庭活動或政治和社會作用，所以，個人必須衡量各種工作情境及所獲報酬之間的比較。

04
工作夥伴的關係
在工作中建立的夥伴關係與個人工作滿意度有關。個人需要朋友，需要同伴分擔熟悉新工作的煩惱，這也驅使個人在工作中找到志同道合的夥伴關係。

335

玻璃天花板（glass ceiling）

- 玻璃天花板又稱為隱形天花板，指的是因為性別、種族或族群，而阻擋有能力在職場上升遷的一種隱形障礙。亦即，是指一種性別不平等的現象。這是一種無形的、態度的，或組織的偏差所造成的障礙，使得女性因各種人為因素的牽絆，而無法與男性同儕獲得公平競爭的機會。女性在職場的發展上，仍面臨相當程度的「性別職業隔離」中的「垂直隔離」障礙，亦即所謂的「玻璃天花板現象」。
- Oakley對於女性在企業決策高階位置上，未能有顯著進步的原因，歸納為以下因素：企業招募、進用及升遷等作法、刻板印象、對領導風格的偏好等這類個人行為，以及結構與文化因素。

Unit **7-8**
愛情的發展

　　成年期建立親密關係的重要指標，就是愛情的發展。他們開始經歷或體驗到許多有意義的情感關係，愛的情感也很可能引導個體走向婚姻之路。Erikson 認為此時期的主要任務便是親密關係的建立，當「認同」的任務已經達成後，人們便開始準備擁有親密關係，沒有成功建立起親密關係的人會變得孤立，也沒有能力建立以了解、同理心與支持為基礎的彼此互動關係。因此，成年期的重要發展任務就是發展情感滿足的關係，也就是經歷愛情。

　　戀愛關係是成年期親密感發展的核心元素。浪漫的愛情（romantic love）被形容為以性為目的之關係，是「不由自主而你情我願的」，發生在地位對等的伴侶互動過程。Robert Solomon 認為浪漫式的愛情有三項特質：1.愛情緣起於性欲望，動機也是出於性；2.它是自然而然的發生，且出於自願，並非我們所能夠直接控制的；3.它必須是情感對等（例如：母親和孩子間的愛就不屬於這一類）。

　　Sternberg 提出愛情三角理論（triangular theory of love），指出愛情包含三個元素：親密（intimacy）、激情（passion）和承諾（commitment）。親密是指互動關係中所分享的親近和熱度；激情是指在愛情關係中強烈的感覺（正向或負向），包括性慾；承諾是指不論遇到任何困難仍保持兩人關係的決定和意圖。這項理論更進一步依據三個元素的有無，組合出多種關係（詳右頁圖示），說明如下：

一、沒有愛情（nonlove）：愛情三元素均不存在，只是一般的互動關係。

二、喜歡（liking）：只有親密成分的存在，彼此覺得親近但沒有激情。

三、迷戀（infatuation）：只有激情成分存在，此乃指被愛的人被理想化，而違背真正的自我。

四、空洞的愛（empty love）：承諾是唯一的成分，除了承諾沒有任何其他成分存在。

五、虛幻的愛（fatuous love）：是激情與承諾的組合，例如：一對戀人很快墜入愛河並決定結合。

六、浪漫的愛（romantic love）：是親密和激情的結合，沉醉於浪漫愛情中的戀人對彼此擁有許多激情，但沒有承諾，浪漫的愛可能始於迷戀。

七、伴侶的愛（companionate love）：是親密與承諾的結合，此種愛情最常出現在較長久的婚姻關係中，此時激情已不存在。大多數浪漫的愛在激情漸退之後，會演變成伴侶的愛。

八、圓滿的愛（consummate love）：親密、激情和承諾三種成分都存在的結果。雖然大多數人都追求如此的愛情，但讓這種關係存在是非常困難的。

　　Sternberg 認為，在一個特定的關係中，愛的組成會有不同的路徑。例如：在一個長期的關係中，激情通常會下降，但是親密度會持續不斷增加。此外，雙方可能不會在相同的時間強調相同的元素。當然，成功的關係意味著必須解決這些分歧。

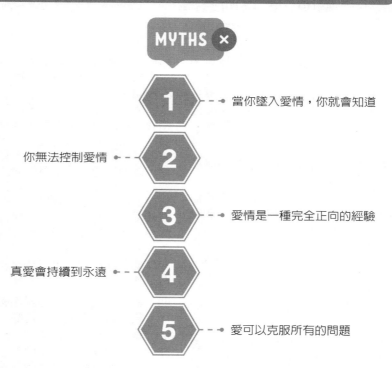

對於愛情太過於理想化所導致的常見迷思

MYTHS ✕

1 ┈╌▶ 當你墜入愛情，你就會知道

你無法控制愛情 ◀╌┈ 2

3 ┈╌▶ 愛情是一種完全正向的經驗

真愛會持續到永遠 ◀╌┈ 4

5 ┈╌▶ 愛可以克服所有的問題

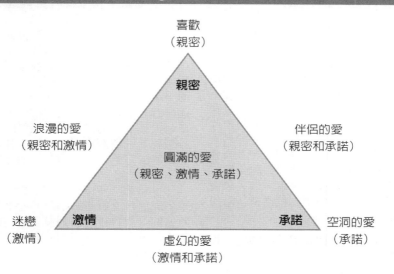

Sternberg提出愛情三角理論

喜歡
（親密）

親密

浪漫的愛　　　　　　　　　　　　　伴侶的愛
（親密和激情）　　　　　　　　　　（親密和承諾）

圓滿的愛
（親密、激情、承諾）

迷戀　　激情　　　　　　　　　承諾　空洞的愛
（激情）　　　　　　　　　　　　　　（承諾）

虛幻的愛
（激情和承諾）

Unit 7-9
婚姻：配偶的選擇

　　成年期透過約會的過程，有機會遇到另一半而進入婚姻。當一個人準備考慮結婚時，深深的吸引和承諾的過程，影響著伴侶的選擇和婚姻的決定。Adams提出選擇伴侶，走入婚姻的階段，說明如下：

一、第一階段：機會、外在的吸引與被欣賞的行為

　　在第一階段時，機會是決定人選擇伴侶的重要因素，通常這個機會是受到個人文化、家庭及社會階級價值觀的影響。伴侶選擇通常是在社會交往的環境中，例如：學校、工作環境、派對上。從最普遍的意義，婚姻伴侶的選擇有賴於個人所介入的網際網絡，以及個人所欣賞的外表、儀容與所看重的行為舉止，來決定個人的心儀對象及吸引力所在。

二、第二階段：正向的自我揭露、典範、性方面的吸引、價值觀與相似處

　　當年輕人進入第二階段時，便開始進入較親密的發現之旅。基本的相似之處（similarity）及親密度（intimacy）是維繫彼此關係進一步的核心所在。個人的基本價值、背景特點如過濾器般，篩選著更進一步的吸引力，以及考量著是否與之進一步交往。他們可能會思考下列的問題：這個人的真我為何？他像我嗎？從互動的自我揭露中，他們對彼此的認識更深入。通常這些訊息的評估大多依據彼此的相似處，例如：許多人會找尋信仰相同或類似的伴侶。如果雙方自我揭露更深，包括性需求、個人恐懼及人生理想等，那麼個人就從第一階段進階到第三階段。

三、第三階段：同理心與角色間的互相接納

　　進入第三階段的歷程與第二階段類似，也是著重自我揭露，不過是更深入的揭露歷程。角色和諧與同理心讓雙方的關係注入生命力，前者係指處理情境時雙方合作和諧並使情境沒有衝突，順利解決問題；後者是透過雙方的和諧關係，建立彼此的同理心，使雙方能夠彼此了解對方的反應，並預見對方的需要，他們可能會分享對彼此的性欲望、個人的恐懼及幻想等。在這個階段中，他們對彼此的信任會增加，不過也因分享較多彼此的親密層面，使得危險性也增加。如此的分享通常導致兩種歷程：角色間的相互接納與同理心，一對情侶知道他們的契合度，也加深他們對彼此的了解。

四、第四階段：契合的關係與增溫的承諾，以及之後進入婚姻

　　雙方一旦對角色和諧與同理心感到滿意，他們便會進入第四階段的關係。在這個階段，防止雙方關係破裂的屏障將有助於雙方關係的鞏固。雙方此時已有自我揭露，相互做些冒險之舉；再者，經過共同扮演角色，他們已被視為一對。進入這個階段，此時彼此都認為他們的選擇是對的，也願意以行動來表示他們的承諾。他們兩人都覺得在一起很愉快，對未來也很有把握。在社會層面上，大家認定他們是「一對」，所以此時若分手會付出較大的代價。對我們任何人來說，選擇伴侶是複雜的，但對於想要進入婚姻的兩人而言，往往在做這樣的決定時並不太理智，而這也是事實。

　　一旦做了抉擇，求愛激情宣告結束，取而代之就是婚姻及其適應過程。親密關係與日後的婚姻滿足感有關，有效的溝通及處理衝突的能力，更是婚姻過程的調適能力。

1

相近理論
這派理論認為彼此接近是我們選擇另一半的主要原因。例如：許多人都會選擇同學或同事、在住家附近、教會或休閒場所認識的人作為伴侶。

2

理想配偶
我們所選擇的伴侶可能具備了我們理想中的特質。很多人都聽過這句話：「他／她就是我所要的一切。」

3

一致的價值觀
這一派的理論認為，無論有意或無意，我們的價值觀會引導我們選擇很接近的另一半。

4

門當戶對
這種理論認為我們往往會選擇相同的種族、社會經濟地位相當的配偶。

5

互補需求
這種理論認為我們所選擇的配偶通常都具備了我們希望自己所擁有的特點，或者我們覺得對方可以幫助我們成為自己想成為的那種人。

6

彼此相容
這種理論認為我們所選擇的伴侶，可以和我們一起快樂地從事各種活動。我們希望對方可以了解我們、接納我們，我們覺得和他／她溝通很自在，因為對方擁有和我們相似的生活哲學。

Unit 7-10
婚姻：家庭生命週期

家庭生命週期（family life cycle）是研究婚姻與家庭的一個重要概念，其概念源自發展學理論。家庭生命週期是指一生中家庭經驗到不同階段，包括家庭結構與成員的改變，且在每一階段有不同的挑戰、任務、問題及滿足。

家庭本無生命，組織家庭的成員賦予它生命。在家庭中，家人的關係是互動的動態系統，不是固定不變，它隨時都在改變與調整。家庭發展也有其週期性的歷程，從兩人結婚共組家庭開始，到夫妻離異或一方死亡而結束，經歷各個不同階段，構成一個家庭生命週期。

換言之，家庭生命週期是一個家庭由形成、發展、擴大至衰退的過程。而家庭生命週期的階段不同，更有不同的發展任務與特質，每一階段任務的完成，對家庭的發展是相當具影響力的。

當家庭無法因應當前階段的特殊需求，或是無法達成此一階段的任務需求，進而忽略問題而直接進入下一階段時，就可能導致家庭停滯不前或延緩下一階段的成長，嚴重者可能造成家庭的瓦解。

綜合言之，家庭生命週期視家庭如同一生命個體，從出生到成長、成熟、衰退至死亡，經歷一連串階段或事件。由於處於相同階段的家庭，大多歷經相似的時間安排或階段連續性，而有著相似的情況、待克服的困難及需要完成的階段任務與特質。因此，這些歷程彷彿一種生命的軌道歷程，可提供人們辨認家庭這系統在時間的演變中，一個有組織的分析架構。

Carter 和McGoldrick 提出家庭生命週期，包括六個家庭生命循環階段：1.家庭之間：孤男寡女；2.家庭聯婚：新婚夫婦；3.有幼兒的家庭；4.有青少年的家庭；5.子女離巢和向前看；6.生命晚期的家庭。在家庭生命週期循環階段，有其發展任務（詳右頁圖示）。

Carter 和McGoldrick注意到個人生命週期與家庭生命週期，以及多代間（可能三代、甚至四代，如老年父母、空巢期父母、年輕父母和小孩四代同堂）家庭生命週期的交互影響，尤其近年因醫藥發達，人類壽命大為延長，這種多代的觀點越來越受到重視。他們認為雖然家庭過程絕不是直線的，但它存在時間的直線特質中，這是我們無法逃避的。

另從多代的觀點來看，必須同時適應家庭生命週期的轉變，而且某一事件對各層面彼此間會有強力的影響。隨著時間的流逝，家庭會發展，也會有無法預料的事件發生。另外，垂直壓力源（家庭型態、迷思、祕密、遺產）對個人與家庭的影響程度如何，也需考慮周遭的系統層面（如社會、文化、政治、經濟等）因素。

Carter 和McGoldrick 家庭生命週期與家庭發展任務

家庭生命循環階段	關鍵發展階段	發展過程之家庭地位轉變
1. 家庭之間：孤男寡女	接受親子之間的分離	■ 和原生家庭的區分 ■ 同儕親密關係的發展 ■ 工作情境中自我的發展
2. 家庭聯婚：新婚夫婦	對新家庭系統的投入	■ 婚姻系統的建立 ■ 讓配偶融入親友網絡
3. 有幼兒的家庭	接受新的家庭成員	■ 讓孩子融入婚姻系統 ■ 扮演親職角色 ■ 調整延伸家庭的關係，含括父母和祖父母角色
4. 有青少年的家庭	家庭界線的彈性化：接受孩子的獨立和祖父母的衰退	■ 調整親子關係，容許青少年進出系統 ■ 中年婚姻和職涯的聚焦 ■ 開始對老年世代的關懷
5. 子女離巢和向前看	接受成員從家庭系統的移出和加入	■ 婚姻中兩人關係的再協商 ■ 發展和子女的成人關係 ■ 關係納入親家和孫子女
6. 生命晚期的家庭	接受代間角色的轉移	■ 維持自己和夫妻的功能、面對身體衰退、探索新家庭和社會角色的選項 ■ 支持中年世代的主軸角色 ■ 接納老人經驗和智慧、支持，但不讓他們過度操勞 ■ 面對親人失落和為自己辭世準備、生命回顧與統整

成年期

341

成年期對婚姻的迷思

- ■ 妻子如果全職工作，丈夫對婚姻的滿意度通常比妻子是全職家庭主婦來的低
- ■ 在大多數婚姻關係中，有了小孩會增進夫妻對婚姻的滿意度
- ■ 對大多數夫妻而言，婚姻滿意度會隨著婚齡、小孩出生、小孩進入青少年，以及空巢期的階段而持續上升

Unit 7-11
婚姻：婚姻滿意度

什麼因素可用來預測婚姻滿意度？這個問題很難回答，是因為「滿意」的定義很難界定。不過，許多研究發現一些與婚姻滿意度有正相關的因素，包括1.父母離婚者本身也比較可能離婚；2.早婚的夫妻比較容易離婚；3.約會的時間越長，婚姻成功的機率較高；4.勞工與中低下階層者比中上階層者容易離婚，可能與經濟壓力有關。

但兩人一致性是婚姻成功的重要因素嗎？減低婚姻中的衝突是拯救問題婚姻的重要因素嗎？雖然大多數的社會工作專業人員的回答為「是」，但近年來的研究卻發現不同的答案。Gottman便發現，「預測離婚的因素並不是兩人缺乏一致性，而是兩人解決不可避免之不一致性的方法；也不是他們到底會不會有爭吵，而是他們解決衝突的方法與他們情感互動的整體品質。」Gottman的研究發現，夫妻間正、負向互動的平衡是影響婚姻滿意度的關鍵。

衝突和爭吵是婚姻生活中自然的一部分，即使是很好的婚姻關係，也無法避免衝突的產生，而此負面的因素也許可達到讓婚姻生活不致停滯、一成不變的功用。Gottman認為對某件事感到氣憤，而且表達此憤怒時不帶有歧視的態度，對婚姻關係是有益的。不過並非所有的負面互動都有好處，他舉出四個可能對婚姻導致不良後果的互動方式：批評、辯護、蔑視和堅持不下。在健康的婚姻關係中，夫妻爭吵是對事不對人；而在有問題的婚姻關係中，批評和蔑視則是對人不對事，所以不只是憤怒，輕視的態度往往才是問題之首。

輕視對方的態度常會導致衝突的產生，而被批評的一方則往往會採取堅持己見的方式應對之。Gottman並發現，會採用堅持己見的有85%為男性，他將其解釋為男性對衝突的心理反應。當男性面對衝突的時候，他們通常在心理上的反應比女性強，他們心跳會加速，血壓升高，而且沮喪的時間會比女性更久。對此性別差異的其中一個解釋認為，此現象乃進化生存的結果，意指男性為了要保護女性，其生理機能在面對外在危險狀態時有較明顯的回應。

不過這種影響在解釋其現今婚姻關係的作用似乎不大。Gottman指出，「在現代生活裡，這種較長的生理反應並非是順應性的，它會讓人覺得很難受，並想避免這種感受產生，男性常會選擇以逃避的方式面對它，甚至盡可能的凍結自己的感覺。」這種心理反應上的差距也能夠幫助我們了解，為何兩性在面對衝突時會有不同的因應方式：女性以情緒來面對衝突，而男性則透過理智，以靜默不語或生理上的退縮來逃避衝突。

在婚姻關係中，處在不同家庭生命週期階段的夫妻，婚姻滿意度與挫折感會有所不同。Rollins與Feldman研究發現，家庭生命週期和婚姻滿意度之間的關係可採U字型表示，婚姻滿意度在新婚與蜜月時期達到最高峰，然後逐步下降，有學齡子女的家庭婚姻滿意度處在最低狀態，家庭有青少年子女的階段時，婚姻滿意度又逐步上升，直到最後一個階段（家庭晚期或老年家庭時期），滿意度同新婚時期，達到最高峰（如右頁圖示）。

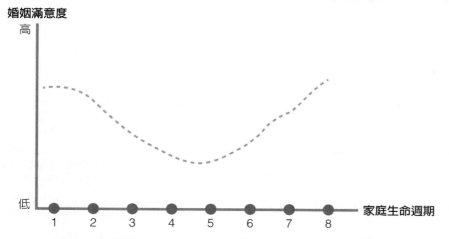

婚姻滿意程度U曲線

婚姻滿意度

高

低

家庭生命週期

1　2　3　4　5　6　7　8

階段1：家庭開始　　　　　階段5：有青少年子女的家庭
階段2：養育子女的家庭　　階段6：子女正在離巢的家庭
階段3：有學齡前子女的家庭　階段7：中年的家庭
階段4：有學齡子女之家庭　　階段8：晚年的家庭

父母認為生活中最有壓力的十項壓力源

343

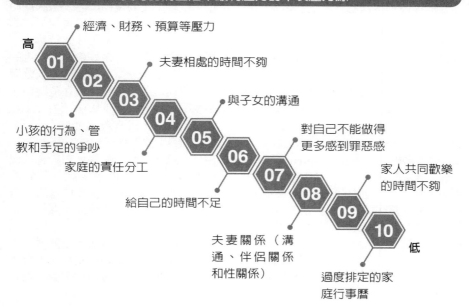

高

01 經濟、財務、預算等壓力

02

03 夫妻相處的時間不夠

04

05 與子女的溝通

06

小孩的行為、管教和手足的爭吵

家庭的責任分工

給自己的時間不足

07 對自己不能做得更多感到罪惡感

08

09 家人共同歡樂的時間不夠

10 低

夫妻關係（溝通、伴侶關係和性關係）

過度排定的家庭行事曆

Unit 7-12
強暴議題

圖解人類行為與社會環境

強暴是侵犯個人隱私與尊嚴最嚴重的親密關係暴力行為。強暴（rape）是以心理上的恫嚇及肢體上的壓制，強迫進行性交，這包括了強迫性的口交、陰道與肛門插入。插入可以是以身體的部位（如陰莖或手指），或是以物體。若有人在不同意的情況下卻被強迫做了前述的事情，就稱為強暴。而性侵害（sexual assault）會有大範圍的傷害。性侵害包括受害者與加害者間非意願的性接觸。性侵害可能有使用暴力或言語威脅。非意願的抓或愛撫，也屬於性侵害。

茲將對強暴事件解釋的理論觀點、預防強暴之建議，說明如下：

一、強暴事件解釋的理論觀點

(一) **指責強暴受害者觀點（victim precipitation of rape）**：這個觀點認為強暴倖存者本身應該要受到指責，是那個女人「自找的」，也許是她穿得太暴露或是潛意識中想要被強暴。

(二) **加害者的精神病理學（psychopathology of rapists）**：這個觀點提出，會加害於人是由於情感受創或是精神不平衡，會強暴是因為他生病了。這個觀點沒有將強暴事件視為社會或社會態度的錯。

(三) **女性主義觀點（feminist perspective）**：女性主義觀點認為，強暴的發生是一種邏輯上的反應，因為男性在社會化的過程中被教導要駕馭女性。強暴被視為男性需要在女性面前展現侵略性能力的一種表現。這與性能力沒有太大的關係，性能力只為能力的展現提供工具，但強暴被視為是一種與文化緊密交纏之看待女性的態度所造成的結果。女性主義觀點將強暴視為社會問題，而非個人的問題。

二、預防強暴之建議

(一) **對周遭有所警覺**：注意身邊的人與車，以及想想妳經常走的路線中有哪些區域是危險的。如果妳一定要經過這些地方，先試想若遭到攻擊時可以做些什麼。儘量待在明亮的地方，並走在人行道的中間。若街上車子很少，也可以走在馬路的中間。如果可以，走別條路來到達目的地，尤其是夜間，避免一成不變的模式，以免成為攻擊的對象。

(二) **要注意自己的行為**：注意妳的站姿、走路方式，以及妳如何出現在他人面前。儘量不要在很晚時自己走在漆黑無人的街上。走路時要有自信與力量；試著不要表現出困惑、纖弱或漫不經心，因為攻擊者通常會找這樣的人下手。若妳覺得有人在跟蹤妳，不要害怕轉身去看，最好趕緊到最近的商店或房子，並打電話給朋友或警察尋求協助。若覺得自己處在危險中，不要不好意思大叫。大叫「失火了」或「警察」，通常會比大叫「救命」或「強暴」來得好。

(三) **相信自己與直覺**：如果你對約會狀況或某些派對不太確定，就立即做改變。你可以離開或去人多的地方。若你被強力要求你不想要的性關係，不要懷疑的說「不」！

(四) **對自己的飲料保持警覺**：讓飲料一直在你的視線中，或是帶走它。不要讓可能的加害者有機會對你下藥，然後占你的便宜。

MYTHS

FACTS

迷思1

強暴事件通常發生在暗巷

雖然搭便車或夜裡獨自行走的確增加了被強暴的機會，但許多強暴事件是在女性的家中。在室內，尤其在自己家中所發生的強暴案，倖存者極有可能認識加害人，因為人們與熟識的人一起在家中時會感到安全。認知這樣的事實很重要，因為可以幫助人們提高警覺。

迷思2

強暴犯只限於陌生人

根據美國的統計數據，有57%的性侵害與強暴案件是熟人所犯；20%的加害者是親密關係伴侶。熟人強暴（acquaintance rape）或約會強暴（date rape）的發生率越來越高，尤其是在大學校園中更為普遍。根據美國的調查顯示，在大專院校校園中，大約有80%的強暴案件是由熟識人所為。

迷思3

女性自己想要被強暴

這樣的迷思也支持了另一個錯誤的觀念，即女性在被強暴時，其實是享受的，因為她們沉溺於性；且普遍會認為強暴是性行為，而非暴力事件。女性永遠有權利說「不」，且也要相信女性說「不」時就代表「不要」。

迷思4

女性自找的

女性被強暴是因為她們不當的行為表現或穿著。這項迷思認為暴力與攻擊行為的受害者應該負起責任，而非加害者。女性有權利做任何方式的穿著，不管個人說什麼、穿什麼或做什麼，都不應該造成強暴。事實上，許多強暴都是加害者預謀且事先計畫的，加害者等待機會來決定何時下手。

Unit 7-13
強暴議題（續1）

本單元接續說明強暴議題中，有關於強暴犯的類型，以及倖存者對於強暴事件的反應，如下：

一、強暴犯的類型

（一）憤怒型強暴犯（anger rapist）

此類型的特點就是憤怒。他以非常外顯的方式表達憤怒，如拿刀、使用暴力、怒不可遏與表現出大男人形象。憤怒型強暴犯會以語言攻擊、殘忍的毆打，甚至謀殺（雖然謀殺的發生率較少）傷害受害者。這些憤怒行為不一定與性滿足有關，也許只是為了達到性幻想。這些攻擊行為可能是憤怒情緒的表現，受害者可能代表著加害者所厭惡的人。憤怒也可能是羞辱女性的方式，要她們不要越界。

（二）權力型強暴犯（power rapist）

多是藉由凌駕受害者來展現權力。他通常有性障礙或明顯的生理缺陷，所以會想要得到補償。加害者藉由貶低受害者、較不強硬的暴力及閃電式的攻擊，並以強暴行為來展現權力並控制支配受害者。

（三）殘酷型強暴犯（sadistic rapist）

攻擊的動機是為了滿足性與好鬥的幻想。他藉由監禁、折磨受害者，並以女性最脆弱的部分—性，來羞辱受害者以獲得滿足。殘酷型強暴犯與憤怒型強暴犯有類似之處，但仍有三點不同，包括1.殘酷型強暴犯考慮更周延，他們精心計畫攻擊行為以滿足其特殊幻想；2.殘酷型強暴犯藉由折磨受害者獲得滿足；3.過程中強暴犯不一定會憤怒。強暴犯類型的歸類端看其殘酷程度與攻擊行為中憤怒的程度。

二、倖存者對強暴事件的反應

在強暴事件發生後，女性可能會經歷半年或更久的嚴重心理創傷，這種情緒改變為強暴創傷症候群（rape trauma syndrome），屬於創傷後壓力障礙中的特別一類。強暴創傷症候群有兩個基本階段：

（一）急性階段

1.為強暴後立即的情緒反應，會持續數週以上。倖存者的情緒反應有兩種：第一種是她可能會哭泣、憤怒或表現出害怕；第二種是她可能會試著控制這些緊張的情緒，不讓人看到。在急性期經驗到的情緒範圍從羞愧、罪惡到驚嚇、生氣而想要報復。此外，生理問題包括生殖器官發炎、壓力大、頭痛、胃痛或失眠。

2.在急性期中，害怕與自責為兩種主要的情緒經驗：(1)害怕：源自於經驗到了暴力，因為在遭到攻擊時，她們以為生命走到了盡頭，且許多時候，倖存者害怕強暴事件會再次發生；(2)自責：自責源自於社會傾向指責受害者，這涉及到指責強暴受害者觀點及女性主義觀點的相關論述。

（二）長期的重整與復原期階段

1.這個階段的情緒改變及反應，可能會持續數年。多數強暴倖存者認為，強暴事件在某方面影響了她們的一生，包括害怕獨處、憂鬱、失眠、害怕與異性交往等。

2.對強暴倖存者而言，最重要的是要去處理那些最負面的情緒，並繼續她們的生活。有時候，強暴事件會被拿來與接受所愛的人死去做比較。但事實上，不管是哪一個事件的發生都不可能被改變，倖存者必須學會面對。

預測男性強暴犯的相關因素

1. 強暴犯通常來自於充滿敵意、暴力的家庭環境：在他們目睹或經驗到暴力或性侵害後，他們可能學習到以暴力方式來表達憤怒的情緒。
2. 強暴犯很有可能在青少年時期就有犯罪紀錄：可能的強暴犯與青少年罪犯同儕有關。他們強化敵意的態度並合理化攻擊行為，以獲得想要的東西。當然，青少年犯罪行為也跟充滿敵意的家庭環境有關。
3. 雜亂的性行為：他們可能發現到用暴力讓女性屈服，可以增加他們的自尊及地位，尤其是處在憤怒或暴力犯罪同儕團體中時。
4. 強暴犯對女性充滿敵意：亦即，藐視女性化特質，如同情心或照顧他人。

創傷後壓力症候群（posttraumatic stress disorder, PTSD）

創傷後壓力症候群（posttraumatic stress disorder, PTSD）是在高度壓力事件（像是戰爭時期的格鬥、身體暴力或是重大天災）後產生的心理反應，通常的特徵為憂鬱、焦慮、不停的回想、重複的噩夢及避免再提及事件。

Unit 7-14
強暴議題（續2）

社會工作者在處遇強暴事件時，對於倖存者的增權，必須處理的議題，包括強暴倖存者的情緒議題、報警議題，以及受害者醫療檢查議題等，說明如下：

一、議題1：情緒議題

社會工作者在對強暴倖存者進行處遇之增權時，會經歷三個主要階段：

（一）第一階段：諮商人員或社會工作者必須給予倖存者立即的溫暖與支持

倖存者需要感受到安全，才能暢所欲言，讓她有機會能夠抒發感受。不論她們是否想要談，都不應該給予壓力，但應多鼓勵她們分享內心的感覺。當與性侵害倖存者工作時，應幫助她了解該遭到譴責的人是誰，也就是加害者。是加害者選擇強暴了她，而這些事情並不是她做的。

（二）第二階段：得到其他人的支持

這些支持可能包括專業資源，像是地區性侵害防治中心，也有可能是來自倖存者身旁感情較好的親朋好友的支持。有時候，這些親友需要先接受指導，他們需要了解倖存者需要的是溫暖、支持及感受到愛。他們必須了解到，當倖存者準備好的時候，會需要有人可以與她討論她的感覺。一些會加深情緒與自我責難的問題（像是她為什麼沒有反擊，或為什麼穿低胸上衣）必須完全避免。

（三）第三階段是重建倖存者對自己、對周遭環境及對人際關係的信任

強暴事件讓女人變得脆弱，它摧毀了她對自己及他人的信任。這個階段的諮商必須著重在倖存者對自己，以及對所處狀況做客觀的評價。她的優勢必須被點出並強化，以幫助她重拾自信。倖存者也需要客觀地去看她周遭環境，她會對再度被強暴的可能性有高度警戒，但還是必須客觀檢視其人際關係。

二、議題2：報警議題

（一）在遭受到性侵害時，第一個反應可能是打電話報警。然而，許多倖存者選擇不這麼做。有許多的理由說明為什麼不報警，包括擔心加害者會報復、擔心事情公諸於世會難堪及遭到責難；覺得報警也沒有用，因為許多加害者至今依然逍遙法外，以及擔心法律程序及受到質詢。

（二）雖然舉報強暴案件是困難的，但若倖存者沒有報案，加害者就無法對自己的行為負責。強暴倖存者應針對眼前各種選擇仔細思考，分別評估其正向與負向結果，以做出困難的抉擇。若倖存者決定要報警，她不能夠先洗澡，因為洗澡會將重要的證據洗除。然而，倖存者通常會感到被玷汙及骯髒。所以，她們第一個反應是想要洗淨自己，並試著忘掉強暴的發生。因此，在諮商中，向她們強調不要立即洗澡的原因是非常重要的。

三、議題3：受害者的醫療檢查議題

必須在適當時機讓倖存者了解到懷孕的可能性。因此，要在適合的時機，以溫暖的口吻與倖存者討論這個議題。要鼓勵倖存者接受醫療協助，包括檢查懷孕的可能性，以及性病篩檢，包括愛滋病檢測。雖然不要過度強調負面結果，但仍需要在某個時機讓倖存者了解，若有其他身體外傷，也要立即就醫。

對強暴倖存者進行處遇需面對的三項基本議題

對強暴倖存者進行處遇需面對的三項基本議題

- 她非常有可能正處在情緒激動的狀態，她的自我概念可能嚴重動搖。對於這些處在情緒激動狀態的倖存者，必須提供各種建議以協助她們。

- 倖存者必須決定是否報警並提出告訴。

- 倖存者在遭到性侵害後，必須進行醫療檢查。例如：受傷的狀況及懷孕的可能。

349

Francis 提出強暴倖存者需要面對與重組的四項課題

重建對自己身體的安全感

突破恐懼

01 **02**

03 **04**

坦然面對自己所失去的東西，例如：自尊和信任。

將此事件同化至個人對自我的認同中

第 **8** 章

中年期

 章節體系架構 ▼

Unit 8-1
中年期的生理發展

中年期是一個很多元或差異性很大的發展階段，有人將其視爲子女離巢，致力於自己生涯發展的時期；有人才剛開始組成家庭，暫緩生涯的成就和發展。實際年齡不再是男女在這個階段生命特徵的可靠指標。

中年期沒有明顯的生物性界限，且因爲壽命的延長，中年或中間點是一個移動的目標，一般認爲中年期介於35～60歲之間，涵蓋約25年之久。亦有學者將中年期開始年齡定義爲約從30～40歲之間，結束年齡從60～70歲之間。中年期常被形容是一個「三明治」世代。

由於男女平均壽命不同，所以男女的中年期也是不同，有專家認爲男性從35歲、女性從39歲開始算起比較適當。有些人基於壽命的延長，將中年期延展到50歲，這些變化改變了我們對於生命週期成年期的觀點，從成年前期（18～30歲），接著進入第一個成年期（30～44歲），到第二個成年期結束（45～85歲）。現在的年輕人，有可能不久就進入45歲，開始他們的第二個成年期，必須面對如何在這個新的成年階段經營人生，不少成年人因爲這樣的想法，決定人生應該進行重大的調整。

一般人的體能在中年期前達到巔峰，然後緩慢的走下坡。在中年期，生理功能面臨一些改變，說明如下：

一、身體功能改變

大部分中年期人們身體強健、精力充沛，身體功能僅僅感覺些微衰退。但每個人變老的速率不同，且身體系統功能的退化是漸進的，主要的改變之一是儲備能力降低，而儲備能力爲當壓力與人體某部分系統功能不正常時作爲後備之用。

二、健康改變

40歲初期，新陳代謝開始變慢。此時期易開始有慢性疾病產生，可能有糖尿病的徵兆，膽結石與腎結石機率增加；比起青年人，中年人更易罹患高血壓、心臟病與癌症、背部問題、氣喘、關節炎與風濕病等。高血壓是中年期的主要健康問題，血壓不穩定易導致心臟病發作及腦中風。

三、身體外觀改變

中年期外表逐漸改變，首先開始出現花白頭髮、髮量變少、皺紋逐漸顯露，皮膚變得乾燥且彈性較差，以及腹部脂肪堆積等。

四、老化的雙重標準

對男性而言，灰白髮、粗皮膚與魚尾紋被視爲魅力，是卓越、經驗與優勢的象徵；然而相同之外觀改變，女性被認爲不迷人，已是人老珠黃。

五、感官改變

中年期的感覺器官逐漸退化。中年人容易發生視力問題。眼睛水晶體隨著年齡增加而失去彈性時，眼睛便無法快速對焦，因此就產生老花眼。此外，中年期聽覺神經細胞逐漸退化，最普遍的退化是老年性耳聾。

六、體能與反應時間及心智功能的改變

人們的體能與協調性在20幾歲時達到高峰，到中年期則逐漸衰退。人們簡單反應時間約在25歲時達到最佳狀態，並且維持到60歲左右，之後反射逐漸變緩慢。心智功能則在中年期達高峰。

中年期的發展里程碑

生理上

- 新陳代謝、體力、視力、聽力、肌肉強力等功能逐漸下降。
- 開始出現皺紋、白頭髮、髮量減少。
- 體重增加。
- 慢性病如癌症、糖尿病及心血管疾病的普及率增加。
- 女性經歷停經，男性也可能出現更年期。
- 性功能方面可能出現問題。

認知上

- 部分的記憶力減退、反應時間變慢。
- 連結新資訊與過往的經驗，反而可能使得認知能力變得更好。
- 更好的問題解決技巧。
- 更好的創造力。

「三明治」世代

■ 中年人被稱為「三明治世代」，此指中年人一方面必須面對養育兒女的艱辛與困難，一方面又必須面對不易相處的老年父母，並且擔負起照顧他們的責任。

■ 亦即，許多中年人就像三明治一樣被夾在兩代間，上一代和下一代都給他們很大的壓力。老年人是目前社會中成長最快速的年齡層，越來越多的中年人發現除了照顧孩子外，同時也必須照顧父母。也有不少中年人會把父母接過來住，形成三代同堂。夾在兩代之間的中年人相當辛苦，幾乎沒時間和精力滿足本身需求，也無法完全應付孩子、父母和工作。

■ Troll認為母親和女兒之間的關係，是中年婦女發起家庭聚會的主要因素；研究也顯示：比起兒子，女兒通常會住得比較近，和父母的互動也比較多，比較會保留家庭的照片、傳家寶、家庭的其他遺物。

Unit 8-2
中年期的生理發展（續1）

　　進入中年期，女性與男性面臨了更年期的到來。本單元先說明女性的更年期如下：

　　對中年婦女而言，更年期是可預期的正常身體變化。更年期（menopause）是指婦女在過去一整年當中，經期沒有來潮，卵巢停止運作，不再生產雌激素和黃體素，它是一種漸進的過程，為期約5～20年不等。在近更年期（perimenopause），也就是從荷爾蒙分泌量漸減，直到經期停止這段期間，婦女會經歷：經期會變得不規則、血流量逐漸減少，還有停經前的症狀，例如：乳房鬆弛和頻尿的現象。

　　雌激素分泌量的減少，對婦女的影響因人而異，最常見的症狀是熱潮紅（hot flash），通常自胸部開始，然後擴散到頸部、臉部和手臂，持續幾秒到幾分鐘不等，通常在夜間發生，因此又稱為「夜間盜汗」（night sweats）。不斷的夜間盜汗，可能會干擾睡眠。雌激素減少的另一項影響，是陰道內膜變薄、乾燥，可能影響房事的進行。

　　雌激素減少也會影響泌尿系統，造成頻尿，或者不經意的壓力失禁（壓力來自咳嗽、打噴涕、笑等）。其他身體方面的改變包括皮膚乾癢、對觸覺敏感、髮質變乾等。停經或雌激素的失去對身體影響，最重大的是心臟血管的變化與骨質疏鬆症。可以採用荷爾蒙補充療法，幫助女性減輕更年期的症狀，同時預防更年期可能帶來的問題，此療法是補充女性因為更年期而降低的生殖激素，以減輕更年期的症狀及負向反應；但另有證據指出，此療法有不良的影響，包括提高中風、乳癌及心臟疾病的風險。

　　個人對於更年期的心理反應，因不同的人格特質、適應能力、支持系統，以及對於生命和老化的價值觀，而有著極大的差異。某些女性欣然接受更年期所帶來的變化，可以擺脫經期所造成的煩惱和花費，同時不再需要擔心會非預期懷孕。相反的，也有部分女性因此而感到焦慮、憂鬱及自尊心降低，因為她們認為更年期代表的是喪失生育能力與吸引力。研究顯示，在更年期尚未開始之前，便能夠良好調適情緒的女性，較能適應更年期及其之後的改變。具體而言，這些女性因為更年期而經歷負面心理反應的機率較低。

　　有些婦女經驗到所謂的「後更年期熱情」（postmenopausal zest, PMZ），精力、信心、自我肯定都增強；有些人認為這些增強並不是生理因素造成的，而是「中年婦女心理的危機和解套」。換句話說，更年期婦女可能開始聚焦在過去沒有達到的目標和還沒實現的潛能，因而燃起了重新開墾或掌握生命的興致。

　　Jones建議醫療人員，不要使用「症狀」的字詞形容更年期的現象，「症狀」之說，可能增強「更年期是一種需要治療的疾病」，此一社會負面印象，建議改用更年期的「變化」替代。更年期不再被視為某個期間內身體的情況，而是重要的生命階段中生理、心理和社會發展的變化。

　　無論是從哪一種觀點去了解更年期對於女性心理健康的意義，都必須認知到其結果是受到社會、文化、情緒、生物、認知與心理過程的綜合影響。

女性更年期的生理變化

時期	症狀	說明／評論
停經之前	經期不規則	經期變短或變長，流量變少或變多。
停經之時	經期停止	
	熱潮紅	皮膚溫度上升，然後下降，伴隨著流汗，有時心悸、頭暈和焦慮，頻率從 1 個月1次到每小時多次。可能從停經之前的12～18個月開始，然後持續幾年。
	失眠	有時是夜晚熱潮紅造成，多夢的快速動眼期可能減少，影響睡眠。
	心理影響	常見的症狀包括焦躁不安、短期記憶失落、精神不容易集中，這些症狀可能是睡眠不足的結果。
停經之後	神經系統的變化	觸覺多少變得比較敏感。
	皮膚和頭髮乾燥	皮膚可能變得薄、乾、癢，頭髮變少，臉部的毛可能增加。
	失禁	膀胱組織縮減、骨盆肌肉變弱，造成膀胱控制不足的問題。
	陰道乾燥	陰道內膜和內壁變薄，引起性交疼痛，容易感染。
	骨質流失	流失速度激增，造成骨質疏鬆症。
	心臟血管變化	血管彈性減少、膽固醇和三酸甘油酯增加。

骨質疏鬆症

- 骨質疏鬆症係指骨頭變稀鬆及薄弱。由於血液中鈣質流失，骨質流失結果導致骨質疏鬆且易脆。
- 骨質疏鬆症是造成骨折的重要因素。女性更容易罹患骨質疏鬆症。骨質疏鬆症的風險之一是脊椎骨折，導致腰部上端駝背，身高變矮。
- 骨質疏鬆症是可以預防的，最重要的預防方法，包含運動、增加鈣質攝取，與避免吸菸。運動可以刺激新的骨骼成長，應該在年輕時養成日常運動習慣，且維持中等程度持續終身。負重運動（例如：慢跑、有氧舞蹈、走路、騎自行車與跳繩），有益於增加骨密度。
- 飲食上建議增加牛奶與含鈣食物的攝取。

Unit 8-3
中年期的生理發展（續2）

在前一單元，已說明女性進入中年期面臨的更年期問題，本單元接續說明男性的更年期如下：

停經期（menopause）意味著月經停止，醫學上並沒有「男士停經期」（male menopause）的現象或語詞，男性更年期（male climacteric）用語似乎較為準確。目前尚無證據顯示男性在更年期時，也會如女性一樣出現生理變化。

男性更年期的期間，約出現於35～60歲，此時許多男性開始重新評價自己的職涯、家庭關係與人生中的重要決定。在此過程中，某些人會經歷生理上的症狀，如焦慮和憂鬱。此外，許多男性在此時經歷老化的症狀，例如：掉頭髮、體重增加、精力衰退、肌力減弱、荷爾蒙分泌降低、性衝動減緩及性功能衰退等，這些都可能使得焦慮和憂鬱的感受更為強烈。當然，也有些男性沒有經驗到任何的困擾。

在男性更年期，雄性激素（睪丸酮）的分泌隨著年齡增加而逐漸減少，然而，變化幅度並不大，性生活比較活躍的人變化更小，因為性生活有助於刺激分泌雄性激素的細胞分泌。值得注意的是，更年期的男性仍然保有生殖能力。實證顯示，部分男性可經由睪固酮補充治療減輕更年期的症狀，然而如同荷爾蒙補充療法對於女性而言，需要評估治療對於人體的副作用。

生物性變化（性荷爾蒙分泌減少）在男性更年期扮演重要角色，然而也許更重要的是社會上崇拜年輕的文化，才是中年男性的問題。許多攸關男性更年期的問題都與其心理因素有關聯。尤其是男性察覺性能力的身心衰退，加深了對老化的恐懼，同時也害怕失敗，包括性生活、工作與生活。

更年期男性通常面臨某些事件，迫使他檢視自己是誰，或者人生裡想要逃避的事物。在此危機時期，他會回顧成功與失敗、他對他人的依賴程度、他所夢想的結果，並檢視他的能力是否足以面對未來。依據其所見及處理方式的不同，這經驗可能是令人振奮或沮喪的；他會看到年輕與老化，希望與現實間的差異。

男性更年期的成因，包含生物性與心理性的共同因素。男性更年期最重要的象徵是沮喪，這主要是因為害怕老化，以及承認性能力變差所導致。中年危機的沮喪，可能會因回首兒時夢想、有待解決的衝突、新的性愛渴望與幻想、喪失機會的悲傷，以及價值的新質疑等而觸發，這些都伴隨著尋求新的生活意義。

Levinson的成年發展理論，是另一種理解男性更年期的方式。根據Levinson指出，40幾歲至50幾歲的男性處於中年轉變期，此時男性會經歷許多改變，包括重新檢視職涯與關係的選擇，同時藉由新的機會去尋求滿足感，Levinson認為這個過程，雖然會讓某些人感到有壓力，然而重新評價人生，是讓之後的生命發展能夠更為充實與滿足。

中年期對性生活影響

影響因素
- 男性：老化的危機和男性覺得自己必須「達陣」的壓力有關。
- 女性：老化的危機和女性對自己身體外觀的焦慮或擔心有關。

人類的性反應週期

| 階段1： 性慾 | → | 階段2： 興奮 | → | 階段3： 高潮 |

中年期可能對性慾負面的影響結果：
- 性慾（指性的慾望被激發或挑起）可能受到老化的影響。例如：疾病的副作用（例如：糖尿病、甲狀腺功能亢進症）、心理上的困境（例如：憂鬱）、醫療問題（例如：高血壓需要藥物治療）對性慾都有負面的影響。
- 整體而言，男女的性慾望或衝動都會下降，男性因為性荷爾蒙（睪丸酮）分泌的減少，所受的影響比較大。

性生活復原的治療模式

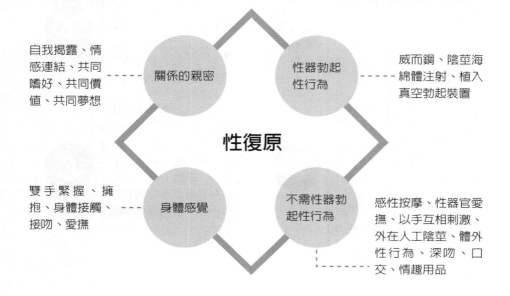

關係的親密：自我揭露、情感連結、共同嗜好、共同價值、共同夢想

性器勃起性行為：威而鋼、陰莖海綿體注射、植入真空勃起裝置

性復原

身體感覺：雙手緊握、擁抱、身體接觸、接吻、愛撫

不需性器勃起性行為：感性按摩、性器官愛撫、以手互相刺激、外在人工陰莖、體外性行為、深吻、口交、情趣用品

Unit **8-4**
中年期的心理社會發展（Erikson的心理社會發展理論觀點）

Erikson的心理社會發展理論的八階段，在成年中期為第七階段：生產對停滯（成年中期：40～50歲），茲說明如下：

一、生產

㈠ 所謂生產（generativity），亦稱為「傳承」，是指養育下一代，關心並指導他們。中年人肩負起改善後代生活條件時，就會意識到生產與停滯危機。生產的成就感包括樂意關懷自己的小孩、重視他們所做的事，也包括保護及改善社會之決心。

㈡ 中年期，其實是人生中人們對自己的生活及帶動其他人生活的一種新能量。成年人在此期間企圖完成他們的長期目標。由Erikson的觀點，中年人透過轉化生產力及停滯不動的危機去尋求平衡點。這種成長乃是來自於為改善及提升新生一代的生活環境，因應外在的壓力，生產力涵蓋著生命的再造，創造力及新血的注入，即社會自我的再造，以及精益求精的社會肯定與成長。

㈢ 根據Erikson的觀察，生產乃是指人類為自己、為維護社會發展而激發出的勞動生產力。生產力是一種能量，可維護社會的延續，人類在進入中年階段時，貢獻自己所知所能及分享資源，為年輕一代的未來提供一種更優良的環境，此時往往發現人終究是會死的，沒有人可以長生不老，而且世事無常，因而有感而發，提供自己對社會子孫的使命和想法，以期在死後仍能遺愛人間。較為實際的方式，就是貢獻錢財、技術及時間於公益事業團體，這種人力、物力、財力的貢獻，對整個社區具有相當的意義及價值。

二、停滯

㈠ 停滯是中年階段的另一種現象，人格無法適應生活的挑戰，仍停留在早期的發展階段。有些成年人自顧自地滿足自我，無暇也無能力去照顧別人的需求，不能處理家務事、養兒育女，或者持續保有工作，在中年期停滯不前。

㈡ 停滯表示缺乏心理活動與成長。部分以自我為中心的中年人將自我滿足建立在他人痛苦之上；這種人處於停滯狀態，因為他們無法透過自我需求，或體會因照顧他人而得到的滿足感。有了小孩並不代表一個人處於生產狀態，無法承擔撫養子女責任或維持家計的成年人，往往感受到停滯，感到心力交瘁就是停滯的現象之一。

㈢ 停滯感受可以分為兩種：1.自以為是的成人：此類型的中年人可能是花盡所有的財富，與他人的互動關係是期望別人給他什麼，獲取自利，以此為樂。直到體力衰微之時，取而代之的是對死亡的害怕與恐懼。此類型的中年人，在晚年因為對自我的行為有所檢討，通常在歷經一場大病或情感危機之後，轉向投入「新興宗教」的活動；2.憂鬱、自卑成性的成人：此類型的中年人總覺得自己能量有限、資源不夠、無法回饋社會，有著強烈的自卑感，而且對自己的未來及成長空間感到疑惑，也不願意花費時間去規劃未來。前述兩種類型的中年人，經常無法與其他人和諧相處，少有對社會回饋或貢獻。

生產對停滯

中年人需承擔責任，在社會中扮演成年的角色，以及對於下一代的教導和指導，否則他們會變成人格耗竭、自我中心和停滯。

McAdams及Aubin的傳承模型所列舉的七項傳承元素

1 內心渴望長存不朽，並被他人需要。

2 根植的工作文化價值觀，強調生產力。

3 關懷下一代的未來出路。

4 萬物並育而不相害的信念。

5 對家庭生活的全新投入。

6 行動：創造、維護或貢獻個人所有。

7 開展一系列活水傳承色彩的生命故事。

Unit **8-5**
中年期的人格發展

　　有關於中年期的人格究竟是否會產生改變,還是維持穩定,受到相當多的爭論。茲將支持人格穩定、主張人格改變,以及新近綜合前述兩種論點說明人格變化的認同歷程模型,闡述如下:

一、支持人格穩定性的論點

(一) 主張中年期人格趨於穩定的觀點淵源久遠,源自於Freud的精神分析論(psychoanalytic theory),認為人格在童年中期就決定了。因此,年滿50歲後的人格變化,實際上是絕無可能的。

(二) 特質理論(trait theory)主張中年期人格是保持穩定的。本觀點認為人格特質是植基於早年氣質的恆久特徵,會受到遺傳和器官因素所影響,在整個生命歷程裡,人格特質相對上會維持一致,且近來有學者專注研究個體展現的五大人格特質(如右頁圖示)的程度有多高。

二、主張人格改變的論點

(一) 在與精神分析論不同的觀點上,有學者主張人格在整個中年期會持續改變。亦即,中年期是人格成熟的時期。這些學者以Jung、Erikson、Vaillant等最負盛名。三位學者的論點都與人本主義人格模型一致,把中年期設想為持續成長的契機。

(二) Jung把中年期設想為成人人格尋求平衡的時期;雖然Erikson重視早年生活,但他仍主張社會和文化影響會帶來生命歷程裡各不相同的個人調適;而Vaillant認為,隨著年齡與經驗的累積,因應機制(coping mechanisms),亦即我們用來主導生活需求的策略會趨於成熟。他把因應機制劃分成不成熟的機制、成熟的機制(詳右頁圖示)。他建議,我們在度過成年期而年歲漸增時,可多運用利他、昇華及幽默等成熟的因應機制,少採用否認、投射等不成熟的因應機制。

三、新近研究主張

　　針對前述兩種對中年期人格是否會改變的爭鋒相對論點,目前較新的研究主張,應同時根據穩定性和改變兼容並蓄的觀點,來思考中年期的人格。據此,Whitbourne提出認同歷程模型(identity process model)說明人格的變化。

　　Whitbourne主張「認同」在成人人格的穩定性與改變上舉足輕重,其援引Piaget的認知發展理論,提到「認同」會透過同化和調適的歷程,在整個成年期裡繼續發展。同化(assimilation)歷程,是指個體把新經驗納入其現有認同的作法。相形之下,調適(accommodation)歷程,是指個體回應新經驗而改變某些認同層面的作法。Whitbourne依據中年個體回應新經驗的方式,辨識出三種認同風格:

(一) **同化認同風格**:中年個體認為自己是一成不變的;他們或者否認自己正在經歷的生理和其他層面之變化,或者將之合理化。

(二) **調適認同風格**:中年個體對生理和其他層面的變化過度反應,以致其認同的根基被動搖,而前後不一致。

(三) **平衡認同風格**:中年個體把目標、內在目的等元素,與適應新經驗的彈性結合為一,覺察到老化過程中生理與其他層面的變化,致力維護良好的健康,將風險降至最低限度,提升保護作為,並接受個人無力改變的部分。

五大人格特質（big five personality traits）

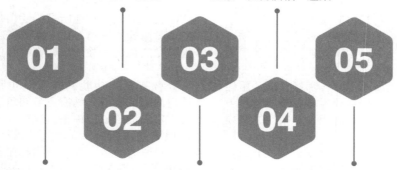

外向
活潑外向、友善、精力充沛、健談、活躍

親和性
合作、興高采烈、溫馨、關懷、值得信賴、溫柔

神經質
喜怒無常、焦躁、有敵意、侷促不安、弱不禁風

嚴謹自律
條理分明、負責、勤勞、堅持不懈、謹慎

經驗開放
創新、想像力豐富、聰明、冒險犯難、不隨俗從眾

Vaillant提出的因應機制

不成熟的因應機制

■ 情緒發作：一時衝動之下將想法和感受完全暴露，而未加深思。

■ 否認：迴避覺察到現實的痛苦面，封殺關於這些層面的感覺訊息。

■ 解離：把知覺與記憶劃分開來，藉此掌控痛苦的情緒，並從全面的衝擊裡抽離出來。

■ 幻想：真實的人際關係被虛構的朋友取代。

■ 被動攻擊：透過順從、失敗、拖延或者受虐，把自己對別人的憤怒轉過來對自我發作。

■ 投射：把未曾覺知到的感受歸因給他人。

成熟的因應機制

■ 利他：帶給他人愉悅，藉此得到樂趣。

■ 成熟的幽默：透過自我嘲諷表達情緒或想法，容許自己面對痛苦的狀況，而不挑起個人的痛楚或者社交不適感。

■ 昇華：把無法接受的衝動或者遙不可及的目標，轉化為比較可以接受或實現的目標。

■ 克己壓抑：把欲望或激化衝動往後延緩。

Unit 8-6
中年期的心智發展

人類的心智功能在中年期達到高峰；中年人可以持續學習新技能、新事物，並且可記住那些已經了解的事物。不幸的是，有些中年人無法充分運用其智力；許多人在工作與家庭生活安定後，就不再像年輕時，那樣積極運用他們的智力去上學或學習專業技能。許多中年人陷入他們無法學習新東西的錯誤信念。

過去的研究者一直試著使用Piaget理論和主張，來研究成人的認知發展。但近來專家發現，Piaget以兒童發展為主軸的理論，並不是研究成人認知發展的最佳架構。其實，Piaget的主張已經塑造了一種刻板印象：兒童時期是人類智能發展的最主要時期，成人期成功發展所需的知識端賴兒童與青少年期的認知發展。因此長期以來，專家們一直以青少年晚期和青年期初期為認知發展的最高峰。

著名的心理學家Schaie的研究，顛覆了前述對中年期認知發展的刻板印象。Schaie的研究指出，口語能力的發展在中年期達到最高峰。研究結果發現，中年期的認知功能大致上維持穩定不變，智能在60歲之後才開始衰退。

Schaie 認為對成人的認知研究應該有新的切入點，過去以兒童為主的認知研究，只集中在資訊取得的探討，不太適合成人智能發展的探討，成人的認知研究應該著重於資訊是如何被應用的，因為成人階段比較不注重技巧的取得，而比較注重知識與技能的應用，以便達成目標與解決問題。

為了解決問題，中年人需要將社會角色和認知功能進行融合。Schaie的論述是：中年期的認知和社會功能有引人注目的融合，尤其是和他所謂的「角色相關的成就潛能」任務方面，由於任務和成人擔當的角色有強烈或緊密的關係，成人在這些任務的表現特別好。

社會和認知功能的融合，也和中年期為周遭或其他人承擔更多的角色有關。中年人開始或已經在公民組織，或社會機構裡承擔重要的角色和職務。Schaie的理論顯示，青年人的認知發展主軸是「我應該知道什麼？」，到了中年期就成為「我如何使用我所知道的？」進入老年期又變成「我為什麼要知道？」。

中年人傾向整合性思考，意即他們將所見、所讀或所聽的從個人與心理意涵來詮釋。例如：中年人看到某些事物並不會接受如其所顯示的（年輕人傾向如此），而是透過自己的學習與經驗過濾訊息。此種以整合的方式來詮釋事件，有許多益處，因為整合式思考較少天真，它促使個人能夠好好辨認詐騙及「騙局」（con games）；它能夠與童年時期曾經深受困擾的事件達成協議，也讓中年人透過符號象徵，將人生真實面轉化為鼓舞人心的傳說與神話，這可成為年輕世代的人生指引。Papalia和Martorell指出，人們成為心靈與道德導師之前，需要有整合性思考的能力。

整合性思考也讓人們在四、五十歲時的實際問題解決能力（practical problem-solving capacities）達到高峰，此年齡層的人們對於每天面臨的問題與危機之解決能力達到最佳品質。

流動智力
（fluid intelligence）

流動智力涉及比較基本的資訊處理技巧（information-processing skills）。例如：分析資訊的速度和覺察刺激與刺激之關係、使用工作記憶的能力。研究顯示結晶智力不斷增強，甚至中年階段仍然持續累積，但是流動智力則在20幾歲開始下降。不過，認知技巧的使用越長久，它就維持得更長久。

結晶智力
（crystallized intelligence）

結晶智力是中年時期認知的重要面向，指的是透過經驗和知識的累積、良好判斷的操練、社交能力的建立等方式所匯聚的能力。實際解決問題的能力（判斷真實世界的情況和分析如何達成目標）是成人結晶智力的一部分，這種類型的智能隨著年紀增加而增強。

Willis與Schaie對中年期六項心智能力的研究結果

心智能力	達到顛峰	呈現衰退	降幅顯著
字彙 （理解話語所表達的觀點之能力）	👍		
語文記憶 （轉譯、回想語言單位的能力，例如：詞彙表）	👍		
數字 （快速而準確地執行簡單的數學運算能力）		📉	
空間定向 （在二維空間和三維空間看到刺激物的能力）	👍		
歸納推理 （辨識、理解變項所呈現的模式，以及其間的關係，以便分析、解決邏輯問題的能力）	👍	📉	
知覺速度 （快速辨識視覺刺激的能力）			🎯

Unit 8-7
中年期的職場生活

工作與職涯的發展是成人期發展的主要情境或場域。許多人認為成年中期通常是職涯變動期，但根據估計，其實只有 10% 的男女在中年期變換工作。

中年期的職場變動是Levinson成年發展理論的中心主張，他認為成人開始思索與反省自己的職場經驗，開始試問解決理想與現實間的鴻溝。步入中年後，因為職場的生涯所剩有限，個體真的能夠達到自己的人生目標嗎？對這件事的關心可能會成為中年期變動（例如：職場變動、婚外情、離婚、酗酒等）的啟動因子。

依學者研究美國過去30年中年勞動者的工作模式，發現出現重大的變化，以下四種趨勢特別突出，說明如下：

一、中年勞動者的工作流動性提高

全球經濟變化造成中年勞工的工作不穩定。企業重組、購併及精簡，讓之前因循守舊終身僱用的職涯軌道出現天翻地覆的大變革，以致生涯中期就業的不穩定性大增，使得在組織中階管理職務的白領勞工，無力招架以扁平化組織階層為目標的精簡及重組的作法。當全球經濟由工業本位（industrial base）轉移到服務本位（service base）時，中年藍領勞工被工作技能創新轉型需求的改變波及。在整個成年生命歷程裡，女性比男性更容易出現工作中斷的現象，但教育程度較高及收入較高的女性則較不受影響。研究顯示，中年失業是非常關鍵的生命事件，對情緒、健康有負面影響。

二、退休時機的變異性大增

如今，眾多中年人預期自己要工作到60多歲，甚或70歲出頭才能退休。退休的決定同時受健康狀況和財務狀況所影響，尤其會受到是否有退休金福利可用所影響。研究指出，健康狀況是選擇退休的主因。

三、工作和退休界線變得模糊

現今，許多人採取分段式退休。有些中年退休的民眾重返職場，但其職業領域和當年退休時的工作並不相同。有些人在中年某個時間點放下工作，轉而從事兼職工作或臨時工作。越來越多中年勞工因為公司精簡和重組而離職，另行找到財務報酬較少的工作而重新就業。這個「銜接式」工作，陪著他們直到退休。多達半數永久退休的民眾留下來的，不外乎是一些低品質的職務。

四、中年勞工重新接受教育的風氣日漸普及

和教育程度較低的同儕相較，中年之前受過高等教育的勞工較可能再次接受教育。此差異性吻合累積優勢（cumulative advantage）理論的觀點：在生命歷程裡，累積各式資源的民眾，較可能握有成年中期再度接受培訓的資源。但是，在這個工作專業過時（professional obsolescence）率偏高的時代裡，能夠握有這份餘裕，讓教育與工作分階段進行的中年人並不多。為了保有個人在職場的優勢，許多中年人必須兼顧工作與求學。

工作具有之涵義（**Friedmann**與**Havighurst**提出）

01 一份收入的來源

02 一個生命例行程序和建構時間的方式

03 一種身分和認同的來源

04 一個社交互動的背景

05 一種有意義的經驗，能孕育成就感

中年期職業改變之五種原因（**Newman**提出）

01 工作剛好在中年結束或個體無法繼續在工作上有所表現，尤其是職業選手較早退休，所以只好轉換跑道。

02 可能反映出社會大眾所謂的「中年危機」刻板印象的現象，中年人覺得工作不再有意義，轉而追求更有意義的職涯。

03 中年的職場變動可能是個體覺得自己已經成就非凡，或因為科技進步，深怕自己落後轉而接受技術進階或其他技術性的訓練，因而轉換職場。

04 女性可能會因為進入空巢期，時間變得充裕，而有更多時間可以投入職場，有些則是因為守寡或離婚等生命事件的發生，必須從家庭步入職場。

05 因為經濟不景氣或節省人力的壓力，必須進行企業再造，資遣或裁員，造成中年人失去工作。

Unit 8-8
中年期的職場生活（續）

工作表現對個人整體的生活方式有重大的影響，因為工作決定個人的社經地位。社經地位的指標，包括經濟地位或收入、教育程度或社會地位、職位或職業類別。

男性常將工作與自我認定混為一談。傳統上，男性是透過工作來表達自己的男子氣概，這是典型的男人樣態。男人終其一生所追求的職涯路徑通常都有些狹隘，步入中年，他們會開始質疑自己在工作上的成就，同時也會質疑自己對家庭的貢獻。男人在中年時期常會有的反應，就是重新評價自己在家庭中的角色，以及在工作上的投入兩者間的關係。

至於中年女性，除面臨多重角色的負荷與衝突，包括四個主要的角色（配偶、主婦、母親、受雇者）等，還需扮演女兒、媳婦、鄰居、朋友等角色，在不同的角色間，經常會產生衝突。而有些婦女基於過去職涯因為養兒育女或其他家庭照顧責任而中斷，通常必須照顧孩子或等孩子離家後才再進入職場，這種現象稱為「中斷的生涯」（interrupted career）。這種職涯路徑，對於日後職涯的進階和所得有很大的影響。因為退休之後的收入和工作歷史有直接的關係，女性職涯的中斷對於退休後的經濟狀況不利，再加上扮演家庭照顧者的角色，使得老年女性比較可能生活在貧窮的狀態下。

從優勢觀點的角度來看，中年的其他優勢包括年過40歲的職場優勢，許多高薪與高階的工作，必須到了中年，累積多年的資歷與經驗才有機會獲得。由於許多人將中年與職涯的成功聯想在一起，失去工作就成為重要的社會層面風險。

中年期失業的風險，來自於職場的年齡歧視，為最主要的風險之一。雇主及一般大眾都存有許多誤解，例如：年紀大的員工無法學習新的工作技能、工作成效不佳及不願意接受改變等。事實上，相關的研究顯示，相較於年輕的員工，年長者的工作品質及效率反而較佳。研究發現，年紀大的員工較少請病假、較為準時及可靠、較不容易在工作中受傷、對雇主較為忠誠、離職率較低、工作滿意度較高，同時表現出較佳的工作態度。

對多數的成人來說，就業是人生最有意義的投入和參與，沒有工作對個體的身體、心理、社會層面的發展都有負面影響。沒有工作會減損個人的價值感，降低對未來的希望。

研究指出，失業對心理健康有負向的衝擊。失業的人常會覺得周遭的人不要他、自己不重要、缺乏社會的角色；許多人會覺得憤怒和怨恨、孤立、低自尊、被朋友看不起。最需要注意的是：即使找到工作或再就業，仍然會覺得自尊心低落。失去工作可能會衝擊到中年期的主要任務，例如：生產力、生命目標和成就的再評價。

沒有工作不只影響失業的個體，家庭也受到衝擊，家庭的衝突可能增加、士氣低落、暴力、被剝奪感和角色的失去。家庭因應逆境的能力可能降低，孩子也受到衝擊，其所影響的層面廣泛。

職場生活相關專有名詞

職業疲潰（倦怠）
指個人對工作感到不滿意、理想破滅、受挫折和疲憊厭倦的情況，經常發生在助人的行業上，通常會使剛開始的理想和使命感被打擊，職業疲潰的結果之一是對工作的譏諷與懷疑。

專業過時（professional obsolescence）
指的是個體擁有的資訊、理論及技術已經落伍或不管用，已無法勝任職務上完成任務的要求，這與年齡的增長造成的能力喪失沒有關係，只是個體無法學習和應用新的資訊或技能，趕不上資訊與技術進步的神速。

專業半衰期（professional half-life）
指的是個體所擁有的專業技術或知識的50%，流於落伍所需的時間越來越短。當然，這要依專業的特徵而定，例如：幾乎所有的專業或多或少都需要電腦知識和技能，中年人在學期間少有機會接受這方面的訓練，電腦專業知識或技能的半衰期可能只有2～3年時間。隨著人類壽命的延長，職場的生涯也跟著延伸，如何保持資訊和技巧的更新以符合市場的需求，是中年人的重要課題之一。前述這種情形正好為「學習已經成為終身的志業」這句話，提供了最好的說明。

婦女的四種主要角色

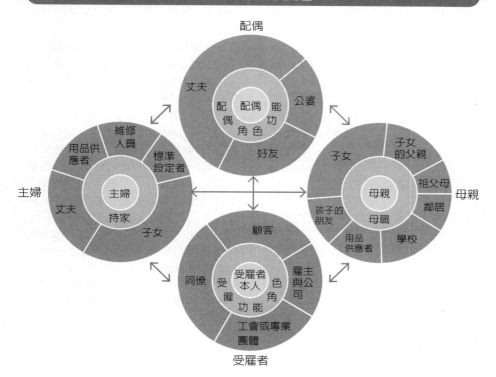

Unit 8-9
中年危機

各種與男性更年期相關的過程，特別是心理過程，被稱為中年危機（midlife crisis）。最常聽到的說法是，許多人（尤其是男性）在中年時重新檢視人生，並期待能重溫年輕的歲月，因而產生現實生活的危機。

步入中年期的成人最典型的特徵是：對自我與世界有新期望或賦予新的定義，想從生活中取得新的滿足感。Erikson認為這個階段的發展課題就是「生產」對「停滯」，前者是指主動和其他人接觸，指引未來的世代。只是中年的差異性極大，許多專家都避免為中年訂出一個發展時間表。

中年危機的現象是否真實存在，至今仍有疑問。但要賦予中年危機一個明確的定義並不容易，它看起來比較像是對於老化的反應，本質上因人而異，而每個人所反應的程度與頻率，則取決於眾多因素，包括適應力、人格特質，以及對於生命與老化的態度等。

實際上，成年發展專家一致相信，中年危機有點被誇大了。人們在經歷生命的這個階段時，經常會有許多的變數摻雜其間。因此，過往諸多的人生發展階段理論，在解釋中年期面臨了諸多的限制。例如：Erikson提出的八個生命週期階段，因為社會的變遷，已經把過去很盛行的時序或人生規劃順序打亂了，都挑戰著過往發展概括化、階段化或里程碑式的描述。所以，最好的作法是把「中年危機」當作是中年期生活滿意度或幸福的小插曲。

不過，社會大眾有關「中年危機」的信念或想法持續盛行，主要是受到Gail Sheehy的《旅程》（Passages）所影響。該書描述「中年危機」的現象，並加以闡述。近來有關「中年危機」（或者更確切的說是「生活滿意度」）的研究，結果顯示中年時期的生活滿意度確實比較低，生活滿意度呈現U曲線（詳右頁圖示），低點大約落在44歲左右，女性大約是40歲，男性大約是50歲。

Levinson的成年發理論，將中年視為一種危機，他們相信中年人在過去與未來之間擺盪，努力適應所有會威脅生活延續的隔閡。成年發展理論認為，人們在不同階段中，必須完成階段性的任務，與過往道別，並且繼續前往下一個階段。根據此理論，與中年危機有關的行為，或許只是反映出成年發展的「正常任務」，而非對於老化過程的反應。

至於當代生活事件觀點（contemporary life-events approach）主張類似事件，例如：離婚、再婚、喪偶和失業都會導致不同程度壓力，並對個體的人生發展有不同影響。此學派堅信生活事件對個體發展的影響，不僅僅是生活事件本身，還有其他考慮因素，包含身體健康狀況、個人因應技巧，以及社會歷史脈絡。

而Peck所提出的「人生下半場」（the second half of life）心理發展理論，是探討中年生活適應的另一個觀點。Peck根據Erikson的學說，加強了幾個重要的概念，Peck的研究指出，人們在中年期會經歷四種類型的生活適應：1.強調智慧更勝於體力；2.社會化vs.性徵化（socializing vs. sexualizing）；3.情緒的彈性vs.情緒的貧乏（emotional flexibility vs. emotional impoverishment）；4.精神上的彈性vs.精神上的固著（mental flexibility vs. mental rigidity）（詳右頁圖示）。

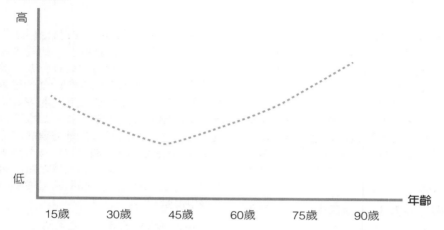

生活滿意度的**U**曲線

生活滿意度

高

低

年齡

15歲　　　30歲　　　45歲　　　60歲　　　75歲　　　90歲

Peck所提出的心理發展理論：中年期會經歷四種類型的生活適應

01
強調智慧更勝於體力
此時人們了解到生理上的優勢不再是創造行動及改變的唯一或主要方式。雖然可能失去某些生理上的優勢，但中年人被認為在問題解決能力上要優於年輕人。

02
社會化vs.性徵化
從成年期到中年期，人們轉而將尋找伴侶與建立家庭視為重要的任務，此時人們重新排列社會優先順序，並強調伴侶的重要性。

03
情緒的彈性vs.情緒的貧乏
人屆中年時會轉而將情緒投資在家庭以外的事物上，協助中年人理解並調適因老化而面臨的失落。

04
精神上的彈性vs.精神上的固著
保持開放的心態與強調如何解決問題，是中年期的挑戰。中年人需要同時適應家庭及社會的改變。

Unit 8-10
家庭壓力理論：Hill的ABC-X模式

圖解人類行為與社會環境

370

　　Reuben Hill在1958年提出了「ABC-X模式」（ABC-X model），對於家庭壓力提供了理論的說明。在ABC-X這個模式中，壓力是否會造成危機，壓力源事件本身、面對壓力的可用資源、對壓力事件的看法，以及這三個因素交互作用，都影響對壓力事件處理的結果，處理得宜，壓力源事件只會形成壓力高低感受，但若處理不當，就會造成危機。說明如下：

一、壓力源事件──A因素

　　凡會造成系統中界域、結構、目標、角色、過程、價值等的改變，都稱為壓力事件。所謂系統的改變可能為正面的改變，也可能為負面的改變，或兼具正負面影響。壓力事件可分成可預期與不可預期（unpredictable）兩種。可預期的壓力事件是日常正常生活的一部分，如子女結婚或進入空巢的家庭生命週期的改變、生命的誕生或死亡、子女的就學、退休等。這些可預期的壓力事件，雖然常在期待中到來，但仍會給靜止的系統帶來正面或負面的衝擊，而使得系統失去原有的平衡；不可預期的壓力事件包括自然的災害、失業、交通事故，這些不可預期的壓力事件常給家庭造成比可預期的壓力事件更大的衝擊，而使得家庭系統失去平衡狀態。

二、擁有的資源──B因素

　　當壓力事件產生時，若個人或家庭有足夠、適當的資源去面對壓力，那麼壓力事件較不會困擾這個系統；反之，則系統容易失去平衡而陷入混亂。

　　資源依提供者的角度，可分為：1.個人資源：指個人的財務狀況，如經濟能力；影響問題解決能力的教育背景；健康狀況，如生理及情緒的健康；2.心理資源：如自尊；3.家庭系統資源：指家庭系統在應付壓力源的內在特質，如家庭的凝聚力、調適及溝通。越是健康的家庭系統，越有能力應付家庭壓力；4.社會支持體系資源：社會資源的支持網絡，可提供家庭對抗壓力、或協助家庭從壓力危機中復原。

三、壓力事件的界定──C因素

　　對壓力事件的處理，除上述兩個因素之外，也受到對壓力事件界定的影響。研究指出，個人或家庭可將壓力事件界定為是一種挑戰與成長機會，也可將壓力視為絕望、困難與難以處理的。實驗研究發現，個人如何評估生活中的壓力事件，將會影響其處理的結果，正如社會心理學常說的「事件被認為真，其結果必為真」。

四、壓力的高低程度或危機──X因素

　　壓力是一個中立的概念，那麼它給家庭帶來的衝擊不一定是壞的，壓力會形成問題，只有在壓力大到系統陷入混亂、個人感覺不滿或出現身心症狀時。因而壓力的高低程度，全憑家庭對壓力源事件的定義，以及是否有足夠的資源去因應。因此，壓力事件是否形成危機要看前三項因素互動的結果，如果家庭成員認知到問題確實已嚴重的威脅到系統成功的運作，那麼壓力事件強到系統無法因應時危機就會產生。

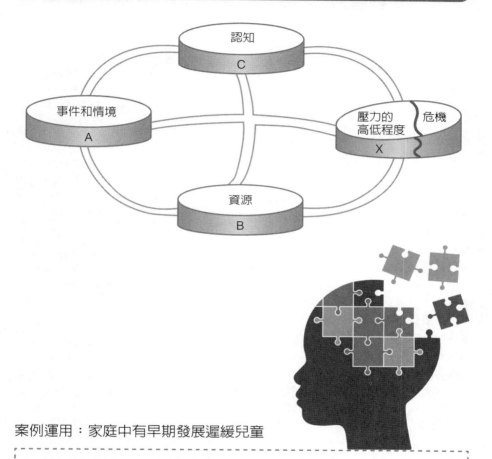

家庭壓力理論：Hill的ABC-X模式

案例運用：家庭中有早期發展遲緩兒童

▶ 當家庭中有個早期發展遲緩兒童，表示家庭有壓力源「A」，當不同家庭有相同的壓力源（如皆有障礙成員），但每個家庭壓力程度是不一樣的；而導致壓力程度的不同，則視這些家庭的中介因素的不同，即家庭「B」與「C」之個別差異。

▶ 由於家庭中有早期發展遲緩兒童，是一個非預期的、非自願的，且是長期的事件，但並非每個家庭皆會產生家庭危機而瓦解。

▶ 在這種假設之下，早期介入以提供家庭支持（改變B），或協助家庭認知的改變（改變C），將是預防這些家庭瓦解的關鍵。因此，應對家庭採早期介入，以改變B和C，提供家庭支持、增加家庭資源，或協助家庭不利於壓力因應認知的改變。

Unit 8-11
家庭暴力

圖解人類行為與社會環境

家庭暴力（domestic violence/family violence）、配偶施暴（spouse abuse）及受暴婦女（battered women）等名詞，都是與親密關係暴力相關的用語。暴力虐待（battering）一詞包括了最多的暴力行為，不過並不僅限於身體虐待，包括摑掌、拳打、重擊、掐喉嚨、腳踢、拿東西打、以武器威脅、刺傷、開槍，以及精神虐待。

事實上，家庭暴力常會形成一種暴力循環（詳右頁圖示），而面對這樣的暴力循環，為何受虐婦女還會選擇留在這個循環中，其原因說明如下：

一、經濟依賴

許多受暴婦女會留在加害者身邊，是基於經濟方面依賴的理由。雖然親密關係暴力事件發生在各個社經階層，但有較高的機會發生在缺少資源的家庭中。

二、缺少自信

家庭暴力包括身體虐待、性虐待及精神虐待。精神虐待可能是施暴男性，時常以嚴厲的批評或貶抑辱罵受暴婦女，損害了受害女性的自尊與自信。久而久之，受害女性也開始相信這樣的言論，以及離開後對未來的不確定性感到害怕。所以，家庭暴力受害者認為，若她留下來，至少有個地方可以待著。

三、缺少力量

有施暴伴侶的受暴婦女，通常會比無暴力傾向伴侶的一般婦女，更覺得缺少力量。受暴婦女認為在這樣的關係中，她完全被其施暴伴侶所支配。施暴者會一直以恐嚇、批評及暴力，讓婦女處在脆弱及困難的處境。

四、對施暴者的畏懼

在這樣的暴力關係中，受害婦女害怕離開加害者是可以理解的。有些人認為，受暴婦女繼續留在這樣的關係中，是因為她喜歡被打，這是個迷思，且不是事實，她們留下來的理由是為了生存。

五、罪惡感

許多親密關係暴力受害者認為，她們遭到毆打是自己的錯。她們通常相信男人可以決定一切，且在家中是領導者，而女人應該服從。就某方面而言，罪惡感可能是因為她們的先生告訴她們，所有的問題應該怪罪於她們。也由於她們的低自尊，很容易就會怪罪自己。傳統的性別角色刻板印象，讓她們懷疑自己不是個很會照顧家人的太太。

六、害怕無處可去

受暴婦女通常會隱瞞她們受暴的事實。她們可能會覺得與朋友及家人疏遠。通常，施暴者會強烈希望其伴侶不要與朋友或家人往來，他會批評她的朋友與家人，會盡可能地讓伴侶不要與他們談話。漸漸地，伴侶與其他人斷絕往來。當施暴者成了受害者身旁唯一的人，失去他代表著她將失去一切。

七、擔心子女

受暴婦女通常會擔心小孩的安危，以及是否有辦法在經濟方面獨立以支持孩子；其次，她可能堅守孩子需要一個父親的信仰，她認為有一個會對太太施暴的父親，總比沒有父親好；第三，她甚至擔心會失去小孩的監護權，施暴者可能威脅會把孩子從她身邊帶走。

八、愛

許多親密關係受害者仍然愛著或情感上依附著她們的施暴丈夫。許多尋求協助的婦女認為，若停止暴力行為，她們寧願繼續維持這段關係。

家庭暴力循環論

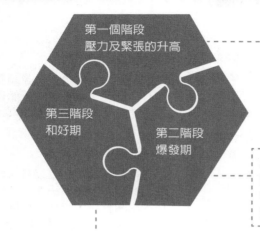

第一個階段
壓力及緊張的升高

第三階段
和好期

第二階段
爆發期

女性會試著讓一切
沒事而避免反抗，
此時可能會有幾次
輕微的暴力事件。

此為暴力事件發生。
這個階段通常是週期
中最短的階段，但可
能會持續數天。

由於男性已經釋放了緊張的情緒，在此時他會對他的所
作所為感到非常抱歉。他會發誓不會再有這樣的事件發
生，而受暴婦女也寬容並相信他。施暴者被寬恕了，一
切似乎又沒問題了，直到下一次的暴力週期再次發生。

對於受暴婦女的迷思

➤ 暴力虐待只是偶發；它們並沒有經常發生。
➤ 受暴婦女並沒有傷得這麼嚴重。
➤ 暴力或其他形式的虐待就這麼發生了，而非
　週期性的發生。
➤ 受暴婦女是自找的。
➤ 親密關係暴力只發生在低社經家庭中。

Unit 8-12
家庭暴力（續）

社會工作者在進行面對親密關係暴力受暴婦女的處遇上，有以下幾種方式可作為參考：

一、首次會談

在與社會工作者的第一次會談中，親密關係暴力受暴婦女可能非常焦慮：她可能會擔心該說什麼。社會工作者應該盡可能地讓受暴婦女感到舒服，並強調她不必說出任何不想說的事。受暴婦女可能也會擔心社會工作者會批評她，此時社會工作者不要給予受暴婦女任何壓力要她採取某個行動。最基本的原則是，要讓婦女自己選擇做什麼。當受暴婦女選擇返家，社會工作者也許可協助她釐清做此決定的原因。

對受暴婦女而言，保密也許是一個讓她擔心的議題。她可能會擔心施暴者會發現她尋求協助，以及報復。社會工作者要保證所有的談話內容，不經個案的同意是不會告訴任何人。且社會工作者應向受暴婦女強調，她是受害事件中的受暴婦女，且她的受暴與她的人格特質及身為人的價值並無任何關係。

二、提供支持

受暴婦女在身體及心理上可能都顯得脆弱。她需要他人的同理與關懷，她需要時間坐下，放鬆一下並思考。

三、鼓勵表達感受

多數受暴婦女會表現出情緒反應，包括無助、恐懼、憤怒、罪惡、羞愧，甚至懷疑自己精神不正常，社會工作者應鼓勵受暴婦女坦然說出這些感受。只有先說出自己的感受，才能進一步去面對它。接下來，社會工作者可協助受暴婦女，以各個不同角度，客觀地檢視她所處的狀況，並協助她重新控制自己的生活。

四、強調優勢

在助人過程中，應強調受暴婦女所擁有的優勢。受暴婦女可能是在低自尊的狀態下，需要他人協助來找出自己正向的特質。

五、提供資訊

許多受暴婦女並沒有如何得到協助的相關資訊，提供法律、醫療及社會服務等相關資訊，也許可為她們帶來更多選擇，讓她們更能夠幫助自己。

六、檢視選擇性

受暴婦女可能會感到被困住了。在受暴環境下，可能不曾有過選擇，但現在過多的選擇可能讓她不知所措。這些選擇包括繼續維繫婚姻、為自己及伴侶尋求諮商、暫時分開、尋找其他經濟支持及獨立居住的條件，或訴請離婚。受暴婦女通常會感到不知所措及困惑。最有效的協助，即社會工作者協助解決不同的問題，並由案主做出決定。

七、訂定安全計畫

受暴婦女清楚了解與釐清自己選擇要做什麼後，這樣的決定可能包括訂定主要目標，像是與先生離婚；也有可能是一些小的目標，像是列出日托中心，好讓她能夠為孩子找到兒童照顧的各種選擇。

八、倡議宣導

倡議宣導可為受暴婦女找到家庭暴力相關資訊，並鼓勵她們；也可協助受害者聯繫法律、醫療及社會服務等資源，並克服繁雜的行政過程。除此之外，更可以改變法律鉅視系統。

■ 家系圖

又稱家族樹（family tree），係運用簡單的符號及線條，呈現家庭成員基本資料及相互關係，最好包含三代家庭成員。家系圖在完成所有成員及關係繪製後，再以不規則線條標示出家庭成員結構的界線，在同一界線範圍內的成員為同住在一起的家庭或成員。

■ 家庭生態圖

生態圖是一項重要的評估工具，可以描繪出案主家庭與其社會環境之間的關係和互動。社會工作者經常透過生態圖（ecomap）來評估個案的特殊問題，並規劃介入調解的方案。生態圖中間最大的圓圈代表案主的家庭，周圍的圓圈代表和他們有關的群體、機構、其他家人，也就是他們所處的社會環境。

15	方形為男性，圖例15歲男性

加註斜線表示為案主，左例為男性案主

✕ 打叉表示流產或墮胎

(38) 圖形為女性，圖例38歲女性

(83) 圖（方）形內打叉表示死亡，左例為83歲死亡的女性

△ 三角形代表懷孕中的胎兒

連結實線代表婚姻關係

連結虛線代表同居關係
（或性關係，而同居則需加虛線框標示同住）

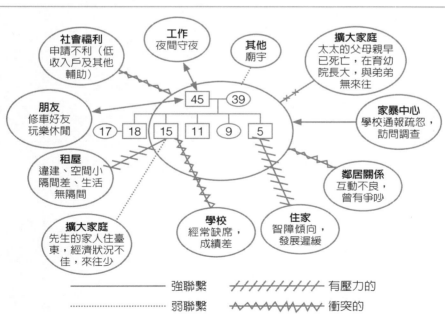

繪製生態圖的參考範例示意圖

第 **9** 章

老年期

● ● ● ● ● ● ● ● ● ● ● ● ● ● ● ● ● ● 章節體系架構 ▼

Unit 9-1
老年期：定義老年的基本概念

老年期（late adulthood）是生涯最後的主要部分。65歲通常爲區隔中年和老年的年齡。在1883年，德國首先以65歲作爲世界上第一個現代社會保險制度中訂定老人的標準。當美國在1935年通過社會安全法案時，也依據德國的模式，將65歲訂爲領取退休金的資格年齡。

前述依照實際年齡（chronological age）來衡量老人，是以一個人幾歲來決定是否符合老人的定義。許多專家建議將老年期再加以細分爲「成年晚期」（late adulthood，60～75歲）和「成年更晚期」（very late adulthood，75歲到死亡）。有些專家則將老年區分成青老年（65～74歲）、中老年（75～84歲）、老老年（85歲以上），前述老年階段的三個分期，具有的一般特徵，茲說明如下：

一、青老年（65～74歲）

青老年在社區中會活躍的參與活動，以及和親友維持緊密關係。有些投入娛樂活動、成人教育和志願服務，許多人會因爲財務需要或維持生產力而兼職或全職工作。女人壽命比男人還要長的現象開始浮現。有些人認爲退休代表重獲自由，有些人認爲退休就是失落，代表收入、身分、被需要和生命意義等方面的失落。不過，大多數人都能夠安適地和有創意地運用自己能力適應老年生活。

二、中老年（75～84歲）

這是慢性疾病比較容易開始發生的階段（如關節炎、心臟血管、呼吸系統和循環系統等疾病），配偶、親朋好友、成年子女的過世也帶來附加的壓力。老人可能會經歷到身體方面的許多變化，例如：平衡感方面的問題會導致行動能力（例如：走路、駕駛）的衰退或喪失，反應時間變得緩慢，環境或物體之間空間關係的判斷力也下降了，影響行動和開車的能力。不過，不少人因爲身心健康、體力活動和社交都保持活躍，所以在這個階段仍然能維持獨立自主的生活。也因爲個體發展情況的差異越來越大，這個階段長者的多樣性高過上一個階段。

三、老老年（85歲以上）

大多數的長者在這個階段是脆弱或依賴的，開始面對失能和更多的慢性病，走動的能力可能大不如前。由於身體功能衰退，開車或走動的能力更加衰退，再加上喪偶，造成越來越多人處在孤立的狀態。失智症（例如：阿茲海默症）也隨著年紀越大而越盛行，85歲以上長者之中，約有50%有腦部違常或某種類型失智的跡象。到了這個階段，女性和男性壽命的差距更爲明顯，女性存活的人數和男性的差距更加擴大。

相對於以實際年齡來衡量老人，另一種衡量老人的方式是使用功能年齡（functional age），這種衡量是著重在老人日常生活中行使各項功能的程度。爲了要測量功能程度，通常會衡量老人可以自己完成的活動類型，這些活動可分成日常生活活動（ADLs）、工具性日常生活活動（IADLs）（詳右頁說明），以評估一個人自己每日生活活動的功能程度，並用這些評估來決定是否符合某些服務的資格，例如：醫療補助。

老人實際年齡之分群

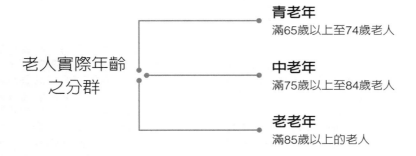

老人實際年齡
之分群

青老年
滿65歲以上至74歲老人

中老年
滿75歲以上至84歲老人

老老年
滿85歲以上的老人

衡量老人功能程度之指標

01 日常生活活動
activities of daily living, ADLs

是指評估老人的日常生活活動功能，決定於老人是否可以完成自我照顧的基本任務。例如：吃飯、移位、如廁、洗澡、平地走動、穿脫衣褲鞋襪等，這些功能都受到生理與心理狀態的影響。

02 工具性日常生活活動
instrumental activities of
daily living, IADLs

工具性日常生活活動功能比日常生活活動功能要來得複雜，包括如何獨立進行家務事情。例如：上街購物、外出活動、食物烹調、家務維持、洗衣服、使用電話、服用藥物、處理財務等。

老年期的發展里程碑

生理

- 骨質及肌肉質量的下降
- 關節炎、骨質疏鬆的發生率增加
- 外表明顯增加皺紋、白髮、鬆弛的肌肉、老人斑
- 掉牙齒及牙科問題
- 會有視覺、聽覺衰退問題
- 中樞神經系統功能衰退，以致反應時間增加，協調功能變慢

認知

- 認知症的發生率增加
- 如果不鍛鍊認知能力，可能有記憶力及功能衰退現象

Unit 9-2
老年期的生理發展

圖解人類行為與社會環境

380

　　雖然缺乏單一理論可解釋生理的衰退，但是沒有人可否認身體衰退的預定模式，也就是老化帶來身體或人類有機體的自然衰退，又稱衰老（趨老期）（senescence）。由於每個人身體衰退變化的速度不同，每個人體內不同器官老化的程度也不一致，年齡就不是衡量身體變化的可靠或絕對指標，但可確定的是，身體每一種主要器官系統都會隨著老化而有所變化，這是無可避免的現象。老化相關的生理系統變化，茲說明如下：

一、**骨髓系統**：身高在30歲末期（接近40歲）時達到最高點，到了約75歲，大多數人可能因為椎間盤退化、骨質疏鬆和其他年齡相關的變化，而矮了5公分。胸腔變得比較深、比較窄，骨質密度變差（女性因為雌激素減少流失速度更快）。關節炎影響70歲以上的老人高達58%。

二、**肌肉系統**：中年期開始，淨體重減少，體脂增加（男性50%、女性33%）。脂肪重新調整位置，集中在腹部。肌肉收縮的速度和力道，隨年紀增長而下降，沒有運動則肌肉的力量和耐力逐漸衰退。

三、**腦部與神經系統**：神經系統的最基本細胞單元為神經元，會隨著年齡增長而減少。如果腦部血流量減少、神經傳導物產生變化、膽固醇累積或其他因素，這些改變會影響反應時間的快慢，干擾到感官知覺與認知功能。

四、**感官知覺系統**：肌肉、骨骼和神經的整合變化，可能會影響步態和平衡感，增加意外與跌倒的機會。皮膚變得粗糙，減少觸覺的敏感度，也使得老人對痛苦感覺的門檻提高，容忍度增加。由於嗅覺細胞退化，嗅覺隨之受影響，味覺也漸漸不靈敏。老化帶來視覺變化，主要是因為到達視網膜的光線強度和品質下降，老年還可能伴隨著視網膜的退化因而視力喪失。聽力也隨著老化而退化，主要是聽覺的各個部位和神經退化，高亢的聲音可能無法聽到，聽到的可能是混亂或扭曲的字句。

五、**循環系統**：因年齡而產生的相關變化，包括左心室輕微增大、二尖瓣和房室瓣的增厚。動脈的變化（膠原增加和主動脈彈性纖維鈣化），使得動脈容易硬化和增厚（最常見的就是血管硬化）、肥胖、缺乏運動、焦慮、疾病和血管硬化，可能使得血壓升高。年紀越大，靜脈也變得比較沒有彈性、變厚和擴張，使得大腿靜脈閥將血液送回心臟的效能比較不足。

六、**呼吸系統**：在20～80歲之間，即使沒有疾病干擾，肺部的容量也會減少40%。肺部的彈性逐漸喪失，胸部變小、胸膈膜變弱。結締組織的變化，造成鼻子膈膜回縮，增加嘴巴呼吸和打鼾的頻率。

七、**外皮系統**：老人的皮膚變乾、變薄、不規則顏色的增生（多數沒有大礙）。可提供支撐的結締組織減少，使得老人的皮膚容易瘀血和受傷。皮膚的膠原變少，逐漸失去彈性，造成皺紋和鬆垮。手指甲和腳趾甲變厚，頭髮變稀，顏色漸失。身體可見之處的體毛和腋毛，逐漸變少。荷爾蒙改變可能是部分原因，使得老年婦女的嘴唇上方和臉下半部的粗毛會增加，而老年男性的耳、鼻和眉的粗毛會增生。

血壓

血壓（blood pressure）
血壓是指血液流經全身的壓力

收縮壓（systolic blood pressure）
是測量當心臟把血液送到全身各部位的壓力指數。這個數據通常是最高的，一般成年人的正常血壓為收縮壓120毫米汞柱，舒張壓為70～90毫米汞柱。

舒張壓（diastolic blood pressure）
是測量心臟在舒張的狀態下的血壓。當一個人的收縮壓超過140毫米汞柱，或是舒張壓超過90毫米汞柱時，此人可能患有高血壓（hypertension）。高血壓是指血壓長時間不斷地升高。

身體質量指數（body mass index, BMI）

■ 世界衛生組織（WHO）建議以「身體質量指數」（body mass index, BMI）來判定肥胖程度，BMI指數越高，罹患肥胖相關疾病的機率也就越高。BMI＝體重（kg）／身高（m²）

■ 成人健康體重BMI值

正常體重範圍	體重過重範圍	肥胖
18.5≦BMI＜24	24≦BMI＜27	BMI≧27

心肌梗塞（myocardial infarction）

是指因為心臟的肌肉氧氣不足，而造成心臟組織的壞死。造成動脈阻塞或心肌梗塞的因素很多，例如：血液供給量低，導致動脈硬化，造成心臟病發作。

Unit 9-3
老年期的心理社會發展（Erikson的心理社會發展理論觀點）

Erikson的心理社會發展理論的八階段，在成年晚期為第八階段：統合對絕望（成年晚期：60歲以上），說明如下：

一、統合

(一) Erikson認為在老年期是對人生任務統合或絕望的轉化階段，一個人的統合承諾若高，自我的力量則能提升，智慧也會提高。統合意味著一種接受個人生命任務，以及面對死亡無助的能力。老人欣賞過去的生活時，則能達到統合。他們覺得這一生中已經達到了某一個至高的地位，以及達成自我實現。他們接受過去發生的事情、一些不愉快的事物或是太在意的他人。統合包含了整合自己的過去與現在，並對此結果感到心滿意足。為了經驗統合，老人必須將畢生的失敗、衝突與絕望納入他們的自我形象。

(二) 在這段時間內，個人開始思考個體的生命已接近尾聲。根據Erikson的觀點，生命中的統合階段是一個透過閱歷及智慧，了解自身的生命過程；亦即，理解思考調整自我的表現，以奉獻自己服務未來年輕的一代。

(三) 在老年期，一個人變得較為和藹可親、較為內斂，經常緬懷過去。統合能力是指一個人接受個人生命的任務及面對死亡而無怨、無悔與無懼的能力。高齡者發揮統合的觀點去看過去所有事蹟，欣賞過去的生活，集結一生所有的個人滿意及危機事件，接受自己過去所努力完成的任務或化危機為轉機的事實。統合能力是將過去與現在的情況做一連結，而感到心滿意足的能力。

(四) 對統合的感覺並非生理上的成就，有些人雖然在肢體上有缺陷，然而在生活中卻保有滿足的心態，一生中享受生命的美好；也有人雖平和處世，卻對人生有許多怨言。簡言之，對人生統合的態度或絕望，全看個人省思後對自己的接受度。

二、絕望

(一) 相對於統合的是絕望。絕望是個人對過去感到悔恨，也包含個人持續渴望想做些不一樣的事情。當個人絕望地看待自己的生命不完整與感到不滿足時，即無法安然地接受死亡，尋死以結束悲慘的生命，或者相當害怕死亡。因為再也沒有機會去彌補過去的失敗，有些絕望的老人會試圖自殺。

(二) 有些人平日率性而為，直至老年才開始反悔自己枉度一生，喪失良機，Erikson稱為人生省思的絕望階段。年長者應該將一生中的起起伏伏做一整合，這種統合過程很不容易，有時家庭及鄰里的關係也會遭受敵意及排拒。特別是當年輕的一代或曾共事的夥伴不再禮遇，年長的人因而有強烈的自我貶低及沮喪感，尤其是因生理的衰微，不能如以往般來往自如、自立自主，剎那間失去身體及心理的功能與出現重重障礙，甚至得面臨死亡的到來，負面的訊息增多。有些社會是個強調年輕、創新活力的文化，輕忽敬老尊賢及慎終追遠，迫使高齡者面臨絕望的處境。另種生理退化的徵兆，如聽力衰減、視力減弱及運動神經官能遲緩，致使挫敗感與日俱增。

統合對絕望

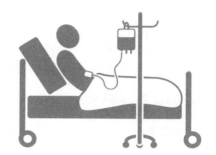

老年期個體會省思他們的生活和接受他們自己是什麼樣子,否則他們會因為無法發現他們有意義的生活而絕望。

Peck建議經營具有意義與滿足的老年生活之三種心理調適方法

01
將對身體的熱衷轉換到自我分化(self-differentiation)

退休是生命當中一個很重要的變動,新的角色亦隨之而來。老年人必須適應自己已不用工作,需要的是尋找新的認同與興趣。

02
將對身體的熱衷轉移到身體的超然(body transcendence)

老年人的健康問題會越來越多,體力也每況愈下,一個人的外表也會顯現出老化。儘管健康狀況衰退,仍可以享受生活,應漸漸學習到滿意的社交生活與偶發性的心智活動等同於舒適與快樂。

03
從對自我的熱衷轉移到自我超越(self-transcendence)

老人需要去面對無可避免的死亡。死亡令人沮喪,坦然地接受死亡,可以將一個人的關注從「自憐」轉移到「我能做些什麼,可以讓生活更有意義、更無憂無慮,或是比其他人更快樂?」

Unit 9-4
老年期的發展

有關於老年期的發展，Simmons、Zastrow與Kirst-Ashman等學者有提出相關的看法，以說明老年期發展工作的特色。

Simmons依據泛文化的研究，認爲老年的發展工作，具有以下的特色：

一、讓自己活越久越好，至少要到自己活得不滿意了，或者活在世上成爲累贅，死亡才是一種解脫。

二、需要更多的休息，從多年來疲累不堪的長期跋涉中解脫出來，並保護自己不遭受太多身體上危險的機會。換言之，保護並保持自己勿過分衰退。

三、使自己積極的參與個人及團體的事物，擔當實際運作者或督導者的角色，事實上任何參與多數是完全閒散及冷漠的。

四、保障並加強長壽得來的任何特權，諸如技巧、占有、權利、權威、權勢等。

五、最後生命終了，應該是感到光榮的，沒有多大苦痛，生前有許多貢獻，可以永垂不朽。

另依據Zastrow與Kirst-Ashman的看法，老年期的發展工作包括：

一、**適應退休及收入減少的生活**：退休後無工作可做，收入減少，在日常生活安排都受到影響，老人應善加調適。

二、**與配偶或子孫同住**：老人最好住在自己的家中與配偶同住，或與下一代生活在一起。勞務可共同分擔，患病有人照料。

三、**加入與自己年齡相仿的老人團體或社團**：退休後生活無聊、加入老人團體結交一些老年朋友，參與社會活動，培養興趣，使生活過得更充實。

四、**維持友誼及親戚、家人的聯繫**：人是群聚的動物，親朋好友或家人年節或假日聚會，閒話家常會增添熱鬧及情誼。

五、**繼續承擔社會服務及公民的責任**：老人可擔當志工、義工，參與社會服務或拓展退休後再就業之管道。

六、**鼓起勇氣對抗疾病及喪偶與親友之亡故**：老年接到的多是訃聞，或者知悉親友患病住院必須去探視。老人應知這些事情是老年期必定會發生的。倘若自己罹患長期疾病，應持樂觀態度，鼓足勇氣去抗病。

七、**老年期居住的場所往往視年齡之增加、健康情況不同而改變，老人應持滿意的態度**：老年初期可能與配偶同住，也可能三代同堂。後來配偶死亡，獨居老人遷往老人公寓或安養機構，不論居住在何處，老人要有隨遇而安的滿意態度。

八、**適應身體方面逐漸失能及退化**：老年期滿頭白髮、皺紋、步履艱難，老人要能適應，不覺得羞慚、沮喪、鬱悶。

九、**對於生活方面發生的新事件重新評估個人的價值、自我概念**：老人喜歡回顧往事，並且評估其成敗，表示其滿意或失望。希望老人們能對其自我價值有一種合理的積極觀點。倘若不能達到積極的自我價值觀點，很容易成爲心理病態。

十、**對於死亡不存畏懼之心**：人類不論壽命的長短，總有一天會死亡。既然死亡是人類無法避免的事，就應該不存畏懼之心，樂天知命，反而有益於維護健康。

優雅地邁入老年的六項特徵

01 關懷他人，對新觀念保持開放心胸。

02 欣然接受老年有傷顏面之衰微退化狀況。

03 保持希望。

04 保持幽默感和玩樂的能力。

05 反思昔日的成就，並保持好奇心，繼續向下一代學習。

06 常常親近老友，保持聯繫。

有助於為老年期發展奠定幸福人生基礎的個人特質

05 願意和他人同心協力，而不純粹為他人效勞

01 良好的自我照顧

04 同理的能力——從他人的視角來想像描繪世界

02 未來導向——預先設想、規劃及期望的能力

03 感恩與寬恕的能力

Unit 9-5
老年期的發展（續）

老年期的發展，除了生理的發展外，心理、社會等層面的發展，亦需同時關注。學者綜合統整指出老年期的特徵如下：

一、衰退的年齡

老年期進入衰退的年齡，衰退的種類包括㈠智能及體能逐漸衰退，以過去所熟習的知識作為彌補；㈡反應及速度逐漸遲鈍緩慢，彌補的方法是增加技巧；㈢在老年期當衰退係比較緩慢，且有方法彌補其衰退時，稱為衰老（趨老期）（senescence）。個人進入此情況的遲或早，有極大的個別差異，端視其身體及心智衰退的比率而定。

二、心理老化的年齡

㈠ 老化並不一定與生理老化平行的，但是老年時期遲早會出現心理的老化。老人心理老化的個別差異很大，需視兒童期至成年期的心理健全與否而定。心理健全者，老年期的心理老化出現較遲，程度較輕；反之，年輕時心理就不健全者，至老年期心理老化不僅出現早，而且程度更嚴重。

㈡ 心理老化的表徵包括對自己、他人、工作持不良的態度，使身體更為老化。老人退休後，沒有培養一些對事物長期的興趣，就可能成為沮喪及解組。生理及心理迅速衰退，就會導致死亡。老人對於新擔當的角色調適不佳，會比那些調適良好的老人，衰退較快。尤其是生活中充滿緊張的老人，衰退的比例更快，心理的老化會加速生理的老化。

三、個別差異極大的年齡

㈠ Parker指出，有些老人75歲仍年輕、充滿活力，另有些人卻在50歲就衰老不堪。人生各時期，人類都有個別差異，而老人的個別差異，更勝於其他各時期。影響個別差異的因素包括遺傳、社會經濟地位、教育程度及生活方式之不同。由於個別差異之非常顯著，所以當許多老人面對同樣的刺激，會產生各式各樣不同的反應。

㈡ 老人的類型，依照Hurlock（郝洛克）的看法，分為三類：1.自動自發：這一類老人頗具創見、靈活而有精神，老年期智慧仍有增進，自動自發的精神依然很強。但是他們不一定很平衡或調適良好，這些老人占極少數；2.調適良好：調適良好的老人能履行其所擔任的工作，在環境中調適良好，環境對他們有一些保護作用；3.混亂的：老人身體的活力減少，他就立即衰退，因為那時候的文化及環境不再支持他們。老人們不能獨立運作，必須要靠文化環境中的許多力量。

四、老年期的角色改變

當老人退休後，其擔當的角色會有很大的改變。這種角色的改變受社會對他的態度，以及團體提供他擔當不同角色的機會所影響。倘若社會對老人的態度是良好的，他仍繼續擔當很有權勢的角色；反之，若社會對他的態度是不友善的，他將擔當低層、沒有權勢的工作。

五、希望恢復活力及青春

由於現代社會對老者有厭惡及拒絕的態度，老人不能擔當工作，喪失了地位及權益，所以有許多老人都希望回復青春及活力，至少要延緩老化。

老人的典型特質（任務特徵）

1 給下一代的傳承：老人都會關心要留下什麼傳承給下一代，也就是生命意義的具體可見形式，不論是後代子孫、工作的楷模、想傳給下一代的任何個人記憶拼圖、物件、回憶錄或相片等。

2 時間觀念的變化：比較知足的老人會活在當下，體認到未來不會太長，想要享受當下的樂活；有些老人則相反，比較沒有彈性，戀棧過去勝過活在當下。

3 想要實現和發揮智慧長者的功能：這和上述的「傳承」觀念很有關聯。老人渴望把一生累積的知識、經驗和智慧的寶藏，分享給年輕的一代。

4 對於熟悉事物的依附：將情感不斷投入熟悉的家當、傳家寶、信物、相片、信件、寵物，這些都讓老人有「延續感」，協助他們保留記憶、提供老年的撫慰和安全感。

5 創造力、好奇心、驚喜：只要身體維持健康，加上有足夠的社會和環境支持，老人對於生命和生物都保有一顆好奇的心，甚至還能夠發現和發展個人的創意。

Peck提出的老年期人格發展的學說

■ 自我分化或工作角色的認定
有不少人界定自己時，是以自己的工作角色而定，有時會因為失業、退休及孩子成長獨立而感到空虛，無所適從。

■ 身體的轉化或自體沉溺
指一個人的社會自我並非全然放在身體的健全性，能夠對老化所帶來身體上的疼痛及不適加以轉化，避免老是哀聲嘆氣。

■ 自我轉化或自戀（意即孤芳自賞）
是指對死亡不那麼畏懼，可以轉化心理上的恐懼，學習面對老化及接受老化，承認每個人都會變老的事實，從而能轉化恐懼而接受不能永保青春的事實。

Unit 9-6
老化的生物學理論

圖解人類行為與社會環境

個體老化的過程，大部分是由人體的基因、營養、飲食、身體活動、生活習慣和社會環境所共同決定。茲將解釋老化的生物學理論，說明如下：

一、用久必損理論（wear and tear theory）

又稱為磨損理論，指出人類的身體器官如機器一樣，會隨著時間的流逝而逐漸耗損。此模式中認為，老化已是被事先設定的過程，每一個物種都有其生物時鐘，能夠決定他們最長的壽命，以及器官受損老化的速率。

二、自體免疫理論（autoimmunity theory）

自體免疫問題，指正常的免疫能力下降，而異常的免疫能力卻突顯。此理論相信，人之所以會老化，是由於體內免疫系統，隨著時間的演變而產生缺陷，因為自體免疫系統，不僅要長期抵抗外來的細菌和病毒，也會產生抗體攻擊自己體內組織的現象，因此老年人是較容易受到病毒感染的群體。此理論的提出，在於解釋隨著人類年齡的增長，許多疾病的發生率就會逐漸地增加，例如：癌症、糖尿病及風濕性關節炎。

三、交互連結理論（cross-linkage theory）

此理論的重心是放在對一種「骨膠原」組織的探討，因為這種膠原蛋白質組織隨著年齡而產生變化。「骨膠原」是一種重要的結締組織，可在人體大部分的系統中發現，例如：在人體內就有三分之一的蛋白質是骨膠原。當一個人的年齡逐漸增加時，骨膠原就會產生明顯的變化。例如：皮膚產生皺紋、血管、肌肉組織、皮膚、水晶體及其他器官失去彈性。這個理論認為，這些變化是由於細胞經由交互連結和化合物的累積，在細胞中產生必要分子間的連結，而這個過程會影響細胞功能的運作，而顯現老化的徵兆。

四、自由基理論（free radical theory）

自由基理論是上述交互連結理論的延伸。「自由基」通常是在細胞氧化時產生，會和其他細胞的分子產生互動，而且會造成DNA的變異、結締組織的連結，並且改變蛋白質的行為，奪走能使人體保持精力的抗氧化劑，而造成其他的損害。自由基造成的細胞傷害，會在人體自然的老化過程中不斷地發生，因此便會造成癌症、心臟病、阿茲海默症，以及帕金森氏症的發生。

五、細胞老化理論（cellular aging theory）

此理論提出老化，會使身體細胞的複製過程變得緩慢。細胞大約經過 50 次的複製現象後便停止複製，且較衰老的細胞其複製次數更少。所以，細胞在一定複製次數後即停止複製。即人越老，細胞分化速度就越慢。因此，雜質累積而導致細胞的死亡，終至人類生命的結束。

六、基因突變理論（genetic mutation theory）

人體有很多細胞是因為發育而製造出來的，年輕時它們有其功能，可是當年老時，這些發育用的細胞就變成壞細胞，損害其他的細胞，而導致老化和死亡，故基因突變理論主張，生理的老化乃由於身體細胞經過長久時間之後，呈現不正常特質的結果。身體的基因各自有其功能，如果某些基因突變，變成不正常狀態或產生問題，就會導致身體功能的適應困難，而這個現象隨年齡越大，發生的機會就越高。

老化的生物學理論

理論	理論假設	結果
用久必損理論	老化已是事先設定的過程，人類的身體器官如機器一樣，會隨著時間的流逝而逐漸耗損。	基因科技和生物科技的發達，未來將使人類的壽命更為延長。人體老化的過程受到外界環境壓力所影響。
自體免疫理論	人之所以會老化，是體內免疫系統隨著時間的演變而產生缺陷，不僅要抵抗外來的細菌和病毒，也會產生抗體攻擊自己體內的組織，所以老年人通常是較容易受到病毒感染的群體。	此理論在於能夠解釋隨著人類年齡的增長，許多疾病的發生率會逐漸地增加；但並沒有解釋為何免疫系統會隨著時間而產生缺陷。
交互連結理論	「骨膠原」組織，這種膠原蛋白質組織隨著年齡而變化。	這些變化是由於細胞經由交互連結、化合物的累積而在細胞中產生必要分子間的連結，這個過程會影響細胞功能的運作，而且顯現老化的徵兆。
自由基理論	自由基是高度活躍的分子，它會從細胞中斷裂分離，擁有一對不成雙的電子。自由基通常是在細胞氧化時產生，會和其他細胞的分子產生互動，而且會造成DNA的變異、結締組織的連結，並且改變蛋白質的行為，而造成其他的損害。	由自由基造成的細胞傷害，會在人體自然的老化過程中不斷地發生。要克服自由基對細胞的損害，就應該讓老人服用有助其體內抗氧化劑的合成及使用營養素。
細胞老化理論	老化會使身體細胞的複製過程變得緩慢。即人越老，細胞分化速度就越慢。因此，雜質累積而導致細胞的死亡，終致人類生命的結束。	每個細胞具有一定程度的DNA，而RNA也是合成「酶」不可或缺的物質，「酶」本身可調節細胞的正常功能，因此失去DNA或造成RNA減少，最後都會造成細胞死亡。
基因突變理論	主張人類生理的老化，乃由於身體細胞經過長久時間之後，而呈現不正常特質的結果。	身體的基因各自有其功能，如果某些基因突變，變成不正常狀態或有問題，會導致身體功能的適應困難，而這個現象年齡越大，發生的機會越大。

Unit 9-7
解釋老化的社會學理論：撤退理論、活動理論、連續理論

有關老年期的生活中所表現與社會互動的情形，以及人類老化的社會歷程，常用以解釋的老年社會學理論，包括撤退理論、活動理論、連續理論、角色理論、社會建構理論、女性主義理論、社會交換理論、生命歷程觀點、年齡階層化觀點等。本單元先說明撤退理論、活動理論、連續理論，其餘在後續單元說明之。

一、撤退理論（disengagement theory）

（一）Cumming E. 和Henry W. 提出的撤退理論，亦稱為脫離理論。撤退理論指出，當老年人慢慢踏進老年時，會逐步減少其社會互動與連結，活在自己的世界裡。有時候，這種撤退現象被視為老年人面對失落和持續退化的健康，所採用的因應機制。

（二）此理論的基本觀點，是闡述社會功能的重要性，以「功能主義」為出發點，強調社會必淘汰那些失能和隨時可能死亡的人，以維持社會的新陳代謝和系統的均衡。而老年本身都是以自我為中心的人，脫離了社會，可避免許多社會規範的束縛，頤養天年，這對個人、社會是非常有意義的事。

（三）老年「撤退理論」認為，老年不一定是中年期的延長，乃從現存的社會角色、人際關係，以及價值體系中後退撤離，此種撤退並非社會力量壓迫的結果，只不過是老化現象中一種內在本質的成長過程，使老人形成自我中心、自我滿足的現象。

二、活動理論（activity theory）

（一）Havighurst及Neugarten提出活動理論。此理論指出，較高的活動參與程度和較高的老年人生活滿意度直接相關。如果個體能夠持續保持活躍性並積極參與，就能把成年中期的眾多活動盡可能延續下去。亦即，活動理論指出，保持活躍並與社會環境保持交互關係的老人，就能夠成功老化。

（二）活動理論在許多方面都認為，老年期是中年時期的延伸。活動理論認為，面臨老齡化最好的方法，就是必須保持與中年時期一樣的生活方式：不間斷的社會參與，能使一個人獲得許多不同的社會地位及社會角色，並且能使人實際參與各式各樣的社會活動。換句話說，要享有快樂的老年生活且適應良好，最重要的就是保持活動，並且試圖去尋回從前你所渴望獲得的社會地位或社會角色。

三、持續理論（continuity theory）

（一）持續理論之所以發展出來，是為了回應撤退理論和活動理論所遭受的批評。根據持續理論的看法，個體採用他們沿用了一輩子的因應風格來調適改變，並承擔新角色，以取代因為年齡而失去的原有地位與角色。個人的人格差異，被視為適應老年生活能力之主要影響因素，之前在生活中積極活躍的民眾，到了老年期仍會繼續保持活躍。相同地，之前在生活中消極被動的民眾，到了老年期則繼續保持消極被動。

（二）持續理論相當強調老人人格的多樣性，而且認為高齡化是無法由單一理論來加以解釋的。此理論認為，個人人格的特性，其實並不會因進入老年期而有太大的改變。

對撤退理論與活動理論的批判

- 撤退與活動理論忽略了個人的人格特質及喜好，有的老年人喜歡維持積極的生活方式，有的則喜歡撤離生活中不必要的活動，因此撤退或活動並沒有定論，端視個人而定。
- 撤退和活動兩種理論，看起來是針鋒相對的，但運用得宜，可收相輔相成之效；撤退不是全部撤離的話，對老年人有益而無害，因為社會生活是多方面的，某方面的撤退，促成了另一方面的開端。

撤退理論與活動理論的案例

撤退理論
當工作者（通常是指受雇者）逐漸年老時，為了能持續達到職位所要求的績效，工作者可能會逐漸規避挑戰性高的任務、降低接受相關訓練及學習新的技術，並且把較多的時間花在退休方面的準備，而相對減少對工作的投入。

活動理論
每一個年輕人都希望退休後的日子，能充滿許多刺激新奇的活動。例如：某縣市辦理國際馬拉松比賽，其中有一位77歲、滿頭白髮的老先生也順利跑完全程。他表示自己非常熱愛跑步，從退休開始，每天大約跑10～15公里，從不間斷。

持續理論的案例

案例1
一個人從年輕開始，就高度參與社會服務。每週日都會到醫院擔任志工。退休後，還是維持每週日到醫院擔任志工的習慣。

案例2
如果一個人在成年時期的生活對社會只保持最低限度的參與，這個模式也將延續至老年。例如：有位長輩終身未婚，老年還是一人獨居，即使後來長輩因為攝護腺腫大，有半年左右時間進出醫院開刀治療，過程中不得不接受社會服務單位的協助。但一旦他復原狀況良好，他還是立刻回復他獨居的生活狀態，不願意他人來打擾。

Unit 9-8
解釋老化的社會學理論：角色理論、社會建構理論、女性主義理論

圖解人類行為與社會環境

392

　　有關老年期的生活中所表現與社會互動的情形，以及人類老化的社會歷程，常用以解釋的老年社會學理論，包括撤退理論、活動理論、連續理論、角色理論、社會建構理論、女性主義理論、社會交換理論、生命歷程觀點、年齡階層化觀點等。本單元接續說明角色理論、社會建構理論、女性主義理論，如下：

一、角色理論

(一) 為了試圖解釋老人如何以一個社會上的角色適應老化，角色理論是最早被提出的理論之一。這個理論將焦點集中在老人個人的行為表現，角色是一個人在與他人的關係或社會制度中，被期待的一連串行為模式，角色不但描述了一個人在社會中的定位，同時也是一個人自我概念重要的基礎。

(二) 角色理論假設生命是一連串相繼被界定的角色，而一個老人對於晚年的適應情況，則要看他是否有能力從年輕及中年時所界定的角色，轉換到和老年相關的角色上。對一個老人來說，跟年老相關的角色，例如：祖父母、退休人員、喪偶者或獨居老人等。

(三) 根據角色理論，如果老人能夠將原有的角色，轉換到和年老時相關的角色，他們就能展現出成功的老化過程。當人們無法轉移過去的角色經驗，或無法發展新的角色以替換舊角色時，就會對老化過程產生不滿。如果一個老人在社會中與他人互動時，能融入新的角色中，那麼就可預測他在心理上能成功的適應晚年。

二、社會建構理論（social construction theory）

(一) 社會建構理論是針對老化所提出較近代的理論，遠離了撤退理論、活動理論、連續理論、角色理論等所限制的觀點。社會建構理論假設，人們不管在什麼年齡，都基於他們所創造出的社會對自己的意義，來參與每一天的生活。

(二) 社會建構理論的宏旨，在於理解、詮釋社會定義、社會互動和社會結構對於老年人所造成的個別影響。這個理論架構指出，詮釋理解的方式是受制於文化、社會、歷史、政治和經濟狀況所塑造。老化的概念是個人與社會環境互動而衍生出來的。

(三) 人們對於自己的生活所建構出的現實，解釋了他們的行為舉止。如果老人認為晚年這段時間應該較少社交，有較多內省的活動，他們的行為就會如此。如果老人認為晚年，就是要完成年輕時無法做的事情，他們很可能會追求較積極的生活。這個理論不需要找出對於晚年的一個特殊定位，不在於功能正不正常、健康或病態，而是反映出一個人對於這個人生階段的觀點。

三、女性主義理論（feminist theory）

　　女性主義的支持者指出，性別是理解個體老化經驗的關鍵因素。由於性別是位居關鍵地位的社會階層因素，而且伴隨性別而來的權力、特權與地位，在整個生命歷程裡都會造成不平等和差別待遇的現象。因此，應將性別議題納入考量，才足以理解老化歷程。性別會影響到使用權限、機會、健康差距和社經地位差距，並且營造出持續終身的「選擇受限」狀況，因而被認為會波及生命歷程軌跡。

一位退休的公務人員，他退休之前就下定決心，不要
變成「坐在電視機前打瞌睡」的退休老人。因此在退
休之前，他就開始參加森林園區導覽的志工服務，接
受訓練成為專業的導覽志工。當他換下制式的公務人
員服裝，穿上了膠鞋與導覽服，他了解自我熱愛工作
的心情，已經逐步將「公務人員」轉移成另一種服務
他人的角色，他開心地說自己現在扮演著「生態保育
者」和「生命教育者」的新角色，成功轉換角色。

社會建構理論的案例

社會建構理論將老化及伴隨而來的適應方式，視為每
個人受自己的社會觀所支配，而有的獨特個人過程。

當一個上了年紀的女性將寡婦的身
分，視為一個自我發展的新契機
時；而另一個女人可能將遭遇同樣
的事件，當作是等待她的死亡的開
始，恐懼的成分多過於享受。

一個上了年紀的男性退休後，可能
什麼也不做，只是癱在沙發上享
受；但另一個男性，可能很樂意參
與退休後的其他活動，開始積極的
運用閒暇時間，例如：跑步或打網
球。

Unit 9-9
解釋老化的社會學理論：社會交換理論、生命歷程觀點、年齡階層化觀點

　　有關老年期的生活中所表現與社會互動的情形，以及人類老化的社會歷程，常用以解釋的老年社會學理論，包括撤退理論、活動理論、連續理論、角色理論、社會建構理論、女性主義理論、社會交換理論、生命歷程觀點、年齡階層化觀點等。本單元接續說明社會交換理論、生命歷程觀點、年齡階層化觀點，如下：

一、社會交換理論（social exchange theory）

㈠ 社會交換理論奠基於「資源交換與交易發生在所有人際互動場域」的觀點之上。市場導向的資本主義社會所衍生出的價值分析，是這項理論的根源所在。個體唯有在認定成本效益比（cost/benefit ratio）是合宜的，或者他們找不到更好的替代選項時，才會進行資源交換。不過，當個體漸漸上了年紀，他們帶來交易的資源開始有所轉變。社會交換理論即是依據這個假設，來詮釋老年人在角色、價值及貢獻度等層面上所面臨的重整現象。年齡較長而退出社交活動的個體，可能認為個人資源已削減到所剩無幾、無從交換的地步，以致於他們退出社交場域的情形日益明顯。

㈡ 社會交換的成本或交換所得可能是物質的或情感的，可能是具體的或象徵的。無論用什麼來交換或想要獲得什麼報酬，社會交換理論主張：只要交易雙方都認為有利，交換就會成立，成功的社會交換，會進一步促進交易雙方的社會關係和吸引力。反之，如果有任何一方認為交易不合理，就無法完成交換，雙方的社會關係或互惠互信的感受，也會受到負面的影響。當然，社會交換的當事人如果本身條件（健康、經濟、個性）較好，在進行社會交換時成功的機率較大，而成功容易帶來後續的成功；反之，如果長輩本身條件變弱，其社會交換失敗的機率也相對增加，失敗也可能影響後續交換的機會，甚至最終造成社會排除的狀況。

二、生命歷程觀點（life course perspective）

　　從生命歷程觀點來看，老化是持續終身的動態歷程。人類發展的特點，在於人在整個生命歷程裡的得失體驗具有多面向性、多功能性、可塑性與延續性等性質。個體在其生命全程裡，將經歷眾多轉換期。人類發展透過老化歷程持續下去，從而影響了個人特定因素、社會結構及個人動能三者間的交互運作。人類生存的時代、隸屬的群體、個人因素及環境因素，都在這些轉換期中影響到個體。

三、年齡階層化觀點（age stratification perspective）

　　年齡階層化的概念架構屬於生命歷程觀點的一脈傳統。階層是社會學概念，用來指稱存在於特定社會裡的特定階級。社會階層化同時是多向度而相互作用的，這是因為個體握有多重的社會位置，而每個位置各自具有大小不等的權力、特權與地位。年齡階層化觀點認為，社會是由社經階級組合而成；同理，它也是由不同的年齡階層組合為一。個體的角色和權利是基於其所屬的年齡組別而分配的。不同年齡組別的老化經驗各異其趣，因為在持續蛻變的社會裡，各個組別的規模、組成分子與經驗互不相同。老人的生命經驗，來自不同的族群組成及經驗的世代。

社會交換理論的案例

01 長輩幫忙帶孫子，可能獲得兒女提供的零用金；或者長輩不願收錢，覺得只要子女和孫子女們能感受到他們付出的愛心就好。

02 許多老年人參與志工活動，這個乍看下具利他色彩的活動，可能也被老年人認為是可滿足其情感需求，因而成為個人的收穫。

解釋老化的社會學理論之核心觀點

撤退理論	老年人逐漸與社會群體疏遠
活動理論	生活滿意度與活動水平息息相關
連續理論	老年人繼續調適，並延續其已有的互動模式
社會建構理論	自我概念透過人與環境的交互作用而滋生
女性主義理論	性別是老化經驗中的重要組成元素
社會交換理論	人際互動中的資源交換與交易會隨著年齡增長而有所改變
生命歷程觀點	老化是動態而持續終身的歷程，以眾多轉型期為其特色
年齡階層觀點	社會依實足年齡大小而劃分成不同的社會階層，決定了個體的角色與權利

Unit 9-10
成為祖父母

圖解人類行為與社會環境

396

　　祖父母是家庭生命週期常態的一環，對絕大多數人而言，祖父母的角色是令人喜悅的，它還可能提升老年期的人生意義與重要性。Neugarten與Weinstein 的研究指出，祖父母所扮演的角色型態，可分為五種：

一、**尋找樂趣（fun seeker）**：祖父母是孫子女的玩伴，彼此都從雙方互動中得到樂趣。

二、**疏離形象（distant figure）**：祖父母通常是在生日與假日時，定期與孫子女碰面，但不會介入他們的生活。

三、**代理父母（surrogate parent）**：祖父母因為子女需要工作，或是女兒身為單親母親並需要工作，故照顧孫子女成為他們的責任。

四、**正規形象（formal figure）**：祖父母將照顧孫子女的責任留給子女，會限制自己不去介入孫子女的生活，只給予特定協助，或是偶爾幫忙照顧。

五、**家庭智庫者（reservoir of family wisdom）**：祖父母擁有權威角色，給予特別的資源與技巧。

　　Margaret Mueller的研究指出，以祖父母親職角色的五個向度（1.面對面接觸；2.一起參與活動；3.親密感；4.協助；5.權威／管教）進行辨認，提出祖父母的親職風格，可分為五種：

一、**影響型祖父母（influential grandparents）**：積極參與祖父母親職的各個層面，在五個祖父母親職向度的得分都很高。

二、**支持型祖父母（supportive grandparents）**：高度參與孫輩的生活，但並未把自己視為管教者或權威角色。

三、**被動型祖父母（passive grandparents）**：參與孫輩生活的程度適中，但他們並不提供實質協助，也不把自己視為管教者或權威角色。

四、**權威型祖父母（authority-oriented grandparents）**：把權威角色視為其祖父母親職的核心元素，和影響型及支持型祖父母相較，其在孫輩生活裡是較不活躍的。

五、**疏遠型祖父母（detached grandparents）**：是投入程度最少者，在五個祖父母親職向度的得分都最低。

　　祖父母不干涉的默契，會因為子女與孫子女面臨困境而消失。祖父母傾向扮演家中看門狗（watchdog）的角色，處於子女與孫子女生活的邊緣位置，以不同程度介入其生活。在危機時期（如生重病、金錢問題或是離婚），祖父母會比較積極地介入。狀況好的時候，較少介入，但是仍然會監視著他們。

　　性別差異會影響祖父母介入的程度。Cherlin與Furstenberg的研究指出，祖母傾向與孫子女保持較親密與友善的關係，也比祖父更容易成為替代照顧者。類似的研究也發現，在危機時期，比起祖父母，外祖父母顯得介入較多。Thomas的研究則發現，祖母對身為祖父母的角色，比祖父要來得滿意多了。

　　此外，孫子女們如何看待祖父母？如何回應祖父母？大部分孫子女的態度受他們父母的影響至深。4～11歲的小孩，傾向回報祖父母們是否投其所好，諸如給他們好吃、好喝的東西或贈送禮物。Roberson發現，通常年幼的孫子女與祖父母相當親近，他們認為祖父母和藹可親，是好玩的友伴。年紀較大的孫子女，則把祖父母視作送禮物的聖誕老公公。最理想的祖父母是以他們的興趣為中心及為榮、和睦、善體人意的，並且風趣、幽默、有魄力，猶如智慧之燈。祖父母是導師，也是好朋友。

祖父母親職角色的五個向度

向度	定義
面對面接觸	祖父母探望孫輩的頻率。
一起參與活動	參與共同活動,例如:購物、做作業、參與孫輩的重要事件、教導孫輩技能。
親密感	當作知己、同伴或朋友;談談祖父母的童年。
協助	提供實質協助,例如:財務資助及/或人際支持。
權威/管教	管教孫輩或充當權威人物。

Margaret Mueller的研究提出美國原住民家族系統的祖父母親職風格

美國原住民家族系統的祖父母親職風格	說明
遙遠型祖父母	祖父母的住處距離孫輩相當遙遠,而且在心理和生活模式上差異極大。這種祖父母親職類型在美國原住民族群裡並不普及。當家族遷移到都會地區,而祖父母在退休後返回祖先的家園時,最可能發生這種狀況。
慶典型祖父母	祖父母的住處距離孫輩相當遙遠,但會定期探望孫輩。世代之間的探訪,正是宗族儀式聚會的時間,祖父母會以身作則,示範合宜的儀式行為。
擬親型祖父母	祖父母與並無血脈關係的兒童有祖孫關係。這些祖父母可能沒有親生孫輩,或者其住處離親生兒孫輩們有一段車程,非常遙遠。
監護型祖父母	祖父母與孫輩共同生活,負責照顧他們。這種祖父母職的形式,通常是自己的子女為人父母後去世、入監服刑無力照顧子女或棄養兒童所致。這種生活模式是急需的產物,而非出於個人的選擇。
文化保存型祖父母	積極追求孫輩與自己同住的機會(研究中這一型全屬母系社會),以便就近教導他們美國原住民的生活方式。

Unit 9-11
退休生活

退休（retirement）的定義，是指「一個人停止支薪的工作、減少工時、開始領取退休金，或認爲自己屬於退休一族」的時間點，就稱爲退休。雖然許多人以爲65歲是退休的年齡，其實，還是有許多人選擇提早退休，可能的原因是：公司提供優退或退休後健康保險不停止的誘因，或有人因爲自己的身體狀況已經影響工作表現與工作滿意度，因而決定提前退休。

退休帶給一個人社會角色、每日活動、社會網絡和互動、財務狀況等方面的重大變化，當事人對於這些變動的期待和是否能夠未雨綢繆，影響他們適應退休生活能夠成功順利的程度。多數人在退休之前都會想像自己的退休樣態，將退休當成難得的機會：多和朋友或家人相處、可以放輕鬆、可追求樂趣、可到處旅遊、從事志願服務等。

Atchley的研究指出，退休可分成幾個階段的歷程，包括：

一、退休前階段（pre-retirement phase）：開始想像退休的樣態和擬定退休計畫。

二、蜜月階段（honeymoon phase）：剛開始進入退休期，當事者就像初獲自由的籠中之鳥，享受閒暇。

三、覺醒階段（disenchantment）：不難想像，蜜月期結束，退休不再像以前那麼令人鼓舞。

四、重新調整階段（reorientation）：對退休的看法比較實際，學習必要的調整和適應，例如：找兼職或全職的工作、投入志願服務、追求新的嗜好。最後，退休的人建立規律的生活，退休成爲正常的生活方式。

一個人在職場上的人格特質，會影響退休者的退休生涯。Lowenthal研究發現，有四種與退休相關的人格特質，包括：

一、工作狂型（work-oriented）：一個有工作狂的退休者在面對退休之際可能會鬱卒以待，甚至衍生不被重用的極度恐懼感。

二、自我保護型（self-protective）：自我保護型的退休者，可能會認爲退休是種脫離或無牽無掛的生活。

三、主動型（autonomous）：一位主動性高的退休者，通常依照自己意願選擇退休時機轉換工作，而能如願地自由選擇自己所喜好的工作，他們是最愉快的一群。不過，若被強制退休的話，這些人可能會陷於抑鬱狀態，而需要引導走出憂鬱。

四、欣然接受關懷者型（receptive-nurturant）：欣然接受關懷者型的個人，通常以婦女爲多，她們一向親切、與人互動、溫馨、宜人，她們端賴所扮演的婚姻角色及關係，來論定退休是正面或負面的，如果她們的婚姻生活滿意度高，那麼她們的退休生活則是豐富而有意義的。

老人在退休之後仍然持續工作的理由，可能是他們需要更多的錢、想要維持個人的生產力、想要感到自己還有用處、想要保持心智的活躍。但根據研究指出，因爲職場越來越要求電腦能力、工作負荷增加、職場競爭，以及許多工作對認知能力的要求，這些因素都不利於老人的就業。

許多老人在退休之後開始投入或持續參與沒有支薪的志願服務，這是「公民參與」（civic engagement）的一部分，公民參與就是積極活躍地參與或貢獻於社會或社區的公益。目前有許多機構的服務很依賴長者的志願服務，例如：醫院、安養護中心、博物館、學校、老人中心、社福機構等。志願服務提供老人有意義的社會角色，強化他們的幸福感與生活滿意度。

Vaillant提出對退休構成沉重壓力的四種情境

退休非出於自願或讓人措手不及

除了薪資外，個體沒有其他財務支持的途徑

出外工作是為了從不快樂的家庭生活解脫出來

已有的宿疾，加上健康狀況不良，讓退休加速到來

Vaillant提出有助於退休生活的四種基本活動

1 經由另一個社交網絡來取代工作夥伴

2 重新發現如何玩樂

3 從事創意工作

4 繼續終身學習

退休者對退休生活的適應情形的五種人格類型
（Richard、Livson及Petersen提出)

- 適應良好者（well-adjusted people）：接受目前的現實環境，對過去所作所為沒有懊悔，保持自然輕鬆愉快的生活態度的退休者。
- 搖椅型（rocking chair people）：欣然接受老年的到來，認為老化是自然的過程，放心安養，滿足現狀，採取以退養姿態，而非積極外向行動的退休者。
- 武裝戰鬥型（armored people）：抱著不服老，仍然全副武裝去除老年的陰影，發展高強度生命旺盛力的退休生活方式，以維持防衛保護系統，去除抗老焦慮感的退休者。
- 適應不良型（poor adjusters）：常抱怨退休生活、怨天尤人的退休者。
- 自責型（self-blamers）：自我譴責型，自貶身價、自怨自艾的退休者。

Unit 9-12
生命回顧

大部分的老年人會回顧過去的生活，將不可避免的死亡當作是未來。Frenkel-Brunswick指出，生命可視爲「擬定生活的資產負債表」，生命回顧包括了兩個要素：1.總結過去的生活是有意義的；2.學習接受死亡的事實。對老年生活心滿意足的人容易達成生命回顧；反之，認爲生活空虛與無法接受死亡的老年人，則容易感到絕望。

Butler將生命回顧（life review），視爲老年期發展任務的概念。生活回顧理論是個人生平的自我反思回顧，並不是失去短期記憶的徵兆（雖然一般人的假設是如此）；相反的，生命回顧是評價的歷程，以個人生命意義的澄清爲目的。它包括昔日經驗，以及未解決衝突的重新詮釋，與個體回顧個人生命的方式大相逕庭。有些人相當刻意的爲個人成就做重新評價、有些人的作法可能就很含蓄，並非刻意的舉動。無論他們的作法爲何，穿越不同的年代、跨越不同的文化，生命回顧是老年人的尋常作爲。

生命回顧涉及了重新考量過往的經驗及其意義，且經常包含了修正或延伸解釋。這種對於過去的重組可提供個人更眞實的圖像，以及一個全新的、更有意義的生活。生命回顧所導致的結果因人而異，衍生出憂鬱症、接納或心滿意足都有可能。如果生命回顧是成功的，它會導向個人的智慧和內心的平靜。只不過人生的重新評價，也可能導致絕望與沮喪。「生命回顧的過程，可能導致接納或抑鬱」的觀點，和Erikson心理社會發展理論的第八個階段有些雷同：透過生命回顧，個人嘗試統合（接納自我，認爲人生是有意義的）vs.絕望（拒絕自我和人生）間的衝突。

懷舊（reminiscence）的概念與生命回顧息息相關。大多數老人回憶往事的能力相當出色，他們回想往昔歲月，跟任何一位願意聆聽的人講述他們的故事。即使是獨自一人，他們也會陷入回憶中。懷舊把過去、現在和未來導向熔於一爐，它包含昔日歲月，這是被回顧的事件之肇始。然而，建構個人意義的活動同時也指向當下及未來，爲生命提供目的和意義。近來的研究檢視懷舊頻率、懷舊的樂趣或懊悔、心理健康的結果，這三者間的關聯性，研究發現，懷舊的樂趣與心理健康的結果呈正相關；偏高的懷舊或懊悔頻率、遺憾，都與心理健康欠佳有關。

生命回顧療法（life review therapy）有助於促進反思和回顧一個人的一生，它涉及在心理上盤點一個人的一生，解決生命中尚未解決的衝突或議題，並闡明自己過去正向的事件與成就。而敍事理論（narrative theory）特別強調這種「說故事」的作法，可讓個體爲個人經驗賦予意義，其所提供的架構、連結性和機會是很重要的。根據優勢觀點的敍事治療法（narrative therapy），幫助案主講述塑造和形成自己認同的重要生命故事，以及他們所掙扎的問題。敍事治療可幫助案主重建意義，促進更積極正向的自我認同，以及對問題的不同觀點。社會工作者可以將生命回顧和敍事治療法結合使用。

Butler人生回顧理論之要點

01 老年人格特徵：
追懷往事的現象。

02 Butler認為老人已日漸走向死亡，餘日無多，因而在心理上產生了「人生回顧過程」，而且回味往事正是此一過程正常又健康的一部分。

03 人生回顧包括對鏡凝視、懷念家鄉、樂道往事、追想過去事蹟，以及腦中突然顯出歷歷如繪的往事。

04 高齡者藉著回憶往事思考過去所作所為及生活的缺失等，為高齡者服務的社會工作者，可藉由高齡者的回憶過程中，尋找可以介入處遇的問題點。

懷舊的功能

1 懷舊可能令人樂在其中，讓聽眾和敘述故事者都神采奕奕。

2 某些類型的懷舊旨在提升個人的自我形象，當老人家津津樂道個人的豐功偉業時就是如此。

3 懷舊可能有助於個人因應當前或未來的問題，讓他退縮神遊到愉悅的回憶所構成的安全空間裡，或者回想起個人因應昔日壓力因子的方法。

4 懷舊對生命回顧有所助益，企及自我統整的途徑。

Unit 9-13
成功老化

進入老年期，「成功老化」（successful aging）是一項重要的議題。根據Rowe與Kahn指出，成功老化保有三項關鍵行為或特徵的能力，包括避免疾病與失能、維持認知與身體功能、積極投入生活（或譯為「社會參與」）。此三項要素即為成功老化模式的重要成分（詳右頁圖示）。此三種要素有階層的排列：沒有疾病或失能，將使維持認知與身體的功能較為容易，而高度的認知與身體功能，將促使積極參與社會活動較為可能。至於持續的投入生活之兩項任務為：1.維持與他人的親近關係，以及2.持續參與有意義、具目的性的活動。更具體來說，即是建立（維持）關係（與他人產生關聯，並成為社會支持的提供者和接受者），和從事生產力的活動（包括有酬或無酬的活動、創造有價值的物品或服務），期能帶來親近感和有意義感。在避免疾病與失能、維持認知與身體功能，以及積極投入生活，三者交會組合之處，最為完全呈現成功老化的意涵。

Baltes以心理觀點出發，提出補償性的優化選擇模式（the model of selective optimization with compensation, SOC；或譯為選擇性優化與補償）說明成功老化，此模式是立基在下列七項命題：

一、正常老化、最佳老化及生病（病理學）老化間，存在著明顯的差異： 正常老化（normal aging）意指老化過程中，沒有出現生物上或心理學的病理；而最佳老化係為烏托邦的一種想像，描繪出在促進發展和友善老人的環境狀況之老化情形。至於病理的老化所描述出的老化過程，係受到醫學上的病因和疾病的症狀之決定。

二、老化異質性／變異性高： 老化是一個相當個人化和差異化的過程。

三、老人仍有許多隱藏的儲藏力（reserve capacity）： 在適宜的環境和醫療情境下，大多數的老人仍能持續擁有高度功能。

四、在接近儲藏力的極限時，老化會引起認知功能的降低： 越來越多的證據顯示，與年齡相關的因素，會限制老人認知儲藏力的深度及廣度。

五、以年齡為主的實用主義和科技： 可補償與年齡相關的認知機制之衰退。

六、隨著年齡增長，失與得之間的關係變得較不平衡： 個體在老年期可期待的能力喪失較多，而能力獲得較少。

七、老年期的自我（self）仍維持韌性（resilient）： 老人對其自我抱持正向的看法。

此補償性的優質化選擇模式之核心成分有：1.選擇性（selective）：意指老化會逐漸限縮可活動的生活空間及條件，所以老人會將可滿足的功能選擇性地限縮在有限的範疇；2.優化（optimization，或譯為「極大化最佳狀態」）：老人會選擇去參與可以豐富化或擴大化（優化）其保留功能或能力的生活歷程；3.補償（compensation）：補償涉及到認知功能和科技層面，認知方面指的是可以透過參與認知訓練、團體活動和連動，以維持其心智功能；科技方面則是尋求輔具協助，以改善功能。

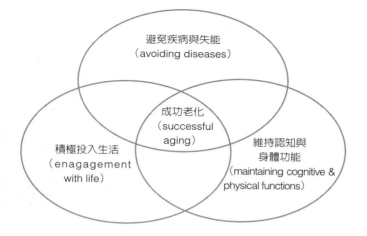

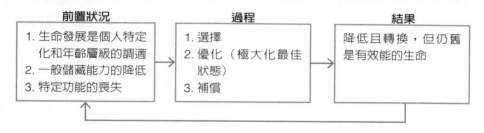

成功老化的內涵與策略

提出者	Rowe與Kahn	Baltes 與 Baltes 補償性的優化選擇模式
內涵	■ 疾病或失能的低風險 ■ 高度的認知和身體功能 ■ 主動或積極投入生活 ■ 維持與他人關係 ■ 參與生產性活動	■ 正常老化、最佳條件老化及生病（病理學）老化間存在著明顯的差異 ■ 老化異質性高 ■ 在接近儲藏力的極限時，老化會引起認知功能的降低 ■ 以年齡為主的實用主義和科技，可補償與年齡相關的認知機制之衰退 ■ 隨著年齡增長，失與得之間的關係變得較不平衡 ■ 老年期的自我仍維持韌性
策略	■ 預防的策略，例如：健康檢查、運動和營養 ■ 參與體能活動，維持體重，從事用腦力的活動 ■ 維持好的社會連帶關係	■ 健康的生活型態 ■ 從事教育、健康相關的活動 ■ 建構社會支持網絡 ■ 使用生活輔具（假牙、義肢） ■ 建構友善的（老人）環境 ■ 保有自我感

Unit 9-14
老人的精神違常

　　步入老年期，老人因生理、認知、社會與情緒等因素的問題混合在一起，致使造成精神違常的診斷有些困難。例如：身體和情緒症狀常重疊、正常的哀傷和憂鬱的症狀重疊、早期失智造成的認知虧損和不少精神違常症狀也有重疊之處。許多老人到了老年期，因經歷多方面的失落和變化，開始出現問題。在人格違常之外，開始出現憂鬱和焦慮；有些會出現心理的問題，例如：憂鬱、焦慮、妄想或精神性的想法扭曲，但這可能是身體的疾病、失落、哀傷所造成。然而，社會對於老人的精神違常有許多迷思，這也突顯社會工作者對社會教育與倡導的必要性。茲將人們對於老人精神違常常見的迷思，說明如下：

一、迷思1：認知、精神狀態和行為改變，如易忘、定向感喪失和憂鬱等，只是老化的現象罷了

　　事實上，「正常」老化和精神違常通常兩者是有所區隔的，不過，正常的老化過程中，個體可能因為承受壓力和身體的狀況，導致輕度或中度的精神違常，感官知覺的喪失和因應壓力的能力減弱，也可能負向地影響個體的正常老化過程。

二、迷思2：容易忘記和有時意識混淆的老人不應該獨處

　　事實上，具有輕微症狀和違常的長者，還是能夠在社區中獨立生活，過度保護和監控可能剝奪長者的自主和控制感，除非有自傷或傷人的潛在危險。充足的支持系統必須包括家庭、健康照顧者和社區資源，調整環境以便讓長者可以獨立自主的生活，是不可或缺的條件。

三、迷思3：老人都不合作，也不喜歡社交

　　事實上，老人不尋常的行為通常是感官知覺的缺陷所引起，例如：聽覺和視覺的缺損，導致溝通效能不彰，帶來挫折感，引發不適當的行為，憂鬱也可能造成長者的退縮。

四、迷思4：注意力無法集中、集中無法持久、失去記憶力都是老化的現象

　　事實上，憂鬱和器質性心理違常可能引起情緒和思想的缺陷，憂鬱是長者最常見的情緒違常，由於憂鬱的治療效果佳，所以即使診斷不是很確定，也應該對症下藥。

五、迷思5：老人不應該從事需要動用到心力和體力的工作或活動

　　只因為年紀就剝奪長者工作和活動的權利，只會傷害到他們的自尊心，引發更嚴重的問題，其實長者仍具有很多可以貢獻的能力，剝奪他們的功能角色作為保護的措施是錯誤的作法。鼓勵他們從事和他們能力相配的工作與責任，不只有助於自尊的提升，更有助於維持其心身功能。

六、迷思6：老人每個夜晚都需要8小時的睡眠

　　睡眠的習慣隨著年紀和個人特質有所不同，不是每個人都一樣。許多長者一天只要睡5～6個小時就可以，有些人喜歡白天打瞌睡，晚上不必睡太多也沒關係。

七、迷思7：老人對於酒精和藥物的反應和年輕人沒兩樣

　　由於代謝、吸收和排泄速度因老化而有些變化，老人對任何單一藥物的反應都比年輕人敏感，兩種以上的藥物交互作用也比較容易發生，中毒反應的可能性因此升高。因此，使用藥物必須保守和不斷的監控，以減少副作用；同樣地，酒精相關的問題也必須有所警覺。

憂鬱與失智的不同症狀

症狀層面	憂鬱	失智
開始（onset）	快速的；通常可以確認一開始的時間	隱藏的；疾病難以被解釋
行為（behavior）	平穩；憂鬱；無感情；通常都是退縮	不穩定的；時而正常、時而退縮、時而無感情
心理能力（mental competence）	通常不受影響；但也許偶爾出現精神錯亂、抱怨記憶衰退問題	始終是受損的；結果隱藏；認知缺損
生理特徵（somatic signs）	焦慮；失眠；飲食混亂	偶爾睡眠混亂
自我形象（self-image）	缺乏的	正常的
預後（prognosis）	治療後是可逆的（可能恢復）	慢性病；緩慢的、逐漸的衰退

社會工作者協助憂鬱的老人之處遇原則

1 爭取家屬和朋友的協助，是建立憂鬱長者支持網絡的最佳策略。

2 藥物治療通常對老人很有效，憂鬱如果嚴重且損及日常生活功能，可以轉介進行藥物的評估。

3 雖然沒有藥物治療，心理諮商也是很有效，老人也比較喜愛。研究顯示：結構性的處遇對治療老人憂鬱很有效，例如：問題解決策略、人際關係諮商、懷舊療法、認知行為療法等。

4 支持性的社會工作處遇可以融合以下方法：1.建立關係；2.找尋和善用個案的優勢或力量；3.探索引發憂鬱或讓憂鬱持續的負向事件，以及圍繞在負向事件的情緒反應（例如：傷痛）；4.鼓勵個案自我照顧和參與以前喜歡的活動。

Unit 9-15
老人虐待

老人虐待（elder abuse）包含虐待和疏忽（neglect）兩者，不論施暴者是有意或無意，類型包括身體、性、情緒、財務剝削（詳右頁說明）。這些虐待都有可能造成老人的傷害，或者暴露在傷害的風險中。

為提供適當的處遇，社會工作者必須了解老人虐待的相關理論，說明如下：

一、個人內在因素理論：又稱心理病態模式，主要強調受虐者和施虐者具有身體上、人格上的病症或缺陷，如毒癮、酒癮者。當老人年邁時，其成年子女行為無法自制或無法提供年老父母的需求和照顧，因而會施虐於老人身上。

二、外在情境理論：此理論認為老人會被疏忽、受虐是經濟情況等外在環境所反映，如老人身體疾病、人際關係不佳、生活貧苦等生活危機事件，是構成虐待的主因。

三、暴力循環理論：此理論認為暴力是以週期性的方式循環出現，使受虐者常有強烈的無力感。

四、社會交換理論：此理論強調酬賞和成本，互動的雙方傾向於追求自我利益的極大化。故當父母與子女的交換互動不成功時，握有資源或籌碼強勢的一方，通常會控制弱勢的一方，不當的衝突則會導致不當虐待的事件發生。通常在老人將財產完全分給子女之後。

五、世代衝突理論：此理論認為當老人與成年子女無法重新定位彼此角色時，衝突的關係就會隨時產生且更加惡化，導致產生敵意或公開的暴力行為。

施虐者可能是老年人的子女、配偶、照顧者或是其他人。雖然老人虐待會發生在安養中心或是其他機構，但遭受虐待的老人經常是與配偶或子女同住的。成年子女為何會虐待父母有以下幾個理由：可能因為個人問題的壓力，或是為了照顧另一個人所帶來的時間、體力與經濟上的壓力，也可能因年幼時期曾經遭受過父母親的虐待。他們可能對父母的情緒反應、身體殘缺、生活方式、嗜好，感到心煩意亂。他們可能故意虐待父母，逼迫父母搬家。典型的受害者是與他人同住的、健康狀況不佳的老年人；當照顧者心情沮喪時，老年虐待也相對地增加。

Wolf的研究指出，越來越多的證據顯示，家庭照顧壓力並不足以構成老人虐待的主因。另外，還有多元的風險或因素，包括老人和照顧者過去的關係、照顧者的精神狀態、缺乏適當的服務或家庭成員可以替代。生態模式將老人受暴的問題，視為多層面的問題和其他社會問題環環相扣。Cohen、Halevi、Gagin與Friedman研究，辨識出三個廣泛的風險因子，包括：1.老人或照顧者的情緒問題；2.行為問題；3.家庭關係問題。

在實務上，社會工作者在老人虐待、疏忽的辨識和社會心理處遇方面，扮演重要的角色。Anetzberger提出處理老人虐待的整合式架構，包括保護、充權、倡導、提供受暴者和施虐者的家庭系統處遇，必要時提供緊急安置與服務，以防止暴力再發生。處遇介入的原則，包括同理傾聽、敏感式的問話以辨識虐待的性質、提供適當的安全措施以減低潛在的危險、擬定安全計畫、評估各種選項（例如搬到親戚家、提出告訴）、讓施虐者為自己的行為負責、提供支持，以及讓個案感受到希望。

不同學者對於老人虐待的分類

提出者	Papalia與Martorell	Wolf與Pillemer
老人虐待的分類	■ 身體虐待：造成身體疼痛或受傷的行為，包括瘀傷、毆打、監禁。 ■ 精神虐待：造成心理痛苦的行為，如脅迫、羞辱、恐嚇。 ■ 經濟上的虐待：以非法或不適當的方式剝削受害者的所有物及財產。 ■ 疏忽：包括有意或無意未善盡照顧的責任，如未提供飲食或是醫療照顧，或是遺棄受害者。 ■ 性虐待：非經同意與老年人的性接觸。 ■ 自我疏忽：老年人表現出脆弱、憂鬱、心智無能的行為，以威脅其自身的安全或健康，如飲食不當、酗酒或自行亂服藥。 ■ 遺棄：有義務照顧者或監護人遺棄弱勢老年人。 ■ 侵害個人權利：侵害老年人的權利，包括侵占其隱私權、為其個人和健康做決定。	■ 身體虐待造成的痛苦和傷害。 ■ 心理虐待造成心理和情緒的痛楚，例如：威脅和羞辱。 ■ 物質虐待，不當與非法使用老人的財物或資源。 ■ 積極的疏忽，例如：拒絕照顧老者、故意將身心壓力加諸於老人身上，例如：不給予食物、故意不處理老人的失禁。 ■ 消極的虐待，因照顧者的無知或失能，而拒絕照顧或疏於照顧。

社會工作者需掌握的老人虐待風險因子

提出者	McInnis-Dittrich	Breckman與Adelman
風險因子	■ 家庭成員有精神違常、酗酒、物質濫用的問題。 ■ 老人有認知虧損或缺陷（容易被疏忽）。 ■ 老人身體失能或者依賴他人滿足身體的需求（容易被虐待）。 ■ 老人有社會孤立的情形。 ■ 個人衛生情形很糟、營養不良、明顯地缺乏照顧。 ■ 老人顯現出很緊張、過度警覺、煩躁不安的情形。 ■ 家庭照顧者顯現出對老人沒有耐心與敵意。	■ 家庭成員有心理違常、癡呆症、智障或物質濫用的問題。 ■ 家庭有暴力的歷史。 ■ 老人身心方面的需求完全依賴他人。 ■ 老人自我孤立、不參與任何活動。 ■ 壓力事件的發生，例如：財務問題、死亡和離婚等。 ■ 老人與照顧者同住。

Unit 9-16
安寧照顧

安寧照顧（hospice）在1970年代於美國發展，主要由民間行動開始，爲增進瀕死病患親切人性的照顧，強調病患自決（self-determination）、接納死亡（acceptance of death）、癌症緩和而非治癒照顧，倡導在家中受所愛家人圍繞死去，而非在一堆醫療科技的儀器中死去。安寧照顧的宗旨爲：「活著，一直到死，都很重要。我們的目標就是盡最大的力量，讓你活得開心、走得平靜！」

另一個和安寧照顧相似的服務是「緩和照顧」（palliative care）。1990年世界衛生組織（WHO）揭示緩和醫療（palliative medicine）原則爲：重視生命並認爲死亡爲正常過程，生死不是對立而是連續；既不加速亦不延後死亡；痛苦和不適症狀解除；整合病患、心理和靈性照顧；支持病患積極活著直至死亡；協助家屬度過照顧期和哀慟期，以使病患得以善終及家屬適應良好。

安寧照顧意指讓病患能在自己家中舒適且尊嚴辭世，並受專業人員及志工的團隊合作支持，同時家屬也獲支持與輔導。安寧照顧著重維持生命最佳功能，以達身心舒適，故又稱「舒適性照顧」（comfort care）或「安寧型照顧」（hospice-type care），故以團隊照顧方式是最理想的。

社會工作者在進行臨終個案實務時，以下的工作原則可作爲處遇參考：

一、臨終的人需要充分控制疼痛情形或照護引起不舒服的症狀，例如：呼吸急促困難。疼痛是可以量化測量的身體狀況，只要精神清醒的人都可以試著回答（例如：以0代表「完全不痛」，10代表「極其痛苦」，則你現在的感覺是？）也可以使用刻度量尺，請個案指出代表自己疼痛的數字或等級。

二、臨終個案需要專業和舒緩的身體照顧，以維持舒適、潔淨和個人尊嚴。

三、臨終個案與家屬需要有關他們處境和照護選項的直接資訊，協助他們做決定。社會工作者可以致力扮演病患、家屬和醫療人員之間溝通橋梁的角色。

四、臨終過程的疼痛不只讓身體受苦，心理也共同受苦，因爲病患可能會感到恐懼、焦慮和悔恨。因此，個案和家屬都需要情緒支持和保證，協助減輕情緒上的負荷。意識清楚的個案需要傾訴心理的恐懼、未完成的心願和關心家屬的未來，社會工作者應該花時間陪伴個案，如果個案的精神和體力許可，可以運用生命回顧的技巧，回顧與評價生命的歷程與重要的事件。社會工作者也可運用心像導引和放鬆的技巧，協助個案舒壓和放鬆。另外，可以鼓勵家屬傾聽和談論未解決的問題。

五、臨終個案和家屬需要靈性上的支持，如果能夠提供他們在文化或宗教信仰上可以接受、具有撫慰心靈的儀式，他們得到的安慰必定更爲深入。

安寧照顧的内涵具有的四個特點

01
醫療性照顧：強調瀕死者之身體疼痛管理及症狀緩和處理。

02
心理及靈性之支持：重視病患心理和靈性的支持（如宗教）。

03
現實考量：日常瑣碎事務使照顧者無法獲得喘息，照顧團隊教導照顧者如何在家照顧瀕死者，並安排志工提供家務協助。

04
財務關心：照顧團隊協助病患及家屬解決醫療對財務的負擔。

安寧照顧的四全照顧

「全人」照顧
此為身、心、靈的完整醫治照顧。

01

「全家」照顧
不只關心病患，也關心及照顧家屬。

02

「全程」照顧
對末期病患照顧到臨終，也幫助家屬度過整個憂傷期。

03

04

「全隊」照顧
結合醫師、護士、社工、牧靈、營養、心理、復健及志工等人員共同照顧末期病患及家屬。

安寧病房中的四道人生

 道謝　道愛　道歉　道別

Unit 9-17
長期照顧

　　人類由於壽命的延長，因此老年照顧出現了一個議題：長期照顧（long-term care）。長期照顧的定義為：提供給需要協助的個人（因身體或心智失能）多元性的、持續性的健康及社會服務；服務可能是在機構裡、護理之家或社區之中提供；且包括由家人或朋友提供的非正式服務，以及由專業人員或機構所提供的正式服務。又依Kane等人的定義，長期照顧是對具有長期功能失常或困難的人的照顧，對他們提供一段時間的持續性協助，包括醫療、護理、個人照顧和社會支持。因此，長期照顧服務是用來協助身心功能障礙者恢復受損的功能、維持既有的功能，或者提供他們在執行日常生活活動所需的協助。

　　長期照顧包含三大類服務：1.協助日常生活活動的服務：如準備食物、清潔、交通接送、購物、洗衣、穿脫衣服、使用馬桶、移動、餵食等；2.提供評估、診療、處置等專業服務：如醫療、護理、復健、社工等專業服務，盡可能降低失能與功能性損傷；3.提供輔具和環境改善之服務：透過環境評估與裝修，改善居家環境條件，並配置適切輔具，以支持功能障礙者儘量能夠自主活動。

　　長期照顧服務的對象是功能障礙者。一般而言，功能障礙係指身體功能障礙與認知功能障礙。身體功能障礙指無法獨立進行日常生活活動（activities of daily living，簡稱ADLs）與工具性日常生活活動（instrumental activities of daily living，簡稱IADLs）。ADLs項目包括吃飯、上下床、穿衣、上廁所、洗澡；IADLs項目則包括購物、洗衣、煮飯、做輕鬆家事、室外走動、打電話、理財、

服藥。身體功能障礙評估標準，以需要工具或需人幫忙為主。認知功能障礙係指記憶、定向、抽象、判斷、計算及語言等能力的喪失。在臺灣，失能者是指日常生活活動功能或工具性日常生活活動功能經評估需要他人協助者。巴氏量表（Barthel Index）是被使用來評估ADLs之工具，而工具性日常生活活動功能量表則是被用來評估IADLs。

　　巴氏量表又稱為巴氏指數，是一種日常生活功能評估量表。此量表是1955年美國巴爾的摩市（Baltimore）州立醫院之物理治療師巴希爾（Barthel）開始使用於測量住院復健病患的進展狀況。巴氏量表在1965年公開發表後，就被廣泛應用於測量復健病患及老年病患的治療效果與退化情形。目前在臺灣長期照顧領域中，一般常使用巴氏量表來評估個案的身體功能。臺灣居家護理申請全民健保作業的收案標準，以及外籍看護工申請標準，都是根據巴氏量表評估個案日常生活功能狀況的結果，視其是否符合申請的條件。

　　長期照顧包含健康、醫療、社會、環境、輔具等跨領域之需要，因此其涵蓋的範圍比醫療服務更廣，長期照顧體系的發展，不只是照顧服務的提供，還必須同時包含居住環境條件，以及輔具提供的考量。

巴氏量表評估項目

01	進食	**06**	平地運動
02	移位（包含由床上平躺到坐起，並可由床移位至輪椅）	**07**	上下樓梯
03	個人衛生（包含刷牙、洗臉、洗手及梳頭髮和刮鬍子）	**08**	穿脫衣褲及鞋襪
04	如廁（包含穿脫衣服、擦拭、沖水）	**09**	大便控制
05	洗澡	**10**	小便控制

長期照顧之服務項目

服務項目	說明
機構式服務單位（一般稱為護理之家）	可提供老人全天候的住院服務，除了提供失能老人醫療、護理、復健與個人照護外，並提供老人食宿與其在機構中所需的生活照顧等。一般而言，重度依賴或家庭照顧資源缺乏的老人，是機構式照護的服務對象。
居家照顧單位	單位中可以配備各類照顧人力，到個案家中協助醫療、護理、復健、身體照顧、家務清潔、交通接送、陪伴就醫等照顧工作，並協助或暫代家庭照顧者提供照顧，讓他們獲得喘息的機會。
日間照顧單位	可在白天幫忙照顧個案，提供個案醫療或社會模式的照顧，晚上再將老人送回家中，讓個案仍然享有家庭的生活。
居家環境改善服務	提供居家無障礙環境的修繕服務，增進功能障礙者在家中自主活動的能力。
安全看視服務	是增進居家安全的服務方法，以緊急通報設備等利用科技產品的作法。
照顧住宅（庇護性住宅、支持性住宅）	結合住宅與照顧的服務模式，提供無障礙環境的套房設計，增進身心功能障礙住民自主活動；又因其配置管理員，提供住民的安全看視，並依據住民的需求，協助從社區中引進各項居家或社區式的照顧服務。

Unit 9-18
悲傷過程模式

　　在老年期，無論是個體面臨死亡，或是家屬面臨親人的離世，會因此而陷入悲傷。許多人認為，經過一段時間之後悲傷就會結束，這是個錯誤的觀念。正常的悲傷過程，通常意味著悲傷者的生命歷程。茲將Kübler-Ross、Westberg的悲傷過程模式，說明如下：

一、Kübler-Ross悲傷過程模式

(一) **第一階段：否認**。此階段會告訴自己「不可能會這樣，一定是哪裡有錯。不可能會發生。」否認通常有助於緩衝失落所造成的影響。

(二) **第二階段：憤怒**。此階段會告訴自己「為什麼是我？一點也不公平！」像有些臨終病人怨恨自己即將死亡，而其他人依舊健在。在這個時期，有時上帝會是遷怒的對象，臨終病人會責備上帝，覺得上帝不公平，強制判處他死刑。

(三) **第三階段：討價還價**。此階段失落者以討價還價來求取失去的一部分，或是全部。例如：臨終病人跟上帝討價還價，祈求有多一點的時間。他們會承諾做一些有意義的事情，以換取1個月或1年的生命。

(四) **第四階段：沮喪**。此階段失落者會告訴自己：「這個失落是真實的，心情糟透了，該怎樣繼續活下去呢？」

(五) **第五階段：接納**。此階段人們完全接納失落。遺族接受失落，開始想其他的方法來應對失落，並減輕其影響。

二、Westberg悲傷過程模式

(一) **震驚與否認**：有些人失落時會顯現麻木、驚嚇，可能會完全失去感覺，而且就像這件事未曾發生過。否認成為避免悲痛失落的一種方式。

(二) **情緒爆發**：當理解失落是不可避免時，人們會以哭泣、尖叫、嘆氣來表達其痛苦。

(三) **生氣**：生氣可能會指向造成失落的上帝，認為上帝是不公平的。如果失落牽涉到失去所愛的人，通常對死者的憤怒會來自於所謂的「遺棄」。

(四) **生病**：悲傷會帶來壓力，與壓力相關的疾病隨之發生，例如：感冒、胃潰瘍、緊張性頭痛、腹瀉、失眠。

(五) **恐慌**：因為悲傷者認為自己不會再像是以前的自己，所以可能會感到恐慌，會有精神崩潰、做惡夢等恐慌現象。

(六) **罪惡感**：悲傷者可能會覺得失落是因他們而起，而感到罪惡，或是自責沒有阻止失落的發生。

(七) **沮喪與寂寞**：有時悲傷者會對失落感到非常傷心，也會覺得孤單與寂寞，並與不支持或不了解他們的人不相往來。

(八) **難以重返過去**：此時期悲傷者試著努力讓生活回復到過去，但出現了拒絕與過去連結的問題；回憶也會阻礙發展新的興趣與活動。

(九) **希望**：漸漸地，使人生活回復的希望出現了，希望開始成長。

(十) **確認現實**：悲傷者重拾往日的生活，以前控制生活的感覺也回復了。重建的生活與以往不相同，失落的記憶依然存在。然而，重建的生活會令人滿意。悲傷已經消失，會繼續生活下去。

　　Kübler-Ross和Westberg注意到有些人會持續地感到悲傷，而且不會到達最後的階段（Kübler-Ross的模式是接納，Westberg的模式是認清事實）。他們也注意到執意地相信人們會經歷各階段的過程是錯誤的，通常人們的感覺會在這些階段來回地變動。例如：在Kübler-Ross的模式中，一個人可能會從否認和沮喪到憤怒階段，接著回到否認階段；之後討價還價，然後再次感到沮喪，又回到憤怒等。

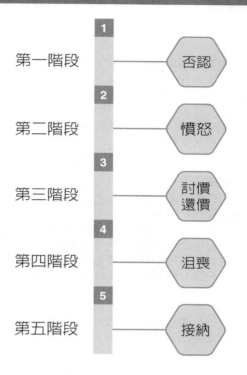

Kübler-Ross悲傷過程模式

1	第一階段	否認
2	第二階段	憤怒
3	第三階段	討價還價
4	第四階段	沮喪
5	第五階段	接納

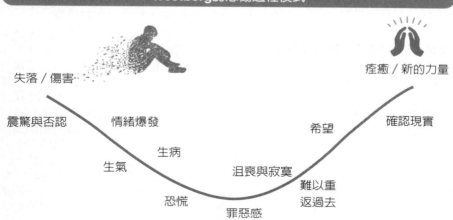

Westberg的悲傷過程模式

失落／傷害

痊癒／新的力量

震驚與否認　　情緒爆發　　　　　　　　希望　　確認現實

生病

生氣　　　　　　　　　沮喪與寂寞

恐慌　　　　　　難以重返過去

罪惡感

Unit 9-19
悲傷輔導

悲傷（grief）是一種對失落感受而產生的心理、認知、社會及生理反應，是一種持續發展的過程。面對喪親時個人的行動、價值觀、生活次序等都會受影響。Worden提出悲傷輔導的原則與程序，共十個原則，分兩個單元說明。本單元說明原則一至原則四，如下：

一、原則一：協助生者體認失落

任何人若失去身邊重要的人，即使預知死期，仍會有種不真實的感覺，好像它不曾真正發生。因此，第一個悲傷任務就是體認失落實際已經發生，必須接受這個事實，才能處理失落所引起的情緒衝擊。如何幫助一個人體認失落？最好的方法之一，是鼓勵生者討論失落。社會工作者可以這麼做：死亡在哪裡發生的？如何發生的？是誰告訴你的？聽見這個消息時人在哪裡？葬禮怎麼舉行的？大家在追悼會上說了些什麼？所有的這類問題有助於討論有關死亡的事件，才能真正接受死亡已發生的事實。探訪墓地或骨灰存放或散灑之處，也能使人體認失落的事實。此外，社會工作者要做個有耐心的傾聽者，並鼓勵當事人討論失落。

二、原則二：幫助生者界定並體驗情感

在悲傷過程中的許多悲傷經驗的感受，大部分的感受都是令人不安的。因為這些感受帶來痛苦和不快，人們往往不願面對自己有這些感覺，或者不去深入地體會這些感受，因而不能有效地解決悲傷，幫助他們接受及解決痛苦是處遇的重點，而憤怒、愧疚、焦慮、無助和孤單是生者最難處理的感覺。社會工作者應不僅止於鼓勵情緒的表達，重要的是去經驗情感，而不只是表達情感而已。處理悲哀同時必須覺察失落了什麼，適當且有效地設定憤怒的對象，評估並解決愧疚感，以及檢定並處理焦慮。沒有了焦點，不管社會工作者能引發多少或多有深度的感覺，都不算是有效的輔導。

三、原則三：幫助生者在失去逝者的情況中活下去

這個原則是指藉由加強當事人在沒有逝者陪伴下的生活能力，以及獨立做決定，來協助他適應失落。社會工作者可運用問題解決方式達到此一目的，也就是了解生者所面臨的問題是什麼，以及如何解決。逝者曾在生者生命中扮演不同的角色，因而生者適應失落的能力部分由這些角色來決定。決策者角色在家庭中是很重要的，這種角色常在配偶去世後引發問題。在很多關係中，由配偶之一扮演主要的決策角色，而這通常是男性，若他去世，妻子通常必須獨立做決定時感到不知所措。社會工作者可幫助她有效地調適及學習決策技巧，正式擔負以前由丈夫扮演的角色。在這過程中，也因此減低了情緒上的沮喪。

四、原則四：尋求失落的意義

悲傷輔導的目標之一是協助當事人在至親的死亡中尋求意義，社會工作者可以協助催化這個目標。想要尋找失落的意義時，生者不但會問為什麼失落會發生，還會問為什麼會發生在我身上？喪親使我有什麼改變？有些失落改變了個人的自我價值感，特別是創傷性的失落情境會使人覺得自我價值似乎只是一個假象。失去自我價值的同時，往往也失去了自我效能。最好的作法是協助生者覺察到某些事物還是在自己的掌握中，來幫助他重新建立自我掌控的感覺。

影響悲傷過程的因素

▶ 人格（認同感、成熟感、自尊感）

▶ 社會及性別角色

▶ 自己認知的與死者的關係（關係的重要性和本質、在關係中的角色）

▶ 價值觀和信念（對於生與死的觀點、關鍵重要人物對事件的重視）

▶ 應對模式（生存者如何應對事件、表達情感及適應）

▶ 死亡方式（預期vs.猝死、暴力vs.非暴力死亡、自然vs.非自然死亡）

▶ 是否能得到支持

▶ 失落的數量（一次或短期內經歷多次失落，或是一段時間才經歷一次）

死亡、腦死之定義

死亡

逐漸死亡而止於生命的終點；亦可定義為一種生物有機體失去其活力的過程。一般所稱的「臨床死亡」（clinical death），亦即「不再心跳及呼吸」。

腦死

⑴ 對外界刺激沒有反應。
⑵ 1小時之內沒有呼吸。
⑶ 缺乏疼痛的反應。
⑷ 沒有眼神、眨眼、瞳孔收縮的回應。
⑸ 沒有肢體移動、吞嚥、呼氣。
⑹ 沒有神經反射。
⑺ 腦波平息停止至少10分鐘。
⑻ 24小時後，一切症狀都沒有變化。

Unit 9-20
悲傷輔導（續）

本單元接續說明Worden提出悲傷輔導的原則與程序，其原則五至原則十，如下：

五、原則五：將情感從逝者身上轉移

藉著促進情感的轉移，社會工作者可協助生者爲逝者的所愛尋找生命中的一個新處所，一個允許生者發展新關係且繼續生活的地方。追憶逝者可逐漸剝除和逝者緊緊連結的情緒能量。社會工作者可協助他們了解，儘管無人能取代逝者，但建立新關係以填補空處並沒有錯。

六、原則六：給予充分的時間去療傷

悲傷需要時間，這是一個喪親後的適應過程，而且這個過程是漸進的。對家人而言，障礙之一是急切地想克服失落和痛苦，以回歸正常作息。在悲傷輔導中，社會工作者可對家人闡明適應失落和其他牽連是需要時間的。悲傷過程中有某些時刻是特別困難的，社會工作者即使沒有和當事人有固定、持續的接觸，也要了解到這些艱難時刻，並且及時與當事人聯繫，尤其是第一次週年忌日對生者而言，此時會湧上各種想法和感受，需要額外的支持。社會工作者要了解自己的介入角色必須是長期的。

七、原則七：闡明「正常的」悲傷行爲

即了解和闡明正常的悲傷行爲。許多人在失落之後，會有種快發瘋的感覺，這是因爲失落引起的混亂不同於日常生活的經驗。若社會工作者對所謂正常的悲傷行爲已有清楚的認識，便能向生者保證這些新經驗其實是正常的。若社會工作者了解到幻覺、混亂，或被死者獨占心神等，皆可能爲正常行爲，便能提供個案相當的保證。

八、原則八：允許個別差異

悲傷行爲反應相當廣泛，正如同每位臨終者死亡的方式不同，每個人亦各有其獨特的悲傷反應。悲傷現象有極大的個別變數，以及情感反應的強度、受傷害的程度，其經驗痛苦的失落情緒的時間長短，都有極大的個別差異，有時頗難以使家人了解這點。若某位家庭成員表現與其他家人不同的悲傷行爲，或感到其他家人的反應與自己不同，往往會對自己的行爲感到不安。社會工作者可以闡明這種差異性的存在。

九、原則九：檢查防衛及因應型態

本原則是幫助當事人去檢查因失落，而更加強化的防衛和因應模式。積極的情緒因應是處理問題最有效的方法，包括幽默、正向定義困境、適當的情緒調節技巧，以及接受社會支持的能力。逃避的情緒因應則是最沒有效果的，包括指責、轉移、否認、社會退縮及物質濫用也許會讓人覺得好些。社會工作者可指出這些因應方式，並幫助當事人評估其有效性，然後，社會工作者可和當事人共同探索其他可以減低壓力，並解決問題的更有效調適途徑。

十、原則十：界定病態行爲並轉介

最後一個原則是辨認出有問題的悲傷行爲，並知道何時該轉介。從事悲傷輔導者可以辨識出失落和悲傷所引發的病態行爲，並轉介給專業人員，這就是所謂的「守門人」角色。當面臨不在悲傷輔導技巧範圍之內的問題時，社會工作者要了解自己的限制，並知道何時該轉介當事人去做悲傷治療或其他的心理治療。

恐懼管理理論（terror management theory）

理論目的　研究人們如何應對自身死亡的意識。

理論基礎　使用Freud的心理動力學理論。

理論核心　認為由於人類具有自我意識及思考過去和未來的能力，也知道有一天我們會死，這種對死亡的意識有可能讓人籠罩在恐懼和焦慮中。為了控制這些情緒並牽制面臨死亡的想法，人類會使用防衛機制。

防衛機制類型

近端防衛機制（proximal defenses）

- ➤ 人們將死亡想法放到意識之外的機制，讓人產生對健康的控制感，進而減少過早死亡的脆弱感和焦慮感，包括壓抑死亡想法，否認個人容易罹患疾病和過早死亡。
- ➤ 案例：更加運動鍛鍊身體，食用更健康的飲食。

遠端防衛機制（distal defenses）

- ➤ 在一個人壓抑死亡想法之後，使用的防衛機制。這些防衛機制需要與一個人所發展及維持的文化世界觀（一種信仰和實踐系統）和自尊有關，這些文化觀及自尊是讓其理解生命的意義及死亡。這些信念減少了對死亡的焦慮感，因為其生命具有與之相關的意義。
- ➤ 案例：一個人也可能相信死亡具有意義（例如：一個人將在死後「去一個更好的地方」），這也有助於減少對死亡的焦慮。

理論貢獻　根據恐懼管理理論，如果沒有這些防衛機制來減少對死亡和臨終的焦慮，人們的恐懼將會癱瘓我們，讓我們將無法發揮日常生活的功能。

國家圖書館出版品預行編目資料

圖解人類行為與社會環境 / 陳思緯著. -- 初
版. -- 臺北市 : 五南圖書出版股份有限公司,
2021.01
　　面 ； 公分
ISBN 978-986-522-352-6(平裝)

1.社會心理學 2.人類行為 3.社會環境

541.75　　　　　　　　　　109018083

1JOJ

圖解人類行為與社會環境

作　　　者－陳思緯（272.7）

發 行 人－楊榮川

總 經 理－楊士清

總 編 輯－楊秀麗

副總編輯－陳念祖

責任編輯－陳俐君　李敏華

封面設計－姚孝慈

出 版 者－五南圖書出版股份有限公司

地　　　址：106台北市大安區和平東路二段339號4樓

電　　　話：(02)2705-5066　傳　　　真：(02)2706-610

網　　　址：https://www.wunan.com.tw

電子郵件：wunan@wunan.com.tw

劃撥帳號：01068953

戶　　　名：五南圖書出版股份有限公司

法律顧問　林勝安律師事務所　林勝安律師

出版日期　2021年1月初版一刷

定　　　價　新臺幣500元

經典永恆・名著常在

五十週年的獻禮——經典名著文庫

五南，五十年了，半個世紀，人生旅程的一大半，走過來了。
思索著，邁向百年的未來歷程，能為知識界、文化學術界作些什麼？
在速食文化的生態下，有什麼值得讓人雋永品味的？

歷代經典・當今名著，經過時間的洗禮，千錘百鍊，流傳至今，光芒耀人；
不僅使我們能領悟前人的智慧，同時也增深加廣我們思考的深度與視野。
我們決心投入巨資，有計畫的系統梳選，成立「經典名著文庫」，
希望收入古今中外思想性的、充滿睿智與獨見的經典、名著。
這是一項理想性的、永續性的巨大出版工程。
不在意讀者的眾寡，只考慮它的學術價值，力求完整展現先哲思想的軌跡；
為知識界開啟一片智慧之窗，營造一座百花綻放的世界文明公園，
任君遨遊、取菁吸蜜、嘉惠學子！